新时代
高校体育与健康教程

刘海荣　冯强明　胡晶　王睿◎主编

天津大学出版社
TIANJIN UNIVERSITY PRESS

图书在版编目(CIP)数据

新时代高校体育与健康教程 / 刘海荣，冯强明，胡晶主编 . -- 天津 : 天津大学出版社，2022.8(2024.9重印)
ISBN 978-7-5618-7255-0

Ⅰ . ①新… Ⅱ . ①刘… ②冯… ③胡… Ⅲ . ①体育－高等学校－教材②健康教育－高等学校－教材 Ⅳ . ① G807.4 ② G647.9

中国版本图书馆 CIP 数据核字 (2022) 第 137672 号

出版发行	天津大学出版社
地　　址	天津市卫津路 92 号天津大学内（邮编：300072）
电　　话	发行部：022-27403647
网　　址	www.tjupress.com.cn
印　　刷	北京虎彩文化传播有限公司
经　　销	全国各地新华书店
开　　本	185 mm×260 mm
印　　张	22.5
字　　数	562 千
版　　次	2022 年 9 月第 1 版
印　　次	2024 年 9 月第 5 次
定　　价	49.80 元

编委会

前　言

“生命在于运动”这句话深刻体现了体育在促进人体发展和增强体质方面的重要作用。健康是生命永恒的主题，体育与健康教育是学校教育的重要组成部分。近年来，体育与健康教育发展得十分迅速，已成为我国学校教育不可或缺的内容之一。越来越多的人认识到，经常且有规律地进行运动对保持健康体质、达到良好状态是十分重要的。当然，有规律地进行运动只是众多促进健康生活和提高生活质量的生活方式中的一种。

体育教学是学校体育的中心内容。开展体育教学不仅是为了提升学生的体质，更是为了让学生全面发展。

本书贯彻落实了《全国普通高等学校体育课程教学指导纲要》的精神和“健康第一”的指导思想，以通俗易懂的内容，让学生养成良好的锻炼习惯，让体育运动成为生活的一部分。随着《中国学生发展核心素养》的正式发布，我国课程与教学改革已经进入新的发展阶段。本书遵循当前大学生体育核心素养的培养要求，围绕现代大学生体育道德和价值的需求，从体育健康知识、体育精神道德培养、运动实践知识、科学锻炼方法与管理以及全面提高身体素质等方面进行编写，为大学生掌握体育与健康知识、科学开展体育锻炼、树立积极向上的人生态度，提供了具体可行的指导。

本书结合高校体育教学的特点，分为理论篇、技能篇和休闲篇三个部分。理论篇包括体育与健康概述、高校体育文化、运动损伤的防治与应急处置、大学生体育锻炼与合理饮食对身体健康的影响、运动营养、《国家学生体质健康标准》及测评；技能篇包括田径运动、篮球运动、排球运动、足球运动、乒乓球运动、羽毛球运动、网球运动、游泳运动、健美操、瑜伽运动；休闲篇包括高尔夫球运动、定向运动、跳绳运动、空竹运动、滑冰运动、击剑运动、射击运动、普拉提、山地自行车运动、健身武术、旱地冰球运动。本书以直接指导体育教学实践，供教师和学生阅读、应用为目的。编写组根据多年的教学实践经验和研究成果，同时结合现代普通高等学校体育教学的特点进行编写工作。本书具有科学性、实践性、趣味性和时代性，选编内容注重实效，充分体现了大学生的身心发展特点，同时兼具时代发展特点。

本书在编写过程中，得到了各个高校众多有理论和实际工作经验的教师们的帮助，在此表示最真诚的感谢，我们亦将在今后的教学实践中不断完善本书。由于编写时间仓促，编者水平能力有限，书中疏漏之处在所难免，恳请广大读者提出宝贵意见。

编者

2022 年 5 月

目　录

理论篇

技能篇

休闲篇

理论篇

第一章　体育与健康概述

第一节　体质与健康的含义

一、体质的定义

体质是人体的质量，它是在遗传性和获得性的基础上表现出来的人体形态结构、生理功能和心理因素的综合性的、相对稳定的特征。

体质是人生命活动和工作能力的物质基础，它在形成和发展的过程中，具有明显的个体差异和阶段性。在人的生命活动的各个阶段，从儿童、青少年到中老年，体质状况不但有某些不同的特征，而且是不断变化的。

一个人的体质，既受先天因素影响，又受后天因素影响。遗传是人体发展变化的先天条件，对体质有很大影响，但体质还有赖于后天的环境条件，即生活环境、营养卫生、身体锻炼等因素。人们可通过改善物质生活条件，增强健身意识并有目的地、有计划地、科学地锻炼身体，来保持良好的体质状况，并使体质不断增强，同时对各种自然环境也有了较强的适应力，使人能够精力旺盛，体力充沛地投入学习和工作。

二、体质的范畴

体质的范畴包括身体形态发育水平、生理功能水平、身体素质和运动能力发展水平、心理发育水平、适应能力五个方面，一个人的体质是从这几个方面综合反映出来的。

1）身体形态发育水平，即体格、体形、营养状况及身体组成部分等方面的综合水平。

2）生理功能水平，即机体的代谢水平和器官系统的工作效能。

3）身体素质和运动能力发展水平，即速度、力量、耐力、灵敏性、柔韧性等素质，以及走、跑、跳、投、攀登等身体活动能力。

4）心理发育水平，即智力、情感、行为、感知、个性、意志等。

5）适应能力，即对各种环境（自然环境和社会环境）的应对能力和对疾病的抵抗能力。

上述五个方面的状况，决定着人们的体质水平。所以体质和增强体质的实际效果，应采用以上几个方面的测定指标来衡量和评价。

三、健康的含义

世界卫生组织在其“宪章”中明确提出，健康是一种在身体上、精神上的完美状态，以及良好的适应能力，而不仅仅是没有疾病和衰弱的状态。这一概念表明，健康不仅指身体没有伤病，而且还包括精神的完美状态和良好的适应力，明确地将人体的健康与生物学、心理学和社会学的因素联系在一起。

21 世纪，世界卫生组织拓宽了健康的含义，健康的标志如下：

1）有充沛的精力，能从容不迫地承受日常生活和工作压力，而不过分紧张；

2）态度积极，乐于承担责任，做事不拈轻怕重；

3）善于休息，睡眠良好；

4）能适应外界环境变化，应变能力强；

5）能够抵御一般性的疾病和传染病；

6）体重适中，身体匀称，站立时头、肩、臂位置协调；

7）反应敏锐，眼睛明亮，眼睑不发炎；

8）牙齿干净、无空洞、无痛感、无出血现象，牙龈颜色正常；

9）头发有光泽，无头屑；

10）肌肉和皮肤富有弹性，走路轻快。

四、健康的分类

（一）躯体健康

躯体健康是指没有需要医治的疾病，且每天的生活都充满热情和活力。为了达到最理想的健康状态，我们应当积极采取措施摆脱疾病，走向健康。我们必须使身体满足对营养的需要，经常锻炼，养成良好的生活习惯，预防疾病。

（二）社会健康

社会健康指的是个体与他人及社会环境相互作用、培育满意的人际关系并实现社会角色的能力。社会健康包括参与社会、为社会做出贡献、与人和睦相处、建立起积极的相互依靠的关系以及健康的性行为。

（三）智力健康

大脑是人体唯一有自制力的器官。我们每天利用大脑收集、处理信息，并根据这些信息采取行动；利用大脑思索自己的价值、做出决定，制订计划、解决问题或者应对挑战。智力健康包括拥有思考和在生活经验中学习的能力、思想上对新事物保持开放态度以及对信息提出疑问、进行评估的能力。在一生中，每一个人都要借助思维的能力来生活，其中包括评估健康信息以保证个人健康的能力。

智力健康的另一项重要内容是“情感智力”，情感智力对个人生活及事业的成功也有很大影响。情感智力包括自制力，利他主义，个人动机，移情，爱人以及被朋友、伴侣和家人所爱。

（四）环境健康

我们生活在物质的和社会的环境中，环境能影响健康的各个方面。环境健康指的是周围环境对个人健康的影响。环境健康意味着通过防护空气、水和土壤污染以及所使用的产品对健康带来的危害，保护自己，同时要为保护环境本身而努力。正如世界卫生组织指出的那样："健康的环境不仅是我们的需要，而且是我们的权利。"政府、企业、社会和个人都有责任维护健康的环境。

（五）心理健康

心理健康指人能积极调节自己的心理状态，顺应环境（包括自身环境、自然环境与社会环境），有效地、富有建设性地发展和完善个人生活的和谐状态。体育的基本任务在于增强体质，提高健康水平。人体的健康不仅指躯体上、生理上的正常，还包括正常的心理和健全的人格。因此，心理健康对人有着十分重要的意义。

躯体健康是心理健康的基础和前提，心理健康是躯体健康的保证和动力。如果人的心理不健康（或不正常），一方面会因心理障碍而影响生理功能，对人的躯体健康造成危害，导致疾病，如高血压、冠心病、糖尿病、溃疡病等；另一方面，人的心理健康一旦出现问题，人的社会适应能力就会遭到破坏，严重者甚至无法进行正常的学习和生活，这不仅会给个人和家庭带来极大的痛苦和不幸，还会对社会造成危害。

第二节　影响大学生体质的主要因素

一、遗传对体质的影响

遗传是人体身心发育和发展的先天条件，对体质会产生十分重要的影响。研究表明，人体的形态结构、神经类型、有氧代谢能力和最大摄氧量等，都在很大程度上取决于遗传因素。身体素质和运动能力与遗传也有密切的关系。据报道，形态受遗传因素的影响占75%，人体75%~95%的有氧代谢能力和最大摄氧能力是受遗传因素影响的。

我们在认识到遗传对体质发育、发展的重要影响的同时，也应从遗传与变异的客观规律出发，进一步认识锻炼身体的积极意义。

二、环境对体质的影响

自然环境和社会环境，不仅是人类赖以生存的基本条件，而且对体质的发育、发展也有直接或间接的影响。国民经济与社会发展水平是决定体质发育、发展水平的主要因素。从人体的形态、机能以及身体素质和运动能力的发展水平来看，一般规律是发达国家比发展中国家高，城市比农村高，现代比近代、古代高。不同自然地理环境对体质的发育、发展也会产生不同的影响。例如，生活在高原地区与平原地区的人的体质有明显差异；在极地生活的因纽特人与在热带居住的非洲人在体态、肤色上有明显不同，这正是各自长期适应自然环境的结果。

三、锻炼对体质的影响

生命在于运动，运动增强体质。科学的体育锻炼是增强体质最积极、最有效的途径。

当代社会随着生产力的提高，体力劳动逐渐减少，脑力劳动比重逐渐增加；工作时间逐渐缩短，物质生活日益丰富，人体肥胖和心血管疾病等“文明病”也随之出现。治疗这些“文明病”仅靠药物很难奏效，还必须配合体育锻炼。与成年时期相比，在学生时期合理饮食与科学锻炼，对奠定优质体质更为重要。

坚持长期体育锻炼，心脏会逐渐发达，兴奋性、收缩能力提高，搏动有力，容量加大，每次搏动输出的血量增加，在 1 分钟搏动次数较少的情况下，心脏输出的血量就可以满足人体的需要，从而使心脏有较多的休息时间，增加其功能储备，有利于健康。进行体育锻炼，促使呼吸系统加强工作，提高生理机能，不仅能大大提高肺通气量，还能不断提高人体的供氧能力。

经常进行体育锻炼能促进骨的生长，即骨骼长长，横径变粗，而且骨密度增大，骨质量增加；也能使肌纤维变粗，肌肉横断面积增大，肌肉收缩能力和舒张能力增强，从而不断提高肌肉的力量、速度和耐力。此外，结合阳光、空气和水的锻炼，能提高人体对外界环境的适应能力和对各种疾病的抵抗能力等。进行体育锻炼使大脑的兴奋与抑制过程合理交替，避免神经系统过度紧张，可消除疲劳，使头脑清醒，思维敏捷。随着神经系统机能的改善，人体各器官系统的控制和可调节能力也能不断提高和完善。

第三节　影响大学生健康的主要因素

一、运动不足

1. 心脑血管疾病

长期不活动，会使心脏工作量减少，导致心肌衰弱、心脏功能减退，如心率过快、过缓、不齐等。运动少还会造成肌肉总体比例减少，致使人体的血管总开放量减少，从而使血液循环量变小而且血流速度变慢。另外，当血管失去外力（运动或劳动）刺激时弹性会降低，引起血管的功能退化，从而导致高血压、动脉硬化等。

2. 人体的综合免疫能力降低

劳动、运动对人体的刺激是多方面的，也对人体提高免疫力有着重要的意义。活动量的减少会使人体免疫细胞数量减少，导致免疫力下降，患上各种感染症和传染性疾病的概率要远远高于正常人群。

3. 消化系统疾病

缺乏运动和精神紧张会使消化系统紊乱，易诱发胃炎、消化道溃疡等疾病，还可能造成人体营养比例的失调。

4. 对全身骨骼、关节产生影响

如果缺乏运动，全身骨骼、关节系统就会失去良好的刺激而影响骨代谢功能。这种代谢障碍可使青少年的生长发育受阻，影响骨骼的正常发育；可使成年人的骨抗折、抗弯能力降低。人们过去认为骨质疏松是老年人的易患病，而现在中年人出现骨质疏松的比例明显增加。患此病症的人易患脊柱病、各类关节炎。

5. 功能退行性病变的产生

“用进废退”可以看作人体生理机能的一种自然现象，许多器官如果不经受劳动、运动的刺激，其机能就会降低，如关节的活动减少会使关节腔变窄、变薄，关节液减少，从而使关节活动能力降低。另外，人体的肌肉、人体的生理生化反应也存在这种现象。

由此可见，经常进行适当的运动确实能更加健康。体育锻炼的意义就在于增强体质，提高健康水平，降低运动不足的危险性，提高机体对外界环境变化的适应能力和对病毒的抵抗能力。

二、运动过度

运动过度同样会对人的健康产生不利影响。运动过度就是迫使身体过度劳累。肌肉与关节疲劳酸痛会影响其功能的发挥。因此，持续性的运动过度会使身体面临受伤的风险。时间一久，运动过度还会削弱免疫系统，女性运动过度还可能会造成停经等生理性反应。

三、社会环境

社会环境是人类生存的包含政治、经济、文化、卫生等诸多因素的外部环境。社会环境因素作用于人类的过程，一直伴随着自然环境因素的影响，两者是密不可分的，例如人类的生产环境、运动环境、学习环境都是两者结合的产物。

四、不良生活方式

1）缺乏体育锻炼。

缺乏体育锻炼，极易造成身体无力等，引发肥胖和心脑血管疾病。

2）有病不医。

有病不医会耽误病情，使病人错过最佳的治疗时间。

3）不吃早餐。

不吃早餐可能引发低血糖、胃肠道不适、肥胖等。

4）与家人缺乏交流。

与家人缺乏交流会增加人的精神压力。

5）长时间处于空调环境中。

许多人常年窝在空调房中，导致自身机体调节和抗病能力下降。

6）久坐。

久坐不利于血液循环，会引发很多新陈代谢和心血管疾病。

7）睡眠不足。

8）长时间使用计算机或手机。

9）长时间戴耳机听歌。

10）三餐饮食无规律。

11）吸烟、酗酒。

12）喝水太少。

13）挑食。

挑食容易造成维生素缺乏，导致体质虚弱、抵抗力差。

第四节　体育锻炼与健康

体育锻炼是指人们根据需要自我选择，运用各种体育手段，并结合自然力和卫生措施，以增强体质、调节精神、丰富文化生活和支配闲暇时间为目的的活动。

一、体育锻炼的意义

科学地进行体育锻炼，能给予人们健康、欢乐和满足。体育锻炼可扩展人们的生活空间、调整生活节奏、缓解紧张情绪、促进新陈代谢、强健体魄；体育锻炼可培养人们顽强拼搏的精神，树立竞争意识和规则意识；体育锻炼可塑造人的良好个性和处事能力，建立良好的人际关系；体育锻炼可丰富业余生活，引导人们在高雅、文明、健康向上的氛围中生活，进一步使体育成为现代人日常生活中一个不可缺少的组成部分。体育锻炼不仅是个体的需要，也是提高社会生产力的需要，更是保证人体健康发展和人类正常生活的需要。

（一）体育锻炼在生理上的作用

1）体育锻炼有利于人体骨骼、肌肉的生长，心肺功能的增强，血液循环系统、呼吸系统、消化系统机能状况的改善，有利于人体的生长发育，免疫力和适应力的提升。

2）降低儿童在成年后患上心脏病、高血压、糖尿病等疾病的概率。

3）体育锻炼是增强体质积极、有效的手段之一，可以降低机体过早进入衰老期的风险。

4）体育锻炼能改善神经系统的调节功能，提高人的判断能力，使人体适应内外环境的变化、保证机体生命活动的正常进行。

（二）体育锻炼在心理上的作用

1）体育锻炼具有调节情绪、改善生理和心理状态、恢复体力和精力的作用。

2）体育锻炼能使人精力充沛地投入学习、工作和生活，有助于缓解精神压力，提高睡眠质量和身体健康水平。

3）体育锻炼可以让人保持健康的心态，增强自信心，使个性在融洽的氛围中获得健康、和谐的发展。

4）体育锻炼中的集体项目与竞赛活动可以培养人的集体主义精神。

（三）体育锻炼改善功能的作用

体育锻炼是大众性体育活动的主要形式，是增强体质最积极、最有效的方法，它能促进青少年的正常发育和健康成长，能使中青年人保持旺盛的精力，能使老年人拥有健康的体魄。体育锻炼可以提高人体免疫力和健康水平，具有健身的作用；体育锻炼可以调节情绪，锻炼意志和愉悦精神，具有健心的作用；体育锻炼还能促进正确体态的形成，具有健美的作用。因而，坚持体育锻炼能同时取得“健身、健心、健美”的效果。

二、坚持参加体育锻炼

持之以恒的体育锻炼，是促进生长发育、提高身体素质的关键因素。选择的项目，要注重耐力素质的培养，同时兼顾力量、速度、灵敏度等各项素质的发展。跑步、游泳、乒乓球、羽毛球、篮球、足球都是青少年适宜的运动项目。

第五节　体育锻炼的原则

一、自觉积极原则

自觉积极原则指体育锻炼者有明确的健身目标，能充分认识体育锻炼的价值，主动从事体育锻炼活动。体育锻炼是一个自我锻炼、自我完善，克服自身的惰性，战胜各种困难的过程。同时，体育锻炼还要有一定的作息制度作保证，只有把体育锻炼当作生活中不可缺少的一部分，才能达到体育锻炼的目标。遵循自觉积极原则首先要明确“生命在于运动”的道理，树立正确的锻炼目标，把体育锻炼当作日常学习和生活的自觉需要，激发锻炼的主动性，从而调动锻炼的积极性。其次要培养兴趣，兴趣是人们认识事物和从事活动的倾向。一个人一旦对某项体育活动产生兴趣，就会对这项体育活动表现出极大的积极性和自觉性。

二、持之以恒原则

持之以恒原则是指体育锻炼必须经常进行，成为日常生活的重要内容。体育锻炼给予机体刺激，每次刺激都产生一定的作用痕迹，连续不断的刺激作用才能产生痕迹的积累。这种积累使机体结构和机能重新适应，体质不断增强，动作技能形成的条件反射也会不断得到强化，而只靠少数几次强化刺激是达不到要求的。前次锻炼的作用痕迹已经消退，其对后一次锻炼的积累所产生的积极影响就会丧失，所以必须持之以恒地进行体育锻炼。如何才能使体育锻炼持之以恒呢？首先，根据个人能力，确立一个能够实现的体育锻炼目标，制订一个切实可行的锻炼计划。其次，强化锻炼意识，逐步养成运动习惯，使体育锻炼成为生活的重要组成部分。体育锻炼的效果并非一劳永逸，如果锻炼间隔时间过长，效果就不明显。因此，锻炼频率要合理安排，一般以每周不少于 3 次为宜。

三、全面发展原则

体育锻炼应全面发展身体的各部位、各器官系统的机能，各种身体素质和基本活动能力，追求身心的和谐发展。人体各器官系统是相互影响、相互制约的。任何局部机能的提高，必然会促进机体其他部位机能的改善。当某一运动素质得到发展时，其他运动素质也会有所发展。体育锻炼的内容和方法单一，会带来很大的局限性，机体不能从整体上得到大幅改善。如长期只进行力量练习，心肺功能就不会有较大提高；长期只进行长跑锻炼，耐力会有很大提高，而速度、力量素质不会有较大提高；长期只进行身体一侧肢体的活动，另一侧肢体就不会得到发展。因此，体育锻炼既要注意身体素质的全面发展，也要有所侧重。

四、循序渐进原则

循序渐进原则是指体育锻炼必须遵循人体自然发展、机体适应的基本规律，从实际出发，合理安排运动负荷，逐渐提高锻炼水平。在体育锻炼过程中，运动负荷直接影响人体机能的变化。负荷的合适与否对锻炼效果的好坏有很大影响。运动负荷的大小因人、因时而异。同一个人，在不同的机能状态、不同的时间，身体对负荷的承受能力不尽相同。因此，人们在体育锻炼时应循序渐进，随时调整运动负荷，逐步提高锻炼水平。

五、合理负荷原则

合理负荷原则是指在体育锻炼中，锻炼者要根据自身的情况，合理地安排运动负荷。这样既能使疲劳感在身体的承受范围之内，又能与休息合理交替。体育锻炼负荷的确定要从锻炼者的实际状况出发，逐步提高。一般来说，由于刚参加体育锻炼的人起点较低，经过一段时间的锻炼，锻炼的效果会比较明显。

在体育锻炼中，身体在承受了一定的运动负荷后会因能量的消耗而感到疲劳。经过一段时间的休息和营养的补充，体内的能量物质和身体机能水平才能得以恢复。在反复的刺激—恢复—刺激下，如果运动负荷恰当，机体不仅能恢复到原有的运动水平，还能出现超过运动前的能量储备和机能能力，这就是生理上的超量恢复。经常超量恢复并合理地安排运动负荷和频率，体质就能逐步得到提高。运动负荷适宜是极其重要的，因此运动负荷必须依据锻炼者的年龄、性别、健康状况等实际情况而定。为了在体育锻炼中合理地安排运动负荷，通常采用脉搏控制的方法来确定锻炼负荷。

六、安全原则

安全原则是指参与者在体育锻炼的过程中应始终注意保护自己，做到安全第一。如果体育锻炼安排不合理，违背科学规律，就可能出现伤害事故。

为了保证体育锻炼的安全，锻炼者应做到以下几点。

1）不要盲目参加超过个人能力的活动，应该通过力所能及的体育活动来锻炼身体。

2）在有条件的情况下，请体育教师或运动学专家根据你的体质健康状况给你开运动“处方”，它可以指导你有目的、有计划地进行安全、科学的锻炼。

3）每次锻炼前必须做好充分的准备活动，克服内脏器官的生理惰性，预防运动损伤的发生。

4）饭后、饥饿或疲劳时应暂缓锻炼；生病初愈不宜进行较大强度的锻炼。

5）对于不熟悉的水域，不要随便入水或潜水，以免发生意外。在公共游泳场所游泳时，要注意公共卫生，服从工作人员的管理。

6）每次锻炼后，要注意做好整理、放松活动。这样有利于身体的恢复，以便迅速投入学习和生活。

7）在锻炼的过程中，不要大量饮水，以免加重心脏的负担或引起肠胃的不适。运动后，不宜即刻洗冷水澡。

8）在制订或实施自己的锻炼计划前，一定要进行体检并得到医生的许可。如果你患有某种疾病或有家族遗传病史，需要找医生咨询，在有医务监督的情况下按照体育教师和医生的建议进行锻炼。

第二章　高校体育文化

随着我国社会经济的发展，人们的物质生活水平得到了提高，生活方式、生活节奏都发生了变化。与此同时，人们的健康状况也面临极大挑战。体育可以增强体质，促进身体素质发展，而且可以促进心理素质发展。作为一名大学生要关注自己的身体健康状况和生活质量，探索了解体育及其文化领域的基本理论知识。

第一节　体育文化概述

国家对体育工作高度重视，对体育文化发展提出了新举措，加强对体育文化的建设，要求实现以体育智、以体育心的独特功能。体育文化对于高校师生体育意识的形成、思想道德水平的提升都有着积极的指导意义。体育文化是大学生德、智、体、美、劳全面发展的必然要求，对大学生的全面发展有着积极影响。

一、体育文化的概念

体育文化是指人类在体育历史发展过程中所创造的物质和精神财富的总和。其内涵丰富而外延宽泛，是一种特殊形式的文化。体育文化可从广义与狭义来讲。广义的体育文化是指体育运动本身所蕴含的、围绕体育运动所形成的一切物质文明与精神文明的总和。狭义的体育文化是指主张把体育文化的概念的外延限定在精神领域，以身体的活动为基本形式，以身体的竞争为特殊的手段，以身体的完善为主要目标的体育活动过程中的精神文明或观念文化。

二、体育文化的内涵

体育文化是在体育生活和体育实践中创造出来的，通过身体形态、动作技能、运动器材以及与社会属性相关的意志、观念、时代精神反映出来。体育文化可以帮助人类形成良好的竞争心理，具有提高个人和民族身体素质和精神素质的、增强整个民族生命力的作用。当前社会在不断进步，自然需要体育文化作为推动力创造出新的物质财富和精神财富。

体育文化是一切体育现象和体育生活中展现出来的一种特殊的文化现象，是人们在体育生活和体育实践过程中为谋求身心健康发展，通过竞技性、娱乐性、教育性等手段，以身体形态变化和动作技能所表现出来的具有运动属性的文化。

三、体育文化的功能

（一）文化传播功能

体育文化具有文化传播功能。这一功能主要体现在两个方面：一是扩展性，二是传承性。

体育文化传播的扩展性是指文化在空间上的蔓延性，为横向传播过程。体育文化的横向传播不仅在各社会群体和个体之间、群体和群体之间、个体和个体之间互相传递，还在国家和国家之间、民族和民族之间、地区和地区之间以及国家、民族、地区三者之间互相传递。体育文化横向传播的内容涉及物质文化、行为制度文化、精神文化等多个方面，其传播过程是与社会、政治、经济等层面互动的过程。由此可见，体育文化的传播具有广泛意义上的扩展性。

体育文化传播的传承性是指文化在时间上的连续性。在早期，人类文明的传承方式中蕴含了大量的原始体育文化因素，主要体现为通过身体的动作来记录和传承社会文明及种族之间的生存、生活技能。在人类有语言与文字后，体育文化仍然有着十分重要的传承文化作用。例如，一些大型的古代集会事件，常常是通过诸如两方的竞技运动会等方式记录并流传下来的。

（二）凝聚功能

体育文化还具有明显的凝聚作用。体育文化的凝聚功能主要产生于体育文化的精神层面，同时包括多个层次。体育文化的凝聚力较强，也比较稳定。相同的体育文化习惯、相同体育运动项目的选择，会引起不同范围的聚合。例如，喜欢篮球的人们可能因为爱好聚在一起，体育比赛尤其是国际大型体育比赛能把不同国家、不同民族、不同文化修养以及不同信仰和不同政见的人们聚合到一起，等等。

（三）教育功能

体育文化具有教育功能。随着社会的不断发展，体育文化逐渐渗入人们生活的文化环境，它不断地影响人、塑造人、教育人、培养人。例如，在人成长的过程中，体育教育能直接、有效地培育人的体质，潜移默化地塑造人的性格。

（四）吸收、创新文化功能

体育文化具有吸收、创新文化的功能。随着全球化的发展，融入世界体育成为一种潮流。当前，西方国家不断研究、借鉴东方体育文化的精华，开放的中国积极学习西方先进的体育文化，旨在通过体育文化去吸收、融合他国文化的特质，进而繁荣和发展各自的体育文化。

（五）调节、控制、引导社会生活功能

现代体育还具有调节、控制、引导社会生活的功能，对人们的社会生活和行为起着十分重要的调节、控制和引导作用。具体来说，它能使不同价值观、道德观甚至不同意识形态的人，会聚到共同的体育理想和体育价值观下，缓和社会矛盾，抑制一些过激的行为。

四、体育文化的价值

多年来，人类在不断的实践中，极大地丰富了体育文化，同时还提高了体育文化在社会中的价值。归纳下来，体育文化的价值主要有以下几种。

（一）奥林匹克体育文化的价值

奥林匹克精神激励人们奋发向上、超越自我，向着更高的目标迈进。运动员们勇于克服各种艰难险阻，付出辛勤的汗水去争取胜利的意志和品质对所有人都是一种激励。体育文化的任务由感性深入到理性，从形体美深入到心灵美。体育文化的理性任务要求锻炼者在身体健美、匀称的基础上达到意志品质高尚、身心尽善尽美的境地。这种深入的心灵美，是一种更高层次的体育文化的理性价值。现代奥运会精神文化的设计，是对古代奥运会的简单继承和发展。古希腊的竞技运动受到社会各界的广泛支持和尊重。竞技场上的优胜者不仅得到橄榄桂冠、棕榈花环和塑像等奖励，而且像英雄一样受到故乡人民的尊重。

（二）竞技类型体育文化的价值

竞技类型体育文化对经济、文化的创新与发展起到了重要的推动作用。这些创新与发展，是在众人不断实践中完成的，并经历了宗教体育文化阶段、科学体育文化阶段和艺术体育文化阶段。现代竞技体育已经走出了宗教体育文化和科学体育文化阶段，向着竞技与艺术相结合、形体美与心灵美相结合的形态发展。现代奥运会经过一百多年的发展，已经成为世界上无与伦比的最广泛的体育竞技文化现象。

（三）休闲类型体育文化的价值

随着社会经济的繁荣、人类文明的发展以及人类共同需要的变化，人们对自身生存、发展的追求和关注从未停止，因此休闲类型体育文化得以普及，同时休闲类型体育文化在全球化的浪潮中影响广泛。休闲类型体育文化促进了人类的全面和谐发展，给人类带来快乐和美感，也给社会带来了健康和活力。

（四）校园类型体育文化的价值

校园类型体育文化具有多方面的价值，在德、智、体、美、劳全面发展的教育方针中，在培养身心健康、具有创新精神和实践能力的社会主义现代化合格人才中，都起着十分重要的作用。现代校园体育文化得到了长足发展，不仅使学生的体质有所增强，而且对学生品质、团队合作、法治观念等方面的培养都有着积极的影响。

（五）民族传统类型体育文化的价值

我国有着历史悠久、博大精深的传统文化，我国民族传统类型体育文化也有一定的积累。自古以来，我国民族传统类型的体育以养生为目的，注重人与自然的结合。可见我国民族传统体育文化是在体育形态上强调整体和意念的感受，动作简单、内涵深刻，剧烈的肌肉运动比较少。随着全球化的深入，东西方交往日益密切，我国民族传统类型体育文化也逐渐和现代科学相结合，形成一种新的独特的风格。

第二节　高校体育文化概述

高校体育文化是社会主义精神文明的体现，也是高校培养人才的综合反映。高校体育文化是大学生在校园接触最多、最具吸引力的一种文化，大学生群体作为高校的主体，是国家的财富，也是新时代中国特色社会主义接班人和建设者。高校体育文化不仅具有增强身体素质和娱乐身心的作用，对大学生的思想观念和人格发展也起着很强的引导作用。

一、高校体育文化的概念

高校体育文化是校园文化与体育文化有机结合的产物，是高校师生在校园这一特定的环境下，为实现高校培养合格人才的目标而实施、传播的，与身心健康直接相关的，以身体活动为主要载体的精神文化。广义的高校体育文化是指高校师生经过长期实践而创造出来的体育物质文化和体育精神文化的总和。狭义的高校体育文化是高校文化的重要组成部分，是高校师生在长期实践过程中逐渐形成和发展起来的有一定特点的价值观念、体育生活方式、体育行为模式和体育意识等体育文化现象。

二、高校体育文化的含义

高校体育文化作为高校校园文化的重要组成部分，是高校特有的、富有校园文化气息和健康生活气息的大众文化。它以师生的体育价值观为核心内容，以实现健康第一的高校体育目标为主要目的，以大学生群体为主体，主要包括校园体育课程、体育课外活动、体育艺术活动、校园体育竞赛活动、体育欣赏活动等具体表现方式和活动形式。

高校体育文化一般包含三个层次：一是精神层面，即核心层，指高校的独具性，领导和教师共同信守的基本信念、价值的标准，共同追求的学校体育目标，是高校体育文化观念和意识理念的系统，是高校体育文化的核心和灵魂；二是行为制度层面，指校园的体育制度、章程和组织架构体系，是规范参与校园体育活动的师生和校园体育组织和设施等行为的部分，反映出高校体育的价值观、体育精神和体育文化；三是物质层面，指学校体育场馆和器械等设施，是高校体育价值观的具体反映，也是高校体育的外在社会形象。

通过体育文化建设，高校能够在校园内形成具有自身特色的文化氛围。体育活动是强化身体素质，锻炼意志品质，养成运动习惯，提升综合素质的有效渠道。体育活动还能以其内在动力让学生以积极乐观的态度面对问题。

三、高校体育文化的功能

（一）思政教育功能

高校体育文化具有影响人的思维与行动的特点。高校体育课与其他课程是相辅相成的，它填补了其他学科在审美认知等领域的空缺，使自身成为高校教育中的一个重要环节。优秀的体育文化通过环境的改变、心理的引导，完善了学生的人格，磨炼了学生的意志品质，强化了学生的团队意识，培养了学生的集体主义精神。这有益于学生进行自我管理，学校应发挥积极作用，实现高校以文化人的教学目的。

人是教育的对象，教育不仅要关注知识与能力，更要强调价值引导。课程思政建设就是要寓价值观建设于知识传授与能力培养，帮助学生塑造正确的世界观、人生观和价值观。传统文化教育内蕴传统精神与价值传承，其使命就是要夯实大学生思想底色，明确价值立场。

（二）情感健康功能

世界卫生组织指出：新时代只有精神、身体、社会三个层次都得到健全发展，才能实现人体真正的健康。想要实现高校学生心理精神上的健康，学校就必须发挥高校体育的情感功能作用，利用高校体育文化中的物质、行为等对高校学生进行心理调整。高校师生要成为体育赛事活动的主人公，必须在活动中磨炼意志品质，强化团队意识激发顽强拼搏的精神，形成良好的人际关系，营造和谐向上的校园环境，摆脱焦虑情绪，实现身心全面发展。这也是高校体育文化在情感上的重大作用。

（三）文化建设功能

高校体育文化建设与社会文化发展相辅相成，高校的文化水平和综合能力较其他社会机构水平更高，是宣传和发扬精神文明的主要基地之一。与此同时，高校体育文化对师生影响显著，对周围社会体育文化的发展也具有重要推动作用。高校以体育课作为主要途径，辅以校园运动会、运动节等多姿多彩的课外活动吸引学生参与体育运动的兴趣，培养学生的体育意识，形成体育锻炼的习惯，这不仅促进了学生的全面发展，而且实现了家庭和社会体育文化的发展，对于建设社会精神文明、实现社会和谐有重要推动作用。

（四）高校体育文化建设的重要性

高校校园文化是一个高校的精神面貌，校园体育文化是高校体育工作的重要组成部分，应重视和加强校园体育文化建设。体育精神是一种内在的力量，体育精神存在于校园体育活动的各方面，通过体育运动集中体现出人类的力量、智慧与进取心等。体育精神所具有的感染力和激励作用是体育本身特别的教育因素。

高校体育文化是指体育文化在校园环境中存在的形态和发展方式，是高校体育精神在一定的历史阶段，通过在校园体育文化建设中积淀、整合和提炼出来的，是高校体育文化的行为准则、价值观念和意识的综合，是校园人的体育精神生活方式和意识形态的反映。一般高校体育精神包括以下含义。①科学精神，体现为高校体育教学与训练、活动与比赛中按规律和制度办事，不盲从，要认真分析和研究。②求善求美精神，体现在世界观、人生观、体育道德观等价值判断上。高校培育出的人才，应该具有一定的历史使命感和正义感。③团结拼搏，争先创优精神，体现为高校师生在体育训练中不怕困难和挫折，具有坚强的毅力，使校园充满生机和活力。④创新精神。高校体育文化是总结、继承和传播人类优秀体育文化的成果，创新精神是校园体育文化的一种综合体现。

强健的体魄是服务社会、贡献国家、实现理想的基础条件，是实现人的全面发展的重要方面。学校的主要任务是培养社会主义现代化事业的接班人，因此学校必须树立健康第一的观念。体育文化建设可以使师生更有活力。这主要体现在以下三个方面。

第一，高校体育文化具有直接表现性。目前主要表现形式为在比较醒目的地方悬挂的标语。之前标语基本内容有“发展体育运动、增强人民体质”“锻炼身体、增强体质、报效祖国”等；随着时代的发展，标语内容也发生了一些变化，当下一般为“我运动，我快乐”“每天锻炼一小时、健康工作五十年”等。虽然不同的标语反映了不同的时代背景，但无一不给人带来健康、活力的感受，这当然是校园文化的一部分。一所青春洋溢的校园里定然有一群热爱运动的师生。

第二，高校可以定期举行体育比赛，给师生提供展现自我的平台，促进师生之间的沟通、缓解日常压力、展示体育才华。通过体育赛事，高校可以更好地增强同学之间、师生之间、各团体之间的凝聚力。大家在准备比赛的过程中，无论是身体还是心理均处于积极向上的状态，体育比赛就是青春最好的展示。

第三，校园文化之一就是师生的精神面貌，无论标语，还是体育赛事，无疑都增强了师生的精气神，其本身就是展现校容校貌的有效方式。

（五）高校体育文化的发展现状

目前，伴随着我国教育事业的蓬勃发展，校园体育文化的物质文化建设要求发生了翻天覆地的变化，从最开始单一满足体育教学需求，逐渐向课外锻炼、群体竞赛、高水平竞技、满足体育教学和体育科学研究及社区体育等多方面的需求进行转变。因此，我国校园体育物质文化建设过程中出现了一些新的问题。

1. 体育硬件设施建设理念存在偏差

以高校体育硬件设施为例进行说明。目前，大型的高标准体育场馆以优美的造型、恢宏的气势、完善的功能，成为一些高校的标志性建筑。这也给学校的整体形象带来了提升，体现出学校的综合实力。不过，也正是因为这些，我国高校体育场馆建设理念存在着重大的误区。就许多院校领导看来，高校体育场馆应当是“非标准、非大型不修”。这就让高校在进行相关场馆建设规划的时候，十分看重体育场馆的“竞技运动服务”功能，而严重忽略了其“健身、教学、娱乐”功能，导致体育场馆的建设成了形象工程、政绩工程。由此可见，目前我国校园体育硬件设施的建设理念，存在着较大偏差。

2. 体育场馆管理水平落后

全社会共享高校体育设施资源，已然成为高校体育场馆改革的必然趋势。但是，在实际生活中，高校体育场馆的经济效益在多数情况下几乎不能与社会上其他场馆的经营情况相比较，其原因主要在于高校体育场馆经营理念的偏差。与社会上的体育场馆相比，多数高校体育场馆依然在很多方面缺乏竞争优势，本来就难以吸引大量的社会人员，与此同时，高额的收费标准使大量的校内外学生群体被拒之门外。就这一层面来讲，高校体育场馆应当首先明确其服务对象为在校的全体师生、员工，通过适当收取相对合理的费用来吸引大量在校师生、员工等进行体育运动。除此之外，高校体育场馆还应当通过差异化收费标准来调节场地的人数，提高体育场馆的使用效率。当然，高校体育场馆还可以开办多种多样的俱乐部或者学习班，建全服务体系。

四、高校体育文化建设的重要意义

随着高校体育地位的逐步提高，高校体育文化建设也随着师生重视度的提高而有了长足的进步。高校开展了形式多样的体育文化活动，使学生参与的积极性有了很大提高，不仅促进了学生的身心健康，而且对培养学生的体育意识和运动能力起到了积极的作用。

首先，通过建设高校体育文化可以增强师生体质。众所周知，体育活动不仅可以促进人体肌肉的生长，还可以对人体的骨骼、神经都给予一定的刺激，从而促进身体各项机能的提升，这对于正处于青年时期的大学生意义是十分重大的。体质的改善能够让师生以饱满的状态投入学习和工作。

其次，高校体育文化建设有利于增加在校师生的体育知识储备，提升体育技能水平。体育并不是简单的跑跳，而是具有丰富内容的社会学科，所蕴含的专业知识并不比其他专业少，为了更好地进行体育运动，师生有必要了解更多的体育知识和技能。体育校园文化建设，很显然可以满足师生这方面的需求。

再次，高校体育文化建设可以帮助师生形成健康的生活理念。“生命在于运动”并不是一句简单的口号，科学合理地进行运动确实可以增强体质，如今“健康中国”已经成为国家战略，高校推行“每天锻炼一小时”的运动理念也是响应国家号召，帮助师生在紧张的学习、工作之余，通过体育锻炼，使自己的精神更加饱满，从而实现劳逸结合，健康生活。

最后，高校体育文化建设有利于帮助师生形成良好的意志品质。比如：体育运动中有一些集体项目，参加这类项目，除了是对师生体能的锻炼，同时让师生明白合作的重要性以及团队的力量，形成相互帮助、包容的理念。提升高校体育管理水平，推进智慧校园的建设进程，如：可以提供智能篮球租借终端的“易租球”方案，用户手机扫码进入小程序，即可租球，解决了学生用球不方便、买优质篮球成本高等难题。“易租球”系统可以大大方便师生租借体育器材，提升师生锻炼的积极性。因此，建设智慧校园体育是学校未来的方向，也是提升学校体育教学、训练质量，学生体质健康水平以及加强校园体育文化建设的需要。

第三章　运动损伤的预防与应急处置

第一节　运动损伤的概念与分类

一、运动损伤的定义

体育运动过程中所发生的各种损伤统称为运动损伤。运动损伤与一般的工伤或日常生活中的损伤有所不同，它的发生与运动项目、训练安排、运动环境、运动者的自身条件以及技术动作有密切的关系。运动损伤对运动员所造成的影响是严重的，不仅影响正常的训练、比赛，妨碍运动成绩的提高，缩短运动寿命，严重的还可能致残、致死。对体育健身参与者来说，运动损伤也将影响其身体健康、学习和工作，还会对其造成不良的心理影响，妨碍体育健身活动的正常开展。因此，在体育运动中，我们对运动损伤的预防应有充分的认识，需要掌握运动损伤的发生规律，切实做好预防工作，最大限度地减少或避免运动损伤。同时，我们还应了解和掌握一些体育运动中常见的运动损伤的产生原因、预防与处理方法，从而使体育运动健康安全且富有成效。

二、运动损伤的分类

1）按损伤组织部位，运动损伤可分为肌肉韧带拉伤、挫伤、关节脱位、扭伤、四肢骨折、内脏损伤、冻伤、脑震荡等。严重的运动损伤较少见，多数是肌肉、韧带、关节的损伤。

2）按损伤组织是否有创口与外界相通，运动损伤可分为：开放性损伤——损伤后皮肤的完整性遭到破坏，伤口与外界相通，如擦伤、刺伤与开放性骨折等；闭合性损伤——伤后皮肤仍保持完整，伤处无裂口与外界相通，如挫伤、关节扭伤、肌肉拉伤与闭合性骨折等。

3）按伤情轻重，运动损伤可分为轻伤、中等伤和重伤。

4）按损伤病程，运动损伤可分为急性损伤和慢性损伤。

三、运动损伤的特点

运动损伤主要发生在四肢和腰背等部位，主要表现为：运动技术伤多；闭合性损伤多；慢性伤多；复杂伤多；复发率高。

四、常见运动项目中的运动损伤

运动损伤的损伤部位与运动项目以及专项技术特点有关。

短跑运动时，大、小腿后肌群屈曲用力后蹬，肌肉主动猛烈收缩，容易引起肌肉损伤大腿后肌群损伤尤为常见。而跟腱拉伤、踝关节和膝关节扭伤等也很常见。

中长跑和马拉松是周期性耐力项目，运动员发生的损伤以慢性损伤为主，跑距越长，其慢性损伤（尤其是踝和腿部）的发生率越高。

体操运动员受伤部位多为腕、肩及腰部，这与其经常做支撑、转体、跳跃、翻腾等技术动作有关。

篮球运动员受伤最多的是膝关节，这与篮球项目技术特点有很大关系。蹲位时膝关节处于负荷最大、最不稳定的状态。

网球运动员的肘关节最容易发生损伤，当网球运动员正反手挥拍击球或高压扣球时，由于肘关节过度伸展，关节附近的肌腱嵌入肱骨上髁，引起肱骨外上髁炎。

第二节　产生运动损伤的原因

一、心理原因

运动损伤的发生常与参加体育运动锻炼者对预防运动损伤重要意义的认识不足有关。思想麻痹大意是造成运动损伤的主要因素之一。盲目或冒失地进行体育锻炼，运动前不检查器械，情绪紧张，急于求成，预防措施不得力，好胜好奇，忽视了循序渐进和量力而行的原则，或在练习中因畏难、恐惧、害羞而犹豫不决，过分紧张等心理，往往是造成运动损伤的重要原因。

二、准备活动不当

研究资料表明，准备活动不当是造成运动损伤的又一重要原因，主要表现如下。

1. 不做准备活动

在中枢神经系统和其他各器官系统尚未做好准备的情况下，就进行紧张的体育活动，容易发生肌肉拉伤、挫伤和扭伤。

2. 训练或比赛前准备活动不充分或对准备活动的生理作用认识不足

准备活动做得马虎、敷衍，在神经系统和各器官的功能尚未达到适宜的水平时，就进行紧张的体育活动，容易发生伤害事故。

3. 准备活动的内容与课内体育活动的内容结合得不好，或缺乏专项准备活动

运动中负担较重部位的功能没有得到充分改善，此时容易发生组织损伤。

4. 准备活动的量过大，身体在进入正式运动前已感到疲劳

准备活动强度过大，当正式运动时，身体的功能不但未处于最佳状态，而且有所下降，容易造成运动损伤。

三、技术动作存在缺点和错误

据有关资料分析，技术动作存在缺点和错误，是初次从事运动训练或学习新动作时发生损伤的主要原因。动作要领掌握不好，容易做各种错误动作而造成损伤。例如：排球传球时，由于手形不正确引起手指挫伤；学习跳马支撑腾跃时，没有掌握好助跑和踏跳，动作不协调，速度太快，向前冲力过大，控制不住身体导致摔倒受伤。

四、运动负荷安排不合理

安排运动量时，没有充分考虑自身的生理特点和体质状况，运动负荷超过能承受的生理负担量，尤其是局部负担量过大。在一般学校的体育教学训练中，训练内容安排不合理会给身体局部形成较大负担，从而引起局部负担量过大，造成损伤。

五、运动场地与设施的缺点

运动场地狭窄，地面不平，器械安置不当或不坚固，做高难度动作时缺乏必要的保护和防护器具（护腕、护膝、护踝等），运动时的服装和鞋子不符合体育卫生的要求，等等，均容易造成损伤。

六、气候条件不良

空气污浊、光线暗淡、气温过高或过低，都能直接或间接造成伤害事故。

第三节　应急处理的原则

一、制动

制动对于骨骼肌操作是必不可少的，主要是立即停止运动，使患部保持不动的状态。运动终止后的制动，能控制肿胀和炎症，把出血控制在最小限度。然后，用石杖或支架固定患部，一般固定两三天，能防止并发症，对治疗也有帮助。

二、冷敷

在应急处理中冷敷效果最为明显。能减轻疼痛和痉挛，降低酶的活性，减少机体组织坏疽的产生，对于受伤后 4~6 小时内产生的肿胀也能得到一定的控制。冷敷还能使血液黏度增加，毛细血管浸透性变小，减少流向患部的血流量。

三、加压

对急性损伤一般采用加压包扎法，使患部内出血和淤血减轻，防止浸出体液渗入组织内部，促进吸收。加压包扎方法很多，可以把浸水的弹力绷带放进冷冻室，同时给予加压和冷敷作用，也可以用毛巾或海绵胶垫来加压包扎。如踝关节扭伤可以用 U 形海绵胶垫套在踝关节上，然后用胶布或弹力绷带固定，防止和减轻踝关节周围的肿胀。

四、抬高

把患部提高到心脏的位置，和冷敷、加压一样，抬高对减轻内出血有明显作用，可以减轻损伤部位的血液和体液压力，促进静脉回流，相对减轻患部的肿胀和淤血。

第四节　常见运动损伤的处理

一、擦伤

擦伤是钝性外力直接作用于身体某一部分而引起的闭合性损伤。

处理方法：用生理盐水清洗创伤面，再涂红药水，以免发生感染，大面积的擦伤要用消毒纱布覆盖或包扎。

二、挫伤

损伤原因：运动时互相冲撞；被踢打；身体某部位撞在器械上。

症状：单纯挫伤（即无并发症）仅在伤部有疼痛、肿胀、局部皮肤青紫，压痛，功能障碍等。如果严重挫伤且有并发症，还可出现全身症状或某些特殊体征。

处理方法：轻度的挫伤应立即冷敷和加压包扎，24 小时后再进行热敷或按摩治疗，注意在刚挫伤时切勿进行按摩和搓揉，以免造成受伤部位充血肿胀，形成淤血，从而加重伤情。对于严重的挫伤（如韧带或肌肉断裂），应在包扎后将伤者立即送往医院治疗。

三、拉伤

损伤原因：准备活动不充分；肌肉的弹性、伸展性、力量差；疲劳或负荷过重，使肌肉机能降低、力量减弱、协调性下降；技术动作不正确，动作过猛或粗野；场地条件差。

症状：伤部疼痛、肿胀、压痛、肌肉痉挛、触之发硬，造成功能障碍。

处理方法：可按挫伤处理办法处理。

四、扭伤

损伤原因：受外力的触击和撞击；落地时重心不稳，或踩在他人脚上、球上或高低不平的地面上。

症状：伤后局部功能立即丧失，有明显肿胀、疼痛等。

处理方法：伤后应立即进行冷敷，加压包扎，抬高患肢固定休息，使毛细血管收缩，防止肿胀；24 小时后即可拆除包扎，采用热敷或外敷药物理疗按摩等使毛细血管扩张，促进血液循环。对于严重扭伤，如韧带断裂、关节脱位，应先做固定处理，再尽快到医院治疗。

五、骨折

损伤原因：直接或间接暴力；肌肉强烈收缩。

症状：受伤肢体剧烈疼痛，骨折处有明显压痛、肿胀及皮下淤血；受伤肢体功能丧失，有的骨折部位发生畸形。

处理方法如下。

1）骨折属严重的运动损伤，有时会引起休克，因此一旦发生骨折，首先要注意预防休克，如发现有休克情况要及时处理。

2）对伴有伤口或开放性骨折的出血伤员，应先采取适当的方法进行止血，然后包扎伤口，再固定骨折部位。

3）临时固定。处理骨折时，用夹板、绷带把折断的部位固定、包扎起来，使受伤部位不再活动，这是骨折的急救方法，其目的是减轻疼痛，避免加重损伤，且便于将伤员转送至医院接受检查治疗。

临时固定的注意事项：①固定前不要无故移动伤肢；②固定时不要试图修复，如果畸形很厉害，可顺伤肢长轴方向稍加牵引；③夹板的长度和宽度要与骨折的肢体相称，其长度必须超过骨折部位的上、下两个关节；④固定的松紧要合适、牢靠。

各部位骨折的临时固定法要根据部位，采用相应的包扎固定方法。①上肢骨折：肱骨骨折时，用一块长短合适的夹板放在伤臂的外侧，再用两条绷带将骨折部位上下绑好，然后用小悬臂带将前臂挂在胸前，不要托肘，最后用绷带把上臂固定于胸廓，前臂骨折时，用两块长短合适的夹板放在前臂的内侧和外侧，再用两条绷带固定，然后用大悬臂带挂起。②下肢骨折：小腿骨折时，用两块夹板，一块在外侧，自大腿中部至足部，另一块在内侧，自腹股沟至中部，然后用 4~5 条绷带分段固定；大腿骨折时，伤员取卧姿，用两块长夹板分别置于伤肢的外侧和内侧，用 5~8 条绷带分段固定夹板，在外侧作结。

护送骨折伤员去医院时，必须将伤员轻放在担架或门板上，途中尽量避免颠簸，并随时注意患者的呼吸、血液循环情况，以免发生意外。

六、出血

血液从损伤的血管流出，称为出血。

按出血部位的不同，出血分为外出血和内出血两种。外出血是指血液从皮肤创口处向体外流出，它是运动损伤中较为常见的一种；内出血是指血液从损伤血管内流出后，向皮下组织、肌肉、体腔（包括颅腔、胸腔、腹腔和关节腔）及胃肠和呼吸器官内注入，内出血较外出血性质严重，因起初不易被察觉，容易发展成为大出血，故危险性很大。按出血的性质，出血可分为动脉出血、静脉出血和毛细血管出血三种。动脉出血时，血色鲜红，血液像喷泉一样流出不止，危险性大；静脉出血时，血色暗红，血液像流水样流出，危险性较小；毛细血管出血时，血色介于动脉血和静脉血色之间，血液从伤口慢慢渗出，可自行凝固止血，无危险性。运动损伤多为混合性出血。

处理方法如下。

1）抬高伤肢法——用于四肢出血，使出血部位高于心脏，从而使出血部位的血压降低，减少出血。

2）加压包扎法——用于小静脉和毛细血管出血，其做法是给伤口涂红药水、撒上消炎粉后，垫盖纱布块，用绷带包扎起来。

3）加垫屈肢法——用于前臂、手、小腿和足出血，其做法是将棉垫放在肘窝或腋窝中，使关节尽量屈曲，再用绷带作“8”字形缠好。

4）指压止血法——用手指腹用力压迫在血管的出血处，将血管压闭塞，达到止血的目的，例如动脉出血时，压在出血口的上端；静脉出血时，压在出血口的下端；毛细血管出血时，直接压在伤口上。

七、中暑

中暑是当气温过高时，体温调节功能发生紊乱，进而导致机体内环境紊乱，从而引发的一系列病理征象（头晕、乏力、胸闷、口渴、大汗、高热甚至昏迷或痉挛）。

处理方法：使患者迅速脱离高温环境，将其移到阴凉处休息，口服十滴水、人丹或涂清凉油，同时补充含盐的清凉饮料；若是重症中暑，在急救的同时尽快送医院救治。预防中暑应避免在高温时段进行耐力性或剧烈性的户外体育比赛，以及在运动时及时补充低糖含盐的饮料。

八、休克

休克是一种急性血循环功能不全综合征。其发病原理是有效血循环量不足，引起全身组织和脏器官的血流灌注不良，导致组织缺血缺氧和脏器功能障碍。

症状：短时间内出现意识模糊、全身无力、面色苍白、出冷汗、反应迟钝、心率加快、血压降低、呼吸缓慢，进而昏迷，甚至死亡。

处理方法如下。

1）迅速让伤员平卧，使之安静休息，要保持病人的体温，在天气寒冷时更要注意，但也不能过热，有时可给予姜糖水、热茶等饮料。

2）针刺或掐点穴位，如内关、足三里、合谷、人中等。

九、溺水

溺水是指人淹没于水或其他液体介质中并受到伤害的状况。

症状：水充满呼吸道和肺泡引起缺氧窒息；吸收到血液循环的水引起血液渗透压改变、电解质紊乱和组织损害；最后造成呼吸停止和心脏停搏而死亡。淹溺的后果可以分为非病态、病态和死亡，其过程是连续的。淹溺发生后患者未丧失生命的称为近乎淹溺。淹溺后窒息合并心脏停搏的称为溺死，如心脏未停搏则称近乎溺死。

处理方法：溺水者被救上岸后，施救者首先应迅速清理其口鼻内的分泌物，立即进行控水、人工呼吸或胸外心脏按压等。在发生危及生命的事故时，应在第一时间拨打120求救电话，使溺水者在最短的时间内得到专业救治，在有关医生未到场时，需要进行现场的应急处理。

第五节 运动损伤的预防

一、加强思想教育

在体育教学和运动训练中，要认真贯彻以预防为主的方针，加强安全卫生、组织纪律性教育，强化防伤观念，培养学生团结友爱、互相帮助、互相保护的优良品质以及发扬良好的体育道德作风。

二、加强对易伤部位的训练与保护

加强对易伤部位的训练与保护，提高它们的功能，是预防运动损伤的积极手段之一。例如，为了预防腰部损伤，除应加强腰背肌训练外，还应加强腹肌训练。因为腰部肌肉受伤从某种意义讲与其对抗肌——腹肌较弱有关，腹肌力量差，易使脊柱过度后伸而导致腰部损伤。又如，为预防关节损伤，应增强其周围肌肉、韧带的力量、弹性和柔韧性，以加强关节的稳定性。再如，为预防肌肉拉伤，在增强肌肉力量的同时，还应注意发展肌肉的伸展性。

三、加强保护与自我保护

保护与自我保护是预防运动损伤的重要手段。尤其在体操项目中，运动员很容易出现失误，在练习动作特别是在练习新动作时，应注意自我保护。

四、充分做好准备活动

做准备活动的目的是进一步提高中枢神经系统的兴奋水平，加强各器官系统的活动，克服人体机能惰性，从而缩短人体对运动的适应过程，使正式运动一开始就能发挥最大的工作效用。充分做好准备活动，可加速血液循环，降低肌肉、韧带黏性，增加其弹性和伸展性，故能够减少或避免损伤的发生。准备活动的内容应根据教学、训练和比赛内容而定，做到有针对性，既要有一般性活动，又要有专项准备活动。对正式运动中负担较大和易伤部位要特别做好准备活动。

五、加强医务监督

建立学生入学后的健康卡，以便教师全面了解和掌握学生的体质状况，然后根据学生的体质状况和个别学生的特殊情况，适当安排体育活动内容，并定期对学生进行体检，把学生体质变化情况作为安排体育活动内容和运动量的主要依据，从而减少或避免运动损伤的发生。

六、其他

重视和加强基本技术的教学，使学生正确掌握动作技术的要领。不断改进教学、训练的方法。在教授动作时，要注意从简到繁、由易入难，从分解动作到完整动作。运动训练要杜绝“单打一”的训练方法，本着循序渐进的原则，合理安排运动负荷，教授学生科学锻炼身体的方法。活动前严格检查场地、器械和学生的着装等。

第四章　大学生体育锻炼与合理饮食对身体健康的影响

随着生活水平的不断提高，身体健康成了人们关注的重要问题。而在大学生群体当中，缺乏体育锻炼和饮食结构不合理导致的身体问题也越来越多，大学生群体的综合身体状况呈现出亚健康状态。大学生群体还处于发育末期，需要合理的膳食营养结构和适当的体育锻炼保持身心健康水平。同时，由于大学生这个年轻的集体中，大量生长激素不平衡散发，导致学生一旦遇到无法调节的身心问题就容易产生身体矛盾和心理矛盾。因此，体育锻炼和合理饮食也是大学阶段的必修课程。

第一节　体育锻炼对大学生身体健康的影响

一、体育锻炼对人体运动系统的影响

经常参加体育锻炼可使得新陈代谢加快，血液循环得到改善，使骨骼更加坚固，可以承担更大的负荷，提高了骨骼抵抗折断、弯曲、压缩、拉长和扭转的能力，从而在形态结构上产生良好的变化，促进骨骼的生长发育。同时体育锻炼的各种动作对骨骼的生长也有良好的刺激作用，可以促进激素分泌，对儿童、少年身高的增长也有促进作用。体育锻炼还可影响内分泌系统，促进磷与钙的吸收，增加制造骨骼原料的供应，有利于骨骼的发育成长。例如网球、投掷项目和击剑运动员的上肢骨粗大，而跳远、跳高运动员的腿骨比较强壮，足球运动员的足骨比较坚实，等等，这都说明了体育锻炼对骨骼生长有着良好的影响。有数据显示，经常参加体育锻炼的人比不经常参加体育锻炼的人高 4~8 厘米。

经常参加科学、系统的体育锻炼，既可以提高关节的稳定性，又可以增加关节的灵活性和运动幅度。关节面骨密质增厚，提高对运动负荷的承受能力；关节面软骨增厚，既加大了关节的稳固性，又提高了关节的运动缓冲能力；关节囊增厚，加固关节；关节滑膜囊与滑膜皱襞的形态、结构发生良好变化，避免关节面过大的撞击和摩擦；关节周围肌腱和韧带增粗，加强了关节的稳固性。在增强关节稳固性的同时，由于关节囊、韧带和关节周围肌肉的弹性和伸展性提高，关节的运动幅度和灵活性也大大增加，可以有效减少伤害事故的发生。

经常进行体育锻炼，可提高肌肉的兴奋性和灵活性，表现为动作速度快，肌肉收缩和舒张交替也快；力量练习可使肌肉更加粗壮、结实，力量更强；喜爱长跑者，肌纤维周围毛细血管开放的数量增多，这样可以保证运动时肌肉细胞与血液之间的气体交换和物质交

换顺利进行，使肌肉细胞获得充分的氧气和营养物质，并能及时排出代谢产物，提高人的耐力。

二、体育锻炼对神经系统的影响

中枢神经系统是指挥整个机体活动的“司令部”。经常参加体育锻炼能有效提高脑细胞的功能，使神经细胞的兴奋强度、反应速度、兴奋抑制转换的灵活性及均衡性都得到提高。一般人的反应时间在0.4秒以上，刘翔的男子110米栏起跑反应时间经常是在0.14~0.16秒，近台快攻的乒乓球运动员的反应时间可达0.1秒左右。运动员反应能力提高，思维更加敏捷，调控身体更准确协调。

体育锻炼还有助于增强记忆力、提高大脑工作效率，这是因为：一方面运动使心脏供血能力大幅度提高，脑细胞的供血量增加，思维能力提高；另一方面经过长时间的思考学习，专管学习思考的神经细胞会产生疲劳，由兴奋转为抑制，这时如果进行体育锻炼，指挥肌肉运动的神经细胞群开始兴奋，而专管学习思考的细胞却得到良好的休息，使头脑更清楚，思维更活跃。经常参加体育锻炼还能预防神经衰弱。运动使大脑的兴奋与抑制两种功能保持平衡，以防止功能性神经衰弱疾病的发生。由于运动对神经系统有良好的作用，所以医学上广泛运用体育手段治疗神经系统机能障碍造成的很多疾病。

三、体育锻炼对消化系统的影响

消化系统可把食物转化为身体所需要的营养物质。经常参加体育锻炼，对消化系统的机能有良好影响，可使胃肠的蠕动加快，消化液的分泌增多，使消化和吸收的能力提高。不少人将体育锻炼作为治疗消化不良、胃肠神经功能症和溃疡病等的一种手段。

四、体育锻炼对心肺循环系统的影响

在人体的各器官系统中，由呼吸系统与循环系统组成的人体氧运输系统，对人的健康及生命活动有十分重要的作用。人体通过循环系统将氧气和营养物质源源不断地输送到人体的各个细胞中，同时将其代谢终产物向体外运输与排出，这是维持人体新陈代谢的基础。

在长期的运动锻炼引起的适应性改建过程中，骨骼肌、心肌的毛细血管会出现增生，这不但有利于适应肌肉工作的需要，而且对于有血管栓塞局部的侧支循环的建立具有极为重要的促进作用。一些专家认为，坚持体育锻炼可以使心脏衰老推迟10~15年。美国科学家发现人体内有一种高密度脂蛋白粒子（HDL2），主要负责把沉积在血管壁上的脂肪和胆固醇去掉。经常进行身体锻炼，就会使体内的HDL2浓度明显增加，并能自动在血管内筑起一道HDL2的防线，不断消除沉积物，使血液畅通。所以要自觉地、经常地进行身体锻炼，提高心血管系统的功能，以防止心血管疾病的发生。

五、体育锻炼对学生心理健康的影响

（一）体育锻炼有助于智力的发展和提高

经常参加体育锻炼，可以促进大脑的开发，使神经系统的兴奋和抑制过程更加集中，对外刺激的反应更加迅速、准确，还可以提高人的视觉、听觉、感觉、神经传导速度、神经过程的均衡性和灵活性，促进神经系统功能的增强。

（二）体育锻炼有助于情感与情绪的调节和改善

体育锻炼不但可以转移不愉快的意识、情绪和行为，使人从烦恼和痛苦中解脱出来，而且可以及时地宣泄不良情绪。

（三）体育锻炼有助于坚强意志品质的培养和形成

在体育锻炼中，要不断克服困难，在战胜自我的前提下，越是努力克服主客观方面的困难，就越能培养良好的意志品质。

由此可见，体育锻炼不仅能强身健体，而且具有健全人格、提高社会适应能力等功能，其重要价值还在于改善人类的生活方式、生命活力、心理品格，达到增强体质、延年益寿的目的。

第二节　合理饮食对促进大学生身体健康的作用

一、提供身体所需营养

合理的膳食营养可以提供人体对不同营养素的需求，并维持身体正常的运动行为机能。适量的蛋白质是维持人体正常生理机能（生长发育和组织修复等）的营养补给；无机盐在人体中起生理机能调节的作用，因此是身体重要的组织构成；合理地摄入维生素可以增强身体的抵抗能力，以保证身体的正常发育；食物中的膳食纤维具有预防人体的排泄及肠道疾病的作用；水分则是维持机体正常生理活动的重要物质。

二、提高记忆力和学习效率

合理的饮食是提升大脑的计算、记忆、判断、行动等综合能力的主要因素。大脑是人体最主要的消耗能量器官，其重量在不到人体重量 2% 的情况下，却消耗着人体 20% 的能量。适量的蛋白质可以通过改善大脑皮质以提供脂肪酸来维持大脑细胞的稳定运行，从而保障人体各项生理功能的实现。合理的饮食搭配可以为人体提供充足的血糖，以保证大脑耗氧量水平。维生素是人体神经系统发育不可缺少的营养物质，饮食中的维生素可以延缓脑细胞的衰老，促进神经组织中脂蛋白的合成，提高神经细胞的灵敏性，从根本上提高人们的记忆力，进而提高生活、学习以及工作的效率。

三、促进体育锻炼

对于体育锻炼来讲，合理饮食能够保证运动能力，但是机体内的物质代谢过程会受到不同运动项目的影响，因此合理安排体育锻炼的饮食营养，对体育锻炼尤为重要。进行速度性运动时，在运动过程中会出现严重的缺氧状态，此时人体主要的能量来源为糖原无氧酵解，因此人体应当补充容易吸收的维生素 C 以及碳水化合物。而对于耐力性的运动，其主要的能量来源为脂肪，同时还应补充蛋白质和铁来提高人体的血红蛋白和呼吸酶水平。

第三节　当前大学生体育锻炼中存在的问题

一、体育运动量不足

体育运动量不足是当前大学生中普遍存在的现象。随着电子产品的普及，更多大学生在闲暇时间更倾向于玩电脑游戏和手机游戏，又或者从事看电影等运动量较小的娱乐活动。而在平时的生活和学习中，由于课业压力大和尚未养成定期定时运动的习惯，许多大学生也不会主动进行体育锻炼，从而造成了当前大学生普遍缺乏体育运动的情况。

二、忽视体育运动

忽视体育运动也是大学生群体中普遍存在的一个现象。一方面，大学阶段对体育课程的安排频率较低，考核项目内容也较为简单，充分考虑了不同学生身体素质的差异。大学体育课程运动强度不大，无法完全满足学生日常生活中的体育运动要求。因此，一些学生就认为体育运动没有专业学习重要，久而久之形成了忽视体育运动的错误思想，极少积极主动地进行体育运动，身体素质也处于较低水平。

三、缺乏体育运动的安全知识

一些大学生虽然积极参加体育运动，但在进行锻炼时缺乏安全意识和自我保护意识，同时缺少体育运动应急伤害的处理知识和能力。这种现象的出现，一方面导致了学生在进行体育运动时，可能使用错误的动作和姿势，使得体育运动效果大打折扣；另一方面导致了学生在面对一些紧急受伤状况时，无法及时进行自救和他救，从而错过了最佳的治疗时期。可见，这些缺乏理论知识和锻炼安全意识的现象对学生的身心健康影响也不容忽视。

第四节　当前大学生饮食结构中存在的问题

一、缺少蔬菜水果等膳食纤维的摄入

保证充足的膳食纤维摄入能够维持人体肠道功能正常运转，也能够帮助其他身体机能健康运行。在当前大学生的饮食结构中，高热量食品的比例远远超过蔬菜水果的比例。当前人体膳食纤维摄入的主要途径是食用绿色蔬菜和水果。但有一些学生甚至认为可以通过喝果汁的方式来代替食用蔬菜水果，实际上这是不可取的。虽然果汁在口感和味道上都优于直接食用水果，具有一定的便利性和口感上的优势，但有些果汁中加入了大量糖分和食品添加剂，长期食用不仅对人体无益，还会有患糖尿病等疾病的风险。

二、摄入的食品添加剂过多

当前袋装食品在生产过程中为了增加口感和延长保质期，往往加入许多食品添加剂和防腐剂。然而现在大学生中许多人零食不离手、零食不离口。这种现象导致了他们在不知不觉中摄入了过多的食品添加剂，从而在消化过程中增加了身体机能的负担，长此以往食品添加剂中的有害物质无法代谢，进而可能引发健康问题。

三、饮食习惯不科学

饮食习惯不科学，是当前大学生生活作息不规律的一个具体表现。一些大学生养成了不吃早餐的不良生活习惯。科学研究证明，早餐对于一天的营养摄入和精神状态乃至身体健康的影响很大，而一些大学生常常熬夜，第二天无法早起吃早餐，长此以往早餐成了他们生活饮食中的“奢侈品”，殊不知这样不科学的饮食习惯会大大降低身体健康的水平。

第五章　运动营养

运动营养学是营养学中的一个分支，它是研究营养与竞技体育、大众健身、疾病康复关系的一门学科。合理营养是健康的基础，也是保证运动员取得良好运动成绩的基本因素之一。竞技体育的高速发展要求运动员必须发挥自身的体能极限才能取得最佳的运动成绩。没有充足合理的营养支持，不可能达到预期目标，同时也无法保证训练效果。运动训练与饮食营养的有机结合，已经成为运动训练工作中的重要环节。

合理营养是运动员健康和运动能力的保证，也是影响身体素质的关键因素。营养与运动员的训练、机能状态、体力适应、恢复过程以及运动性疾病的发生均有密切的关系。合理营养有助于为运动员提供适宜的能量，提高身体素质和专项竞技能力，提高运动成绩。近年来许多研究结果表明，影响运动能力最主要的因素是运动时能量的产生、利用及其调节。能量的产生与充分利用，以及调节能力的增强，将促进运动能力的提高。运动员在运动时能量的供给和运动后物质的恢复都与其营养水平有关，营养素既可作为运动时的能源物质，又可参与运动时或运动后物质代谢和能量代谢的调节。食物的摄入量和摄入时间在很大程度上影响运动能力。

营养策略也会影响运动员的健康和竞技运动能力。运动员采取特殊的营养策略，可以发挥他们最大的运动潜能。因此，营养是运动训练和比赛的重要物质基础。运动员吃什么、何时吃以及怎么吃已是运动营养研究的重要内容。

第一节　运动营养基础——营养素

人体所需要的营养素主要包括糖类、脂类、蛋白质、维生素、矿物质以及水等。营养素有三大基本功能：提供能量、构建机体和修复组织、调节代谢以维持正常生理功能。

一、蛋白质

蛋白质（protein）是化学结构复杂的一类有机化合物，是人体必需的营养素。现已证明，生命的产生、存在和消亡都与蛋白质有关，蛋白质是生命的物质基础，没有蛋白质就没有生命。蛋白质主要由碳、氢、氧、氮和硫等化学元素组成，其中氮元素含量在所有蛋白质中基本一致，平均为 16%。蛋白质构成的基本单位是氨基酸（amino acid）。参与蛋白质组成的氨基酸只有 20 种，其中有 8 种是必需氨基酸。必需氨基酸（essential amino acid）是指人体必需，但自身不能合成，或者合成的量不能满足机体需要，必须从食物中获得的一类氨基酸，包括赖氨酸、苯丙氨酸、亮氨酸、异亮氨酸、苏氨酸、蛋氨酸、缬氨酸和色氨酸。

（一）蛋白质的生理功能

1）维持组织的生长、更新和修补。
2）参与体内多种重要的生理活动。
3）氧化供能 。

（二）蛋白质的分类

营养学上根据食物蛋白质所含必需氨基酸的种类和数量将蛋白质分为三类。

1. 完全蛋白质

完全蛋白质为优质蛋白质，所含的必需氨基酸种类齐全，数量充足，彼此比例适当。奶、蛋、鱼、虾及动物肉类中的蛋白质属于完全蛋白质。

2. 半完全蛋白质

蛋白质中所含氨基酸种类齐全，但其中某些氨基酸的数量不能满足人体的需要，即不符合人体蛋白的氨基酸模式。如小麦中的麦胶蛋白便是半完全蛋白质，含赖氨酸很少。

3. 不完全蛋白质

蛋白质中必需氨基酸的种类不全，比例不当，既不能促进生长发育，也不能维持健康。如肉皮中的胶原蛋白便属不完全蛋白质。

不同食物中蛋白质所含氨基酸的数量和比例不同，因而不同食物的营养价值相差很大，只有食物中的氨基酸比例与人体比例一致时，人体才能够高效利用这些蛋白质食物。把不同的蛋白类食品搭配起来时，各种蛋白质所含氨基酸可以相互配合，取长补短，从整体上可改变氨基酸含量的比例，使之更加接近人体所需的最佳氨基酸模式，因而可大大提高混合蛋白食品的营养价值。如谷类蛋白质中赖氨酸较少，限制了其营养价值，若与含赖氨酸较多的大豆或肉类、蛋类搭配食用，则谷类营养价值就可提高；大豆中蛋氨酸含量较低，而玉米中蛋氨酸含量则较高，两者互补，营养价值皆相应提高。所以，食物多样化，粗细粮搭配，动物蛋白与植物蛋白合理搭配，可以较好地发挥蛋白质的互补作用，有利于提高食物的营养价值。

（三）蛋白质的需要量及食物来源

根据我国营养学会 2013 年修订的标准，一般成人每天蛋白质的推荐量为 0.9克/千克。蛋白质供给的热能，应占一日膳食总能量的 10%~15%，儿童为 12%~15%，成人为 10%~15%。目前力量运动员每天蛋白质的推荐量是 1.4~2.0克/千克。耐力运动员每天的蛋白质推荐量为 1.2~1.60克/千克，若能量消耗过大，应相应增加蛋白质补充量。

蛋白质的食物来源可分为植物性蛋白质和动物性蛋白质两大类。豆类含有丰富的蛋白质，特别是大豆含蛋白质高达 36%~40%，氨基酸组成也比较合理，在体内的利用率较高，是植物蛋白质中非常好的蛋白质来源。蛋类含蛋白质 11%~14%，是优质蛋白质的重要来源。奶类（牛奶）一般含蛋白质 3.0%~3.5%。肉类指禽、畜和鱼虾、贝类的肌肉。新鲜肌肉含蛋白质 15%~22%，肌肉蛋白质营养价值优于植物蛋白质，是人体蛋白质的重要来源。

二、糖类

糖类是由碳、氢、氧三种元素组成的一类化合物，其中氢和氧的比例与水分子中氢和氧的比例相同，又被称为碳水化合物。根据含单糖的数目，碳水化合物分为单糖、二糖和多糖三大类。

（一）糖类主要营养功用

碳水化合物是生命细胞结构的主要成分及主要供能物质，并且有调节细胞活动的重要功能。

1）供给和储存能量。膳食碳水化合物是人类获取能量的最经济和最主要的来源。每克葡萄糖在体内氧化可以产生16.7千焦的能量。维持人体健康所需要的能量中，55%~65%由碳水化合物提供。

2）构成组织及重要生命物质。

3）减少蛋白质作用及调节脂代谢。

4）解毒及增强肠道功能。

（二）血糖生成指数

血糖生成指数（Glycemic Index，GI）是1986年Jenkin率先提出的一个衡量碳水化合物对血糖反应的有效指标。血糖生成指数是指分别摄入含50克碳水化合物的食物与50克葡萄糖后2小时血浆葡萄糖糖耐量曲线下面积之比值。血糖生成指数在55以下的食物为低GI食物；血糖生成指数在55~70之间的食物为中等GI食物；血糖生成指数在70以上的食物为高GI食物。

（三）糖类的膳食参考摄入量与食物来源

1. 碳水化合物的膳食参考摄入量

人体对碳水化合物的需要量，常以可提供能量的百分比来表示。碳水化合物适宜摄入量（AI）占总能量的55%~65%。应包括复合碳水化合物淀粉、不消化的抗性淀粉、非淀粉多糖和低聚糖等碳水化合物；限制纯能量食物如糖的摄入量，提倡摄入营养素/能量密度高的食物，以保障人体能量和营养素的需要及改善胃肠道环境和预防龋齿的需要。

2. 碳水化合物的食物来源

碳水化合物广泛分布于自然界中，人类所需的碳水化合物的食物来源是多方面的，主要来自植物性食物，动物性食物中含量很少。按食物来源大致可分为以下几类：①谷类；②根茎作物；③食糖作物；④豆类；⑤蔬菜；⑥水果；⑦乳产品。膳食中淀粉的来源主要是粮谷类和薯类食物。谷类一般含碳水化合物60%~80%，薯类中含量为15%~29%，豆类中为40%~60%。单糖和二糖的来源主要是糖果、糕点、甜味水果、含糖饮料和蜂蜜等。

三、脂类

营养学上重要的脂类主要有甘油三酯、磷脂和固醇类物质。食物中95%的脂类是甘油三酯，5%是其他脂类。

（一）脂类的分类

脂类包括脂肪和类脂。

脂肪又称甘油三酯，是由一分子甘油和三分子脂肪酸结合而成的。膳食脂肪主要为甘油三酯。组成天然脂肪的脂肪酸种类很多，所以由不同脂肪酸组成的脂肪对人体的作用也有所不同。有些脂肪酸是人体不能自身合成的，如亚油酸和 α - 亚麻酸，这类人体不能合成的脂肪酸又称为必需脂肪酸。

类脂包括磷脂和固醇类。磷脂是构成细胞膜的主要成分。固醇类为一些类固醇激素的前体，如 7- 脱氢胆固醇即为维生素 D3 的前体。胆固醇是人体中主要的固醇类化合物。

（二）脂类的营养功用

1）供给能量。一般合理膳食的总能量有 20%~30% 由脂肪提供。1 克脂肪在体内氧化可产生 37.56 千焦的能量。

2）构成人体细胞和组织。

3）供给必需脂肪酸。

此外，脂肪还可提供脂溶性维生素并促进脂溶性维生素的吸收；保护脏器和维持体温；脂肪还可增加膳食的美味度和增加饱腹感；脂肪具有内分泌作用，构成参与某些内分泌激素。

（三）脂肪的膳食推荐及食物来源

成人脂肪的推荐摄取量为总热能的 20%~30%，含脂肪丰富的食品为动物性食物和坚果类。动物性食物以畜肉类含脂肪最丰富，且多为饱和脂肪酸。除动物性食物外，植物性食物中坚果类（如花生、核桃、瓜子、榛子、葵花子等）脂肪含量较高，最高可达 50%。

四、无机盐

人体内含有的 60 多种元素中，含量较多的有氢、碳、氧、氮、磷、硫、氯、钠、镁、钾、钙等，约占体重的 99.95%。这些生命必需元素中，除碳、氢、氧、氮主要以有机物质形式存在外，其余各元素均为无机的矿物质。矿物质中，人体含量大于体重的 0.01% 的各种元素，称为常量元素，有钙、磷、钾、钠、硫、氯、镁等 7 种。

（一）无机盐的生理功能

各种无机盐在体内的生理功能各有特性，但它们也有一些共性：

1）构成骨骼、牙齿等坚硬组织，具有一定的硬度，起到支持、保护、碾磨食物的作用，如钙、磷、镁等；

2）与其他有机物质结合，组成肌肉、皮肤、脏器等组织的固体成分，如铁、硫、磷、铜等；

3）作为可溶性盐类游离于体液中，以保持一定的渗透压；

4）维持神经的传导性和兴奋性、肌肉的特性等；

5）维持血液、组织液酸碱平衡等。

综上所述，无机盐在体内参与机体组织的构成，有维持机体内环境恒定、调节机体各种生理活动等作用。无机盐根据在人体内的含量多少或每日需要量的情况分为常量元素和微量元素两大类。

（二）无机盐需要及与运动的关系

1. 钙

钙是构成人体的重要组分，正常人体内约含有 1 000~1 300 克的钙。其中 99% 集中于骨骼和牙齿，只有 0.1% 的钙存在于细胞外液，其余分布在全身软组织中（大部分被隔绝在细胞内的钙储存小囊内）。

（1）生理功能

构成机体的骨骼和牙齿，钙是构成骨骼的重要组分，骨骼中的钙占瘦体重的 25% 和总灰分的 40%，钙对保证骨骼的正常生长发育和维持骨健康起着至关重要的作用，维持多种正常生理功能。钙缺乏症是较常见的营养性疾病，主要表现为骨骼的病变，即儿童时期的佝偻病，成年人的骨质疏松症。

（2）摄入量及来源

中国居民成年人钙的推荐摄入量为 800 毫克/天。1 岁以上的人可耐受最高摄入量（UL）为 2 000 毫克/天。运动员推荐量达到 1 000~1 200 毫克/天。奶和奶制品应是钙的重要来源，因为奶中含钙量丰富、吸收率也高。另外，豆类、硬果类，可连骨吃的小鱼小虾及一些绿色蔬菜类也是钙的较好来源。

2. 镁

正常成人身体总镁含量约 25 克，其中 60%~65% 存在于骨、齿，27% 分布于软组织。镁主要分布于细胞内，细胞外液的镁不超过 1%。

（1）生理功能

①激活多种酶的活性。镁作为多种酶的激活剂，参与多种酶促反应。镁能与细胞内许多重要成分，如三磷酸腺苷等形成复合物而激活酶系，或直接作为酶的激活剂激活酶系。一旦人体缺镁，细胞能量过程就会受阻，导致肌肉耐力下降。②维护骨骼生长和神经肌肉的兴奋性，镁是骨细胞结构和功能所必需的元素，对促进骨骼生长和维持骨骼的正常功能具有重要作用。

（2）摄入量及来源

成人镁推荐摄入量为 330 毫克/天。镁虽然普遍存在于食物，但食物中的镁含量差别甚大。由于叶绿素是镁卟啉的螯合物，所以绿叶蔬菜是镁的良好来源。

3. 钾

人体 98% 的钾存在于细胞内，其他存在于细胞外液。

（1）生理功能

参与碳水化合物、蛋白质的代谢；维持细胞内正常渗透压和神经肌肉的应激性和正常功能；维持心肌的正常功能，心肌细胞内外的钾浓度对心肌的自律性、传导性和兴奋性有密切关系；维持细胞内外正常的酸碱平衡，钾代谢紊乱时，可影响细胞内外酸碱平衡。

（2）摄入量及来源

中国成人膳食钾的适宜摄入量为 2 000 毫克/天。大部分食物都含有钾，但蔬菜和水果是钾最好的来源。

4. 铁

人体内铁总量约为 4~5 克，有两种存在形式。一是“功能性铁”，它是铁的主要存在形式，其中血红蛋白含铁量占总铁量的 60%~75%，3% 在肌红蛋白，1% 为含铁酶类（细胞色素、细胞色素氧化酶、过氧化物酶与过氧化氢酶等）。二是“贮存铁”，它以铁蛋白和含铁血黄素形式存在于血液肝、脾与骨髓中，约占人体总铁量的 25%~30%。在人体器官组织中铁的含量，以肝、脾为最高，其次为肾、心、骨骼肌与脑。人体的总铁量随年龄、性别、营养状况和健康状况而有很大的个体差异。

（1）生理功能

铁为血红蛋白与肌红蛋白、细胞色素 A 以及一些呼吸酶的成分，参与体内氧气与二氧化碳的转运、交换和组织呼吸过程。铁与免疫力有关系，大多数人认为许多有关杀菌的酶成分、淋巴细胞转化率、吞噬细胞移动抑制因子、中性粒细胞吞噬功能等，均与铁水平有关。铁还有催化促进 β- 胡萝卜素转化为维生素 A、嘌呤与胶原的合成、抗体的产生、脂类从血液中转运以及药物在肝脏的解毒等功能。

（2）摄入量及来源

成年男子铁推荐摄入量为 12 毫克/天；成年女子为 20 毫克/天；成年人可耐受最高摄入量为 42 毫克/天。铁广泛存在于各种食物中，但分布极不均衡，吸收率也相差极大，一般动物性食物的含量和吸收率均较高。因此膳食中的铁良好来源，主要为动物肝脏、动物全血、畜禽肉类、鱼类。蔬菜含铁量不高，油菜、苋菜、菠菜、韭菜等所含的铁利用率不高。

5. 锌

锌（zinc）作为人体必需微量元素广泛分布在人体所有组织和器官中，成年人体内锌含量约为 2.0~2.5 克，其中以肝、肾、肌肉、视网膜、前列腺为高。

（1）生理功能

锌对生长发育、免疫功能、物质代谢和生殖功能等均有重要作用。锌对运动员非常重要，缺锌与赛前紧张综合征密切相关。人类锌缺乏的常见体征是生长缓慢、皮肤伤口愈合不良、味觉障碍、胃肠道疾患、免疫功能减退等。

（2）摄入量及来源

成年男子的锌推荐摄入量为 12.5 毫克/天，成年女子为 7.5 毫克/天，成年人锌的可耐受最高摄入量为 40 毫克/天。动物性食物和植物性食物都含有锌，但食物的锌含量差别很大，吸收利用率也不相同。一般来说贝壳类海产品、红色肉类、动物内脏类都是锌的极好来源。干果类、谷类胚芽和麦麸也富含锌。一般植物性食物含锌较低。干酪、虾、燕麦、花生酱、花生、玉米等都为良好来源。

6. 硒

硒是人体必需的微量元素之一，20 世纪 70 年代发现硒是谷胱甘肽过氧化物酶（glutathione peroxidase，GPX）的必需成分，揭示了硒的第一个生物活性形式，继而纯化鉴定出人的红细胞 GPX。硒遍布于人体各组织器官和体液中，其中肾中硒浓度最高，肝脏次之，血液中相对低些。肌肉中的硒占人体总硒量的一半。肌肉、肾脏、肝脏和血液是硒的组织贮存库。

（1）生理功能

构成含硒蛋白与含硒酶的成分；抗氧化作用及维持免疫机能；对甲状腺激素的调节作用；维持正常的生育功能。

（2）摄入量及来源

18 岁以上者推荐量为 60 微克/天，可耐受最高摄入量为 400 微克/天。食物中硒含量的测定值变化很大，例如（以鲜重计）：内脏和海产品 0.4~1.5 毫克/千克；瘦肉 0.1~0.4 毫克/千克；谷物 <0.1 毫克/千克；奶制品 <0.1~0.3 毫克/千克；水果蔬菜 <0.1 毫克/千克。影响植物性食物中硒含量的主要因素是其栽种土壤中的硒含量和可被吸收利用的量。

五、维生素

维生素是维持人体正常生命活动所必需的一类有机化合物。在体内其含量极少，但在机体的代谢、生长发育等过程中起重要作用。维生素分为水溶性和脂溶性两类。各种维生素的化学结构与性质虽然各异，但有共同特点：①均以维生素本身或可被机体利用的前体化合物（维生素原）的形式存在于天然食物中；②非机体结构成分，不提供能量；③一般不能在体内合成（维生素 D 例外）或合成量太少，必须从外界摄取；④虽然人体所需维生素量不大，但维生素绝不能缺乏，否则可引起维生素缺乏病。

当维生素摄入过多时，水溶性维生素常以原形从尿中排出体外，几乎无毒性，但若摄入量过大（非生理），会干扰其他营养素的代谢；脂溶性维生素摄入过多，由于排出较少，可致体内积存超负荷而造成中毒。为此，维生素摄入量必须遵循合理性原则，不宜盲目加大剂量。

（一）脂溶性维生素

1. 维生素 A

维生素 A 的化学名为视黄醇，属脂溶性维生素，在高温和碱性的环境中比较稳定，一般烹调和加工过程中不会被破坏。但是维生素 A 极易被氧化，特别在高温条件下，紫外线照射可以加快这种氧化过程。因此，维生素 A 或含有维生素 A 的食物应避光在低温下保存。

（1）生理功能

维生素 A 对上皮细胞的细胞膜起稳定作用，维持上皮细胞的形态完整和功能健全；构成视觉细胞内的感光物质；促进生长发育和维护生殖功能；维持和促进免疫功能。

（2）摄入量及来源

成年男性推荐摄入量为每天 800 微克视黄醇当量；成年女性推荐摄入量为每天 700 微克视黄醇当量，成年人可耐受最高摄入量每天为 3 000 微克视黄醇当量。

来源：动物肝脏、蛋黄、奶油等。

2. 维生素 D

维生素 D 是一类含环戊氢烯菲环结构，并具有钙化醇生物活性的一大类物质，目前已知的维生素 D 至少有 10 种，但最重要的是维生素 D2（麦角骨化醇）和维生素 D3（胆钙化醇）。维生素 D 溶于脂肪溶剂，遇热、碱较稳定，遇光、酸不稳定。维生素 D 在肝和各种人体组织都有分布，特别在脂肪组织中有较高的浓度，但代谢较慢。

（1）生理功能

促进肠道对钙、磷的吸收；对骨骼钙的动员；促进肾脏重吸收钙、磷。维生素 D 缺乏在婴幼儿中以钙、磷代谢障碍和骨样组织钙化障碍为特征，严重者出现骨骼畸形，如方头、鸡胸、漏斗胸、“O”形腿和“X”形腿等。成人维生素 D 缺乏使成熟骨矿化不全，表现为骨质软化症，妊娠和哺乳期妇女及老年人常见症状有骨痛、肌无力，活动时加剧，严重时骨骼脱钙引起骨质疏松，甚至发生自发性或多发性骨折。

（2）摄入量及来源

由于维生素 D 既可由膳食提供，又可经暴露在日光之下的皮肤合成，而皮肤合成量的多少又受到纬度、暴露面积、阳光照射时间、紫外线强度、皮肤颜色等影响，因此维生素 D 的需要量很难确切估计。成人推荐量为 10 微克/天，可耐受最高摄入量为 50 微克/天。

维生素 D 有两个来源，一为外源性，依靠食物来源；另一为内源性，通过阳光（紫外线）照射由人体皮肤产生。动物性食物中含有维生素 D3，其中以鱼肝和鱼油含量最丰富，其次在鸡蛋、乳牛肉、黄油和咸水鱼如鲱鱼、鲑鱼和沙丁鱼中含量也较高。

3. 维生素 E

维生素 E 又名生育酚，为油状液体，橙黄色或淡黄色，溶于脂肪及脂溶剂。

（1）生理功能

具有抗氧化作用，是非酶抗氧化系统中重要的抗氧化剂，维生素 E 与维生素 C、β - 胡萝卜素有抗氧化的协同互补作用；对神经系统和骨骼肌有保护作用。

（2）摄入量及来源

各年龄组每天维生素 E 的适宜摄入量（AI）为：成年男女为 14 毫克生育酚当量，可耐受最高摄入量为 700 毫克生育酚当量。维生素 E 只能在植物中合成，植物的叶子和其他绿色部分均含有维生素 E。绿色植物中的维生素 E 含量高于黄色植物。麦胚、向日葵及其油富含 RRR- α - 生育酚，而玉米和大豆中主要含 γ - 生育酚。

4. 维生素 K

维生素 K 是肝脏中凝血酶原和其他凝血因子合成必不可少的。维生素 K 易遭酸、碱、氧化剂和光（特别是紫外线）的破坏。由于天然食物中维生素 K 对热稳定，并且不是水溶性的，因此在正常的烹调过程中只损失很少部分。

（1）生理功能

调节凝血蛋白质合成。

（2）摄入量及来源

成人维生素 K 的膳食适宜摄入量为 120 微克/天。其广泛分布于动物性食物和植物性食物中，由于维生素 K 的膳食需要量低，大多数食物基本可以满足需要。

（二）水溶性维生素

1. 维生素 B1

维生素 B1 又称硫胺素，也称抗脚气病因子、抗神经炎因子等，是人类最早发现的一种维生素。维生素 B1 常以盐酸盐的形式出现，为白色结晶，极易溶于水。维生素 B1 固态形式比较稳定，在 100 摄氏度时也很难被破坏。其在酸性水溶液中稳定，在碱性环境中易被氧化失活，且不耐热，在 pH>7 的情况下煮沸，可使其大部分或全部破坏，甚至在室温下储存，亦可逐渐破坏。

（1）生理功能与缺乏

维生素 B1 可以构成辅酶维持体内正常代谢；抑制胆碱酯酶的活性，促进胃肠蠕动。

如果维生素 B1 摄入不足或机体吸收利用障碍以及其他各种原因引起需要量增加等因素，能引起机体维生素 B1 缺乏。维生素 B1 缺乏引起的疾病称作脚气病。

（2）摄入量与来源

由于硫胺素在能量代谢，尤其是碳水化合物代谢中的重要作用，其需要量常取决于能量的摄入，因此传统上按每 4 184 千焦（1 000 千卡）能量消耗为单位来确定维生素 B1 的需要量，0.5 毫克 /1 000 千卡。成年男女的推荐摄入量分别为 1.4 毫克/天和 1.2 毫克/天。维生素 B1 广泛存在于天然食物中，含量最为丰富的是葵花子仁、花生、大豆粉、瘦猪肉；其次为粗粮、小麦粉、小米、玉米、大米等谷类食物；鱼类、蔬菜和水果中含量较少。

2. 维生素 B2

维生素 B2 又称核黄素（riboflavine），维生素 B2 的中性和弱碱性溶液为黄色。维生素 B2 在强酸性溶液中稳定，其强酸溶液为白色。膳食中大部分维生素 B2 是以黄素单核苷酸和黄素腺嘌呤二核苷酸辅酶形式和蛋白质结合的。

（1）生理功能与缺乏

维生素 B2 以辅酶形式参与许多代谢中的氧化还原反应，在细胞呼吸链中的能量产生中发挥作用，或直接参与氧化反应，或参与复杂的电子传递系统。维生素 B2 缺乏常伴有其他营养素缺乏，如烟酸的代谢。易引起铁营养不良，此外，严重维生素 B2 缺乏可引起免疫功能低下和胎儿畸形。

（2）摄入量与来源

维生素 B2 与体内能量代谢密切相关。目前对所有年龄段的人维生素 B2 推荐量为 0.6 毫克 /4 184 千焦。成年男性和女性推荐摄入量分别为 1.4 毫克/天和 1.2 毫克/天。维生素 B2 广泛存在于奶类、蛋类、各种肉类、动物内脏、谷类、蔬菜和水果等动物性和植物性食物中。其主要以 FMN、FAD 的形式与食物中的蛋白质结合。粮谷类的维生素 B2 主要分布在谷皮和胚芽中，研磨加工会丢失一部分维生素 B2。绿叶蔬菜中维生素 B2 含量较其他蔬菜高。

3. 维生素 B6

维生素 B6 是含氮化合物，主要以天然形式存在，包括吡哆醛（PL），吡哆醇（PN）和吡哆胺（PM）。维生素 B6 的各种磷酸盐和碱的形式均易溶于水，在空气中稳定，在酸性介质中 PL、PN、PM 遇热都比较稳定，但在碱性介质中遇热不稳定，易被碱破坏。

（1）生理功能及缺乏

维生素 B6 以其活性形式磷酸吡哆醛（PLP）作为许多酶的辅酶，参与神经递质、糖原、神经鞘磷脂、血红素、类固醇和核酸的代谢。缺乏的症状包括虚弱、失眠、周围神经病、唇干裂、口炎等。维生素 B6 缺乏的典型临床症状是脂溢性皮炎、小细胞性贫血、癫痫样惊厥以及忧郁和精神错乱。

（2）摄入量与来源

一般说来，维生素 B6 的需要量随蛋白质摄入量的增加而增加，当维生素 B6 与蛋白质摄入量保持适宜的比值（0.016 毫克维生素 B6/ 克蛋白质），就能够维持适宜的营养状态。成人维生素 B6 推荐摄入量为 1.4 毫克/天，可耐受最高摄入量为 60 毫克/天。

维生素 B6 的食物来源很广泛，动植物性食物中均含有维生素 B6，通常肉类、全谷类产品（特别是小麦）、蔬菜和坚果类的维生素 B6 的含量较高。大多数维生素 B6 的生物利用率较低。

4. 烟酸

烟酸又名维生素 PP、尼克酸、抗癞皮病因子，烟酸和烟酰胺都是吡啶的衍生物。烟酸为无色针状晶体，味苦；烟酰胺晶体呈白色粉状，两者均溶于水及酒精，不溶于乙醚。烟酰胺的溶解度大于烟酸，烟酸和烟酰胺性质比较稳定，酸、碱、氧、光或加热条件下不易破坏。一般加工烹调损失很小，但会随水流失。

（1）生理功能与缺乏

烟酰胺在体内与腺嘌呤、核糖和磷酸结合构成烟酰胺腺嘌呤二核苷酸和烟酰胺腺嘌呤二核苷酸磷酸，在生物氧化还原反应中起电子载体或递氢体作用。烟酸缺乏可引起癞皮病。此病起病缓慢，常有前驱症状，如体重减轻、疲劳乏力、记忆力差、失眠等。如不及时治疗，则可出现皮炎（dermatitis）、腹泻（diarrhea）和痴呆（dementia）。由于此三系统症状英文名词的开头字母均为“D”字，故又称为癞皮病“3D”症状。

（2）摄入量与来源

人体烟酸的需要量与能量的消耗量有密切关系。能量消耗增加时，烟酸需要量也增多。烟酸的需要量或推荐摄入量用烟酸当量（niacin equivalence，NE）表示。成年男性与成年女性每天的烟酸推荐摄入量分别为 14 毫克烟酸当量与 12 毫克烟酸当量，成年人每日可耐受最大摄入量为 35 毫克烟酸当量。

烟酸及烟酰胺广泛存在于食物中。植物性食物中存在的主要是烟酸。动物性食物中则以烟酰胺为主。烟酸和烟酰胺在肝、肾、瘦畜肉、鱼以及坚果类中含量丰富，乳、蛋中的含量虽然不高，但色氨酸较多，可转化为烟酸。

5. 叶酸

叶酸即蝶酰谷氨酸，为淡黄色结晶粉末，微溶于水，其钠盐易于溶解。不溶于乙醇、乙醚等有机溶剂。叶酸对热、光线、酸性溶液均不稳定，在酸性溶液中温度超过 100 摄氏度即分解。在碱性和中性溶液中对热稳定。食物中的叶酸烹调加工后损失率可达 50%~90%。

（1）生理功能缺乏

叶酸在肠壁、肝脏及骨髓等组织中，经叶酸还原酶作用，还原成具有生理活性的四氢叶酸。四氢叶酸的主要生理作用在于它是体内生化反应中一碳单位转移酶系的辅酶，起着一碳单位传递体的作用。以四氢叶酸作为载体，参与其他化合物的生成和代谢。叶酸缺乏容易引起巨幼红细胞贫血。

（2）摄入量与来源

成人每天推荐叶酸摄入量为 400 微克叶酸当量，每天可耐受最高摄入量为 1 000 微克叶酸当量。

叶酸广泛存在于各种动、植物食品中。富含叶酸的食物为猪肝、猪肾、鸡蛋、豌豆、菠菜等。

6. 维生素 C

维生素 C 又称抗坏血酸，是一种含有 6 个碳原子的酸性多羟基化合物，维生素 C 虽然不含有羧基，仍具有有机酸的性质。维生素 C 为无色无臭的片状结晶体，易溶于水。

（1）生理功能

维生素 C 是一种较强的还原剂，可使细胞色素 C、细胞色素氧化酶及分子氧还原。

（2）摄入量与来源

成人推荐摄入量为 100 毫克/天。可耐受最高摄入量为 2 000 毫克/天。维生素 C 的来源主要是新鲜蔬菜与水果。蔬菜中，辣椒、茼蒿、苦瓜、豆角、菠菜、土豆、韭菜等中含量丰富；水果中，酸枣、鲜枣、草莓、柑橘、柠檬等中含量最多；在动物的内脏中也含有少量的维生素 C。

第二节　运动期间的营养问题及合理营养

一、运动锻炼期间膳食中常见问题

运动锻炼期间的膳食失衡表现在许多方面。长期失衡的膳食营养损害运动者的健康，降低训练的效果，延缓疲劳的消除。结合近年来的研究发现，膳食问题主要内容如下。

（一）碳水化合物（糖）摄入不足

碳水化合物占总热能比例约 55%~65%，是运动中的主要能量来源。碳水化合物摄入严重不足不仅会严重影响训练质量和运动表现，同时会影响其他物质的正常代谢。随着生活水平的改善，人们把摄取更多的动物性食物作为改善营养的标准，相应的碳水化合物的食物摄取就被忽略了。

训练水平越高的选手，膳食中碳水化合物的比例也应该越高。所以为了保证训练效果和提高运动能力，应增加膳食碳水化合物的摄入量。

（二）脂肪和蛋白质摄入过多

合理膳食中脂肪和蛋白质的供应量应分别占总热能的 25%~30% 和 12%~15%。脂肪和蛋白质摄入过多，也会损害运动员的健康，降低训练效果。“肉类即是营养”和流行“吃主食发胖”等错误观念易导致膳食中脂肪和蛋白质摄入过多。另外，烹调使用太多的食用油，偏好油炸食品以及忽视主食的摄取等都容易导致脂肪和蛋白质摄入过多。

长期过多的脂肪和蛋白质摄入不利于健康水平和运动能力的提高。过剩的脂肪和蛋白质导致能量过剩，体重增加；过剩的蛋白质和脂肪代谢加重肝、肾的负担，并产生酸性产物，使体液酸化，从而导致疲劳过早出现；过多的膳食脂肪使肠道内铁和蛋白质的吸收率降低，也容易造成钙的流失和脱水等。

（三）部分维生素摄入不足

运动锻炼期间能量代谢旺盛，对参与代谢的 B 族维生素需求量大。训练期间汗液流失量大，也容易导致水溶性维生素丢失增多。再加上膳食加工过程中，水溶性维生素也容易被破坏。这些方面均会导致部分维生素摄入不足。

（四）运动中补液不科学

水占人体体重的 65% 左右，具有调节体温、参与代谢、促进代谢废物的清除等功能。研究表明，运动中丢失水得不到及时补充，将导致血容量的下降，从而增加心脏的负担，使心率过度增高。通常丢失体液达到体重的 2%~3% 时，机体调节体温的能力下降，运动能力就会受到损害。

二、运动期间合理营养的意义

合理营养是指在维持健康的基础上，摄入的营养物质能够满足运动训练或比赛的需求。合理营养可以提供全面而均衡的营养素，使体内有充足的营养储备，从而维持良好的运动能力。

（一）有助于提供充足的能量，维持适宜的体重和体脂比例

运动训练增加能量的消耗，而体内可快速动用的能源储备有限，如果无充足的能源补充，即体内糖原水平较低，就不能维持高效的 ATP 合成速率。因此在训练或比赛前应摄取充足的碳水化合物，保证体内有充足的肌糖原和肝糖原储备。适宜的体重和体脂比例也是运动员良好运动能力的保障，而能量的平衡是维持良好的体重、体脂比例的关键。

（二）有助于延缓疲劳和加速运动后的恢复

机体能源物质的大量消耗和代谢产物的堆积是引起疲劳的主要原因。运动前、中、后合理地补糖、补液，可以预防脱水、纠正电解质紊乱和防止低血糖的发生，从而有助于延缓运动性疲劳的发生。代谢能力的恢复主要靠合理营养措施才能实现，运动后及时的营养物质补充有助于能源物质的快速恢复和储备。

（三）有利于改善免疫力和运动能力

大负荷运动训练、不合理的膳食营养可抑制机体的免疫机能，增加感染疾病的危险性。合理的膳食营养，尤其大负荷训练期特殊营养的补充能够调节机体的免疫力。

（四）有助于克服特殊的运动医学问题

特殊环境训练的医学问题，如高原训练、热环境及冷环境条件下训练的医学问题，需要特殊的营养监控，保证运动训练和良好的健康水平。

三、合理营养的要求

由于健身运动者性别、年龄以及从事运动项目存在差异，其营养需求也必然有所不同。另外，运动项目要求复杂，活动强度大，能量消耗高，因此，制定一个通用的营养标

准是非常困难的，也是不现实的。

（一）合理膳食营养的基本要求

1）食物的数量和质量应满足需要。

2）食物应当营养均衡和多样化且易于消化吸收。

3）食物应当是浓缩的。

4）一日三餐食物的能量分配应根据运动训练或比赛的任务来安排。

5）食物要色、香、味俱全，能够激发食用者的食欲。

因此，饮食建议需要根据每一个运动员的营养状况，包括运动员的最佳体重、体成分、饮食和生活方式、健康状况、心理和生理评定等，参照运动的专项训练目标及运动强度、时间等给出。

（二）膳食制度的要求

1. 进餐时间

应养成良好的进餐习惯：定时进餐，饮食有节。进食的时间和餐次应有规律，定时进餐可使大脑皮层的兴奋性有规律地升高，促进食物的消化吸收。一般食物在进食后 3~4 小时可从胃排空，脂肪少的食物如植物性食物停留较短，而脂肪多的食物停留时间较长。一般进餐后 2~2.5 小时再进行运动为宜，这是因为：进餐后的一段时间内，胃的充盈抑制了膈肌的活动，影响呼吸，不利于运动；另外，若进餐后立即运动，由于血液的重新分配，导致消化系统的血流量减少，致使消化吸收能力下降，也会影响运动能力的发挥。

运动结束一段时间后，胃肠道的血液分布会逐渐恢复正常，运动后最好休息 30 分钟以上再进餐，大运动量后要休息 45 分钟以上。另外，对于能量消耗的运动员和青少年运动员，在训练或比赛间歇可安排加餐，加餐要以食物易于消化吸收，不增加消化器官的负担为前提。

2. 进餐方式和分配

运动前一餐不要吃得过多，食物应该以谷类为主，动物性食物为辅。运动后可以适当增加蔬菜水果的摄入，满足维生素、矿物质和膳食纤维的需要。

一日三餐的能量分配，应根据训练或比赛情况来安排，原则是运动前的一餐应注重碳水化合物能量的摄取。一般早餐摄入充足的蛋白质和维生素，有利于整个上午的生理机能保持较高的水平。晚餐进食不宜大量摄入，特别是脂肪和蛋白质含量高、难消化、有刺激性的食物，以免影响睡眠和次日的食欲。

四、《中国居民膳食指南（2022）》

《中国居民膳食指南（2022）》是根据科学原则和当地百姓健康需要，以及当地食物生产情况和人民生活实践，由政府或者权威学术机构提出的食物选择和身体活动的指导性意见。它既是我们公共卫生政策的基础性文件，又是健康教育基础性文件，是国家实时推动合理膳食、合理消费和改善人群营养状况的一个重要组成部分。《中国居民膳食指南（2022）》提出了以下八条准则。

（一）食物多样，合理搭配

核心推荐：坚持谷类为主的平衡膳食模式；每天的膳食应包括谷薯类、蔬菜水果、畜禽鱼蛋奶和豆类食物；平均每天摄入 12 种以上食物，每周 25 种以上，合理搭配；每天摄入谷类食物 200~300 克，其中包含全谷物和杂豆类 50~150 克；薯类 50~100 克。

（二）吃动平衡，健康体重

核心推荐：各年龄段人群都应天天进行身体活动，保持健康体重；食不过量，保持能量平衡；坚持日常身体活动，每周至少进行 5 天中等强度身体活动，累计 150 分钟以上；主动身体活动最好每天 6 000 步；鼓励适当进行高强度有氧运动，加强抗阻运动，每周 2~3 天；减少久坐时间，每 1 小时起来动一动。

（三）多吃蔬果、奶类、全谷物、大豆

核心推荐：蔬菜水果、全谷物和奶制品是平衡膳食的重要组成部分；餐餐有蔬菜，保证每天摄入不少于 300 克的新鲜蔬菜，深色蔬菜应占 1/2；天天吃水果，保证每天摄入 200~350 克的新鲜水果，果汁不能代替鲜果；吃各种各样的奶制品，摄入量相当于每天 300 毫升以上液态奶；经常吃全谷物、大豆制品，适量吃坚果。

（四）适量吃鱼、禽、蛋、瘦肉

核心推荐：鱼、禽、蛋类和瘦肉摄入要适量，平均每天 120~200 克；每周最好吃鱼 2 次或 300~500 克，蛋类 300~350 克，畜禽肉 300~500 克；少吃深加工肉制品；鸡蛋营养丰富，吃鸡蛋不弃蛋黄；优先选择鱼，少吃肥肉、烟熏和腌制肉制品。

（五）少盐少油，控糖限酒

核心推荐：培养清淡饮食习惯，少吃高盐和油炸食品。成年人每天摄入食盐不超过 5 克，烹调油 25~30 克；控制添加糖的摄入量，每天不超过 50 克，最好控制在 25 克以下；反式脂肪酸每天摄入量不超过 2 克；不喝或少喝含糖饮料；儿童青少年、孕妇、乳母以及慢性病患者不应饮酒。成年人如饮酒，一天饮用的酒精量不超过 15 克。

（六）规律进餐，足量饮水

核心推荐：合理安排一日三餐，定时定量，不漏餐，每天吃早餐；规律进餐、饮食适度，不暴饮暴食、不偏食挑食、不过度节食；足量饮水，少量多次。在温和气候条件下，低身体活动水平成年男性每天喝水 1 700 毫升，成年女性每天喝水 1 500 毫升；推荐喝白开水或茶水，少喝或不喝含糖饮料，不用饮料代替白开水。

（七）会烹会选，会看标签

核心推荐：在生命的各个阶段都应做好健康膳食规划；认识食物，选择新鲜的、营养素密度高的食物；学会阅读食品标签，合理选择预包装食品；学习烹饪、传承传统饮食，享受食物天然美味；在外就餐，不忘适量与平衡。

（八）公筷分餐，杜绝浪费

核心推荐：选择新鲜卫生的食物，不食用野生动物；食物制备生熟分开，熟食二次加热要热透；讲究卫生，从分餐公筷做起；珍惜食物，按需备餐，提倡分餐不浪费；做可持续食物系统发展的践行者。

第六章 《国家学生体质健康标准》及测评

第一节 《国家学生体质健康标准》定义

《国家学生体质健康标准》是为了贯彻落实健康第一的指导思想，切实加强学校体育工作，促进学生积极参加体育锻炼，养成良好的锻炼习惯，提高体质健康水平而制定的。《国家学生体质健康标准》是《国家体育锻炼标准》的有机组成部分，是《国家体育锻炼标准》在学校的具体实施，是国家对学生体质健康方面的基本要求，适用于全日制小学、初中、普通高中、中等职业学校和普通高等学校的在校学生。

《国家学生体质健康标准》的内涵是测量学生体质健康状况和锻炼效果的评价标准，是国家对不同年龄段学生体质健康方面的基本要求，是学生体质健康的个体评价标准。健康的概念包括身体健康、心理健康和社会适应。《国家学生体质健康标准》涵盖的是与学校体育密切相关的学生身体健康范畴。为了界定它的内涵，又避免与三维的健康概念混淆，故将“体质”作为“健康”的定语以示其内涵。

第二节 《国家学生体质健康标准》说明

为建立健全国家学生体质健康监测评价机制，激励学生积极进行身体锻炼，教育部印发《国家学生体质健康标准（2014年修订）》（以下简称《标准》），要求各学校每学年开展覆盖本校各年级学生的《标准》测试工作，并根据学生学年总分评定等级。只有达到良好及以上的学生，方可参加评优与评奖。

《标准》适用于全日制普通小学、初中、普通高中、中等职业学校、普通高等学校的学生，将学生按照年级划分为不同组别，身体形态类中的身高、体重，身体机能类中的肺活量，以及身体素质类中的50米跑、坐位体前屈为各年级学生共性指标。

1）《标准》是国家学校教育工作的基础性指导文件和教育质量基本标准，是评价学生综合素质、评估学校工作和衡量各地教育发展的重要依据，是《国家体育锻炼标准》在学校的具体实施办法，适用于全日制普通小学、初中、普通高中、中等职业学校、普通高等学校的学生。

2）《标准》的修订坚持健康第一，落实《国家中长期教育改革和发展规划纲要（2010—2020年）》、《国务院办公厅转发教育部等部门关于进一步加强学校体育工作若干意见的通知》（国办发〔2012〕53号）和《教育部关于印发〈学生体质健康监测评价办法〉等三个文件的通知》（教体艺〔2014〕3 号）有关要求，着重提高《标准》应用的信度、效度和区分度，着重强化其教育激励、反馈调整和引导锻炼的功能，着重提高其教育监测和绩效评价的支撑能力。

3）《标准》从身体形态、身体机能和身体素质等方面综合评定学生的体质健康水平，是促进学生体质健康发展、激励学生积极进行身体锻炼的教育手段，是国家学生发展核心素养体系和学业质量标准的重要组成部分，是学生体质健康的个体评价标准。

4）《标准》将适用对象划分为以下组别：小学、初中、高中按每个年级为一组，其中小学为 6 组、初中为 3 组、高中为 3 组。大学一、二年级为一组，三、四年级为一组。

5）小学、初中、高中、大学各组别的测试指标均为必测指标。其中，身体形态类中的身高、体重，身体机能类中的肺活量，以及身体素质类中的 50 米跑、坐位体前屈为各年级学生共性指标。

6）《标准》的学年总分由标准分与附加分之和构成，满分为 120 分。标准分由各单项指标得分与权重乘积之和组成，满分为 100 分。附加分根据实测成绩确定，即对成绩超过 100 分的加分指标进行加分，满分为 20 分；小学的加分指标为 1 分钟跳绳，加分幅度为 20 分；初中、高中和大学的加分指标为男生引体向上和 1 000 米跑，女生 1 分钟仰卧起坐和 800 米跑，各指标加分幅度均为 10 分。

7）根据学生学年总分评定等级：90.0 分及以上为优秀，80.0~89.9 分为良好，60.0~79.9 分为及格，59.9 分及以下为不及格。

8）每个学生每学年评定一次，记入“《国家学生体质健康标准》登记卡”。特殊学制的学校，在填写登记卡时可以按规定和需求相应增减栏目。学生毕业时的成绩和等级，按毕业当年学年总分的 50% 与其他学年总分平均得分的 50% 之和进行评定。

9）学生测试成绩评定达到良好及以上者，方可参加评优与评奖；成绩达到优秀者，方可获体育奖学分。测试成绩评定不及格者，在本学年度准予补测一次，补测仍不及格，则学年成绩评定为不及格。普通高中、中等职业学校和普通高等学校学生毕业时，《标准》测试的成绩达不到 50 分者按结业或肄业处理。

10）学生因病或残疾可向学校提交暂缓或免予执行《标准》的申请，经医疗单位证明，体育教学部门核准，可暂缓或免予执行《标准》，并填写“免予执行《国家学生体质健康标准》申请表”，存入学生档案。确实丧失运动能力、被免予执行《标准》的残疾学生，仍可参加评优与评奖，毕业时《标准》成绩需注明免测。

11）各学校每学年开展覆盖本校各年级学生的《标准》测试工作，《标准》测试数据经当地教育行政部门按要求审核后，通过中国学生体质健康网上传至国家学生体质健康标准数据管理系统。测试和数据上传时间由教育行政部门确定。

12）《标准》由教育部负责解释。

第三节 《国家学生体质健康标准》功能

一、教育激励

《国家学生体质健康标准》是促进学生体质健康发展、激励学生积极进行身体锻炼的教育手段。所选用的指标可以反映与身体健康关系密切的身体成分、心血管系统功能、肌肉的力量和耐力以及关节和肌肉的柔韧性等要素的基本状况。《国家学生体质健康标准》的实施将使学生和社会能够对影响身体健康的主要因素有一个更加明确的认识和理解，引导人们去积极追求身体的健康状态，实现学校体育的目标。《国家学生体质健康标准》实施办法还规定，对达到合格以上等级的学生颁发证章，以激励学生对体育锻炼的内在积极性。

二、反馈调整

《国家学生体质健康标准》是学生体质健康的个体评价标准，并规定了各校应将每年测试的数据按时上报至国家学生体质健康标准数据管理系统，该系统具有按各种要求进行统计、分析、检索的功能，并定期向社会公告。该系统为学生及其家长提供了在线查询和在线评估服务，向学生提供了个性化的身体健康诊断，使学生能够在准确了解自己体质健康状况的基础上进行锻炼；该系统还可为各级政府机关、教育行政部门、学校提供翔实的统计和分析数据，使其了解学生的体质健康状况，及时采取科学的干预措施。

三、引导锻炼

修订后的《国家学生体质健康标准》增加了一些简便易行，锻炼效果较好的项目，并提高了部分锻炼项目指标的权重，对引导学生进行体育锻炼具有较强的实效性；同时通过国家学生体质健康标准数据管理系统，学生还可以查询到针对性较强的运动处方，用于自身因地制宜地进行科学的体育锻炼，提高身体健康水平。

第四节 评定标准与分值

一、项目及指数

大学生各年级测试项目评价指标及分值如表 6-1 所示。

表 6-1 大学生各年级测试项目评价指标及分值表

组别	评价指标（测试项目）	分值 / 分
大学生各年级	50 米跑	20
	坐位体前屈	10
	立定跳远	10
	男生引体向上，女生 1 分钟仰卧起坐	10
	男生 1 000 米跑 女生 800 米跑	20
	BMI 指数	15
	肺活量	15

注：BMI= 体重 / 身高^2（体重的单位为千克，身高的单位为米）

二、评定表

大学生各年级男生体重指数（BMI）单项评分表如表 6-2 所示。

表 6-2 男生体重指数（BMI）单项评分表

组别	等级	BMI 指数/(千克/米^2)	得分 / 分
大学生	正常	17.9~23.9	100
	低体重	≤17.8	80
	超重	24.0~27.9	
	肥胖	≥28.0	60

大学生各年级女生体重指数（BMI）单项评分表如表 6-3 所示。

表 6-3 女生体重指数（BMI）单项评分表

组别	等级	BMI 指数/(千克/米^2)	得分 / 分
大学生	正常	17.2~23.9	100
	低体重	≤17.1	80
	超重	24.0~27.9	
	肥胖	≥28.0	60

大学生各年级男生肺活量单项评分表如表 6-4 所示。

表 6-4 男生肺活量单项评分表

大一、大二 / 毫升	大三、大四 / 毫升	得分 / 分	等级
5 040	5 140	100	优秀
4 920	5 020	95	
4 800	4 900	90	
4 550	4 650	85	良好
4 300	4 400	80	
4 180	4 280	78	及格
4 060	4 160	76	
3 940	4 040	74	
3 820	3 920	72	
3 700	3 800	70	
3 580	3 680	68	
3 460	3 560	66	
3 340	3 440	64	
3 220	3 320	62	
3 100	3 200	60	
2 940	3 030	50	不及格
2 780	2 860	40	
2 620	2 690	30	
2 460	2 520	20	
2 300	2 350	10	

大学生各年级女生肺活量单项评分表如表 6-5 所示。

表 6-5 女生肺活量单项评分表

大一、大二 / 毫升	大三、大四 / 毫升	得分 / 分	等级
3 400	3 450	100	优秀
3 350	3 400	95	
3 300	3 350	90	
3 150	3 200	85	良好
3 000	3 050	80	

续表

大一、大二 / 毫升	大三、大四 / 毫升	得分 / 分	等级
2 900	2 950	78	及格
2 800	2 850	76	
2 700	2 750	74	
2 600	2 650	72	
2 500	2 550	70	
2 400	2 450	68	
2 300	2 350	66	
2 200	2 250	64	
2 100	2 150	62	
2 000	2 050	60	
1 960	2 010	50	不及格
1 920	1 970	40	
1 880	1 930	30	
1 840	1 890	20	
1 800	1 850	10	

大学生各年级男生 50 米跑单项评分表如表 6-6 所示。

表 6-6 男生 50 米跑单项评分表

大一、大二 / 秒	大三、大四 / 秒	得分 / 分	等级
6.7	6.6	100	优秀
6.8	6.7	95	
6.9	6.8	90	
7.0	6.9	85	良好
7.1	7.0	80	

续表

大一、大二 / 秒	大三、大四 / 秒	得分 / 分	等级
7.3	7.2	78	及格
7.5	7.4	76	
7.7	7.6	74	
7.9	7.8	72	
8.1	8.0	70	
8.3	8.2	68	
8.5	8.4	66	
8.7	8.6	64	
8.9	8.8	62	
9.1	9.0	60	
9.3	9.2	50	不及格
9.5	9.4	40	
9.7	9.6	30	
9.9	9.8	20	
10.1	10.0	10	

大学生各年级女生 50 米跑单项评分表如表 6-7 所示。

表 6-7 女生 50 米跑单项评分表

大一、大二 / 秒	大三、大四 / 秒	得分 / 分	等级
7.5	7..4	100	优秀
7.6	7.5	95	
7.7	7.6	90	
8.0	7.9	85	良好
8.3	8.2	80	

续表

大一、大二 / 秒	大三、大四 / 秒	得分 / 分	等级
8.5	8.4	78	
8.7	8.6	76	
8.9	8.8	74	
9.1	9.0	72	
9.3	9.2	70	
9.5	9.4	68	及格
9.7	9.6	66	
9.9	9.8	64	
10.1	10.0	62	
10.3	10.2	60	
10.5	10.4	50	
10.7	10.6	40	
10.9	10.8	30	不及格
11.1	11.0	20	
11.3	11.2	10	

大学生各年级男生坐位体前屈单项评分表如 6-8 所示。

表 6-8 男生坐位体前屈单项评分表

大一、大二 / 厘米	大三、大四 / 厘米	得分 / 分	等级
24.9	25.1	100	
23.1	23.3	95	优秀
21.3	21.5	90	
19.5	19.9	85	良好
17.7	18.2	80	

续表

大一、大二 / 厘米	大三、大四 / 厘米	得分 / 分	等级
16.3	16.8	78	及格
14.9	15.4	76	
13.5	14.0	74	
12.1	12.6	72	
10.7	11.2	70	
9.3	9.8	68	
7.9	8.4	66	
6.5	7.0	64	
5.1	5.6	62	
3.7	4.2	60	
2.7	3.2	50	不及格
1.7	2.2	40	
0.7	1.2	30	
−0.3	0.2	20	
−1.3	−0.8	10	

大学生各年级女生坐位体前屈单项评分表如表 6-9 所示。

表 6-9 女生坐位体前屈单项评分表

大一、大二 / 厘米	大三、大四 / 厘米	得分 / 分	等级
25.8	26.3	100	优秀
24.0	24.4	95	
22.2	22.4	90	
20.6	21.0	85	良好
19.0	19.5	80	

续表

大一、大二 / 厘米	大三、大四 / 厘米	得分 / 分	等级
17.7	18.2	78	及格
16.4	16.9	76	
15.1	15.6	74	
13.8	14.3	72	
12.5	13.0	70	
11.2	11.7	68	
9.9	10.4	66	
8.6	9.1	64	
7.3	7.8	62	
6.0	6.5	60	
5.2	5.7	50	不及格
4.4	4.9	40	
3.6	4.1	30	
2.8	3.3	20	
2.0	2.5	10	

大学生各年级男生立定跳远单项评分表如表 6-10 所示。

表 6-10　男生立定跳远单项评分表

大一、大二 / 厘米	大三、大四 / 厘米	得分 / 分	等级
273	275	100	优秀
268	270	95	
263	265	90	
256	258	85	良好
248	250	80	

续表

大一、大二 / 厘米	大三、大四 / 厘米	得分 / 分	等级
244	246	78	及格
240	242	76	
236	238	74	
232	234	72	
228	230	70	
224	226	68	
220	222	66	
216	218	64	
212	214	62	
208	210	60	
203	205	50	不及格
198	200	40	
193	198	30	
188	190	20	
183	185	10	

大学生各年级女生立定跳远单项评分表如表 6-11 所示。

表 6-11　女生立定跳远单项评分表

大一、大二 / 厘米	大三、大四 / 厘米	得分 / 分	等级
207	208	100	优秀
201	202	95	
195	196	90	
188	189	85	良好
181	182	80	

续表

大一、大二 / 厘米	大三、大四 / 厘米	得分 / 分	等级
178	179	78	及格
175	176	76	
172	173	74	
169	170	72	
166	167	70	
163	164	68	
160	161	66	
157	158	64	
154	155	62	
151	152	60	
146	147	50	不及格
141	142	40	
136	137	30	
131	132	20	
126	127	10	

大学生各年级男生引体向上单项评分表如表 6-12 所示。

表 6-12　男生引体向上单项评分表

大一、大二 / 次	大三、大四 / 次	得分 / 分	等级
19	20	100	优秀
18	19	95	
17	18	90	
16	17	85	良好
15	16	80	

续表

大一、大二 / 次	大三、大四 / 次	得分 / 分	等级
—	—	78	及格
14	15	76	
—	—	74	
13	14	72	
—	—	70	
12	13	68	
—	—	66	
11	12	64	
—	—	62	
10	11	60	
9	10	50	不及格
8	9	40	
7	8	30	
6	7	20	
5	6	10	

大学生各年级女生一分钟仰卧起坐单项评分表如表 6-13 所示。

表 6-13 女生一分钟仰卧起坐单项评分表

大一、大二 / 次	大三、大四 / 次	得分 / 分	等级
56	57	100	优秀
54	55	95	
52	53	90	
49	50	85	良好
46	47	80	

续表

大一、大二 / 次	大三、大四 / 次	得分 / 分	等级
44	45	78	及格
42	43	76	
40	41	74	
38	39	72	
36	37	70	
34	35	68	
32	33	66	
30	31	64	
28	29	62	
26	27	60	
24	25	50	不及格
22	23	40	
20	21	30	
18	19	20	
16	17	10	

大学生各年级男生耐力跑（1 000 米）单项评分表如表 6-14 所示。

表 6-14　男生耐力跑（1 000 米）单项评分表

大一、大二	大三、大四	得分 / 分	等级
3 分 17 秒	3 分 15 秒	100	优秀
3 分 22 秒	3 分 20 秒	95	
3 分 27 秒	3 分 25 秒	90	
3 分 34 秒	3 分 32 秒	85	良好
3 分 42 秒	3 分 40 秒	80	

续表

大一、大二	大三、大四	得分 / 分	等级
3 分 47 秒	3 分 45 秒	78	及格
3 分 52 秒	3 分 50 秒	76	
3 分 57 秒	3 分 55 秒	74	
4 分 02 秒	4 分 00 秒	72	
4 分 07 秒	4 分 05 秒	70	
4 分 12 秒	4 分 10 秒	68	
4 分 17 秒	4 分 15 秒	66	
4 分 22 秒	4 分 20 秒	64	
4 分 27 秒	4 分 25 秒	62	
4 分 32 秒	4 分 30 秒	60	
4 分 52 秒	4 分 50 秒	50	不及格
5 分 12 秒	5 分 10 秒	40	
5 分 32 秒	5 分 30 秒	30	
5 分 52 秒	5 分 50 秒	20	
6 分 12 秒	6 分 10 秒	10	

大学生各年级女生耐力跑（800 米）单项评分表如表 6-15 所示。

表 6-15 女生耐力跑（800 米）单项评分表

大一、大二	大三、大四	得分 / 分	等级
3 分 18 秒	3 分 16 秒	100	优秀
3 分 24 秒	3 分 22 秒	95	
3 分 30 秒	3 分 28 秒	90	
3 分 37 秒	3 分 35 秒	85	良好
3 分 44 秒	3 分 42 秒	80	

续表

大一、大二	大三、大四	得分 / 分	等级
3 分 49 秒	3 分 47 秒	78	及格
3 分 54 秒	3 分 52 秒	76	
3 分 59 秒	3 分 57 秒	74	
4 分 04 秒	4 分 02 秒	72	
4 分 09 秒	4 分 07 秒	70	
4 分 14 秒	4 分 12 秒	68	
4 分 19 秒	4 分 17 秒	66	
4 分 24 秒	4 分 22 秒	64	
4 分 29 秒	4 分 27 秒	62	
4 分 34 秒	4 分 32 秒	60	
4 分 44 秒	4 分 42 秒	50	不及格
4 分 54 秒	4 分 52 秒	40	
5 分 04 秒	5 分 02 秒	30	
5 分 14 秒	5 分 12 秒	20	
5 分 24 秒	5 分 22 秒	10	

三、加分指标

大学生各年级男生引体向上评分表如表 6-16 所示。

表 6-16　男生引体向上评分表

大一、大二 / 次	大三、大四 / 次	加分 / 分
10	10	10
9	9	9
8	8	8
7	7	7
6	6	6
5	5	5
4	4	4
3	3	3
2	2	2
1	1	1

大学生各年级女生一分钟仰卧起坐评分表如表 6-17 所示。

表 6-17　女生一分钟仰卧起坐评分表

大一、大二 / 次	大三、大四 / 次	加分 / 分
13	13	10
12	12	9
11	11	8
10	10	7
9	9	6
8	8	5
7	7	4
6	6	3
4	4	2
2	2	1

大学生各年级男生耐力跑（1 000 米）评分表如表 6-18 所示。

表 6-18　男生耐力跑（1 000 米）评分表

大一、大二 / 秒	大三、大四 / 秒	加分 / 分
-35	-35	10
-32	-32	9
-29	-29	8
-26	-26	7
-23	-23	6
-20	-20	5
-16	-16	4
-12	-12	3
-8	-8	2
-4	-4	1

大学生各年级女生耐力跑（800 米）评分表如表 6-19 所示。

表 6-19 女生耐力跑（800 米）评分表

大一、大二 / 秒	大三、大四 / 秒	加分 / 分
−50	−50	10
−45	−45	9
−40	−40	8
−35	−35	7
−30	−30	6
−25	−25	5
−20	−20	4
−15	−15	3
−10	−10	2
−5	−5	1

技能篇

第一章　田径运动

第一节　田径运动概述

一、田径运动的定义

田径运动是人类最古老的运动之一，它起源于人类的基本生存与生活活动。在与大自然及禽兽的斗争中，人类不得不奔跑相当长的距离、跨越过各种障碍、投掷石块以及使用各种捕猎工具，以求获得生存资料。人类在劳动中不断重复这些动作，便获得了各种走、跑、跳跃和投掷的技能。随着社会的发展，人们有意识地把走、跑、跳跃、投掷作为军队训练和比赛形式，以此提高个体的身体素质。

在现代田径运动形成和发展的一个多世纪中，世界各国田径运动的名称尽管不尽相同，但对其定义的内容基本上大同小异。田径一词于 19 世纪末由欧洲传教士传入我国，当时称为“田径赛”，英文名为“Track and field sport”，意为在小路和田野中的竞技比赛，后来逐步演变为“田径运动”。国际田联章程给其下的定义为：田径运动是由径赛和田赛、公路赛跑、竞走和越野赛跑组成的运动项目。

二、田径运动的发展概况

田径比赛起源于古希腊的古代奥运会，最早的田径比赛是公元前 776 年在希腊奥林匹克村举行的第一届古代奥运会上进行的。其比赛项目只有短距离赛跑，跑道为一条直道，长 192.27 米。公元前 708 年的第十届奥运会将跳远、铁饼、标枪等田赛项目列为正式比赛项目。

第一届现代奥运会于 1896 年在希腊举行，在这届奥运会上，田径的走、跑、跳跃、投掷等项目，被列为大会的主要竞技项目。现代奥运会已经举行了 32 届，田径运动赛场涌现出许多英雄般的运动员。美国的卡尔・刘易斯参加了 1984 年、1988 年、1992 年和 1996 年 4 届奥运会，在男子短跑以及跳远项目上总共夺得 10 枚奥运会奖牌，其中包括 9 枚奥运会金牌。荷兰女子田径运动员布兰克尔斯・科恩堪称世界田径史上最全面的女选手，她在长达 20 年的运动生涯中，曾 15 次创造世界纪录。在第 14 届奥运会上科恩获得 4 枚金牌并被称为“女欧文斯”。牙买加短跑运动员尤塞恩・博尔特连续三届奥运会（北京奥运会、伦敦奥运会、里约奥运会）获得奥运会男子 100 米赛跑、男子 200 米赛跑和男子 4×100 米接力赛跑的冠军，是男子 100 米赛跑、男子 200 米赛跑的世界纪录保持者。

中华人民共和国成立后，田径运动得到迅速普及，技术水平很快提高。1953 年起，几乎每年都举行规模较大的全国性的田径运动会，在群众性体育运动广泛开展的基础上，中国逐渐缩短了与国际田径技术水平和成绩的差距。1956 年，女子跳高运动员郑凤荣以 1.77 米的成绩打破了当时 1.76 米的世界纪录。20 世纪 60 年代中国有 10 个项目进入了世界前 10 名。1983 年，在上海举行的第五届全运会上，朱建华以 2.38 米的跳高成绩打破了他自己保持的 2.37 米的世界纪录。同年，徐永久以 45 分13 秒4 的成绩在第三届世界杯竞走赛上夺得女子 10 公里竞走的冠军，成为中国第一个在世界比赛中获得冠军的田径运动员。王军霞在 1996 年第二十六届亚特兰大奥运会上获得女子 5 000 米赛跑金牌、女子 10 000 米赛跑银牌，是中国首位获奥运会长跑金牌的运动员，被誉为“东方神鹿”。2000 年第 27 届悉尼奥运会上，中国运动员王丽萍获得 20 公里竞走金牌；2004 年第二十八届雅典奥运会上，刘翔夺得男子 110 米栏冠军并打破世界纪录。邢慧娜在 2004 年第二十八届雅典奥运会上获得女子 10 000 米赛跑金牌。陈定在 2012 年伦敦奥运会男子 20 公里竞走比赛中夺冠，打破奥运会纪录。2015 年，刘虹获得国际田联竞走挑战赛拉科鲁尼亚站女子 20 公里竞走金牌并打破世界纪录。王镇在 2016 年里约热内卢奥运会男子 20 公里竞走比赛中夺冠。蔡泽林在 2016 年里约热内卢奥运会男子 20 公里竞走比赛中夺得亚军。

第二节　田径运动项目的分类

田径运动是由走、跑、跳跃、投掷等一系列人类最基本活动形式所组成的一项运动，也是各种体育比赛中单项最多的一项运动。一方面，它所包括的单项较多。另一方面，它有男女之分，又有成年、青年、少年之分；有奥运会正式比赛项目，又有许多奥运会未设立的比赛项目；有室外比赛项目，又有室内比赛项目；有以公米制计算的项目，又有以英制计算的项目。目前，按照国际重大比赛的项目设置，对田径运动的项目进行分类，主要分为以下五大类：田赛、径赛、公路赛、竞走、越野赛。人们通常把以时间判断比赛胜负的项目称为“径赛”；把以距离判断比赛胜负的项目称为“田赛”；全能项目是由跑、跳、投三类中的一些项目组成的一种多项比赛运动，它对比赛项目顺序和休息时间有着严格的规定，各项成绩最后要换算成相应的分数来决定最终比赛成绩。国际业余田径联合会至今承认的有世界纪录的田径运动项目已达 150 多项。

以下是田径运动主要比赛项目分类。

1. 竞走

场地竞走：男子 10 公里竞走、20 公里竞走；女子 5 公里竞走、10 公里竞走。

公路竞走：男子 20 公里竞走、50 公里竞走；女子 10 公里竞走、20 公里竞走。

2. 跑类

短跑：100 米赛跑、200 米赛跑、400 米赛跑。

中跑：800 米赛跑、1 500 米赛跑。

长跑：3 000 米赛跑、5 000 米赛跑、10 000 米赛跑。

其他形式的长跑或超长跑：马拉松跑、越野跑、公路跑。

接力跑：4×100 米接力、4×400 米接力、4×800 米接力、公路接力跑。

障碍跑：3 000 米障碍跑。

跨栏跑：男子 110 米栏、400 米栏；女子 100 米栏、400 米栏。

3. 跳跃类

跳跃类包括：跳高、撑竿跳高、跳远、三级跳远。

4. 投掷类

投掷类包括：铅球、铁饼、标枪、链球。

5. 全能类

男子十项全能：（100 米赛跑、跳远、铅球、跳高、400 米赛跑、110 米栏、铁饼、撑竿跳高、标枪、1 500 米赛跑）。女子七项全能：（100 米栏、跳高、铅球、200 米赛跑、跳远、标枪、800 米赛跑）。

第三节　田径运动技术理论

一、短跑

公元前 776 年第一届古希腊奥林匹克运动会上，就有短跑项目。跑是人体的自然动作，跑的步频、步幅是影响短跑跑速最重要的两个因素。随着塑胶跑道的逐渐普及，从跑的技术要领看，现代跑的技术基本属于摆动式跑范畴，后蹬不必过分蹬直。强调摆动腿高抬，前摆时积极送髋，着地时脚掌积极“扒地”，后蹬时“屈蹬”，以减小蹬地的角度，突出实效性。同时强调蹬摆协调配合，摆动幅度大而向前，整个动作轻快、柔和、自然、协调、步幅大、频率快。短跑是发展速度素质最有效的手段，是田径运动的基础项目，在其他项目的训练中也占有极其重要的位置。短跑是人体运动器官和内脏器官在大量缺氧的条件下完成最大强度的工作，属于一种极限运动。

（一）短跑技术

短跑技术是一个不可分割的整体，为了便于分析，它一般分为起跑、起跑后的加速跑、途中跑及终点跑几个部分。

1. 起跑技术

在短跑比赛中必须用蹲踞式起跑。起跑器的安装一般有普通式、接近式和拉长式三种，这三种方法各有优点，运动员可根据个人的身高、体型、身体素质和技术水平等特点来选择。一般前起跑器抵足板与地面的夹角在 45° 左右，后起跑器为 60°~80°，两个起跑器之间的宽度为 15 厘米左右。起跑发令过程包括“各就位”“预备”“鸣枪”三个环节。听到“各就位”口令后，轻快地跑到起跑器前，俯身用两手撑地，两脚依次踏在前、后起跑器的抵足板上，将有力的腿放在前面，后膝跪地，然后两手收回到起跑线后，两臂伸直或微屈，两手间的距离约比肩稍宽，四指并拢和拇指成“人”字形，身体重心稍前移，颈部自然放松，两眼看前下方 40~50 厘米处。听到“预备”口令时，抬起臀部，使之稍高于肩。同时身体重心适当前移，这时体重主要落在两臂和前腿上。听到枪声或“跑”的口令时，两手迅速离开地面，屈肘做有力的前后摆臂，同时两腿迅速蹬起跑器，把身体推向前方。

2. 起跑后的加速跑

起跑后的加速跑距离一般为 20~30 米。起跑后的第一步不宜过大，以后逐渐增大。跑动时，两臂应积极摆动，两腿依次用力蹬地，上下肢协调配合。在加速跑的开始阶段，上体前倾很大，随着步长和速度的逐渐增加，上体逐渐抬起，直到转入途中跑。

3. 途中跑

百米跑的途中跑距离为 65~70 米，占百米全程的 70% 左右。

摆臂动作：途中跑时上体稍前倾或正直，两眼平视，颈肩放松，手成半握拳，两臂弯曲，以肩关节为轴，大臂用力前后摆动。两臂不能摆过身体胸前的中线形成交叉摆动。前后摆动的幅度，应与运动员的跑速相适应。

摆动腿的动作：后蹬结束、蹬地脚蹬离地面后，即进入摆动动作。随着跑动惯性，摆动腿快速积极地向前摆动，这是当代短跑技术的主要特点之一。大腿从脚离地时便带动小腿积极向前摆动，摆过支撑点垂直面上方时积极向前上方摆动，同时送髋，膝部前顶。大腿高抬，随即积极下压。在大腿下压的同时，膝关节放松，小腿顺惯性向前继续摆动后及时迅速回摆，前脚掌积极向后“扒地”。一般情况下，摆得快，步频快；摆幅大，步幅大。

蹬伸动作：前脚掌落地后足跟稍下沉，膝、踝两关节略弯曲，这个动作叫作“缓冲”。在缓冲时踝应尽量保持较高的支撑，膝关节弯曲不宜过大。现代塑胶跑道的出现，要求踝关节有力量，支撑高，缓冲小，摆动、“扒地”、蹬伸要快。

4. 终点跑

终点跑是途中跑的继续，如果有能力最好以途中跑的技术跑到终点。但是，从目前的技术观察，由于疲劳，百米运动员在终点段有降低步频、拉大步长的现象。撞线时的最后 1~2 步上体应迅速前倾，到终点线时，达到最大的前倾角度，尽量用躯干部位撞线。通过终点后，要调整步频和步幅，维持身体平衡，逐渐减速。

（二）短跑技术教学中跑的专门练习

1. 小步跑

上体稍前倾，膝、踝关节放松，大腿抬起约 45° 后积极下压，小腿顺势以前脚掌积极着地，完成“扒地”动作。上臂屈肘前后摆，配合两腿动作，加快频率。小步跑还可以起到加强踝关节力量训练的目的。

2. 高抬腿跑

上体正直或稍前倾，提起重心。大腿向前上方高抬与躯干成直角，然后积极下压以前脚掌着地，两臂屈肘成 90° 在两侧做前后摆动，腰部要直，骨盆前送。形式可以采用原地、行进、加速等。高抬腿跑可以增强抬腿的肌肉力量，发展膝关节的灵活性，加快动作速率。它是“摆动式”跑法的关键练习，十分重要。

3. 后蹬跑

上体正直或稍前倾，两臂自然摆动。摆动腿积极向前上方摆出，由于摆动幅度大，躯干略有扭转进行补偿运动后，使同侧髋关节充分前送。另一侧大腿积极下压，经足掌着地，髋、膝、踝关节缓冲，着地后迅速滚动转入“屈蹬”。

二、中长跑

现代中长跑运动在英国兴起。18 世纪初，英国已有一些长距离的跑步比赛，比赛主要以越野跑的形式进行，很受人们的欢迎，以后便在世界各国普遍开展起来。19 世纪末，1896 年第一届现代奥林匹克运动会就有马拉松这一比赛项目。1912 年成立国际田联之后，先后审批承认了男女共 9 个项目的中长跑单项世界纪录。中长跑运动水平的持续提高与不断采用科学训练方法有直接关系。现代中长跑训练以运动生理、运动生化、运动医学等自然科学理论为依据，合理地安排运动训练负荷，通过长期的系统训练，使运动员能够较充分地发挥人体潜力。此外，由于长跑对人们的呼吸系统、血液循环系统、运动肌肉骨骼系统等都有很大的锻炼作用，因此已经被广大人民群众视为健身的重要手段之一。我国目前各地正在兴起马拉松和半程马拉松运动，长跑已然成为他们较为青睐的健身方式之一。

（一）中长跑的技术和战术

1. 起跑和起跑后的加速跑

中长跑要求起跑姿势为“站立式”，按“各就位”“鸣枪”两个口令进行。

（1）“站立式”起跑

“各就位”时，运动员从集合线走到起跑线处，两脚自然前后开立，将有力的腿放在前面，后脚距前脚约一脚长，上体前倾，两膝弯曲，两臂一前一后，身体重心主要落在前脚上，保持稳定姿势，集中注意力听枪声。听到枪声后，后面的腿用力蹬地后快速前摆，前面的腿用力蹬伸，两臂配合腿部动作，快速用力前后摆动，身体向前冲出。

（2）起跑后的加速跑

起跑后，上体保持一定的前倾，脚的着地、腿的蹬地和前摆以及两臂的摆动都应快速积极，逐渐加大步长和加快速度。随着加速跑段的延长，上体逐渐抬起转入途中跑。加速段距离的长短和速度，应根据个人特点、战术要求和临场情况而定。

2. 途中跑

（1）上体姿势

途中跑时上体应自然伸直，适度前倾（3°~5°），下颌微收，两眼平视，颈部肌肉放松。

（2）摆臂动作

两臂自然弯曲（约成 90°），两手放松或半握拳，肩部放松，以肩为轴，两臂自然地前后摆动。前摆时稍向内，后摆时稍向外。

（3）两腿动作

当身体重心移过支撑点后，摆动腿由大腿带动小腿继续向前摆动，在它的摆动配合下，髋部向前送出。随之蹬地腿迅速有力地伸髋，伸直膝和踝关节。在摆动腿前摆的过程中，膝部和小腿自然放松。

3. 终点跑

终点跑时，身体已处于疲劳状态，技术动作容易变形。为了保持速度，应根据体力情况选择加快摆臂或加大摆幅，与此同时转动髋部有利于抬腿迈步。终点冲刺的距离应根据自己的体力情况而定。一般中距离跑的冲刺距离在 200 米左右，长跑的冲刺距离在 300 米以上。

4. 中长跑的呼吸和“极点”现象

中长跑途中，为了加大肺通气量，满足机体的需要，呼吸采用口鼻同时进行呼吸的方法。呼吸的节奏应和跑的节奏相配合，一般采用两步一呼，两步一吸（有时也采用三步一呼，三步一吸）。呼吸要注意加大呼气的深度。中长跑时，由于人体生理惰性，氧气的供应落后于机体的需要。跑到一定距离时，会出现胸部发闷，呼吸节奏被破坏，呼吸困难，四肢无力和难以跑下去的感觉，这种现象称为中长跑中的“极点”，这是人体的正常反应。当出现“极点”时要以顽强的意志坚持下去。同时加强呼吸（特别是呼气），必要时还可适当调整速度和步幅。再坚持跑一段距离后，“极点”现象就会消失，人体就可以轻松自然地继续跑了。

5. 中长跑的战术

（1）变速跑战术

在中长距离全程跑的各段中，领先者为了甩掉对手在领先跑时采用突然加速或者减速跑，以打乱对手的节奏，消耗对手的体力。这种跑法通常要有强大的实力作支撑，因为变速跑战术是非常消耗体力的。

（2）领先跑战术

运动员出发后或在跑了一段距离后，占据领先位置，并尽力保持较高速度直至领先到达终点。这是速度稍差而耐力较好的运动员常采用的战术。目的在于用自己较好的耐力拖垮对手。

（3）跟随跑战术

出发后，始终跟随在领先者或小集团后面，力争在最后冲刺阶段中奋力超越对手，这种战术通常为速度快而耐力较差的运动员所采用。一般情况下，跟随者比领先者体力消耗少。

（4）匀速跑战术

除起跑后加速跑及最后冲刺跑外，跑程中基本上采用匀速跑。匀速跑的时间一般按赛前制订的计划跑，不论赛场上出现什么情况，都坚持按计划进行，以求达到赛前规定的时间。这种跑法能较好地分配体力，但略显保守。

（二）中长跑素质练习

1）各种球类活动，如踢足球、打篮球等；骑自行车、游泳、滑冰等耐力性运动40~60分钟。发展一般耐力和身体的协调性。

2）力量训练，用轻重量的杠铃练习，增强上肢和下肢力量。

3）负重与不负重的各种跳跃练习，重复多次，增强腿部力量。

4）负重高抬腿走或跑60~100米，增强腿部力量。

5）负重与不负重的腰、腹、背肌练习，增强躯干肌群的力量。

6）各种跨栏跑练习，提高髋关节的灵活性，增强腿部力量。

三、立定跳远

立定跳远是最古老的田径项目之一，早在古代奥运会上就有了立定跳远比赛，现代奥运会也把它作为田径运动项目之一。1904 年在美国圣路易举行的第三届奥运会上，尤里蝉联了立定跳跃的三项冠军，成绩为立定跳高 1.50 米、立定跳远 3.476 米（创世界纪录）、立定三级跳远 10.55 米。

（一）立定跳远的方法

立定跳远是不用助跑从立定姿势开始的跳远，比赛时运动员双脚站立的位置不限定。起跳时，双脚只准离地一次，双脚离地后不起跳，落下后再起跳，会被判为连续离地两次，即试跳失败。

立定跳远在田径训练中经常被采用，为“达标”项目之一，是体育考试、体质测试的必测项目。

（二）作用与特点

立定跳远是发展下肢爆发力与弹跳力的运动项目。它要求下肢与髋部肌肉协调快速用力，并与上肢的摆动相配合，所以它也需要一定的灵巧。立定跳远具有简便易行的特点，有平地就能进行练习。

（三）技术结构

跳时两腿稍分，膝微屈，身体前倾，然后两臂自然前后预摆两次，两腿随手臂摆动屈伸。当两臂从后向前上方发力摆动时，两脚前脚掌迅速蹬地，膝关节充分蹬直同时展髋向前跳起，身体尽量前送，身体在空间成一斜线。过最高点后屈膝、收腹、小腿前伸，两臂自上向下向后摆，落地时脚跟先着地，落地后屈膝缓冲，上体前倾（图 1-1）。要提高立定跳远成绩，力量是基础，特别要提高膝、踝、髋三个关节的协调用力及爆发用力的能力。

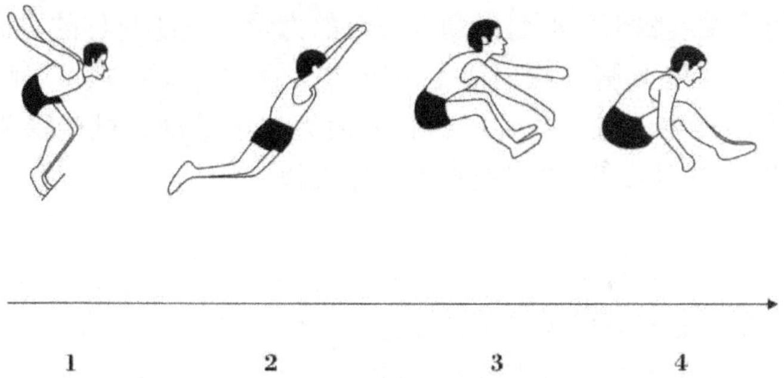

图 1-1　立定跳远

（四）影响成绩的因素

1. 力量因素

立定跳远对下肢肌群的爆发用力能力及对踝关节的力量提出了较高的要求。立定跳远的最后用力点是在前脚掌，甚至是脚尖，因此踝关节的跖屈肌要有相当大的力量。

2. 协调用力的能力

协调用力的能力指骨盆肌群与下肢肌群协调用力的能力（包括踝关节）。协调用力正确的标志是髋、膝、踝三关节能迅速有力地蹬直，上肢能协调摆动，起到带、领、提、拉的作用。

3. 臂的摆动作用

立定跳远必须直臂摆动，摆幅越大，带、领、提、拉动作效果越好。请注意观察，凡屈臂摆动者，其躯干必然不稳定，从而影响跳远的成绩。

4. 能量的转换

从站立状态到下蹲状态，势能转化为动能，这样就相当于有一定的助跑，从而可以更有效地提高初速度，提高跳远的成绩。

（五）立定跳远的练习方法

1. 蹲跳起

这是主要发展腿部肌肉力量和踝关节力量的练习。

动作方法：双脚左右开立，脚尖平行，屈膝向下深蹲或半蹲，两臂自然后摆。然后两腿迅速蹬伸，使髋、膝、踝三个关节充分伸直，同时两臂迅速有力地向前上方摆，最后用脚尖蹬离地面向上跳起，落地时用前脚掌着地屈膝缓冲，接着再跳起。每次练习 15~20 次，重复 3~4 组。

2. 单脚交换跳

这是发展小腿、脚掌和踝关节力量的练习。

动作方法：上体正直，膝部伸直，两脚交替向上跳起。跳时主要是用踝关节的力量，用前脚掌快速蹬地跳起，离地时脚面绷直，脚尖向下。原地跳时，可规定跳的时间（30~60 秒）或跳的次数（30~60 次）。行进间跳时，可规定跳的距离（20~30 米）。以上练习重复 2~3 组。

3. 踾跳步

踾跳步主要用来发展腿部后群肌肉和踝关节的力量，训练身体的协调性。

动作方法：用右（左）腿直膝向前上方跳起，同时左（右）腿屈膝向上举，右腿落地，然后换腿，用同样方法跳，两臂配合腿前后大幅度摆动。跳时踝关节和前脚掌要用力，整个动作轻快。它与舞蹈的“踾跳步”动作类似。

4. 纵跳摸高

这是为发展腿部肌肉和踝关节力量而经常采用的一种练习方法。

动作方法：两脚自然开立成半蹲预备姿势，一臂或两臂向上伸直，接着两腿用力蹬伸向上跳起，用单手或双手摸高。每组练习 10 次左右，重复 3~4 组。

5. 蛙跳

这是发展大腿肌肉和髋关节力量的练习。

动作方法：两脚分开，身体成半蹲姿势，上体稍前倾，两臂在体后成预备姿势。两腿用力蹬伸，充分伸直髋、膝、踝三个关节，同时两臂迅速前摆，身体向前上方跳起，然后用全脚掌落地屈膝缓冲，两臂摆成预备姿势。连续进行 8~10 次，重复 3~4 组。

6. 障碍跳

障碍跳主要发展腿部肌肉和踝关节爆发力。

（六）立定跳远的辅助练习

1. 挺身跳

原地屈膝开始跳，空中做直腿挺身动作，髋关节完全打开，做出背弓动作，落地时屈膝缓冲。

2. 单足跳前进练习

一般采用左（右）去右（左）来的方法进行练习，距离控制在 25~30 米，完成 4~6 组。

3. 收腹跳练习

从原地直立开始起跳，空中做屈腿抱膝动作或双手在腿前击掌，落地时一定要屈膝缓冲。

（七）立定跳远的常见错误和解决方法

1）预摆不协调。解决办法：反复做前摆直腿后摆屈膝的动作，由慢到快。

2）上体前倾过多，膝关节不屈，重心降不下去，形成鞠躬动作。解决办法：做屈膝动作，眼睛往下看，垂直视线不超过脚尖，熟练后就可以不用眼睛看了。

3）腾空过高或过低。解决办法：利用一定高度或一定远度的标志线来纠正这类错误。

4）收腿过慢或不充分。解决办法：反复做收腹跳的练习，需要注意，是大腿往胸部靠而不是小腿往臀部靠，击掌动作要及时。

5）落地不稳，双腿落地区域有较大的差异。解决办法：多做近距离的起跳落地动作，手臂的摆动要协调配合。地面设置标志物，双脚主动有意识地踩踏标志物。

第二章　篮球运动

第一节　篮球运动概述

一、篮球运动的产生和发展

（一）篮球运动的产生

篮球运动是美国人詹姆斯·奈史密斯，于美国马萨诸塞州春田学院（Springfield College）任教期间发明的。

詹姆斯·奈史密斯早先在麦克吉尔大学攻读牧师学，准备毕业后担任牧师，但读了三年后他却发现自己根本不适合这个专业，他的兴趣是体育，可是麦克吉尔大学并没有这一科系。因此，奈史密斯在毕业后来到美国麻省的春田学院，成功获得了一个体育指导员的职位。由于春田学院是神职人员训练所，所有学员都是年轻力壮的小伙子，奈史密斯和他们相处得不错。由于麻省的冬天十分寒冷，所以户外运动不得不停止。学员们因此变得无精打采。春田学院体育系主任高力克博士发现这个问题后，找到奈史密斯，希望他去动点脑筋，想一种能引起同学活动兴趣的室内团体运动，让大家快活起来。恰巧春田学院所在地盛产桃子，这里的儿童又非常喜欢将球投入桃子筐的游戏。他从中得到了启发，并结合足球、曲棍球等球类项目的特点，发明了篮球游戏。

最初篮球游戏比较简单，场地和参加人数没有限制。比赛队员分成人数相等的两队，分别站在球场两端，在裁判员向球场中央抛球后，双方队员立即冲进场内抢球，并力争将球投进对方的篮筐。

开始篮筐是有底的，球进筐后，就留在筐里，人必须登上梯子才能将球取出。随着场地设施的不断改进，篮筐取消了筐底，并用铁圈代替桃篮，用木板制成篮板代替铁丝挡网，场地增设了中线、中圈和罚球线，比赛改由中场跳球开始。与此同时，场上比赛队员规定为 5 人，开始有位置之分。此外，奈史密斯制定了一个不太完善的规则（共 13 个条款），规则禁止带球跑、抱人、推人、绊人、打人等行为。这大大提高了篮球游戏的趣味性，并且吸引了更多的人参与这一游戏，从而使其普及到了全美国。

（二）篮球运动的发展

篮球这项如今炙手可热的运动项目，它的演变发展根据历史时间可划分为以下五个时期。

1. 19 世纪 90 年代至 20 世纪 20 年代的初创试行时期

初试试行时期篮球运动并无明确游戏规则、无人数和场地设备限制。但是在之后不久便有了一定场地设备规定和人数限制与规则要求。

2. 20 世纪 30 年代至 40 年代末的完善传播时期

篮球运动从美国向世界传播后，迅速被世界各国爱好运动的青少年所喜爱。1932 年国际业余篮球联合会在日内瓦成立。国际业余篮球联合会初步制定的比赛规则用于进一步促进篮球运动的发展，其中最重要的是明确规定了上场比赛的人数与比赛时间，进一步划分了比赛场地的区域。男子篮球在 1936 年第十一届柏林奥运会上成为奥运会正式比赛项目，现代篮球竞技比赛在此时正式登上国际舞台。进攻和防守技术动作的增多，基础攻防战术配合已成雏形，集体攻守对抗的竞争形式彰显出篮球运动自身的独特价值和体系，篮球场地、篮筐与篮板的形式与规格甚至颜色都有了较为统一的硬性要求。

3. 20 世纪 50 年代至 70 年代末的普及发展时期

篮球运动在这个时期实现了全球近百个国家与地区的大普及。参与篮球运动的人员已经不仅仅局限于爱好运动的青少年了，它成了受到男女老幼喜爱的运动项目。各国已经开始频繁组织竞赛活动进行交流，男女世界篮球锦标赛也在这个时期举办，篮球运动逐渐家喻户晓。篮球技术、战术不断创新，篮球规则、篮球比赛场地设施等进一步完善，促进了篮球全方位立体化的发展，形成了科学化的攻防体系。尤其是世界各国高大运动员的逐渐出现，使篮球运动成为战术打法极为丰富的运动项目。

4.20 世纪 70 年代至 80 年代末的全面提高时期

篮球运动在这个时期被称为“巨人的运动”。这体现在运动员身高和技术的协调统一，队伍整体高空战术配合的形成，地面与空间协同组合的战术配合及速度与高度的对抗日趋激烈。高比分、高速度、高智慧、高对抗、高技巧、高强度已经成为篮球运动发展的新趋势。篮球比赛规则经过数次修改，增加了追加罚球，确立了进攻 3 分球规定，修改了进攻时间，提高了攻防转换速度与重新构建了篮球技、战术新体系。20 世纪 70 年代中期女子篮球成为第二十一届奥运会正式比赛项目。

5.20 世纪 90 年代至 21 世纪初的创新攀登时期

20 世纪 90 年代，国际奥委会和国际业余篮球联合会同意职业篮球队员参加奥运会比赛，美国“梦之队”参加了第二十五届奥运会，世界最高水平球员的高超球艺，获得了国际篮球界关注，世界篮球运动由此向科技化、智谋化、竞技化、技艺化、凶悍化、多变化的方向发展。

（三）篮球运动在中国的发展简况

1895 年，美基督教青年会传教士将篮球运动传入我国天津基督教青年会，传播人为青年会第一任总干事来会理（Willard Lyon）。因此，天津市是我国篮球运动的发源地。1896 年，天津基督教青年会举行了近代中国第一次篮球游戏表演，此后篮球运动逐步由天津向全国推广和传播。一百多年来，篮球运动已经逐渐成为我国人民群众喜闻乐见的体育运动。

篮球运动在我国的传播、普及、发展、提高受不同时期政治、经济、文化、教育等各方面因素的影响和制约。为了便于了解篮球运动在我国的发展历史，中国篮球运动发展通常可以按篮球运动传入中国后的社会变迁，篮球运动及其技术、战术在中国的发展和重大国内外竞赛活动、事件等综合（或分别）分成 3 个时期。

1.1895—1948 年缓慢传播普及的早期阶段

这一缓慢传播的早期发展阶段，中国社会正处在半封建、半殖民地时期。篮球运动传入中国以后，并未在第一时间得到有关当局的重视和有组织地传播、普及，基本处于放任自流的发展状态。1910 年举行的第一届全国运动会上男子篮球被列为表演项目；1914 年，男子篮球在第二届全国运动会上被列为正式比赛项目；1924 年，女子篮球在第三届全国运动会上被列为正式比赛项目。除此之外，在 1936 年和 1948 年中国曾派代表队参加了第十一届和第十四届奥运会篮球比赛，并在 1936 年加入了国际篮球联合会。

2.1949—1995 年有限推广、停滞困惑、复苏的中期阶段

在 1949 年举行的解放区运动会上，篮球运动就被列项参赛。新中国成立后由京津两地大学生组队参加了在匈牙利举行的第十届世界大学生运动会篮球比赛，并取得了第十名的成绩。此后，我国篮球运动进入了空前的普及、发展和提高时期。当时我国篮球界提出了“小、快、灵”的战术指导思想。至 1966 年，我国篮球运动水平已接近世界先进水平，后因十年“文革”影响而停滞。

进入 20 世纪 70 年代，我国篮球竞技运动确立了赶超国际水平的新目标。1975 年，中国篮球协会在亚洲业余篮球联合会取得了合法席位，1974 年，国际篮球联合会通过决议，恢复中国篮球协会的合法席位，并承认其是代表中国参加国际篮球联合会的亚洲篮球联合会的唯一合法组织。中国女子篮球队在 1992 年第二十五届奥运会上获得亚军，1994 年第十二届世界锦标赛上获得亚军。中国男子篮球队于 1994 年第十二届世界男子篮球锦标赛上第一次进入了世界前八名。

3.1996 年至今

这是中国篮球运动随中国的快速发展而进入总结经验、解放思想、更新观念、创新攀登的新阶段。

（四）世界篮球管理者——国际篮球联合会

1. 什么是 FIBA（国际篮球联合会）

国际篮球联合会，简称国际篮联（International Basketball Federation，FIBA），于 1932 年 6 月 18 日在瑞士的日内瓦成立。阿根廷、希腊、意大利、葡萄牙、罗马尼亚、瑞士、捷克斯洛伐克和拉脱维亚为创办国。国际篮联现有 212 个协会会员，分属国际篮联承认的非、亚、美、欧和大洋洲 5 个大洲篮球联合会。

篮球运动在 1936 年首次进入奥运会赛场。国际篮联的任务是发展世界业余篮球运动、制订比赛规则、确定场地和器材规格，委派国际比赛的裁判员并对其工作进行监督，确定运动员协会间的转会。国际篮联的机构有代表大会、中央局及其执委会、秘书处和专门委员会。代表大会是最高权力机构，每 4 年召开一次，每个协会会员可派两名代表与会。代表大会有权通过和修改章程，批准国际篮联的内部细则和各委员会的条例；选举中央局；通过各种总结报告、文件和财务委员会的预、决算；确定每年的经费分配；授予荣誉称号；审批与其他国际体育组织和奥委会有关的决定、吸收和开除会员或暂时中止其会籍；批准或修改比赛规则以及有关场地、器材的规定。中央局是国际篮联的领导机构。每 4 年改选一次，可以连选连任。中央局由一名主席、两名副主席、秘书长及来自5大洲地区组织的代表共20名正式委员及当然成员（副秘书长、司库、小篮球委员会代表和篮球教练员协会代表）组成。每年开会两次。中央局选出7人执委会，执委会在中央局闭会期间行使中央局的职权。中央局主席、秘书长和司库是执委会的当然成员。秘书处由秘书长及其助手组成。其任务是保证代表大会、中央局和执委会决议顺利执行，组织奥运会篮球赛和国际比赛；筹备和组织代表大会的召开；代表国际篮联参加国际奥委会的一切会议；保管档案；收会费；考核开支情况和传递最新信息；保证遵守国际篮联的章程和其他规定等。国际篮联设有技术委员会、国际竞赛委员会、法律事务与资格委员会、申诉委员会、财政委员会、医务委员会、残疾人篮球委员会和传播媒介委员会。其下属组织还有世界篮球教练员协会（WABC）、国际轮椅篮球联合会（IWBF）和国际篮球文献与研究中心（ICDRB）。为了发展青少年篮球，国际篮联设有国际小篮球运动委员会，与协会会员一道合作发展这项活动，主席由中央局委员担任。国际小篮球运动委员会有自己的章程。国际小篮球运动委员会全会每4年召开1次。各大洲组织的任务是发展本地区的篮球运动，举办洲或地区性的比赛，督促执行国际篮联的章程和规定，向国际篮联通报在该区举行的国际比赛的成绩，向中央局和代表大会报告工作等。国际篮联有一个名为"篮球发展"的有限股份公司（FBP），该公司下设管理部、研究部和营销部。国际篮联的主要比赛有奥运会篮球赛（包括选拔赛）、世界锦标赛（男、女，每4年1届）、世界男子青年锦标赛（22岁以下）、世界男女少年锦标赛、大洲锦标赛（每2年1届）、国际篮联杯赛和其他重要比赛。中国篮球协会于1936年加入国际篮联，1958年退出，1974年恢复在国际篮联的会员资格。

2.FIBA 规则简介

（1）个人犯规与球队犯规

每场比赛每名队员个人犯规累计达5次后，该队员成为出局的队员。每节比赛某一球队犯规累计达4次后，该队处于全队犯规处罚状态。

（2）比赛时间与暂停次数

一场比赛分为上下半时，每个半时两节，每节10分钟。当第四节结束时比分相等则需要1个或者若干个5分钟的决胜期。每个队伍在上半时拥有2次暂停机会，下半时拥有3次暂停机会，每个决胜期拥有1次暂停机会，每半时未用完的暂停不作延续。

（3）FIBA 标准场地的三分线

FIBA 标准场地的三分线长度是6.75米。

（五）中国篮球职业联赛简介

中国目前有两大顶级职业联赛，分别是中国男子篮球职业联赛（Chinese Basketball Association，CBA），以及中国女子篮球职业联赛（Women's Chinese Basketball Association，WCBA）。

中国男子篮球职业联赛是由中国篮球协会所主办的跨年度主客场制篮球联赛，是目前中国最高等级的男子职业篮球联赛，其中涌现了如姚明、王治郅、巴特尔、易建联等篮球明星。

CBA 在1995—1996赛季由555香烟取得联赛的冠名权，1996—1997赛季到2000—

2001 赛季为希尔顿中国男子篮球甲级联赛，之后摩托罗拉和联通新时空分别取得过联赛的冠名权，联赛在 2005 年正式更名为中国男子篮球职业联赛。CBA 球队数量共计 20 支。

CBA 现设立季前赛、常规赛与季后赛，大致举办时间为每年 10 月至次年 5 月，CBA 总决赛胜出球队获得当赛季 CBA 总冠军。截至 2021—2022 赛季，总共有 7 支球队夺得过总冠军（广东宏远华南虎俱乐部夺冠十一次，八一男子篮球队夺冠八次，北京首钢篮球俱乐部夺冠三次，辽宁沈阳三生飞豹篮球俱乐部夺冠两次、新疆广汇飞虎俱乐部、上海东方大鲨鱼俱乐部、四川金强蓝鲸俱乐部各夺冠一次）。

中国女子篮球联赛是由中国篮球协会主办的跨年度主客场制篮球联赛，在 2014—2015 赛季由中国女子篮球甲级联赛与乙级联赛合并而来。

WCBA 创建于 2002 年，是中国首次举行全部主客场制的女篮比赛。八一女篮夺得了联赛最初 4 个赛季的总冠军，辽宁女篮在随后的 5 个赛季中 4 次夺得总冠军。

2010—2011 赛季，沈阳部队女篮（简称沈部女篮）成为第三支夺得 WCBA 总冠军的球队。北京女篮夺得 2011—2012 赛季联赛冠军，成为 WCBA 第四支总冠军球队。

2012—2013、2013—2014、2014—2015 赛季，山西女篮实现 WCBA 总冠军三连冠。

2015—2016 赛季，北京女篮总比分 3∶1 战胜新疆女篮，夺得队史第二个 WCBA 联赛总冠军。

2017 年 7 月 31 日，中国篮协官网发布公告，2017—2018 赛季的 WCBA 增加 2 支参赛球队，赛制也将更改为常规赛 + 季后赛的模式。2017—2018 赛季的参赛球队增加至 14 支，而这 14 支球队通过资格赛产生。

2017 年 11 月 5 日—2018 年 1 月 13 日是联赛的常规赛阶段，14 支球队采用主客场双循环赛排出名次；2018 年 1 月 30 日—3 月 20 日，是季后赛阶段，常规赛前八名球队，采用 5 战 3 胜（1-2-1-1）交叉淘汰赛，胜者进入半决赛、总决赛。

2018—2019 赛季 WCBA 联赛总决赛，广东女篮总比分 3∶2 战胜八一女篮，赢得队史首个 WCBA 联赛总冠军。

2019 年 6 月 27 日，2019 年女篮委员会第三次会议在北京召开，会议确定了新赛季 WCBA 相关日程安排以及多项改革措施。新赛季中，WCBA 扩军至 19 支球队，新增内蒙古农信篮球俱乐部。

第二节　基本动作与技术

一、移动

移动是篮球技术的基础。篮球队员在场上的绝大部分时间内都在动态中运用技术动作完成进攻与防守。篮球队员为了在场上掌握主动权，需要改变位置、方向、速度和争取高度等移动方法，支配球、投篮、争夺球等也需要移动技术的辅助。基本的移动方法有：起动；跑——变速跑、变向跑、侧身跑、后退跑；跳——双脚起跳、单脚起跳；急停——跨步急停、跳步急停；转身——前转身、后转身；跨步；滑步——侧滑步、前滑步、后滑步、滑跳步（碎步）；后撤步；攻击步；绕步。移动也可分为有球移动和无球移动。

二、运球

有球队员在原地或移动中，用单手连续拍按由地面反弹起来的球，叫运球。运球是篮球比赛中个人进攻的重要技术。它不仅是个人攻击的有力手段，而且是组织全队进攻战术配合的桥梁。常见的运球动作有高运球、低运球、运球急停急起、体前变向换手运球、运球前转身、运球后转身等。

三、传接球

传接球技术是篮球比赛中进攻队员之间有目的的传球方法。传球把各项技术各个队员连为一体，是比赛中运用最多的一项技术。传接球的质量，直接影响着战术配合的效果。比赛中为了创造得分机会，队员之间要组织各种战术配合。但这些配合，不管设计得多么巧妙，最后如果没有及时到位传接球，都将功亏一篑。常见的传接球动作有双手胸前传接球，单手肩上传球、双手头上传球、单手体侧传球等。

四、投篮

投篮是进攻队员将球投入对方球篮而采用的各种专门技术动作的总称。投篮是篮球比赛中唯一的得分手段，是一切进攻技、战术的最终目的和全部攻守矛盾的焦点。现代篮球运动攻守对抗日趋激烈，运动员身体形态、素质的全面提高，促进了投篮技术的不断发展。其特点是投篮点多、面广、内外结合、出手速度快、出手点高、远距离三分球投篮的次数增多且命中率高。常见的投篮技术动作有原地单手肩上投篮、行进间高手投篮、行进间单手低手投篮、原地跳投。

五、持球突破

持球突破是持球队员运用脚步动作和运球技术快速超越对手的一项攻击性很强的技术。持球突破不仅能创造良好的个人攻击机会，而且可以造成对方犯规，打乱对方的防守部署。持球突破若能巧妙地与投篮、传球假动作有机结合起来，能使进攻技术更加灵活、机动，富有攻击性。常见的持球突破技术有交叉步持球突破、同侧步（顺步）持球突破等。

六、防守技术

防守技术是防守队员为阻挠和破坏对手的进攻，合理运用脚步移动和手臂动作，积极抢占有利位置，以达到获得球权的目的所采用的各种专门动作方法的总称。防守技术是一项综合性的个人技术，它不仅需要快速的脚步动作和灵活多变的手部动作，而且还需要良好的观察、判断能力和敏捷的反应能力。防守队员要积极地抢占合理的位置，干扰、破坏对手的进攻，控制球权，同时还要想方设法破坏对方的战术配合和限制对方的进攻速度。

防守技术是集体防守战术配合的基础。因此，只有高度重视个人防守技术的教学训练，才能促进防守和进攻技、战术的全面提高。防守技术又分为：无球队员防守技术和有球队员防守技术。

七、抢篮板技术

篮球比赛中，队员争抢投篮未中从篮板或篮圈反弹回的球，统称为抢篮板球。进攻队员争抢本队投篮未中的球称为抢进攻篮板球，防守队员争抢对手未投进的球称为抢防守篮板球。抢篮板球是获得控制球权的重要方式。

第三节　以三人篮球为代表的新兴休闲方式

一、什么是三人篮球

三人篮球（又称三对三篮球，3×3 篮球）是近年来的新兴运动，它由街头篮球发展而来。三人篮球起源于美国街头的三对三斗牛赛。2017 年 6 月 9 日，国际奥林匹克委员会宣布，三人篮球正式成为奥运比赛项目。三人篮球和五人篮球一样，最高管理机构是国际篮球联合会；中国的最高组织机构是中国篮球协会，1956 年 10 月成立于北京。

二、三人篮球的发展进程

三人篮球是一项由孩子们创造的竞技活动，在世界各地得到了快速普及和发展。早在 1965 年，霍尔考比·洛克就在纽约的哈林区 145 号球场举办了三人篮球的室外赛，他被誉为街头篮球的创始人。

到了 20 世纪 60 年代，中国的各个省会城市以及绝大部分地级市都开始展开半场篮球赛，这是中国在三人篮球方面的初期尝试，但那个时候对于三人篮球比赛并没有统一的规则，规则以参赛队员口头协定为主。在 1974 年美国密歇根的周洛维尔镇举行的大众篮球节当中，三人篮球作为正式比赛项目首次出现。1998 年，在中国香港举办的阿迪达斯三人篮球赛有一千七百多支队伍报名参赛。在德国法兰克福举办的世界首届三人篮球锦标赛有 32 个国家和地区派队参加。1992 年，欧洲民间组织在德国的法兰克福举办了第一届世界三人篮球赛。1997 年，耐克公司在中国展开了“耐克三对三篮球赛”五年计划，并且在中国各地举办三人篮球赛。2004 年，中国篮协和中国肯德基共同创办了肯德基全国青少年三人篮球冠军挑战赛，开始将三人篮球运动推向全国。2007 年，国际篮联在中国澳门组织了“亚洲室内篮球赛”，这是三人篮球比赛正式化的第一次尝试，专门为三人篮球制定了严格的规则。2009 年，在新加坡的亚洲青年篮球赛当中，三人篮球正式成为国际级的比赛。2010 年，新加坡再度举办“青年奥林匹克篮球赛”，三人篮球赛在全世界范围内都获得了认可和支持。同年，中国 U17 女子三人篮球队参加了第一届世界青年奥运会三人篮球比赛，并最终夺冠。2011 年，由 FIBA 组织的三对三篮球青年世锦赛在意大利的里米尼举行。2012 年 8 月，三对三女子篮球世锦赛则在希腊举行，这也是 FIBA 首次组建成年组女子三人篮球赛。2017 年 6 月 9 日，国际奥林匹克委员会官方宣布，三人篮球比赛自东京奥运会起，正式成为奥运比赛项目。2017 年 7 月 3 日，国家体育总局发布正式文件，决定在第 13 届全运会增设三对三篮球赛分项。2018 年 8 月，三人篮球首次被列入亚运会正式比赛项目。

三、三人篮球规则简介

1. 球场

比赛应在拥有一个球篮的三对三篮球比赛场地上进行。标准的三对三篮球比赛场地面积应为 15 米（宽度）×11 米（长度）。场地须具有一个标准篮球场尺寸的区域，包括一条罚球线（5.80 米）、一条两分线（6.75 米）以及球篮正下方的一个“无撞人半圆区”。可以使用传统篮球场的半个比赛场地。

2. 球队

每支球队应由不超过 4 名队员组成（其中 3 名为场上队员，1 名为替补队员）。

注：教练员不可进入包括替补席在内的比赛区域，也不可在看台上指挥比赛。

3. 比赛的开始

1）比赛开始前，双方球队应同时进行热身。

2）双方球队以掷硬币的方式决定第 1 次球权归属。获胜一方可以选择拥有比赛开始时的球权或 拥有可能进行的决胜期开始时的球权。

3）每队必须有 3 名队员在场上才能开始比赛，基层比赛不强制执行。

4. 得分

1）每次在圆弧线以内区域（1 分投篮区域）投中篮计 1 分。

2）每次在圆弧线以外区域（2 分投篮区域）投中篮计 2 分。

3）每次罚球投中篮计 1 分。

在所有情况中，当防守球队建立球队控制球之后，在未清洁球（出圆弧线）的情况下将球投入球篮，包括控制球情况下的拍击和补篮，由于球队在投篮之前形成未清洁球（出圆弧线）违例，得分应被取消。在所有情况中，防守球队在争抢防守篮板球时，在未控制球时将球拍击进入球篮，或者将对方的传球或运球直接拍击进入球篮，中篮有效，得分登记在进攻队最后一名控制球的队员名下。如果上述拍击发生在 1 分投篮区，进球得 1 分。如果拍击发生在 2 分投篮区，进球得 2 分。

5. 比赛时间 / 比赛胜者

1）常规的比赛时间为 10 分钟，在死球状态下和罚球期间应停止计时。比赛出现下列情况时，计时钟应重新启动。

①在交换球情况中，完成交换球程序后，进攻队员可处理球；

②在最后一次成功的罚球后，新的进攻球队控制球；

③在最后一次不成功的罚球后，活球状态下球触及任何场上队员或被任何场上队员触及。

2）在常规比赛时间结束之前，某队率先得到 21 分或以上则获胜。“突然死亡”规则仅适用于常规的比赛时间（不适用于可能发生的决胜期）。

3）如果常规比赛时间结束时两队比分相同，则应进行决胜期比赛。决胜期开始前应有 1 分钟的休息时间。在决胜期中率先取得 2 分的球队获胜。

4）在预定的比赛开始时间，如果某队在赛场准备开始比赛的队员不足 3 名，则该队因弃权使本场比赛告负。在因弃权而使比赛告负的情况下，比赛得分应记录为 W-0 或 0-W （“W”代表胜利），胜队计算平均得分时，该场比分不参与平均分计算，负队计算平均得分时，该场比赛按 0 分参与计算。如果一支球队在一个赛会期间弃权两次或无故缺席，大会组织者有权取消该队整个赛事的参赛资格。

5）如果某队在比赛结束前离开场地，或该队所有队员都受伤了和 / 或被取消了比赛资格，则该队因缺少队员告负。在因缺少队员使比赛告负的情况下，胜队可以选择保留该队的得分或按对方弃权处理，此时负队得分应登记为 0。若胜队选择按对方弃权处理，比赛结果不计入胜队平均分。

6）某队因缺少队员告负或以不正当的方式弃权告负，该队在整个赛事的参赛资格将被取消。

注：在没有比赛计时钟的情况下，组委会可决定比赛时长和 / 或采用得分制胜的比赛方式。国际篮联建议采取与比赛时长一致的得分限制（10 分钟 /10 分；15 分钟 /15 分；21 分钟 /21 分）。

6. 犯规 / 罚球

1）球队累计犯规达到 6 次后处于全队犯规处罚状态。队员不因个人犯规的次数被判出局。

2）对正在做投篮动作的队员犯规，应判给的罚球次数如下。

①若被犯规队员位于圆弧线以内并且投篮的球命中，得分应算并判给 1 次罚球，若此时全队犯规累计达 7 次或以上，判给 2 次罚球。

②若被犯规队员位于圆弧线内并且投篮未命中，判给 1 次罚球，若此时全队犯规累计达 7 次或以上，判给 2 次罚球。

③若被犯规队员位于圆弧线外并且投篮未命中，判给 2 次罚球。

3）违反体育运动精神的犯规和取消比赛资格的犯规应登记该队 2 次犯规，队员第一次违反体育运动精神的犯规应判给对方二次罚球，但不给予球权。所有取消比赛资格的犯规（包括同 1 名队员第二次违反体育运动精神的犯规），总是判给对方 2 次罚球以及随后的球权。

4）全队累计第七、八、九次犯规，判给对方 2 次罚球。全队累计第十次及随后的犯规，判给对方 2 次罚球和球权。此条款也适用于违反体育运动精神的犯规和对在做投篮动作队员的犯规和除 2）、3）和 4）以外的情况。技术犯规不适用。

5）所有的技术犯规总是判给对方 1 次罚球，技术犯规带来的罚球应立即执行。完成 1 次罚球后，判罚技术犯规时控制球的队或拥有随后球权的队应执行交换球程序，比赛按照下述方式进行。

①如果宣判了防守球队技术犯规，则对方进攻计时钟应复位到 12 秒。

②如果宣判了进攻球队技术犯规，则该队将拥有宣判犯规时剩余的进攻时间。

注：进攻犯规不产生罚球。

7. 三人篮球注意事项

1）充分热身。

2）选择妥善护具保护易受伤部位（腕关节、踝关节、膝关节等）或有伤部位。

3）选择合适的服装与球鞋。

4）避免超出身体承受能力的激烈对抗。

5）活动期间饮水不宜过多，温度不宜过低。

第三章　排球运动

第一节　排球运动概述

一、概述

排球比赛是用球网将两队隔开，比赛双方各占球场的一方，在各自的场区内按照规则运用各种技术进行攻防对抗的一种体育项目。排球运动起源于美国，1895 年，美国马萨诸塞州霍利约克市，一位叫威廉·G. 摩根的人发明了这项运动。1896 年，霍尔斯泰德教授根据比赛特点，提议将其命名为 volleyball，意思是“空中飞球”。排球运动在美国产生后，由美国的传教士和参战军人带到世界各地，由于传入的时间及采用的规则不同，排球运动在世界各国开展的情况差异较大，使得排球技战术水平的发展很不平衡。直到 1947 年国际排联成立后，六人制排球才在全世界范围内得到了广泛推广，排球运动技战术水平迅速提高。在 1949 年和 1952 年分别举行了第一届世界男子排球锦标赛和世界女子排球锦标赛，排球比赛于 1964 年被列为奥运会的正式比赛项目。目前比较重要的排球比赛有世界杯排球赛、世界排球锦标赛、世界青年排球锦标赛和奥运会排球比赛。

中国排球是伴随着中国女排“五连冠”的辉煌战绩而引发全世界关注的，1981 年到 1986 年是中国排球崭露锋芒的时候。郎平成为那一时期中国排球运动的象征。而这一成绩是从 1951 年中国正式成立国家男女排球队始，历经几十年和多代的运动员、教练员的艰苦训练和拼搏积累而得的。中国女排取得闪耀战绩之后，中国男排在此阶段积极学习世界排球技战术，也开始在世界排坛崭露头角，于 1981 年的世界杯赛中获第五名，中国男排的世界排名从第九名升至第五名，从亚洲第三名升至第一名。那时中国男排能与世界强队抗衡，达到了鼎盛时期。目前我国排球已经形成了自己的特点、风格和打法，即在技术全面的基础上，高快结合，以扎实的基本功、多变的战术配合、灵活的临场应变能力、出色的防守与顽强的意志相结合的全攻全守打法。

二、新规则带来的新变化

1999 年以前，排球比赛普遍采用 15 分制，争得发球权一方得分计分，由于发球权的反复争夺经常使一场比赛的时间拉得很长。国际排联为了迎合观众的需求以及适应电视转播的需要，在 1999 年至 2000 年对排球规则做出了修改。新规则规定比赛采用每球得分制，即一方获得发球权时同时得分。比赛采用五局三胜制，在前四局的比赛中，一方必须达到 25 分，并在此基础上高出对方 2 分，方为获胜。第五局的比赛中，获胜一方必须达到 15 分，并在此基础上高出对方 2 分，方为获胜。排球比赛历来进攻强于防守，规则的修改更有利于防守方，追求攻防平衡，新规则的实施不仅让比赛更激烈、更具观赏性，而且让电视转播更顺畅。权威人士经过分析认为：这样的规则首先限制了发球的攻击性，在跳发球越来越凶猛的形势下，运动员不得不考虑发球的成功率，因为失误会直接送分给对方；其次有利于发挥中国队以及亚洲球队快速多变战术的运用。发球的攻击力减弱了，一传的成功率就高了，多变战术便可以顺利地打出来。新规则是谁失误少，谁就能最终取得比赛的胜利。新规则的实施给中国排球带来了新的契机，同时也是对排球新技术的考验。谁把握了这一机遇，快速找到自己技术状态的生存方式，谁就能获得主动，战胜对手。

三、沙滩排球与气排球介绍

1. 沙滩排球

1920 年，沙滩排球比赛在美国夏威夷诞生了，最初是六人制的比赛，到 1947 年，首届二人制比赛在美国加州举行。1976 年世界沙滩排球锦标赛开始举行，1996 年亚特兰大奥运会，沙滩排球成为表演项目，至 2000 年奥运会，沙滩排球被正式列为比赛项目。

沙滩排球，简称“沙排”，因其优美的运动环境以及运动本身的娱乐性、观赏性，渐渐成了一种风靡世界的运动。二人制的沙滩排球比赛场地较小，比赛场区为 16 米 ×8 米的长方形，场地边线外和端线外的无障碍区宽 5~6 米，比赛场地上空的无障碍空间高不低于 12.5 米。因为沙滩排球比赛场地的特殊性，为保障运动员安全，沙滩必须至少 40 厘米深，且其中不能有石块、壳类等会对运动员造成伤害的杂物。

2. 气排球

气排球起源于中国，是一项适合各年龄段人群参与的新兴体育球类项目。由于气排球具有球体大、重量轻、质地软、易控制等特点，加上气排球的运动量适中、回合球多，趣味性强，所以深受大家喜爱。作为一项新兴的体育运动项目，气排球具有很强的健身性、娱乐性、竞技性和观赏性。

1984 年，呼和浩特铁路局集宁分局为了开展老年人体育活动，在没有规则限制的情况下，组织离退休职工用气球在排球场上打着玩儿。由于气球过轻且易爆，所以他们将两个气球套在一起打，最后又改用儿童软塑球来打，随后又参照六人制排球规则制定了简单的比赛规则，并将这种活动形式取名为“气排球”。

气排球比赛形式多样，按照场上人数可以分为四人、五人、六人、九人制等，只要双方人数相等，比赛就可以进行。其中四人制和五人制比较常见，正规的气排球比赛采用五人制。

气排球的场地一般可以采用普通羽毛球双打场地，正式比赛场区为长 12 米、宽 6 米的长方形。其四周至少有 2 米宽的无障碍区，从地面向上至少有 7 米高的无障碍空间。比赛球网高为男子比赛 2.1 米，女子比赛 1.9 米，男女混合比赛 2 米。

气排球由软塑料制成。比赛用球重约 120 克，比普通排球轻 100~150 克；圆周 74~76 厘米，比普通排球圆周长 15~18 厘米。

气排球比赛分为男子组、女子组和男女混合组，各个年龄段的人都可以参与，体现出该项目的娱乐性和健身性。气排球是深受广大体育爱好者欢迎的一项健身运动，许多院校也开设了气排球课程。

第二节　排球的基本技术

一、准备姿势和移动

排球比赛是在激烈和快速的对抗中进行的，场上的情况千变万化，要求场上队员能短时间根据临场的变化，做出相应的技术动作。因此，队员必须首先掌握正确的准备姿势和具备快速移动的能力。

1. 准备姿势动作要点

两脚左右或一脚偏后开立，双脚间距略宽于肩，脚尖稍内收，脚跟提起，着力点在前脚掌的内侧，膝关节弯曲，上体自然前倾，两臂放松置于腹前。两眼注意来球方向，随时准备移动击球。准备姿势主要用于一般的垫球、接发球等，当接扣球和接拦回球时两膝弯曲的程度要更大（图 3-1）。

稍蹲姿势　　半蹲姿势　　低蹲姿势

图 3-1　准备姿势

2. 移动动作要点

移动是为了迅速接近来球，便于完成各种击球技术动作。移动分为并步、滑步、交叉步、跨步和后退步等步法。

（1）并步和滑步

当身体距离来球较近，一步可以到位时采用并步，主要用于传球、垫球和拦网等技术。以向右移动为例，左脚蹬地，右脚先向右侧跨出，左脚迅速顺势跟上成击球前的准备姿势。而当来球距离身体较远时，可连续快速并步接近来球，连续并步称为滑步。

（2）交叉步

当来球距离身体 3 米左右时采用交叉步。以向右侧移动为例，身体稍向右侧转动，左脚先向右脚前方交叉跨出一步，然后右脚再向右跨出，以此接近来球的移动方法。

（3）跨步

当来球较低且距离身体较近时采用跨步。采用跨步移动时，一脚用力蹬地，另一脚向来球方向跨出一大步，同时膝部弯曲，上体前倾，身体重心降至跨出腿上。

（4）跑步

当来球距离身体较远时采用跑步。判断好来球的方向，身体迅速起动跑向来球，在接近来球时，降低重心并减速制动，做好击球准备。

（5）后退步

当判断出来球落点在身体背后且来不及迅速转身时采用后退步。移动时，身体重心适当降低，身体仍然面对来球方向，两脚迅速交替向后退步，上身不要后仰。

二、发球

发球是排球运动的一项重要技术。它是比赛的开始，也是排球比赛的重要进攻手段。威力大、攻击性强的发球，不但可以直接得分，起到先发制人的作用，还可以破坏对方进攻战术的组织，减轻本方的防守压力，为防守反攻提供有利条件。发球首先要稳定，其次要具有准确性和攻击性。发球技术的种类较多，主要有以下几种：下手发球、正面上手发球、正面上手飘球、勾手飘球和跳发球等。无论是哪种发球技术，动作都包括准备姿势、抛球、挥臂、击球这 4 个环节。以下动作都以右手发球为例。

1. 下手发球

下手发球球速慢、威胁小，比赛中很少使用，但比较简单，一般适用于初学者。下手发球分为正面下手发球和侧面下手发球。

（1）正面下手发球

发球队员面对球网站立，左脚在前，右脚靠后，两膝稍弯曲，上体前倾，左手持球于腹前下方，从腹前右侧将球平稳地向上抛起，离手高度约 30 厘米。在抛球的同时，右臂伸直向身体后方摆动，身体由右向左转动趋势带动右臂向前方挥动，在腹前用全掌或掌根击球的下方（图 3-2）。

（2）侧面下手发球

发球队员身体侧立，左肩对球网，左手于腹前将球抛起，右手向右侧拉，在球位于身体中间位置时，由下向上用转体的力量击球的中下部。难点是击球的位置和控制球的运动路线（图 3-3）。

图 3-2 正面下手发球

图 3-3 侧面下手发球

2. 正面上手发球

发球人面对球网站位，以便于观察对方、控制落点，充分利用转体、收腹的力量带动手臂迅速挥动击球。正面上手发球的力量大、速度快、弧线平。正面上手发球动作要领如下。发球人面对球网，两脚自然开立，左脚稍前，左手托球于身前。用抬臂和手掌的平托上送，将球平稳地垂直抛向右肩的前上方，球与身体水平距离约为 30 厘米，高度约为 1 米。在左手抛球的同时，右臂抬起，肘部弯曲后引与肩平，上体稍向右侧转动。手臂在右肩前上方伸至最高点，整个手掌击球的中后部。击球时，手指自然张开与球贴合，手腕迅速做出推压动作，使球上旋飞行（图 3-4）。击球后，发球人随着重心前移，迅速回到场内。身体协调性、击球位置和速度是正面上手发球的难点。

图 3-4 正面上手发球

三、垫球

垫球是排球运动的基本技术之一，是通过双臂或单臂的迎击动作从球的下部击球的技术。它是接发球、扣球、吊球和接拦回球等的主要手段，是组织进攻战术的基础和纽带。垫球技术一般可以分为正面双手垫球、跨步垫球、体侧垫球、背向垫球、单手垫球和鱼跃垫球等。下面介绍几种常用的垫球动作。

1. 正面双手垫球

身体成准备姿势面向来球方向，在球接近身体时迅速将双臂伸直、两掌掌根紧靠，双手手型一般分为三种，即双手抱拳互握式、叠掌式、互靠式（图 3-5）。无论采用哪种手型，都要注意手腕下压，前臂外翻靠拢使前臂内侧形成击球平面（图 3-6）。当来球距离腹前一臂远时，两臂夹紧伸直，迅速插入球下，以前臂的内侧平面击球的后下部。

垫球时，两脚向前上方蹬地并抬臂，同时压腕顶肘，身体重心随着击球的方向前移（图 3-7）。正面双手垫球是最基本的垫球方法，是各项垫球技术的基础，只有在掌握这种技术以后，才能进一步学习和运用其他垫球技术。

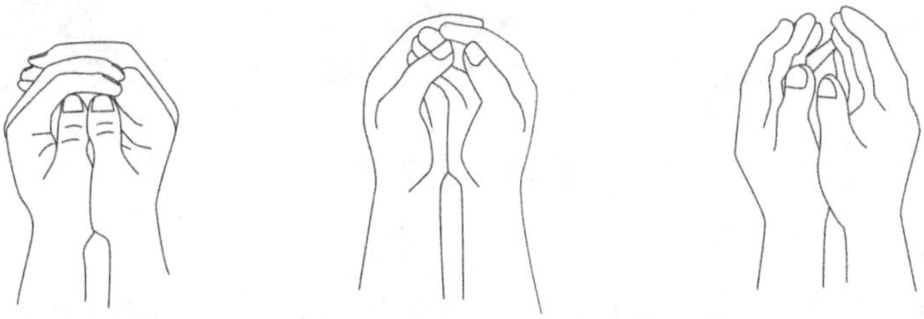

抱拳互握式　　叠掌式　　互靠式

图 3-5　垫球手型

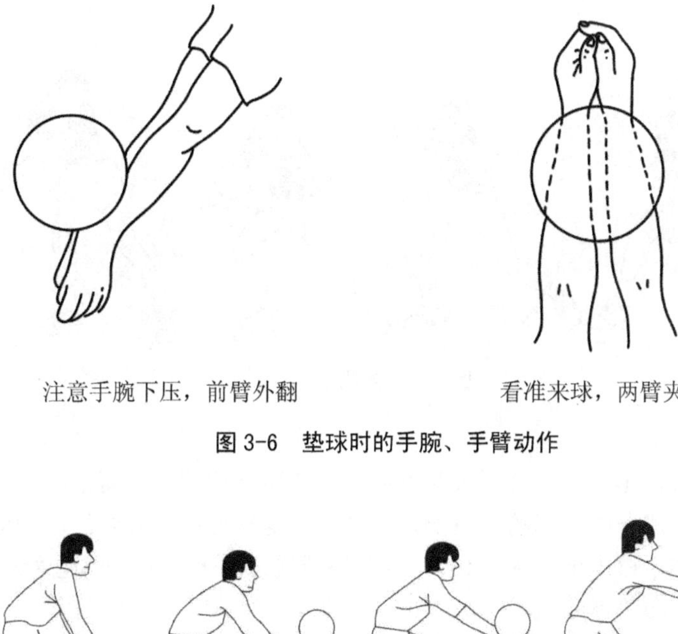

注意手腕下压，前臂外翻　　看准来球，两臂夹紧伸直

图 3-6　垫球时的手腕、手臂动作

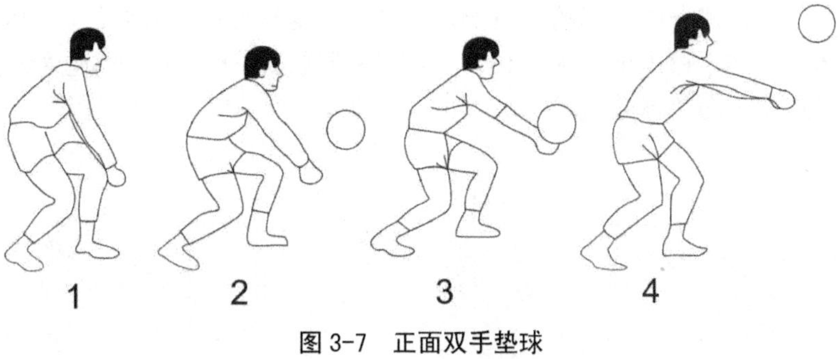

图 3-7　正面双手垫球

2. 跨步垫球

当来球与身体有一定距离时，迅速向来球方向跨出一大步，屈膝深蹲，重心落在跨出腿上，上体前倾，两臂夹紧伸直插入球下，用两前臂的内侧平面击球的后下部，将球平稳垫起（图 3-8）。跨步垫球通常用来处理来球速度较快、较低的情况，它是前扑、鱼跃、滚翻等垫球技术的基础。掌握各种高难度的垫球技术动作的前提是熟练掌握跨步垫球技术。

图 3-8　跨步垫球

3. 体侧垫球

以右侧为例，当球从右侧飞来时，左脚迅速蹬地，右脚向右侧跨出，身体重心移至右脚，同时两臂夹紧向右侧伸出，右臂高于左臂，击球时身体左转，双臂的击球平面朝向来球方向，击球的右侧后下方（图 3-9）。体侧垫球一般用来处理速度较快并飞向体侧，身体来不及移动到正面击球位置的来球。体侧垫球可扩大防守范围，但不易控制垫球的方向和落点。

图 3-9　体侧垫球

4. 背向垫球

当球飞向身后时，迅速转体背对来球方向，判断击球位置，双臂抬起，击球点一般高于肩部，利用前臂内侧平面击球的中下部，击球时上身有挺胸及展腹的后仰动作，带动两臂将球向身体后上方平稳击出（图 3-10）。背向垫球通常用来处理来球速度较快并且偏高，身体来不及后退做正面垫球的状况。

图 3-10　背向垫球

5. 单手垫球

以右侧为例，当来球在身体右侧较远位置时，迅速向来球方向移动，判断击球位置，向来球方向跨出一大步，身体向右倾斜，右臂伸直，从右后下方向前上方摆动，用前臂内侧、掌根或虎口触击球的后下部，将球平稳垫起。单手垫球通常用来应急救场，当来球弧线低、距离远，来不及用双手垫球时采用，在接扣球和接拦回球时运用较多。

四、传球

传球是排球运动的一项重要技术，主要运用在二传的技术动作中，用于衔接防守和组织进攻。因为传球时使用灵活的手指和手腕的动作击球，控制球的面积大，所以传球的准确性较高。传球技术的种类较多，主要有正面双手传球、背传、侧传、跳传和单手传球等。

1. 正面双手传球

身体面对来球方向，两脚左右开立稍屈膝，上身挺起，双臂屈肘抬起，肘部下垂，两手自然张开成半球形，两拇指相对近似成“一”字形，置于额前上方。当来球接近额前时，开始蹬地、伸膝将力向上方传递。手腕稍后仰，向前上方伸臂，触球时以拇指指腹、食指全部和中指的二、三指节触球的后上部，无名指和小指在球的两侧辅助控制球的方向，手腕弹动顺着伸臂的动作将球送出（图 3-11）。双手用力要协调一致，从而准确地控制球的高度和距离。

图 3-11　正面双手传球

2. 背传

背对传球方向，准备姿势与正面双手传球相似，传球时，稍抬头挺胸，在两腿蹬地的同时，上体向后伸展，击球点保持在额头上方，手腕适当后仰，掌心向上，手指击球的下部，利用腿部蹬地和向后上方伸臂的动作以及手指、手腕的弹力将球向背后传出（图3-12）。背传具有一定的隐蔽性，可以出其不意，达到迷惑对方的目的，通常用于战术进攻。

3. 侧传

身体侧对来球方向，利用蹬地、躯干伸展和手臂侧伸的力量，将球向侧上方传出。侧传对身体的协调性以及传球的准确性有一定的要求，是一种战术性组织进攻技术。

图 3-12　背传

五、扣球

扣球是排球比赛中积极进攻和主要得分的手段，是排球运动重要的基本技术之一。扣球是身体在空中完成的击球技术，对运动员的弹跳高度、力量、击球时的速度控制都有较高的要求。扣球动作相对激烈，通常处于每一局的关键点。随着排球技战术的发展，扣球技术也在不断创新和提高。比较成熟的扣球技术包括“短平快”“时间差”“位置差”等。目前扣球技术无论是男子排球，还是女子排球，都向着“高、快、狠、变、巧”的方向发展。扣球的种类一般分为：正面扣球、调整扣球和快球等。

1. 正面扣球

正面扣球是比赛中运用最多的一项进攻型技术，也是一种比较直接的进攻方法，适用于近网和远网扣球。正面扣球是由助跑、起跳、空中击球和落地四个部分组成的。以右手扣球为例，从准备姿势开始，准备扣球时左脚向来球方向迈出一步，蹬地将身体重心向前移动，紧接着右脚迅速一个大跨步，左脚及时并上，以脚跟制动并双脚起跳。起跳时双臂随身体向上摆动，跳起过程中，上体稍向右转，右臂随之高抬后引，肘部自然弯曲略高于肩，挺胸展腹；击球时以向左转体和收腹的动作带动手臂向前挥动，做快速鞭打的动作，在最高点击球；五指微张成勺形，以全手掌包球，击球的后中上部；同时主动屈腕、屈掌向前推压，使球向前下方上旋飞行；最后双脚落地并屈膝缓冲（图3-13）。

2. 快球

快球是扣球队员在二传队员传球前或传球的同时起跳击球。快球在时间上争取了主动，起到了攻其不备的效果，可使对方在拦网和防守时产生错误的判断。这种扣球的特点是速度快、力量大、时间短、落点近、突然性强。快球的种类较多，有近体快球、半快球、短平快球、平拉开快球、背快球等。下面介绍比较常用的快球技术。

（1）近体快球

扣球队员靠近网前，在二传队员约一臂前的距离起跳扣快球，称为近体快球。扣近体快球时，助跑的距离较短，扣球队员提前助跑到网前，在二传队员传球前或传球同时，迅速有力地起跳。当球上升到高出球网上沿一个半球的高度时，迅速挥动手臂击球。

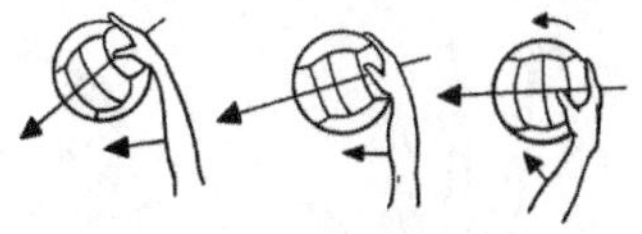

扣球时的击球点

图 3-13　正面扣球

（2）半快球

扣球队员在靠近网前的二传队员附近起跳，扣高出球网上沿两个半球高度的球，称为半快球。这种扣球的助跑角度、起跳动作、击球方法均与近体快球相同，只是起跳的时间较晚，一般在二传队员传球出手后迅速起跳。

（3）短平快球

扣球队员在二传队员身体前 2 米左右处，扣其顺网快速传过来的低平弧线球，称为短平快球。这种扣球的特点是速度快、进攻点灵活，突然性强，攻击性强，对方不易拦网和防守。

六、拦网

拦网是防守的第一道防线，也是反攻的重要环节。成功的拦网可以拦回对方的扣球，使本方由被动变为主动，甚至拦死直接得分。此外，有效的拦网还可以给对方心理上造成很大的压力，从而减轻本方防守的压力。目前，随着扣球技术朝着力量、高度、速度等方面发展，更加突出了拦网的重要性。拦网可分为单人拦网、双人拦网和三人拦网。

1. 单人拦网

单人拦网技术是最基本的拦网形式，它是集体拦网的基础，是由准备姿势、移动、起跳、空中拦击和落地五个相互衔接的部分组成的。拦网队员两脚左右开立约与肩宽，距球网约半臂距离。两膝弯曲，上体稍前倾，两臂在胸前自然屈肘张开，准备随时向来球方向并步或滑步移动。移动时，身体尽量保持稳定，不做过大的上下移动，两臂摆动幅度不宜过大，起跳前最后一步要迅速降低重心。起跳时两脚迅速蹬地，两臂在体侧向上方摆动，带动身体垂直起跳，并稍收腹，以控制身体平衡，两臂充分伸直，双手五指张开，当两手触及球时，手掌和手腕要紧张用力，两手之间的距离略小于一个球的直径（图 3-14）。重点在于控制力量和角度，防止触网犯规和球打手出界。落地时屈膝缓冲，控制好身体平衡，并迅速做好下一个动作的准备。

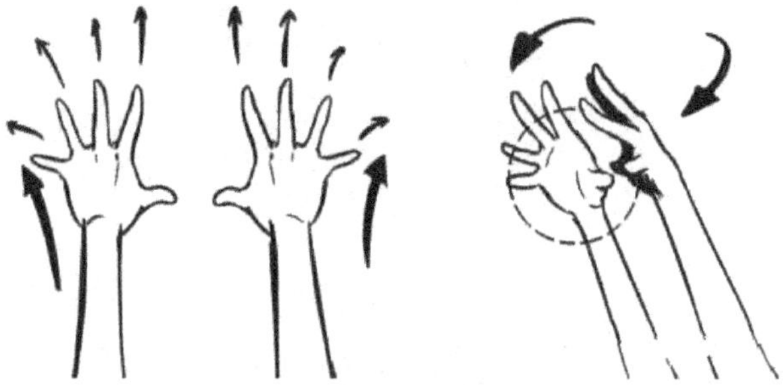

图 3-14 拦网的手部动作

2. 双人拦网

双人拦网以单人拦网技术为基础，是集体拦网的主要形式。双人拦网是由前排两个相邻队员同时起跳拦网构成的，目的是加大拦网面积。双人拦网一般是以其中一人为主，另一人协同配合，两人起跳时，应保持适当的距离，避免互相干扰。起跳后，手臂要靠近，手掌之间的距离应小于一个球的直径，四只手应在球网上沿形成一道屏障，阻拦对方扣球进攻的主要路线。

第三节 排球的基本规则

排球规则是由技术性规定、非技术性规定和场地设备要求等方面的内容决定的。场地设备、比赛的方法以及参赛人数等方面的规则，规定了排球项目不同于其他运动项目的性质。

一、排球比赛场地、场区

比赛场区为长 18 米，宽 9 米的长方形，其四周至少有 3 米宽呈长方形对称的无障碍区，从地面量起至少有 7 米的无障碍空间。国际比赛的场区边线外的场区至少 5 米，端线后至少 9 米，上空的无障碍空间至少 12.5 米（图 3-15）。比赛场区由中线的中心线分为长 9 米、宽 9 米的两个相等的场区。每个场区各画一条距离中线 3 米的进攻线。中线与进攻线之间为前场区。发球区在两边的端线外，两条边线的延长线上，各画两条长 15 厘米，垂直并距离端线 20 厘米的短线，两条端线之间为发球区。发球区的深度延至无障碍区的终端。

二、非技术性规定

1. 队员的服装

队员的服装包括上衣、短裤和运动鞋。同队队员（自由防守人除外）服装必须保持一致，上衣号码为 1~18 号，号码颜色必须与上衣明显不同。身前号码至少为 10 厘米高，身后号码至少为 15 厘米高，号码笔画宽度至少为 2 厘米。队员禁止佩戴可能造成伤害及有利于人为加力的物品，可以戴眼镜进行比赛，但所引起的一切后果自行负责。

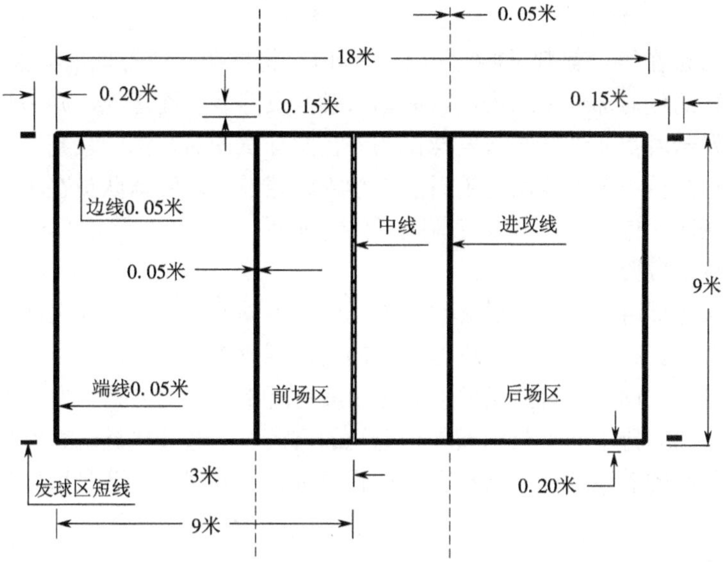

图 3-15　排球运动的比赛场地比赛场区和无障碍区

2. 参加者的基本权利

队长可以代表本队进行抽签，抽签获胜者可以选择发球、接发球或者场区。队长可以在比赛中请求正常的比赛间断（暂停和换人等）。教练员可对场上队员进行指导，但必须坐在球队席上或在准备活动区内，不得干扰和延误比赛。

3. 队员的替换

每一局每队最多可替换六人次，一名队员离开比赛场地，而由另一名队员上场占据他的位置为一人次替换。在一次换人中可以同时替换一人或多人，替补队员每局只能上场比赛一次。

4. 比赛间断

正常的比赛间断为暂停和换人，比赛成死球时，裁判员鸣哨发球前，教练员或场上队长用相应的手势请求间断，在每局中，球队有一次暂停的机会，时间为 30 秒。但在世界比赛中，采用技术暂停的方法，当一方先取得 8 分和 16 分时，比赛便进入技术暂停，时间为 1 分钟。一次或两次暂停可以与双方的各一次换人相连续，中间无须经过比赛过程。同一队未经过比赛过程不得连续提出换人的请求，但在同一次换人请求中可以替换两名或更多的队员。暂停时，比赛队员必须离开比赛场区到球队席附近的无障碍区。

5. 延误比赛

延误比赛的行为包括：换人延误时间；在裁判员鸣哨恢复比赛后，拖延暂停的时间；请求不符合规则的替换，在同一局中再次提出不符合规定的请求；场上队员拖延比赛时间。延误比赛为全队的行为犯规，同一局中第一次延误应判延误警告，再次延误则给予延误判罚。

三、技术性规定

1. 发球

发球队员必须在第一裁判员鸣哨后 5 秒钟内，将球抛起或持球手撤离，在球落地前，用一只手或手臂的任何部分将球击出。如球未触及发球队员而落地，则被认为是一次发球试图，每一次发球时都允许有一次发球试图。在发球试图后，第一裁判员应及时鸣哨允许再次发球，发球队员必须在再次鸣哨后的 3 秒内将球发出。发球队员在击球时或击球起跳时，不得踏及场区（包括端线）或发球区以外的地面。

2. 队员的场上位置

在发球队员击球时，双方队员必须在本场区内各站两排，每排 3 名队员。发球队员不受场上位置的限制。队员的位置是根据其脚的着地部位来判定的，每一名前排队员至少有一只脚的一部分，比同列后排队员的双脚距中线更近；每一名右边（左边）队员至少有一只脚的一部分，比同排中间队员的双脚距场地的右（左）边线更近。在发球队员击球的一刹那，场上队员脚的着地部位必须符合其位置要求。在发球后，队员可以站在本场区和无障碍区的任何位置上。

3. 网下穿越

在不妨碍对方比赛的情况下，允许队员在网下穿越进入对方空间。允许队员的一只脚或双脚越过中线触及对方场区的同时，脚的一部分还接触中线或置于中线上空。除脚以外，不允许队员身体的任何其他部分接触对方的场区。在比赛中断后，队员可以进入对方场地。

4. 触网

排球规则规定触网为犯规，但队员在无试图击球的情况下偶尔触网不算犯规。所谓无试图击球，指已经完成了击球动作和击球试图，如完成扣球动作或掩护扣球动作之后，偶尔触网则不算犯规。

5. 进攻性击球

进攻性击球指除发球和拦网外的其他所有直接向对方的击球。球的整体通过球网的垂直面或触及对方队员，则完成了进攻性击球。前排队员可以对任何高度的球完成进攻性击球，但触球时必须在本场地空间。后排队员则允许在后场区对任何高度的球完成进攻性击球，但起跳时脚不得踏及或越过进攻线，击球后脚可以落在前场区。如果后排队员在前场区完成进攻性击球，在触球时，球的一部分必须低于球网上沿。

6. 拦网

拦网是指队员靠近球网，将手伸向高于球网处阻挡对方来球的行动。触及球的拦网行动即为完成拦网。前排队员允许完成拦网，后排队员不得完成拦网。后排队员将球拦回属于犯规行为。拦球到本方场区视为本队的第一次击球。前排队员的拦网触球不算作本队的一次击球，因此本队拦网后还可以再击球三次。拦网时，队员可以将手或手臂伸过球网，但不得影响对方击球，过网拦网触球应在对方队员完成进攻性击球之后。在一个拦网动作中，允许球迅速而连续地触及一名或更多的拦网队员。

7. 比赛中的击球

规则规定队员身体的任何部位都允许触球。但球必须被击出，不得接住或抛出，球可以向任何方向反弹，如果队员违反了上述规定，则判为持球。

规则规定球必须同时触及身体的不同部位，如果球先后触及队员身体的不同部位，则为连击犯规。但是在拦网技术中，同一队员或同一拦网中的不同队员，在一个单一的动作中允许连续触球。在球队的第一次击球时，队员身体的不同部位可以在同一击球动作中连续触球。第一次击球指接发球、接进攻性击球、接本方拦起的球和接对方拦回的球。而在本队第二次和第三次击球时，则不允许球连续触及身体的不同部位。

第四章　足球运动

第一节　足球运动概述

足球运动是世界上开展最为广泛、影响最大的体育项目之一，被誉为“世界第一运动”，深受广大群众，特别是青少年的喜爱，国际足联是国际规模最大的单项体育组织。

足球运动具有特殊的魅力，一场精彩的足球比赛，会吸引成千上万的观众，据不完全统计，现在世界上经常参加比赛的足球队约 80 万支，登记在册的运动员有 4 000 多万人，其中职业运动员有 10 万多人。

一、足球运动的特点

（一）对抗激烈

在比赛中，运动员为了把球踢进对方球门，会进行激烈的拼抢与争夺。高强度、强对抗已成为现代足球的重要标志和特点。

（二）技术动作多，战术复杂，难度大

足球是一项非周期性的运动项目。足球运动是用人体最笨拙部位——脚去支配和控制球的，因此技术动作比较难掌握，在足球比赛中，除了守门员在罚球区内可以用手臂以外，其他队员都不准用手臂触摸球。由于足球比赛参加的人数多，场上的情况瞬息万变，行动不易协调和统一，因此攻、守战术的配合相对其他项目来说要更困难些。

（三）比赛时间长，能量消耗大

正式足球比赛时长为 90 分钟，有的比赛还有附加赛 30 分钟，甚至以互罚点球决定胜负。在一场激烈的比赛中，一名优秀运动员的跑动距离可达 10 000 米以上，少则也有 6 000~7 000 米，同时运动员要做上百个有球或无球动作，体能消耗很大，据测定，一场激烈的比赛会使运动员消耗 4 000 千卡左右的热量，体重下降 3~5 千克。

二、足球运动发展简况

（一）我国足球运动发展概况

1. 我国古代足球游戏要比其他国家早 1 000 多年

据有关史料记载，我国古代足球游戏起源于公元前 475 年—公元前 221 年的战国时代。古代足球游戏称“蹴鞠”或“踏鞠”。“蹴”和“踏”都是踢的意思，“鞠”则是指球。

2. 我国古代足球游戏的发展

公元前 206 年—公元 220 年的汉朝时期，“蹴鞠”已是一项重要的游戏活动。

公元 618 年—907 年的唐朝，蹴鞠最为盛行，场地器材有了发展，一是有了“充气的球”，二是设立了“球门”。

公元 960 年—1279 年的宋朝，开始出现球会组织。到了元、明、清（公元 1271 年—1840 年），受儒家“中庸之道”“君无所争”的观念影响，社会上兴起“重义轻武”“立静恶动”之风，足球游戏由对抗演变为表演，至清朝时，足球已改为冰上游戏，到了清朝中期（1750 年前后），我国古代足球游戏走向消亡。

3. 旧中国的足球运动

1908 年，中国成立了现代足球的第一个组织———南华足球会。1910 年和 1914 年举行的两届全国运动会，均把足球列为正式比赛项目。1913—1923 年还参加了六届远东运动会足球比赛，除第一届外，其余 5 届均获冠军。1923—1936 年，是旧中国足球兴旺发展的时期，中国足球队在第七至第十届远东运动会足球比赛中连续夺冠，而且还参加了在柏林举行的第十一届奥运会，对提高中国足球运动水平和扩大国际影响力起到了重要的作用。1937 年，抗日战争全面爆发，使正值发展时期的中国足球运动受到严重的影响，沪港两地埠际对抗赛到 1940 年终止。1945 年抗日战争胜利后，足球运动在香港、上海、东北等地迅速恢复，中国派队参加了在伦敦举行的第十四届奥运会足球比赛。

4. 新中国的足球运动

1974 年 9 月，中国足球协会被亚足联第六届大会接纳为亚洲足球联合会员之后，1979 年 10 月 13 日通过了重新接纳中华人民共和国足球协会为会员的决议。从此，中国足球又回到世界足球大家庭。

1974—1990 年，我国国家队、青年队及少年队先后参加了亚洲杯、亚运会、奥运会、世界杯等重大比赛，1978 年在第八届亚运会比赛中国家队获第三名，1983 年和 1985 年，国家青年男队分别打入第二届和第三届世界青年足球锦标赛的决赛圈，1988 年打入第二十四届奥运会足球决赛圈。值得一提的是，我国女子足球运动水平在这一阶段得到迅速提高，1986 年 12 月，中国国家女子足球队在第六届亚洲杯女子足球锦标赛上获得冠军，1988 年在广州国际足联女子足球锦标赛上取得第四名，1989 年在香港第七届亚洲杯女子足球锦标赛上再次获得冠军。1990 年亚洲运动会首次将女子足球列为比赛项目，中国女足夺得冠军。1991 年 6 月，中国女足以绝对优势在第八届亚锦赛上蝉联冠军。1995 年在第二届世界女子足球锦标赛上，中国队不负众望夺得第三名。1996 年第二十六届奥运会上，中国女子足球队敢打敢拼，夺得亚军。1998 年在第十三届亚运会上，中国女足力克朝鲜女足荣获冠军。1999 年 7 月，中国队在第三届世界女足锦标赛冠军争夺战中，因点球告负而获亚军。2000 年 4 月，中国女足队员孙雯荣获国际足联颁发的女足世界杯金球奖和金靴奖，并荣获亚足联授予的“最佳运动员”称号，成为中国足球史上享有足球最高殊荣的第一人。

1994 年起实行以俱乐部职业队为主的全国甲级 A、B 组联赛（现更名为中国足球超级联赛），我国足球运动水平得到了迅速提高，中国足球事业飞速发展，经过几代人的努力，终于在 2001 年亚洲十强赛中，中国男足以 6 胜 1 平 1 负的战绩夺得小组第一名，获得第十七届世界杯决赛阶段比赛的参赛资格，首次冲出亚洲走向世界。

（二）世界现代足球运动发展概况

1. 亚洲足球运动发展概况

亚洲足球联合会成立于 1954 年，总部设在马来西亚，拥有 37 个会员国，我国于 1974 年 9 月被亚足联接纳为会员，国际足联 1979 年 10 月 13 日重新接纳中华人民共和国足球协会为会员。亚洲足联举办的比赛有两大赛事，一是亚洲杯，从 1956 年起每 4 年举行 1 次，二是亚运会足球比赛，自 1951 年开始，也是每 4 年举行 1 次。

2. 世界足球运动发展概况

1）现代足球运动诞生于 1863 年 10 月 26 日，当时英国成立了世界上第一个足球组织——英国足球联合会，并制定了统一的足球规则，故世界足坛把这一天称为现代足球运动的生日。1846 年，英国剑桥大学为了适应本国各学校间的足球比赛而综合制定了一个简单的规则——当时称之为“剑桥规则”。

2）1863 年以后，欧洲一些国家纷纷成立了足球协会。1885 年英格兰首创了职业足球俱乐部，这是世界上第一个职业足球俱乐部。1904 年 5 月 21 日，法国、瑞士、西班牙、荷兰等国的代表发起成立了国际性的足球组织——国际足球联合会。

到目前为止，国际足联已成为世界上最大的体育单项组织，总部设在瑞士的苏黎世，拥有 200 多个会员国。国际足联举办的重大足球比赛有世界杯男子足球比赛、奥运会足球比赛和世界女子足球锦标赛。

第二节　足球的基本技术与教学方法

一、颠球

颠球是指运动员用身体的各个有效部位连续地触击球，并加以控制尽量使球不落地的技术动作。

1. 技术动作要领

1）支撑脚踏在球的侧后方 25~30 厘米处，膝关节微屈，牢固支撑身体重心，挑球脚前脚掌轻轻放在接近球顶部位，屈小腿（大腿微伸）将球轻轻拉向身体，当球被拉动后，前脚掌迅速向球下伸去，在球滚至趾背的同时，脚趾伸（脚尖翘）、小腿微伸、大腿屈，并向前上方轻轻用力将球挑起。

2）双脚脚背颠球：脚向前上方摆动，用脚背击球，击球时踝关节固定，击球的下部。

两脚可交替击球，也可一只脚支撑，另一只脚连续击球。击球时用力均匀，将球始终控制在身体周围。

3）双脚内侧、外侧颠球：抬腿屈膝，用脚的内侧或外侧向上摆动，击球的下部，两脚内侧或外侧交替击球。

4）大腿颠球：抬腿屈膝，用大腿的中前部位向上击球的下部，两腿可交替击球，也可一只脚做支撑，用另一侧的大腿连续击球。

5）头部颠球：两脚开立，膝盖微屈，用前额部位连续顶球的下部。顶球时，两眼注视球，两臂自然张开，以维持身体平衡。

2. 易犯错误

1）脚击球时踝关节松弛，造成用力不均匀。

2）击球时脚尖向下或向上勾，造成球受力后向前或向后触碰身体，难以控制。

3）颠球时身体其他部位不够放松，导致动作僵硬。

4）头部颠球仅靠颈部发力，腿部、躯干、颈部配合用力不协调。

3. 练习方法示例

1）一人一球颠球：体会触球的时间、触球的部位、触球的力量和整个动作的协调配合。

2）两人一球颠球：用脚背、大腿、头部以及身体各部位触球，掌握好触球的力度，尽量不让球落地。每人可触球一次颠给对方，也可触球多次互颠。

二、踢球

踢球是运动员有目的地用脚把球击向预定目标的技术。踢球是足球技术中最重要的技术，主要用于传球和射门。

1. 技术动作结构分析

踢球的方法很多，动作要领也有所不同，但是每一种踢法都是由助跑、支撑脚站位、踢球腿的摆动、脚触球和踢球后随前动作 5 个环节组成的。在这 5 个环节中，支撑脚站位、踢球腿的摆动、脚触球是主要的环节。

（1）助跑

助跑用来调整人与球的位置、距离，以便在踢球时使支撑脚处于正确位置，从而增加击球力量。助跑最后一步要大一些，为踢球腿的充分摆动、增大摆腿速度、控制身体和提高击球的准确性创造条件。

（2）支撑脚站位

支撑脚站位要以踢球腿的摆动能达到最大的摆幅、发挥最大的速度和有利于踢球脚准确地接触球的合适部位为原则。支撑脚站位一般是由所使用的踢球方法来决定的：凡采用的踢法需要踩在球侧后方的，一般距离球 25~30 厘米。踢活动球时，更要掌握好支撑脚的位置。因支撑脚落地球在继续运行之中，要把踢球脚后摆的时间计算在内。如追踢向前滚动的球，支撑脚落地的位置要稍靠前，这样才能与球保持合适的距离。支撑脚要积极踏地以制动身体的前冲力量；膝关节要微屈，以维持身体的平衡并保证充分摆腿及自如踢球，支撑脚实际上起着固定支点的作用。

（3）踢球腿的摆动

摆幅、摆速、踢球的动作质量，直接关系到踢球的力量、击出球的速度和球的运行距离。踢球腿的摆动是在支撑脚跨步时（助跑最后一步）顺势向后向前摆。当膝盖摆到接近球的垂直上方或球内侧的正上方时，小腿加速前摆。

（4）脚触球

一般来说，用脚的某一部位击球的后中部，作用力通过球心，出球平直。当踢各种活动来球时，应准确判断来球的速度、方向等，根据出球目标，合理选择踢球脚以及踢球脚的部位和击球的部位。在现代足球比赛中，运动员已广泛采用了弧线球（香蕉球）踢法。这种踢法主要运用脚背内侧或外侧击球，击球的作用力不通过球心，使球产生旋转，并沿着一定弧线运行。这种球具有一定的隐蔽性。

（5）踢球后随前动作

踢球后随着腿的前摆和送髋，使身体重心向前移动，这样易于控制出球方向并可加大踢球力量，还能缓冲因踢球腿急速前摆而产生的前冲惯性，以维持身体的平衡。

2. 技术动作要领

踢球的方法很多，主要有脚内侧、脚背正面、脚背内侧、脚背外侧以及脚尖和脚跟踢球等。

（1）脚内侧踢球

其特点是脚与球接触面积大，出球准确平稳，且易于掌握。但出球力量较小。

1）脚内侧踢定位球：直线助跑，支撑前的最后一步稍大，支撑脚站在球的侧面约 15 厘米处，脚尖正对出球方向，支撑腿膝关节微屈。在支撑脚着地时，踢球腿大腿带动小腿由后向前摆动，在前摆的过程中大腿外展，当膝关节的摆动接近球的正上方时小腿做爆发式摆动，在触球前将脚跟送出使得脚内侧部位所形成的平面与出球方向垂直，踢球脚脚底与地面平行，脚尖微微翘起，踝关节功能性地紧张使脚型固定，触球后身体跟随移动，髋关节向前送。

2）脚内侧踢各种方向来的地滚球时主要应考虑：支撑脚与球的相对位置；球与脚接触时的入射角及球运行的速度。由于来球方向不同，踢球腿摆动多数依靠小腿爆发式的摆动。

（2）脚背正面踢球

脚背正面踢球由于其解剖特点，力量大，准确性也较高。但出球的方向及性质相对变化也较小。

脚背正面踢定位球：直线助跑，最后一步稍大些，支撑脚积极着地支撑，在球的侧面 10~12 厘米处，脚尖正对出球方向，膝关节微屈，踢球腿随跑动向后摆动，小腿弯曲，支撑的同时踢球腿以髋关节为轴，大腿带动小腿由后向前摆动。当膝关节摆至接近球的正上方时，小腿做爆发式的摆动，脚跖屈，以脚背正面部位击球的后中部。击球后身体及踢球腿随球前移。

（3）脚背内侧踢球（又称内脚背踢球）

这是一种用第一跖骨及跖趾关节部位触击球的踢球方法。其技术结构与前两类踢球方法相同，但技术细节则有所区别。

1）脚背内侧踢定位球：斜线助跑，助跑方向与出球方向约成 45°，最后一步稍大，以支撑脚底积极着地，脚尖指向出球方向，距球内侧后方 20~25 厘米，膝关节微屈。在支撑同时，踢球腿已完成后摆，并开始以髋关节为轴大腿带动小腿由后向前摆动，当大腿摆至与支撑腿接近同一平面时，小腿做爆发式摆动，此时脚尖外转、脚背绷直，以脚背内侧部位触击球。击球后踢球腿及身体继续随球向前。

2）脚背内侧踢各种方向来的地滚球：根据来球的速度、运行轨迹，选好击球时的位置并及时移动到位。在选择支撑点时应考虑来球的情况和摆腿的速度，以保证脚触球的瞬间，球与脚的相对位置仍能符合要求。

（4）脚背外侧踢球（又称外脚背踢球）

脚背外侧踢球是用三、四、五跖骨部位接触球的一种方法。由于踢这种球的脚踝灵活性较大，摆腿方向变化较多，且助跑时又是正常的跑动姿势，故其出球隐蔽性较强，足球比赛中各种距离的弧线球及非弧线球均可使用。

1）脚背外侧踢定位球：助跑、支撑脚站位及踢球腿摆动均与脚背正面踢球技术的三个环节相同，触球部位是脚背外侧。此时，膝关节和脚尖内转，脚背绷紧，脚趾紧屈并提膝，触球后身体随踢球腿的摆动前移。

2）脚背外侧踢地滚球：可用于踢前方、侧前方及正侧方、侧后方来的地滚球。踢球的动作规格要求与踢定位球相同，但支撑脚站位应考虑球的滚动速度，以保证在脚触球的瞬间支撑脚与球的相对位置符合要求。

（5）脚跟踢球

这是用脚跟（跟骨的后面）接触球的一种踢球方法。球在支撑脚外侧时，踢球脚在支撑脚面交叉摆到支撑脚外侧用脚跟击球。

3. 易犯错误

（1）踢定位球

1）支撑脚位置偏后，踢球时身体后仰或臀部后坐，脚触在球的后下部，踢出球偏高。

2）踢球腿的后摆摆幅较小或没有后摆，而仅是将球踢出以致前摆过度，造成踢球无力或出球较高。

3）在前摆过程中小腿爆发式的摆动过早，使得出球时并非小腿摆速最大之时，因而出球无力（对出球方向也有影响）。

4）踢球腿摆动方向不正，以致踢球施力方向没通过球的重心，使球旋转。

5）脚趾屈得不够，以致不能用脚的正确部位触球，出球力量和方向均受到影响，且易损伤脚趾。

6）踢球脚与球接触时未能按要求接触球的合理部位，影响了出球的准确性，对出球力量及性质也相应产生影响。

（2）踢地滚球

1）支撑脚站位不当，没有根据来球的方向、速度等选择支撑脚的位置，也没有对自己踢球腿的摆动速度加以控制。

2）没有根据来球的方向和速度合理选择助跑路线和脚法。

4. 练习方法示例

（1）各种踢球技术动作的模仿练习

在地面设想有一目标（足球），跨步上前做踢球动作，然后过渡到几步慢速助跑的踢球模仿动作练习，最后可做快速助跑踢球的模仿动作练习。练习中应注意要求有设想球，尤其注意设想触球一瞬间踢球脚踝关节的固定和脚背绷紧。

（2）一人用脚底挡球，另一人踢球

此方法应注意踢球腿摆动与吃准部位。

（3）利用足球墙和标杆做踢旋转球的练习

可将标杆插在踢球者与墙之间，标杆与人及墙的距离视需要而定（开始可大些，当技术掌握后再逐步缩小）。各种旋转球的练习都可以利用足球墙进行，尤其对初学者来说，使用足球墙既可充分利用练习时间增加练习次数，又能使练习者较好地集中注意力掌握技术动作。对于想要提高的练习者，足球墙同样也是一个有力的帮手。

（4）各种脚法的两人练习

若两人练习踢定位球，则辅以接球练习；若进行踢活动球练习，则可相隔一定的距离进行不停顿的连续传球练习。两人一组还可以进行有对抗的传射练习。

三、接球

接球是运动员有目的地用身体的合法部位把运行中的球接下来，控制在所需要的范围内，以便更好地衔接下一个技术动作的技术。

1. 技术动作结构分析

无论采用哪一种接球方法，动作结构都是由以下环节组成。

1）观察和移动：为了完成接球动作，事先要注意观察来球的情况。根据球的运行路线、球的旋转与速度等情况，迅速判断落点，及时移动，使自己处于接球的最佳位置。

2）选择接球的部位和接球方法：不同的接球部位和方法会产生不同接球效果。

3）改变来球的力量：根据来球力量和实际需要，可分别采取加力或减力（缓冲）方法。

4）随球移动：接球动作一做完立即随球移动，紧密衔接下一个动作，在接球与处理球的动作衔接不能拖泥带水。

2. 技术动作要领

（1）脚内侧接球

1）脚内侧接地滚球：支撑脚脚尖正对来球，膝关节微屈，同侧肩正对来球。接球腿提膝，大腿外展，脚尖微翘，脚底基本与地面平行，脚内侧正对来球并前迎，脚内侧在与球接触的瞬间迅速后撤，把球接在脚下。当需要将球接在侧面时，支撑脚脚尖应向同侧斜指，脚内侧与来球方向成一定角度触球，同时支撑脚提踵，以前脚掌为轴做适当转动，身体移动。当来球力量不大时，脚只要抬到一定的高度，脚内侧与地面形成锐角轻触球。也可在触球时用下切动作使球发生旋转，而将球接在脚下。

2）脚内侧接反弹球：根据来球的落点，移动到位，支撑脚在球的侧前方，支撑腿膝关节微屈，身体向接球后球运行的方向偏移。接球腿提起小腿且放松，脚尖微翘，脚内侧对着接球后球运行的方向并与地面成锐角，当球落地反弹刚离地面时，大腿向接球后球运行的方向摆动，用脚内侧部位轻推球的中上部。

3）脚内侧接空中球：根据来球的速度及运行轨迹，及时移动到位。若为抛物线较小的平空球则应根据临场的实际情况选择适当的接球点，将接球腿抬起，使脚内侧部位对准来球的方向并前迎，脚在接触球的一瞬间后撤，并将球接在所需的位置上。

（2）脚背外侧接球

1）脚背外侧接地滚球：将接球点放在接球腿一侧，支撑腿膝关节微屈。接球腿提起屈膝，脚内翻使小腿和脚背外侧与地面成锐角，并对着接球后球运行的方向，脚离地面的高度应略等于球的半径，然后大腿向接球后球运行的方向推送，同时身体随球移动。

2）脚背外侧接反弹球：判断来球的落点，移动到位，支撑脚在来球落点的侧后方，除触球部位外，其他环节均与脚背外侧接地滚球相同。

（3）脚底接球

1）脚底接地滚球：身体正对来球方向，前移迎球，支撑脚站在球的侧面（前后均可），脚尖正对来球方向，膝关节微屈。同时接球腿提起，膝关节微屈，脚背略屈，使脚底与地面约小于 45° 角（且脚跟离开地面），前脚掌一般接触球的后上部为宜。在触球瞬间接球脚可轻微跖屈（前脚掌下点）将球停住，也可根据需要在接球同时将球推向前方或拉向身后。

2）脚底接反弹球：根据来球落点，前移迎球，支撑脚在落点侧后方，脚尖正对来球方向，球落地瞬间前脚掌触球的中上部，膝微伸，用脚掌将球接在体前。若需接在身后则应在触球瞬间继续屈膝，将球回拉，同时支撑脚以前脚掌为轴旋转 90° 以上。

（4）大腿接球

1）大腿接抛物线较大的下落球：面对来球方向，根据球的落点迅速移动到位，接球腿抬起，在球与大腿接触的瞬间，大腿下撤将球接到需要的位置上。

2）大腿接低平球：面对来球方向，根据来球高度，接球腿微屈，送髋前迎来球，在球与大腿接触瞬间收撤大腿，使球落在所需要的位置上。

（5）胸部接球

1）挺胸式接球：面对来球站立（两脚左右或前后开立），两膝微屈，重心置于支撑面内，上体后仰，下颌微收，两臂自然张开，维持身体平衡。接触球瞬间，两脚蹬地，膝关节伸直且胸部轻托球的下部使球于胸前上方微微弹起。对于较高的平直球也可采用这种方法将球接于胸前，但触球瞬间膝关节由直变屈，脚由提踵状态变全脚掌落地状态，整个身体保持接球时的姿势，下撤将球接在胸前。

2）收胸式接球：多用于接齐胸高的平直球。面对来球，两脚左右或前后开立，两臂自然张开，挺胸迎球，触球瞬间收胸、收腹、臀部后移将球接在体前。若需要将球接在体侧，则触球瞬间转体将球接在转体后相应的一侧。

3. 易犯错误

（1）接地滚球

1）球从脚下漏过。主要原因是未掌握好脚的触球部位距离地面的高度。

2）接球时将球卡死在接球地点，触球部位过高。

3）接球后身体不能及时跟上，影响后续对球的控制。

（2）接反弹球

1）球从脚下漏过，未能准确判断球的落点和从地面反弹的路线。

2）接球时将球卡在触球点，影响下一个动作的衔接。

（3）接空中球

1）对球在空中运行的速度与轨迹判断不准确，或迟或早、或高或低，从而造成漏接。

2）未能将球接到理想的位置。

4. 练习方法示例

（1）个人接球技术练习

1）利用足球墙进行练习：采用足球墙练习各种方法接地滚球。由开始原地接逐渐过渡到迎上去接，或开始接在脚下，再逐渐过渡到接所设想的位置上去。另外，也可练习接反弹球与空中球。

2）个人将球踢高或用手抛起，然后进行接反弹球的各种练习。

（2）多人接球技术练习

1）正面接地滚球：两人对面站立，相距 10 米左右，一人踢球，另一人接球。

2）两人在跑动中进行练习。在一定范围内跑动中练习，要求接球时尽量使用多种方法，距离近时以接地滚球为主，距离远时以接空中球为主，从而提高接球能力。

3）两人一组对面站立，相距 5 米左右，一人用手抛球，另一人接各种空中球（如大腿、腹部、胸部、头部），可逐渐加大距离、加大力量（或增加旋转）以适应来球的各种变化。

四、运球

从狭义上讲，运球指用身体的某一部分触球，使球能随运球者一起运动；从广义上讲，运球指让球随人运动，突破对方的防守。这里就包含了运球方法的运用问题。

1. 技术动作结构分析

运球技术动作通常是由运球方法的选择与准备、跑动中间断触球、为下一动作的连接做好准备这三个环节组成。

（1）运球方法的选择与准备

运球方法的选择与准备应根据临场情况瞬间做出，同时随时根据需要进行调整。

（2）跑运中间断触球

这一环节是运球技术的最关键部分，运动员在开始运球后，应根据临场情况用适宜部位去间断触球，并使球始终处在自己的控制范围内。运球跑动要自然、重心低、步幅小、频率快。运球过程中眼睛不要只注视在球上而应注意周围情况，这样才能在临场情况发生突然变化时迅速采取措施，并将球控制到所需要的位置上去。

（3）为下一动作的衔接做好准备

这里主要是指运球已经结束，球处于何位置及身体处于何种状态更有利于做下一个动作（传球或射门）。

2. 技术动作要领

常用的运球技术有脚内侧、脚背正面、脚背外侧、脚背内侧运球。

（1）脚内侧运球

在运球前进时支撑脚始终位于球的侧前方，肩部指向运球方向，支撑腿膝关节微屈，重心放在支撑腿上，另一条腿提起屈膝，用脚内侧推球前进。由于肩部指向运球方向，身体侧转，虽然移动速度较慢，但身体前倾有利于将对方与球隔开，因而这种技术多用在运球寻找配合传球时，或有对方阻拦需用身体做掩护时。

（2）脚背正面运球

运球时身体保持正常跑动姿势，上体稍前倾，步幅不宜过大，运球脚提起，膝关节稍屈，髋关节前送，脚后跟抬起，脚尖下指，着地前用脚背正面部位触球后中部将球推送前进。

（3）脚背外侧运球

运球时身体保持正常跑动姿势，上体稍前倾，步幅不宜过大，运球腿提起，膝关节稍屈，髋关节前送，脚后跟抬起，脚尖绕矢状轴向内旋转，使脚背外侧正对运球方向，在运球脚落地前用脚背外侧推拨球的后中部。

（4）脚背内侧运球

身体稍侧转并自然协调放松，步幅小，上体前倾，运球腿提起外展，膝微屈外转，提踵，脚尖外转，使脚背内侧正对运球方向，在运球脚落地前用脚背内侧推拨球，使球随身体前进。脚背内侧运球由于身体稍侧转，不能采用正常的跑动姿势，因而不适于高速运球。由于接触部位和支撑位置的特点易于完成向支撑脚一侧的转动，脚背内侧运球故多用于向支撑脚一侧的转动变向运球。

（5）其他

1）拨球：脚踝关节向侧方转动，脚背内侧或脚背外侧触球，将球拨向身体的侧前方、侧方、侧后方。

2）拉球：将前脚掌放在球的上部或侧上部，后脚在球的侧后方支撑，然后触球脚向后下方用力将球拉回。拉球时，除了往回拉以外，也常使用接触球的上部向左右侧拉球。

3）扣球：这种方法与拨球相同，不同的是其发力突然并伴随着急转或急停，使对手来不及调整重心，从而从反方向突破对手的防守。

4）挑球：用脚背部位触球的下部并突然向上方挑起，使球在防守人做出挡球动作之前越过防守人，运球者随球迅速跟进。

3. 运球过人方法

（1）利用速度强行过人

持球者用突然的快速推拨球结合快速的跑动突破对手的防守。

（2）利用身体的掩护强行过人

当持球者接近对手时双方速度放慢，持球者侧身用身体靠住对手，用另一只脚将球拨出，同时转身将对手倚在身后并随球突破对手的防守。

（3）利用变速运球过人

对手在持球者侧面，持球者用另一侧脚运球，利用运球速度的变化达到过人的目的。

（4）恰当运用合推、拨、挑、扣、拉、颠等技术动作过人

运球者以单脚或双脚轮流选用上述动作，使运球的方向与速度不断，使对手难以把握过人的方向与时机，或失去重心，从而抓住其漏洞完成过人。

（5）利用穿裆球过人

当运球者遇到对手从正面阻挡时，若对手两脚开立幅度较大且重心在两脚之间，运球者应侧身运球接近对手，抓住时机将球从对手两脚之间推（拨）过，随后绕过防守者并控制球。这种过人的方法经常可以收到奇效。运球者还可以用假动作引诱防守者将两腿分

开，然后再使球穿裆而过。

（6）人球分路过人

当防守者出脚抢球时，运球者抢先将球从其一侧推（拨）到前方，再迅速从另一侧绕过控制球。若推球使用“蹭”的方法，蹭出弧线球来，就更有利于运球者绕过防守者后控制球。

比赛中运球过人的方法很多，只有熟练地掌握上述各种运球方法和动作，并注意处理好下列诸因素，才能在比赛中完成运球过人。

1）注意观察对手的位置，选择正确的过人方法。

2）掌握好过人时机。如运球速度很快，则应离对手近些再做过人动作，否则对手将有时间转身启动将球追上。假动作过人应利用对手因判断错误而失去重心的时机。

4. 易犯错误

1）眼睛只盯着球，不能随时观察周围情况，因而不能根据临场情况及早采取措施。

2）身体僵硬影响了动作的协调性，造成触球部位不准确或触球力量过大。

3）运球技术运用不合理，步幅过大，重心偏高，不能随心所欲地触球控球。

5. 练习方法示例

1）在慢跑中分别用单脚的脚内侧运球、脚背正面运球、脚前外侧运球，运球沿直线进行。

2）在慢跑中沿弧线运球。用脚内侧、脚背内侧、脚背外侧做顺时针、逆时针运球练习。

3）慢跑中单脚交替用脚背内侧和脚背外侧沿折线运球。

4）在慢跑中双脚交替用脚背内侧沿折线运球。

5）拨球练习。在一定范围内自由运球，按手势一只脚做支撑，另一只脚用脚背内侧或外侧拨球绕支撑脚做圆周运球，两脚轮流练习。

6）拉球练习。在一定范围内自然运球，听哨音后一只脚做支撑脚，另一脚用脚前掌触球顶部，接球绕支撑脚做圆周运动。一步一步拉球。

7）接球转身 180° 运球练习。在一定范围内自由运球，听哨音后用一只脚支撑，另一只脚拉球至身后，沿拉球脚一方转体 180° 继续运球。

8）扣球转身变向运球练习。在一定范围内自由运球，听哨音后一只脚做支撑，另一脚用脚背内侧扣球，使球改变方向，角度应在 90° 以上，身体随其转动沿改变后的方向继续运球。

9）单脚交替后拉球转体 180° 练习。如先用左脚支撑，右脚拉球向后转体 180°，右脚迅速着地做支撑，左脚踏在球顶部，如此交替进行。

10）扣拨组合练习。每人一球沿折线向前运球，运球中用右脚脚背内侧扣球，扣球后用右脚支撑，接着左脚脚背外侧立即向斜前方拨球，可继续运两步球（或不运球），然后右脚支撑，左脚脚背内侧向右斜前方扣球后成左脚支撑，接着用右脚脚背外侧向斜前方推拨球，依此进行。进行这种练习应注意扣球方向能保证运球路线沿折线行进，扣球变向的角度不可太大，扣球后另一只脚应立即用脚背外侧拨球。

11）扣推组合练习。运球中，右脚脚背内侧侧向（或侧后向）扣球，左脚脚内侧推直线球。双脚交替进行。

12）拉、推（拨）组合练习。用右脚将身前的球接到身后，接着用脚内侧（或脚背外侧）将球向同侧斜前方推（拨）出，跟上后继续运球，重复上述动作，两脚轮流进行。

五、抢截球

抢截球技术是指运动员在规则允许的范围内，使用身体的合理部位将对手的控球权夺过来或破坏掉。

1. 技术动作结构分析

抢截球技术的动作结构是由选位、抓住时机实施抢截、抢截动作完成后与下个动作的紧密衔接三个环节组成的。

（1）选位

选位包括对对方控制球情况和接应队员情况的观察以及对对方意图的分析判断。根据观察、分析和判断，及时移动到实施抢截球最有利的位置上，这一环节虽短暂，但它是成功实施抢截球的先决条件，不具备这些条件，抢截球则是盲目的。

（2）抓住时机实施抢截

一种时机是进攻球员企图突破防守的抢截时机，这种情况多在控球者触球后，触球脚即将落地或重心已移至即将落地的触球脚时。此时实施抢截，持球者已无法再改变运球路线；另一种为对方传接球过程中的抢截时机，这种时机都是在对方将球传出后未被同伴接到前，抢先出击截获或触及球。

（3）抢截动作完成后与下个动作的紧密衔接

抢截技术需要在不同情况下使用不同的抢截动作，有时在实施抢截动作时会使身体呈现各种状态，可能不利于下一个动作的衔接（例如倒地铲球后身体已失去平衡），为保证与下一动作紧密衔接，身体应恢复到所需要的状态和位置。

2. 技术动作要领

（1）正面跨步堵抢

抢球者两脚前后开立，迎着运球者而站，两膝微屈，身体重心下降并置于两脚间，当运球者与抢球者间的距离缩小到一定范围（即抢球者上前跨一大步可能触及球），运球者脚触球后即将落地或刚刚落地时，抢球者后脚用力蹬地并跨步向前，以脚内侧去堵截球，当已堵住球时，另一只脚应迅速上步。若抢球脚堵住球，两位对手也堵住球，则抢球者应将另一只脚迅速前移做支撑脚，抢球脚在不脱离球的情况下迅速向上提拉，使球从对手脚面滚过，身体重心也迅速跟上并将球控制好。

（2）合理冲撞抢球

当防守者并肩与运球者跑动追球时，防守者重心稍下降，靠近对手一侧的手臂紧贴身体，利用对方同侧脚离地的过程，用肘关节以上部位适当冲撞对手同样部位，使对手身体失去平衡，乘机将球控制住。

（3）正面铲球

移动接近控球者，膝关节微屈，重心下降，当控球者触球脚触球后尚未落地时，抢球者双脚沿地面向球滑铲，随即用手扶地做向一侧的翻滚，并尽快起身。

（4）异侧脚铲球

当双方都不能用正常的动作触球时（指跑动中），防守者应根据与球的位置，同侧脚用力蹬地使身体跃出，异侧脚向前沿地面对着球滑出，脚底将球铲出，然后小腿外侧、大腿外侧、手依次着地。或铲出球后身体向铲球腿一侧翻转，手撑地后立即起身，使身体恢复到与下一动作衔接的状态和位置。

（5）同侧脚铲球

防守者在跑动中应根据双方离球的距离做出判断，当对手不能立即触球时，用异侧脚用力蹬地，使身体向前方跃出，同侧脚沿地面向前滑出的同时向外摆踢（脚踝应有向外的动作），用脚背外侧将球踢出。也可用脚尖将球捅出，接着向对方一侧翻转，手撑地迅速恢复到下一个动作所需要的位置。在激烈的比赛中，由于铲球可以最大限度地争取时间和扩大控制面而被广泛地运用到踢球、接球、运球、抢球技术中去。这项技术应引起高度的重视。

六、头顶球

1. 前额正面头顶球

这是由额肌覆盖着的额骨正面部分去击球的一种动作方法。

（1）原地头顶球

身体正对来球方向，眼睛注视运动中的球，两脚左右开立（或前后开立），膝关节微屈，重心置于两脚间的支撑面上（或后脚上），两臂自然张开。当球几乎垂直于地面时，两腿用力蹬地，躯干迅速向前摆，下颌微收，在触球瞬间颈部做爆发式振摆，前额正面击球中部，躯干随球前摆。

（2）跑动头顶球

跑动头顶球的动作要领与原地头顶球相同，只是第一环节应正对来球跑出抢点。球顶出后，由于跑动速度较快，身体为保持平衡须随球向前移动。

（3）原地跳起头顶球

这种技术用在本方传来或对方传来高球时运用。两膝屈，重心下降，然后两脚用力蹬地起跳，同时两臂屈肘上摆，在身体上升阶段展腹挺胸，两臂自然张开，眼睛注视来球，身体自然成背弓。当球运行至身体额状面时，迅速收腹，躯干前摆，触球瞬间颈部做爆发性振摆，用前额正面将球顶出，同时两腿向前做振摆，球顶出后两腿屈膝屈踝落地。

（4）跑动跳起头顶球

一般跑动跳起头顶球都使用单脚起跳。根据来球的速度、运行轨迹，选好起跳位置，及时跑到起跳点，起跳前一步稍大些，起跳脚用力蹬地跳起，同时另一腿屈膝上摆，两臂屈肘自然上提。其余各环节与原地跳起头顶球相同。

2. 前额侧面头顶球

（1）原地头顶球

根据来球的运行速度、运行轨迹，及时移动到位。两脚前后开立（或左右开立），出球方向的异侧脚在前，重心逐渐过渡到前脚上，眼睛注视来球，前膝微屈，两臂侧前后自然张开，当球运行至身体前上方时，脚用力蹬地，前脚掌适度旋转，躯干随着向出球方向扭摆，同时用力向击球方向甩头，前额侧面击球的后中部。

（2）跑动头顶球

与原地额侧头顶球动作要领相同，不同的是此动作是在快速跑动中开始和完成的，身体注意完成动作后的平衡。

（3）跳起头顶球

跳起头顶球分为原地跳起顶球和助跑跳起顶球。起跳动作及第一环节与前额正面跳起头顶球相同。在起跳后的身体上升阶段，身体向出球的相反方向侧摆，在身体达到最高点时，躯干急速向出球方向摆出，颈部扭摆甩头，前额侧面击来球的后中部，将球击向预定的目标。落地时屈膝以缓冲落地力量并保持身体平衡。

七、假动作

假动作渗透在各种技术中，如踢球、接球、头顶球、运球、抢截球、掷界外球以及守门员技术等。

1. 技术动作结构分析

比赛中根据临场的需要及时做出使用何种假动作的决定，假动作的实施并非都是一次性的，有时为了使对手重心产生不适当的移动，需要连续做几个假动作才能奏效。实施假动作时最好能在活动中进行。

2. 技术动作要领

（1）传球前的假踢

如传球前为了使堵住传球路线的对手闪开空当，可先向一方做假踢动作，当对手去堵假踢的传球路线时，突然改变踢球脚法将球从另一方向传出。

（2）接球前的假接

如对手在体侧紧逼的情况下，可先向一侧做假接球动作，当对手重心发生不适当的偏移时，突然改变向另一侧接球。

（3）运球过人假动作

1）运球过人时的虚晃假动作，诱骗并转身突破对手。

2）先用减速或停顿的假动作，再以突然启动的方法越过对手。

3）当对手在侧后追抢时，运球者上前用异侧向前从球上跨过，诱使对手堵抢，然后用同一脚脚背外侧将球向另一侧扣回（或用另一脚脚背内侧将球扣回），甩掉对手。

4）防守者从正面迎上准备抢球，运球者用一只脚假装向另一侧前方踢球，诱使对手上前堵截，此时假踢脚作为支撑脚，用另一脚内侧将球向另一侧推出或从对手胯下将球推过，接着迅速绕过对手运球前进。

（4）抢球假动作

当对手运球向自己跑来时，防守者如果能调动进攻者，就可以变被动为主动，而抢截假动作就是达到此目的的一种手段。

3. 易犯错误

1）假动作不够逼真，易被对方识破。

2）真动作衔接太慢不易达到预想的效果。

3）缺乏观察判断和随机应变能力。

4. 练习方法示例

（1）在无对抗的情况下一人一球做假动作练习

1）向右（左）假踢，向左（右）拨球前进。

2）向右（左）假拨，向左（右）拨球前进。

3）向右（左）假踢触球，瞬间改用前脚掌将球拉回，再向左（右）推拨球前进。

4）向右（左）跨过球，向左（右）拨球前进。

（2）在对抗情况下练习

1）两人一组，其中一人进行消极防守，两人轮流进行假动作练习。

2）在掌握一定的假动作技术基础上可结合传球和射门进行假动作后的传球、假动作后的射门练习，也可利用 3 对 3 或 4 对 4 的传抢练习或用小比赛进行练习。

八、掷界外球

由于掷界外球接球人不受越位规则的约束，因此其不仅用于恢复比赛，而且可以为进攻创造有利条件。

1. 技术动作结构分析

1）掷界外球的动作是一个下端固定的爆发式平摆运动，需稳固的支撑。

2）根据身高和臂长掌握合理的掷出角（不超过 45°），它是影响球飞行距离的重要因素，球出手速度快则掷得远，这需要力量基础和协调用力能力。

3）充分利用助跑有助于将球掷远。

2. 技术动作要领

（1）原地掷界外球

面对出球方向，两脚前后或左右开立，每脚均应有一部分站立在边线上或边线外。膝关节弯曲，上体后仰成背弓，重心移到后脚上（左右开立时，重心在两脚间），两手自然张开，拇指相对，持球的侧后部，屈肘将球置于头后。掷球时，后脚用力蹬地（或两脚用力蹬地），两腿迅速伸直，身体重心由后脚移到前脚，收腹屈体，同时两臂急速前摆。当球摆到头上时用力甩腕将球掷入场内。掷球时，后脚可沿地面向前滑动，但两脚均不得离地。

（2）助跑掷界外球

两手将球放在胸前，在助跑迈出最后一步时，上体后仰成背弓，同时将球上举至头后，掷球时的动作与原地掷界外球动作相同。将球掷出后，后脚可在地面上向前滑行，但不得离地。

3. 易犯错误

1）掷界外球时动作不符合规则要求，造成犯规。

2）用力不协调，掷出角不合理而影响出球的远度。

4. 练习方法示例

1）两人一球，相距 15 米，原地掷球。

2）两人一球，相距 25 米，助跑对掷界外球。

第五章　乒乓球运动

第一节　乒乓球运动概述

一、乒乓球运动的起源

乒乓球运动起源于19世纪末的英国。当时的欧洲流行网球运动，但由于天气和场地的限制，英国的大学生便把网球移到了室内，以餐桌为球台，书本为球网，羊皮纸为球拍，在餐桌上打来打去。

1890年，英国选手吉布从美国带来了几个赛璐珞球，用作乒乓球比赛的玩具。驻守印度的一些英国海军军官发现，在一个小平台上打网球是一件很有趣的事情。后来，他们用实心橡胶取代了不那么有弹性的球体，后来用中空的塑胶球，用木板取代网拍，在桌上玩起了一场“网球赛”。于是“Table tennis”就这样诞生了。

（一）乒乓球运动世界三大赛事

1. 世界乒乓球锦标赛（World Table Tennis Championships）

1926年12月6日至12日在英国伦敦举行了第一届世界乒乓球锦标赛，共有9个队的64名男女运动员参加比赛。同时，国际乒联成立，通过了《国际乒联章程》和《乒乓球比赛规则》，选出了国际乒联第一任主席英国人蒙塔古。第二届世界乒乓球锦标赛于1928年1月在瑞典的斯德哥尔摩举行，此后规定每年举行1届。1940—1946年，比赛因第二次世界大战中断。1957年改为每两年举行1届。到2015年4月已举办了53届。现在乒乓球运动在世界体坛享有很高的声誉，1988年被正式列为奥林匹克运动会（简称奥运会）的比赛项目。世界乒乓球锦标赛奖项设置有男子团体赛奖杯（斯韦思林杯）、女子团体赛奖杯（马赛尔·考比伦杯）、男子单打比赛奖杯（圣·勃莱德杯）、女子单打比赛奖杯（吉·盖斯特杯）、男子双打比赛奖杯（伊朗杯）、女子双打比赛奖杯（波普杯）、男女混合双打比赛奖杯（兹·赫杜塞克杯）。以上7个项目的奖杯都是流动的，各项冠军获得者可保存该项奖杯，到下届世界乒乓球锦标赛开始前将奖杯交给下届世界乒乓球锦标赛组委会。如果一名男运动员连续3次获得勃莱德杯或一名女运动员连续4次获得盖斯特杯，则由国际乒联制作一个复制品，由获得者永久保存。

2. 世界杯乒乓球赛（World Cup Table Tennis match）

1980年，第一届男子单打世界杯在香港举办。该项赛事每年举办1届，截至2020年共产生41块金牌，其中中国选手获得26块，欧洲选手获得15块。1990年，世界杯乒乓球赛增设了男、女团体比赛，1996 年增设了女子比赛。

3. 奥运会乒乓球赛（Olympic Games Table Tennis match）

乒乓球项目于 1988 年在韩国汉城举办的第二十四届奥运会上被列为正式比赛项目，包括男子单打、男子双打、女子单打、女子双打。2008 年北京奥运会将男、女双打比赛换成男、女团体比赛。2020 年东京奥运会增设了混合双打项目。

（二）世界乒乓球运动技术的发展

世界乒乓球锦标赛至今已有 100 多年的历史，它经历了以下 6 个重大技术发展阶段。

1. 第一阶段（1926—1951 年）

胶皮拍时期，是欧洲乒乓球的全盛期，打法以稳健的削球打法为主。金牌总数 117 枚，其中欧洲选手获得 109 枚，占总数的 93%。当时运动员靠稳健的削球取胜，因此比赛漫长、乏味。例如，男子团体打了 31 个小时，一场单打比赛进行了 7.5 小时。鉴于上述情况，国际乒联决定修改规则，增宽球台，降低球网，限定比赛时间，限制消极打法，鼓励积极进攻，加快比赛进程。

2. 第二阶段（1952—1959 年）

海绵拍时期，优势从欧洲转到亚洲。日本的长抽进攻型打法称霸乒坛。1952 年日本首次参加在孟买举行的第十九届世界乒乓球锦标赛，首先使用海绵拍，采用长抽进攻型打法，冲破欧洲保持 20 多年的削球打法，一举夺得女子团体、男子单打、男子双打、女子双打 4 项冠军，震动了整个世界乒坛。第二十五届世界乒乓球锦标赛男子单打冠军由中国选手容国团获得，这是我国运动员第一次获得世界冠军。海绵拍的出现，将乒乓球技术的发展推向了一个新的高峰。

3. 第三阶段（1960—1969 年）

球拍规格化，中国直拍近台快攻打法崛起，称雄世界乒坛。在第二十五届世界乒乓球锦标赛上容国团为我国夺得有史以来第一个男子单打世界冠军，标志着中国独特的直拍近台快攻打法的崛起。1961—1965 年，我国连续 3 届（第二十六届、第二十七届、第二十八届）夺得男子团体、男子单打世界冠军，共夺得 11 枚金牌，占总金牌数的 52%。中国队既过了欧洲的削球关，又战胜了日本长抽加秘密武器“弧圈球”打法，震撼了世界乒坛。中国没有派队参加第二十九、第三十届世乒赛，大部分冠军被日本运动员夺走，苏联队获得第三十届女团、女双冠军，瑞典队获得男双冠军，这表明欧洲水平开始回升，而亚洲仍处于领先地位。

4. 第四阶段（1971—1979 年）

欧亚对抗时期。欧洲乒乓球选手从失败和挫折中总结了经验教训，探索、学习并发展了日本的弧圈球技术，吸取了中国的近台快攻打法，放弃了原有的削攻打法，创造了以弧圈球为主结合快攻和以快攻为主结合弧圈球两种新打法。瑞典 19 岁的本格森在第三十一届世界乒乓球锦标赛中，连胜中国和日本队强手，一跃成为男子单打世界冠军，匈牙利的约尼尔和克兰帕尔夺走了男子双打冠军。上述“弧快”和“快弧”两种打法的特点是：旋转较强，速度较快，能拉能打，低拉高打，正反手都能拉弧圈球，回球威胁性较大。他们把旋转和速度紧密地结合起来，把乒乓球技术又推到了一个新的水平。在这阶段，我国的近台快攻打法也有了创新和发展。例如，创造了正反手高抛发球，创新了正手快拉小弧圈、正手快带弧圈球，发展了推挡技术中的加力推、减力挡和推挤弧圈球等技术。在第三十六届世界乒乓球锦标赛中，中国队夺得全部 7 个项目的冠军，同时，5 个单项的决赛全是中国队员。

5. 第五阶段（1981—1999 年）

欧亚男队势均力敌，竞争更加激烈，亚洲女队称雄乒坛。在这时期，欧洲的弧圈球和快攻结合弧圈球打法，主要技术方面有明显的提高。例如，拉、冲、扣结合自如，同时吸取了中国队的发球、发球抢攻和接发球前三板的特点，冲破了亚洲前三板的技术优势，研究出了对付中国横拍两面不同性能攻削结合打法的有效战术。因此，第四十届、第四十一届和第四十二届世界乒乓球锦标赛男子团体冠军均被瑞典队夺走。第四十三届世界乒乓球锦标赛在中国天津举行，中国队打了一场漂亮的翻身仗，又一举夺得全部 7 个项目的冠军。

6. 第六阶段（2000 年至今）

国际乒联改革频繁，欧亚对抗更加激烈，中国领跑世界乒坛。2000 年 10 月 1 日起，乒乓球比赛使用直径 40 mm、质量 2.7 g 的大球以取代 38 mm 的小球。自 2014 年 7 月 1 日起，包括国际乒联公开赛及总决赛在内的重大国际比赛都要求使用新材料乒乓球。除了材质上的不同外，新塑料球与旧球的最大区别就是标注直径的改变。国际乒联规定，新球的直径标准由原来的 39.50~40.50 mm，上调到 40.00~40.60 mm，乒乓球由此进入了 40+ 时代。乒乓球运动的改革还有以“11 分制”取代“21 分制”“无遮挡发球”“使用无机胶水”等。

2000—2015 年，中国队在各类世界大赛中占据明显优势。除 2000 年瑞典队获得第四十五届世界乒乓球锦标赛男团冠军、2010 年新加坡队获得第五十届世界乒乓球锦标赛女团冠军之外，中国队获得了世界乒乓球锦标赛全部 16 项男女团体冠军中的 14 项；单项冠军除第四十七届世界乒乓球锦标赛男单冠军被奥地利队的施拉格夺走，第五十二届世界乒乓球锦标赛男双冠军被中国台北队的陈建安、庄智渊夺走，第五十二届世界乒乓球锦标赛混双冠军被朝鲜队的金赫峰、金仲胜夺走外，其余冠军被中国队获得。中国队在奥运会乒乓球比赛中也占据绝对优势地位，除 2004 年第二十八届奥运会男单冠军被韩国队的柳承敏获得之外，中国队获得了 11 项单项冠军和 4 项男女团体冠军，中国队在进入 21 世纪之后以绝对优势领跑世界乒坛。

纵观 100 多年的世界乒乓球运动历史，简单概括的结论是：每一个阶段的发展都离不开器材、球拍和规则的改革，离不开技术的创新及其水平的提高，离不开各种打法的建立，特别是进攻和防守、旋转和速度之间的互相斗争和互相促进，促使乒乓球技术不断发展。目前，乒乓球已发展到一个更高级的阶段，这就是攻中要有防，防中要有攻，速度中要有一定的旋转，

旋转要结合速度。当今世界乒乓球技术总体朝着“更加积极主动、技术全面、特长突出、战术多样化、无明显漏洞”的方向发展，也就是以自己的特长压倒对方，而不让对方抓到自己的弱点，这样才能适应当前技术形势的发展。在国际乒坛上谁能以独特的新技术、特点来准备和迎接未来的技术势头，谁就会是胜利者。

二、乒乓球的项目特点

乒乓球是一项隔网对抗的球类体育运动，具有球小、速度快、旋转强以及变化多等特点。练习乒乓球可以发展力量素质、速度素质、灵敏素质和耐力素质。乒乓球项目对场地要求不高且器材设备简单，是一项老少皆宜的运动项目，因此在我国受到了广大群众的喜爱。

三、乒乓球器材

（一）球台

乒乓球台由坚实的木料制作，台面具有一定的弹性。乒乓球台的尺寸为长 274 厘米、宽 152.5 厘米、高 76 厘米。在球台的表面会有不同长度和宽度的白线对台面的区域进行划分。

端线：台面的两端长为 152.5 厘米、宽 2 厘米的白线。

边线：台面的两侧长为 274 厘米、宽 2 厘米的白线。

中线：台面的正中间，与边线平行，宽为 3 厘米的白线。

（二）乒乓球网

乒乓球网是横架于球台中间与端线平行、与台面垂直的装置。球网悬挂在一根绳子上面，绳子的两端系在高 15.25 的直立网柱上，网柱的外缘离边缘外缘 15.25 厘米，顶端与台面的距离为 15.25 厘米，底边贴近台面，两端贴近网柱。球网的网面应柔软，呈暗绿色或蓝色。

（三）乒乓球拍

乒乓球拍的拍面材质主要有复合板、全木板、软木加碳纤维、全木加碳纤维等。常见的拍面板层有 5 层和 7 层两种，不同的材质和板层对于击球的速度和弹性有着一定的区别。

乒乓球拍分为直拍与横拍，两种球拍的拍柄的形状不同。直拍的拍柄较短，横拍的拍柄较长。

（四）乒乓球胶皮

乒乓球的胶皮是黏附在乒乓球的底板上的，准确来说胶皮并不是直接黏附在底板上的，而是覆盖在海绵上的，胶皮和海绵统称为“套胶”。目前乒乓球胶皮的种类可分为反胶、正胶、生胶和长胶。使用不同的胶皮的运动员的技术特点也会有所不同。

反胶：旋转强，击球稳定，易控制。

正胶：速度快、力量大。

生胶：击球下沉、旋转弱。

长胶：变化多、受力大则旋转强，受力小则旋转弱。

（五）乒乓球

在2000年悉尼奥运会之前乒乓球的尺寸为直径38毫米，主要材质为赛璐珞。

在2000年10月1日悉尼奥运会之后，国际乒联宣布将乒乓球的尺寸从38毫米改为40毫米，材质依然为赛璐珞。2011年5月，国际乒联通过了伦敦奥运会之后全面禁用赛璐珞材质的乒乓球的决议。通过3年的研发，在2014年10月新型塑料球研制成功并全面投入乒乓球市场。使用了长达120年的赛璐珞材质的乒乓球彻底成为历史。在这次的改革中，除了材质的变化之外球的体积也有一定程度的增加，球的直径从40毫米改为40.15~40.49毫米。

第二节　乒乓球基本技术

一、握拍方法

根据乒乓球拍的类型不同，乒乓球的握拍方法可分为横拍握法和直拍握法。直拍握法由亚洲运动员发明，横拍握法由欧洲运动员发明。不同的握拍方式有着不同的打法和技术特点，因此要根据个人的技术特点选择握拍的方式。握拍的方式对于掌握乒乓球基本技术和提高乒乓球技巧有着重要的作用。

（一）横拍握法

横拍握法也可称为“八字式”握法。以右手为例，虎口压住球拍的右上肩位置，中指、无名指和小拇指自然地握住拍柄，大拇指贴在球拍正面的下端，食指伸直自然地贴在球拍背面的下端（图5-1）。

优点：手指、手掌与球拍接触的面积比较大，因此在握拍时相对稳定，正、反手的控球相对平衡，适于拉弧圈球和相持对攻。

缺点：对于中路来球处理较弱，由于手腕比较固定，在台内球的处理和发球的变化不如直拍握法。

图5-1　横拍握法

（二）直拍握法

直拍握法又称“中钳式”握法，握拍时食指和大拇指自然弯曲，食指的第二个指关节和大拇指的第一个指关节分别压在球拍正面的两肩位置，食指与大拇指间要保持一指宽左右的距离。中指、无名指和小拇指自然弯曲且重叠，中指的第一个指关节的侧面顶在球拍背面的约 1/3 处（图 5-2）。

优点：手指于手腕比较灵活，在发球时与处理台内球时的变化较多，在前三板的技术上比较有优势。

缺点：在防守和相持时，左右的照顾面积较小，反手不利于用力，容易陷入被动。

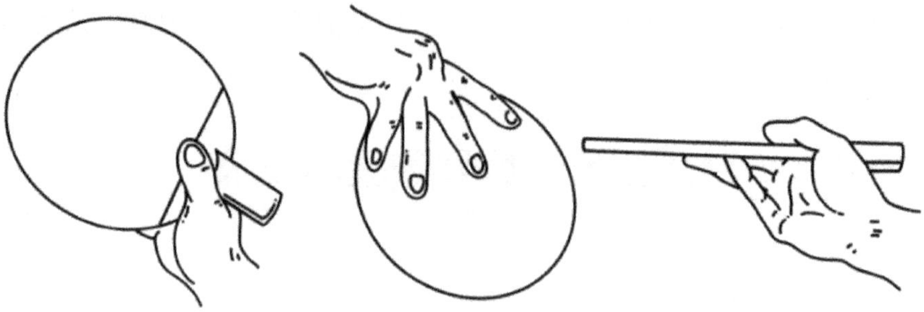

图 5-2 直拍握法

二、站位和准备姿势

（一）站位

站位是指在打球前运动员与球台之间所处的位置。对于不同打法类型的运动员来说，站位的距离也会有所不同，正确的站位能够保证击球动作的稳定性以及脚步移动的速度。

近台：运动员离球台 40~50 厘米。

中近台：运动员离球台 50~70 厘米。

中远台：运动员离球台 70~100 厘米。

远台：运动员离球台 100 厘米以外。

（二）准备姿势

准备姿势指的是运动员在击球前身体各部位的姿势。在每一次击球前，身体要保持正确的基本姿势，这样有利于协调身体各个部位的用力和脚步移动。

动作要领：以右手持拍为例，两脚自然开立，比肩稍宽，脚后跟稍微抬起，右脚稍后于左脚 5~10 厘米，面向球台；两膝微屈并内旋，前脚掌内侧着地，提踵，重心位于两脚之间；上半身略微前倾，含胸收腹，眼睛目视前方；持拍手自然弯曲置于腹前，使拍面呈半横状。

三、发球技术

在众多的乒乓球技术中，发球技术是唯一不会受到对方来球制约的一项技术，因此具有很强的主动性。发球者可以根据自己技战术的制定来选择发球的站位、动作以及旋转。

（一）平击发球

平击发球是最基本的发球技术，适合初学者。平击发球的运动速度慢、力量小，几乎没有旋转。平击发球可分为正手平击发球和反手平击发球。

1. 正手平击发球

以右手持拍为例，站位于近台的位置，抛球的同时持拍手向右侧引拍，大臂带动前臂向前平行挥动，拍面稍微前倾，在球的下降期击球的中部或中上部向前发力，让球的第一落点落于球台的中段附近（图 5-3）。

图 5-3　正手平击发球

2. 反手平击发球

以右手持拍为例，两脚可平行站立，将球抛至身体正前方，抛球的同时持拍手向后引拍。右臂稍向外旋，拍面前倾，在球的下降期击球的中部或中上部向右前方发力，让球的第一落点落于球台的中段附近。

（二）正手发下旋加转球与不转球

右脚在后，前臂向后上方引拍，拍面略后仰。抛球后，待球下落时前臂迅速向前下方挥动并略外旋，手腕用力转动使拍面后仰角度大些，在球约与网同高时击球，摩擦球的中下部（图 5-4）。

特点：球速较慢，前冲力小，主要是以相似手法多用旋转变化来迷惑对方，造成对方接球失误或为自己抢攻创造条件。

图 5-4　正手下旋加转球与不转球

（三）正手发左侧下旋和左侧上旋

1. 正手发左侧下旋

以右手持拍为例，身体侧向球台。左脚在前，右脚在后。持拍手的手腕下压，尽量与地面保持垂直。抛球时持拍手向右后上方进行引拍，带动身体稍向右转动。当球下降时，身体带动手臂迅速向左发力，让球拍击球的左侧中下部进行摩擦球的动作，并稍微勾一点手腕加强旋转（图 5-5）。

2. 正手发左侧上旋

以右手持拍为例，抛球、引拍和挥拍的动作与下旋球一致。拍面在击球时击球的左侧中部进行摩擦，手腕尽量向上提来加强旋转。

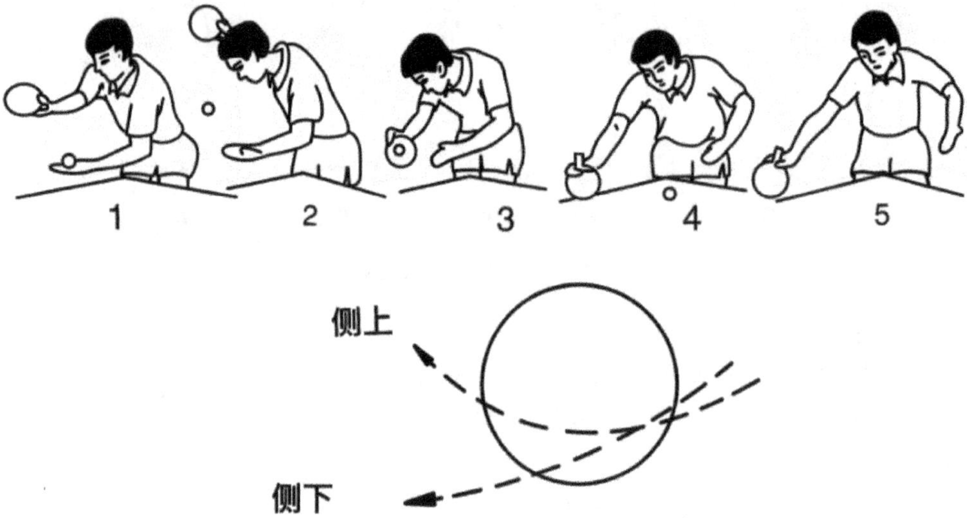

图 5-5 正手发侧旋球

（四）反手发右侧下旋和右侧上旋

1. 反手发右侧下旋

以右手持拍为例，面对球台站位，两脚自然开立，右脚可稍前，拍面尽量平行于地面。抛球时持拍手向左后方引拍，带动腰部稍向左转，手腕适当内旋。当球下降时手臂从左上方向右下方快速挥动。触球时拍面击球的右侧中下部进行摩擦，注意加大小臂和手腕的爆发力，同时配合腰部的转体动作协调用力（图 5-6）。

2. 反手发右侧上旋

以右手持拍为例，面对球台站位，拍面稍前倾一点。抛球、引拍和挥拍的动作与发右侧下旋一致。触球时拍面击球的右侧中部，手腕尽量往上提来加强旋转（图 5-6）。

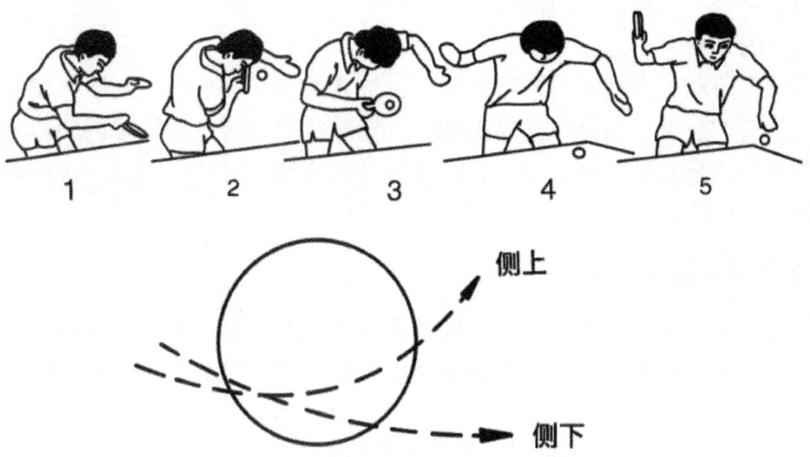

图 5-6　反手发右侧上（下）旋球

四、接发球技术

接发球技术是指在对方发球后，对来球的落点和旋转进行判断之后进行回击。接发球技术是前三板技战术中不可或缺的，有效的接发球可以化被动为主动，在比赛中取得优势。掌握接发球技术需要注意以下三点。

（一）站位

接发球的站位是接好发球的前提，根据对方发球的落点来选择最合理的位置。由于在对方发球前并不知道对方发球的落点，为了保证在接发球时能够顾及每个位置，运动员在接发球时不宜离球台太远，也不能太近。以右手持拍为例，运动员应站在球台中间偏左边的位置，离球台大约 30~40 厘米。这种情况下无论是台内球或者出台球，正手位或反手位都能够利用步法移动到指定的位置。

（二）判断

准确的判断对于接好发球有着重要的影响。接发球的判断主要是对来球旋转和落点的判断。

1. 对旋转的判断

在乒乓球的发球中，常见的旋转有上旋、下旋、左侧上旋、左侧下旋、右侧上旋、右侧下旋及逆旋转等。可以通过几个明显的特性来进行旋转的判断，首先可以从拍面上进行观察。在发上旋球时，拍面会相对竖起来；下旋球时，拍面会平一些；发左侧旋时，拍面会下压与地面垂直；发右侧旋时，手腕会翘起来且拍面朝上。除了拍面还可以通过动作轨迹来判断旋转，发上旋和侧上旋时，球拍接触球时的手腕摆动幅度不是很大；发下旋和侧下旋时，球拍在接触球时的手腕摆动幅度会大一些，这样更容易摩擦球，增强旋转。通过观察球的飞行轨迹也可以进行旋转的判断，发上、下旋时，球的飞行轨迹比较直，不会偏向两侧；发左侧旋时，球在飞行的过程中会有一个向左侧方向的弧度；发右侧旋时，球在飞行过程中会有一个向右侧方向的弧度。

2. 对落点的判断

在对长球和短球进行判断时，可以通过发球者的第一落点进行判断。发长球时，第一落点会落在靠近球台端线的位置。发短球时，第一落点会落在靠近球网的位置。而判断球的落点在左半台还是右半台时，可以直接观察发球者触球时拍子的指向，指着左半台就是左边，指着右半台就是右边。

（三）接发球的技术动作

因为发球的旋转和落点千变万化，因此接发球的方法也非常多。在判断清楚球的旋转和落点后，选择最合理的接发球动作能够形成有效回击。以下有几种常见的接发球动作。

1. 搓接

搓接一般用于台内球下旋或侧下旋的接发球动作，搓球的动作小、出手快、隐蔽性强。依靠手腕的灵活性可以主动制造旋转化解对手的进攻意图。

2. 挑打

挑打是用于台内上旋或侧上旋的接发球动作，用搓球接上旋球会导致球的弧线过高，挑打技术的特点是速度快、力量大，具有一定的突然性，能够让对手来不及反应。

3. 拉接

拉接主要是针对长球的接发球动作，只要是长球均可以使用拉球技术进行接发球。拉球技术的特点是旋转强，能够化被动为主动进行下一板的进攻。

五、步法

步法是指运动员在打球时根据球的落点调整击球位置所采用的脚步移动的方法，是乒乓球技术重要的组成部分。由于乒乓球的速度很快，反应时间短，所以在打乒乓球时步法要非常灵活，能够快速作出调整。常见的步法有以下几种。

1. 单步

一般用于球离身体不是很远的小范围内的步法，以一只脚的前脚掌为轴，另一只脚向前、后、左、右的不同方向移动，在移动完成时身体重心需要落至摆动脚上。

2. 并步

并步的移动范围比单步要大，主要以左、右平行的移动为主。向右侧移动时，先用左脚用力蹬地向另一脚并半步，另一只脚在并步落地时快速向同方向移动。向左侧移动时则相反，先动右脚，随后再动左脚。

3. 跨步

跨步的幅度比较大。移动时，来球方向异侧脚用力蹬地，另一只脚向来球方向侧跨一大步，然后蹬地脚迅速跟着移动，击球后迅速还原成准备姿势。

4. 交叉步

用于接离身体较远的球使用的步法，移动时，先以靠近来球方向的脚作为支撑脚，另一只脚从支撑脚前方迅速跨向球的位置，然后作为支撑的脚跟着前脚的方向再跨一步。在做整个步法的时候要配合异侧腿内旋，腰部迅速地转向来球方向，与击球动作同步进行。

六、攻球技术

攻球是乒乓球技术中最重要的基本技术，也是乒乓球的基本功。目前乒乓球的技术打法非常多，每种打法的运动员都必须具备全面的攻球技术，否则会难以掌握更难的技术，也会跟不上乒乓球技术打法的发展趋势。攻球主要分为正手攻球、反手推（拨）和直拍反手平挡技术。

（一）正手攻球

以右手持拍为例，身体以准备姿势站好。击球前，前臂外展将球拍后引至身体右侧稍后。击球时，球拍击球的中部或中上部，上臂带动前臂向左前上方快速挥动，并配合前臂内旋的动作使拍形前倾，击球后球拍继续挥至头部高度，然后迅速还原成击球前的准备姿势。

（二）反手推（拨）

以右手持拍为例，身体以准备姿势站好。击球前，手臂适当后撤引拍，前臂稍外旋。在来球的上升期拍面前倾，手腕外展。拍面击球的中部或中上部，食指用力，拇指放松，击球后手臂、手腕继续向前随势挥动，身体迅速还原成准备姿势。

（三）直拍反手平挡

以右手持拍为例，左脚稍前，上臂内收自然靠近身体右侧，击球前手臂适当后撤引拍，前臂稍外旋，在来球的上升期拍面前倾，手腕外展，击球的中上部，食指用力，拇指放松，击球后手臂、手腕继续向前随势挥动，距离要短，并迅速还原成击球前的准备姿势。

七、弧圈球技术

弧圈球技术是旋转、速度和力量相结合的一种进攻性技术，也是目前乒乓球比赛中常用的得分技术。其特点是击球时能够主动摩擦球制造旋转，在相持中能够占据主动。从动作上弧圈球可分为正手弧圈球和反手弧圈球，常见的弧圈球有高吊弧圈球和前冲弧圈球。

（一）高吊弧圈球

高吊弧圈球一般用于回击下旋球或者弧线较低的球，其特点是能够通过摩擦拉出高转速的球，球的速度稍慢，力量也不是很大，以突出旋转为主。

1. 正手拉高吊弧圈球

以右手持拍为例，左脚在前，身体重心压低。持拍手的手臂自然下放引拍至右后下方，身体随手臂一起向右转动，此时的重心压在右脚上。击球时，球拍的拍面稍前倾击球的中上部，上臂带动前臂向左前上方快速挥动。击球后，球拍顺势挥至眉心处，重心移到左脚并迅速还原。

2. 反手拉高吊弧圈球

以右手持拍为例，两脚平行站立或右脚稍前，两膝微屈，重心在两脚之间。引拍时，右肩稍微下沉，球拍引至腹部左侧下方，引拍的同时重心压低，持拍手的肘部稍向前抬出，手腕内旋。击球时，两腿迅速蹬地发力，带动腰部向右上方快速转动。拍面触球的中部或中上部，前臂以肘关节作为轴，快速向右前上方挥拍，稍微加一点手腕的上提增加摩擦力。击球后，顺势挥拍，肘关节保持微屈，然后迅速还原。

（二）前冲弧圈球

前冲弧圈球一般用于回击上旋球或者弧线较高的球。其特点是速度快、力量大、弧线较平。

1. 正手拉前冲弧圈球

以右手持拍为例，两脚自然开立，左脚稍前，根据球的位置选择合适的站位。击球前，持拍手向右后方引拍带动腰部向右转动，前臂不用太低，重心移到右脚。击球时，两腿蹬地带动腰部向左转动，前臂加速向左前上方挥拍，配合手腕、手指的发力，拍面击球的中上部。击球后重心移到左脚然后迅速还原。

2. 反手拉前冲弧圈球

以右手持拍为例，两脚平行站立或右脚稍前，两膝微屈，重心在两脚之间。击球前，右肩稍微下沉，向左后方引拍至腰部左前方，肘关节向前顶出，手腕稍内旋。击球时，两腿蹬地，带动腰部向右转动，以肘关节为轴，前臂快速向右前方挥拍，拍面触球时击球的中上部。顺势挥拍时保持肘关节微屈，然后迅速还原。

八、搓球技术

搓球是回击下旋转的一种基本技术动作，常用于接台内短球。搓球主要是以旋转为主，力量不大，但是落点和旋转的变化很多。比赛中，在没有很好的进攻机会时，使用搓球技术可以牵制对方，创造进攻的机会。常见的搓球可分为搓下旋球和侧旋球，根据动作可分为正手搓球和反手搓球。

（一）搓下旋球

1. 正手搓下旋球

以右手持拍为例，身体以准备姿势站好，击球前左脚作为支撑脚，右脚向右前方跨一小步，重心压低。前臂与手腕外旋让拍面稍微后仰，向右上方引拍，动作不用太大。击球时，前臂带动手腕快速向前下方挥拍，拍面击球的中下部。击球后，前臂顺势前送，肘关节保持微屈，右脚迅速后撤一步，身体还原成准备姿势。

2. 反手搓下旋球

以右手持拍为例，身体以准备姿势站好。击球前，与正手搓球一样以左脚为支撑脚，右脚直接向前跨一小步，重心压低。前臂和手腕内旋让拍面后仰，向后上方引拍，动作不用太大。击球时，前臂带动手腕快速向前下方挥拍，拍面击球的中下部。击球后前臂顺势前送，肘关节保持微屈，右脚迅速后撤一步，身体还原成准备姿势。

（二）搓侧旋球

1. 正手搓侧旋球

以右手持拍为例，近台站位。击球前，左脚为支撑脚，右脚向右前方跨出一小步，重心随之前移到右脚，在移动的同时，前臂带动手腕外旋，拍面后仰。在接左侧旋时，手腕向上抬起朝右侧挥拍，拍面击球的中下部。在接右侧旋时，手腕下压并稍微外展朝左侧挥拍，拍面击球的左侧中下部。击球后，身体迅速还原至准备姿势。

2. 反手搓侧旋球

以右手持拍为例，近台站位。击球前，左脚为支撑脚，右脚向正前方跨出一小步，重心移到右脚。手臂自然弯曲，稍微往左后方引拍。在接左侧旋时，手腕需要下压并稍内旋，朝右前方挥拍，拍面击球的右侧中下部。接右侧旋时，手腕需要抬起，朝前方挥拍，拍面击球的左侧中下部。击球后，身体迅速还原至准备姿势。

第三节 乒乓球比赛及规则

一、乒乓球比赛赛制

1. 单项比赛

一场比赛中，一般采用七局四胜的赛制。在一局比赛中采用 11 分制的赛制，先得 11 分的一方为胜方，10 平后，先多得 2 分的一方为胜方。

2. 团体比赛

目前奥运会的团体比赛的赛制为五局三胜制，每个团体各派 3 名运动员参赛，每名运动员有两次出场机会。比赛顺序为第一场双打，后四场均为单打。如甲队序号为 A、B、C，乙队序号为 X、Y、Z。那么第一场为 BCvsYZ；第二场为 AvsX，第三场为 CvsZ，第四场为 AvsY，第五场为 BvsX。

二、发球规则

乒乓球的比赛中，在获得每 2 分之后，接发球方即成为发球方，依此类推，直至该局比赛结束。双方比分都达到 10 分时实行轮换发球法，此时，发球和接发球次序仍然不变，但每人只轮发一分球。

在双打的第一局比赛中，先发球方确定第一发球员，再由先接发球方确定第一接发球员。在以后的各局比赛中，第一发球员确定后，第一接发球员应是前一局发球给他的运动员。在双打中，每次换发球时，前面的接发球员应成为发球员，前面的发球员的同伴应成为接发球员。一局中首先发球的一方，在该场下一局应首先接发球。在双打决胜局中，当一方先得 5 分时，接发球方应交换接发球次序。

1）发球时，球应放在非持拍手的手掌上，手掌张开和伸平。球应是静止的，在发球方的端线之后和比赛台面的水平面之上。

2）发球员须用手把球几乎垂直地向上抛起，不得使球旋转，并使球在离开非持拍手的手掌之后上升不少于 16 厘米。

3）当球从抛起的最高点下降时，发球员方可击球，使球首先触及本方台区，然后越过或绕过球网装置，再触及接发球员的台区。在双打中，球应先后触及发球员和接发球员的右半区。

4）从抛球前球静止的最后一瞬间到击球时，球和球拍应在比赛台面的水平面之上。

5）击球时，球应在发球方的端线之后，但不能超过发球员身体（手臂、头或腿除外）离端线最远的部分。

6）运动员在发球时，有责任让裁判员或副裁判员看清他是否按照合法发球的规定发球。

7）如果裁判员怀疑发球员某个发球动作的正确性，并且他或者副裁判员都不能确信该发球动作不合法，一场比赛中此现象第一次出现时，裁判员可以警告发球员而不判失分。

8）在同一场比赛中，如果运动员发球动作的正确性再次受到怀疑，不管是否出于同样的原因，不再警告而判失一分。

9）任何时候，发球员只要明显没有按照合法发球的规定发球，就将被判失一分，无须警告。

四、比赛中的间歇

乒乓球比赛一般是以多局比赛形式进行的，因此在每局之间会有一定的休息和指导的时间。具体要求如下。

1）在局与局之间，有不超过 1 分钟的休息。

2）在一场比赛中，双方各有一次不超过 1 分钟的暂停。

3）每局比赛中，每得 6 分球后，或决胜局交换方位时，有短暂的时间擦汗。

第四节　乒乓球运动的注意事项

1）环境检查：球台四周要较宽敞，不要有太近的障碍物，以免在运动中受伤；地面要干燥，水要及时拖干，防止滑倒受伤。

2）做好准备活动：运动前应做一些专门性练习，如慢跑，徒手操，活动各关节、韧带、肌肉，使人体能适应乒乓球运动的各项要求。

3）控制运动负荷：进行竞技性的比赛时，因为随着竞技程度的加剧，运动强度也会提高很多，这对于心脏功能较弱的人来讲，可能会产生不良影响，应引起足够的重视。因此要根据个人体质、体能状况妥善控制，避免过度疲劳，一般每次练习 30~40 分钟，心率在 120~130 次 / 分左右，就可以达到锻炼效果。严禁有心脑血管疾病的患者或不适宜参加乒乓球运动的人员进入乒乓球室内活动，否则，后果自负。

4）做好整理放松活动：运动后及时进行整理放松运动，可采取慢跑、四肢放松摆动、局部按摩等多种措施。整理活动时间一般为 5~10 分钟。

5）防止运动损伤：乒乓球运动时，腕、肘、肩部、腰部用力较大，常易引起手腕关节肌腱牵引过度及肩关节周围的腱鞘炎，其他如膝关节、腰部也会因运动不当而引起损伤，因此要循序渐进，运动量由小到大，要掌握正确的打球方法，避免引起损伤。

第六章　羽毛球运动

第一节　羽毛球运动概述

19 世纪 60 年代，英国退役军官从印度孟买带回国一种类似羽毛球运动的游戏，名为“普那”（poona）。1873 年，英国波菲特公爵在拜明顿村（格洛斯特郡）的庄园宴请宾客，从印度回来的英国军官做了“普那”表演。从此，“拜明顿游戏”（Game of Badminton）在英国开始流行。这种游戏就是现代羽毛球运动。1893 年英国举办了首届全英羽毛球锦标赛。20 世纪初，羽毛球运动由英国传到英联邦各国，随后又传到美洲、亚洲、大洋洲各国，最后传到非洲。1934 年国际羽毛球联合会成立，1939 年国际羽毛球联合会通过了会员国共同遵守的《羽毛球规则》。国际羽毛球联合会于 1948—1949 年举办了第一届汤姆斯杯赛（国际男子羽毛球团体锦标赛），1956—1957 年度举办了第一届尤伯杯赛（国际女子羽毛球团体锦标赛），1977 年举办了第一届世界羽毛球锦标赛。1978 年 2 月，亚、非地区的发展中国家发起成立世界羽毛球联合会（简称世界羽联）。国际羽毛球联合会和世界羽毛球联合会于 1981 年 5 月 26 日宣布合并，统一称为国际羽毛球联合会。2006 年 9 月 24 日，国际羽毛球联合会改名为羽毛球世界联合会。

第二节　羽毛球基本规则

一、比赛场地

羽毛球场地为长方形，长 13.40 米，单打场地宽 5.18 米，双打场地宽 6.10 米，球网两端离地面的高度为 1.55 米，球网中央离地面的高度为 1.524 米（图 6-1）。羽毛球场地上的线宽度为 40 毫米，线的颜色最好是白色、黄色或其他容易辨别的颜色。所有线都是其所确定区域的组成部分。从球场地面起，网柱高 1.55 米。当球网被拉紧时，网柱应与地面保持垂直。不论单打还是双打比赛，网柱都应放置在双打边线上。球网应由优质的深色细绳组成。网孔为方形，每边长均在 15~20 毫米之间。球网全长至少 6.1 米，上下宽 760 毫米。球网的上沿应有 75 毫米宽的白布对折成夹层，用绳索或钢丝从夹层穿过。夹层上沿必须紧贴绳索或钢丝。绳索或钢丝应牢固地拉紧，并与网柱顶取平。球网两端与网柱之间不应有空隙。必要时，球网两端应与网柱系紧。

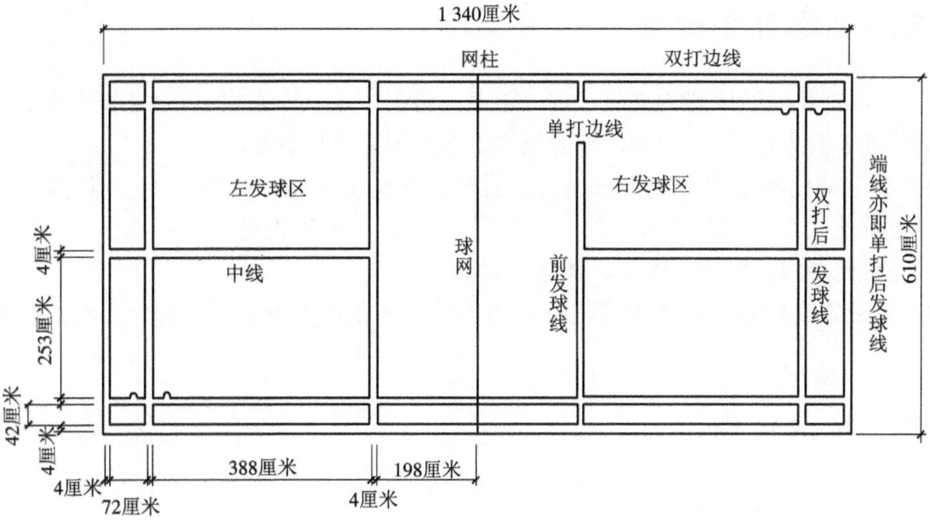

图 6-1 羽毛球场地

二、比赛器材

（一）羽毛球

1）羽毛球可由天然材料、人造材料或用上述材料混合制成。只要球的飞行性能与自然羽毛和包裹羊皮的软木球托制成的球性能相似即可。

2）球应有 16 根羽毛固定在球托部。最好的球是鹅毛球，一只鹅身上只能取到 4 只。羽毛长 62~70 毫米，每一个球的羽毛从球托面到羽毛尖的长度应一致。羽毛顶端呈球形，直径为 58~68 毫米。羽毛应用线或其他适宜材料扎牢。

3）球托底部为圆球形，直径为 25~28 毫米。球重 4.74~5.50 克。

4）非羽毛制成的球（用合成材料制成）的尺寸和重量由于合成材料与天然羽毛在比重、性能上的差异，可允许不超过 10% 的误差。只要球的一般式样、速度和飞行性能不变，经有关组织批准，以下特殊情况可以不使用标准球：由于海拔或气候等条件不宜使用标准球时；只有更改才有利于开展比赛时。

（二）羽毛球拍

1）球拍由拍柄、拍弦面、拍头、拍杆、连接喉构成。拍柄是击球者握住的部分。拍弦面是击球者用于击球的部分。拍头界定了拍弦面的范围。拍杆通过规则所述的部件连接拍柄与拍头。连接喉连接拍杆与拍头。

2）拍头、连接喉、拍杆和拍柄总称球拍框架。球拍长不超过 680 毫米，宽不超过 230 毫米。

3）拍弦面应是平的，用拍弦穿过拍头十字交叉或其他形式编织而成。编制的式样应保持一致，尤其是拍弦面中央的编织密度不得小于其他部分。拍弦面长不超过 280 毫米，宽不超过 220 毫米。不论拍弦用什么方式拉紧，规定拍弦进连接喉区域不超过 35 毫米，连同这个区域在内的整个拍弦面的长度不超过 330 毫米。

三、比赛计分方法

1）羽毛球单双打比赛均采用三局二胜制。每局中，一方先得21分且领先至少2分即算该局获胜；双方打成29平后，一方领先1分，即算该局取胜。

2）羽毛球比赛采用每球得分制，并且除特殊情况（比如地板湿了，球打坏了）外，球员不可提出中断比赛的要求。但是，每局一方以11分领先时，比赛进行1分钟的技术暂停，允许比赛双方擦汗、喝水、休息等。

3）得分方有发球权，本方当前得分为单数，从左边发球；当前得分为双数，从右边发球。

四、站位规则

（一）单打比赛站位规则

1）发球员的分数为0或双数时，双方运动员均应在各自的右发球区发球或接发球。

2）发球员的分数为单数时，双方运动员均应在各自的左发球区发球或接发球。

3）如"再赛"，发球员应以该局双方总得分数来确定站位。若总分为单数，双方运动员均应在各自的左发球区发球或接发球；若总分为双数，双方运动员均应在各自的右发球区发球或接发球。

4）球发出后，双方运动员击球就不再受发球区的限制，运动员的站位也可以在自己这方场区的界内或界外。

（二）双打比赛站位规则

1）一局比赛开始获得发球权方任意一名队员应从右发球区开始发球。

2）只有接发球员才能接发球；如果他的同伴接球或被球触及，发球方得一分。

①在发球方得分为双数时，应该由发球方站在右侧的运动员发球，接发球方站在右侧的运动员接发球；发球方得分为单数时，则应由站在左发球区的运动员发球或接发球。

②每局开始首先接发球的运动员，在该局本方得分为双数时，都必须在右发球区接发球或发球；得分为单数时，则应在左发球区接发球或发球。

③发球方的非发球运动员和接发球方的非接发球运动员站在另一发球区内。

3）任何一局的接发球方得一分后，由接发球方运动员之一发球，如此交换发球权。注意，交换发球权时双方4位运动员都不需要变换站位。

4）运动员不得有发球和接发球的错误，也不得在同一局比赛中有两次发球。

5）一局胜方的任一运动员可在下一局先发球，负方中任一运动员可先接发球。

6）球发出后，双方运动员击球就不再受发球区的限制，运动员的站位也可以在自己这方场区的界内或界外。

五、场区规则

（一）以下情况运动员应交换场区

1）第一局结束。

2）第三局开始前。

3）第三局中或只进行一局的比赛中，当领先的一方得分为 6 分 (十一分制) 或 8 分（十五分制）时。

4）运动员未按规则规定交换场区，一经发现立即交换，已得分数有效。

六、发球规则

1）一旦发球员和接发球员都站好各自的位置，任何一方都不得延误发球。

2）发球员和接发球员应站在斜对角的发球区内，脚不触及发球区和接发球区的界线。

3）发球开始直到球发出，发球员和接发球员的两脚必须都有一部分与球场接触，不得移动。

4）发球员的球拍应先击中球托。

5）在发球员的球拍击中球瞬间，整个球应低于发球员的腰部。

6）在击球瞬间，发球员的拍杆应指向下方，使整个拍头明显低于发球员的整个握拍手。

7）发球开始后，发球员必须连续向前挥拍，直至将球发出。

8）发出的球，应向上飞行过网并越过前发球线，如果未被拦截，球应落在规定的接发球区内（即落在线上或界内）。

七、违例

1）发球不合法，或接发球员提前移动。

注：发球时，球拍拍框高于握拍手的手腕（称为：过手）或者拍框过腰（称为：过腰）属于违例。

2）发球员发球时未击中球。

3）发球时，球过网后挂在网上或停在网顶。

4）比赛时，球落在球场边线外；球从网孔或从网下穿过；球未过网；球碰屋顶、天花板或四周墙壁；球碰到运动员的身体或衣服；球碰到场地外其他人或物体（由于建筑物的结构问题，必要时地方羽毛球组织可以制定羽毛球触及建筑物的临时规定，但其他组织有否决权）；球拍和球的最初接触点不在击球者网的这一方。

5）比赛进行中，运动员球拍、身体或衣服触及网或网的支持物；运动员的球拍或身体，以任何程度侵入对方场区（击球者击球后，球拍可以随球过网）；妨碍对手，如阻挡对方紧靠球网的合法击球；运动员故意分散对方注意力的任何举动，如喊叫、故作姿态等；击球时，球夹在或停滞在拍上紧接着又被拖带；同一运动员两次挥拍连续击中球两次；同一方两名运动员连续各击中球一次；球碰球拍继续向击球方场区后方飞行；运动员违反比赛连续性的规定；运动员行为不端。

6）遇到下列情形之一者，要重新发球：

①遇不能预见或意外的情况，应重发球；

②除发球外，球过网后，球挂在网上或停在网顶，应重发球；

③发球时，发球员和接发球员同时违例，应重发球；

④发球员在接发球员未做好准备时发球，应重发球；

⑤比赛进行中，球托与球的其他部分完全分离，应重发球；

⑥司线员未看清球的落点，裁判员也不能做出决定时，应重发球；

⑦“重发球”时，最后一次发球无效，原发球员重发球。

7）死球：

①球撞网并挂在网上，或停在网顶上；

②球撞网或网柱后开始在击球这一方落向地面；

③球触及地面；

④“违例”或“重发球”。

八、发球区错误

发球区错误主要分为以下几种情况：发球顺序错误；从错误的发球区发球；在错误的发球区准备接发球，且对方球已发出。

发球区错误的裁判方法如下。

1）如果错误在下一次发球击出前发现，应重发球；只有一方错误且对方得分，则错误不予纠正。

2）如果错误在下一次发球击出前未被发现，则错误不予纠正。

3）如果因发球区错误而“重发球”，则该回合无效，纠正错误重发球。

4）如果发球区错误未被纠正，比赛也应继续进行，并且不改变运动员的新发球区和新发球顺序。

九、比赛中的球出界

1）单打的边线是内侧边线的外沿。单打的前发球线是最靠近球网且平行于球网的一条线，后发球线就是底线。发球区位于前发球线和后发球线之间。

2）双打的边线是外侧边线的外沿。双打的前发球线和单打一样，后发球线是底线前的那一条线。发球区位于前发球线和后发球线之间。

十、裁判职责

1）裁判长对比赛全面负责。临场裁判员主持一场比赛并管理该球场及其周围。裁判员应向裁判长负责。发球裁判员应负责宣判发球员的发球违例。司线裁判对球在其分管线的落点宣判“界内”或“界外”。临场裁判员对其所分管职责内的事实的宣判是最后的裁决。

2）裁判员应做到：维护和执行羽毛球比赛规则，及时宣报“违例”或“重发球”

等；对申诉应在下一次发球前做出裁决；使运动员和观众能随时了解比赛的进程；与裁判长磋商后撤换司线或发球裁判员；在缺少临场裁判员时，对无人执行的职责做出安排；在临场裁判员未能看清时，执行该职责或判“重发球”；记录与规则有关的情况并向裁判长报告；将所有与规则有关的争议提交裁判长（类似的申诉，运动员必须在下一次发球击出前提出；如在一局比赛结尾，则应在离开赛场前提出）。

第三节　羽毛球的基本技术

1. 动作要领

左手握住球拍的中杆，使拍框与地面垂直；右手张开，虎口对准拍柄斜棱上的第二条棱线，此时眼睛从左至右可同时看见四条棱线，然后用近似握手的方法握住拍柄，拇指和食指贴在拍柄两侧的宽面上，其余的三指自然握住拍柄；拍柄与掌心不要握紧，应留有空隙。握拍的位置可视个人的情况而定，一般情况下，以球拍柄端靠近手掌的小鱼际为宜；握拍力度要适宜。正手发球、右场区各种击球及左场区头顶击球等，一般都采用这种握法（图 6-2）。

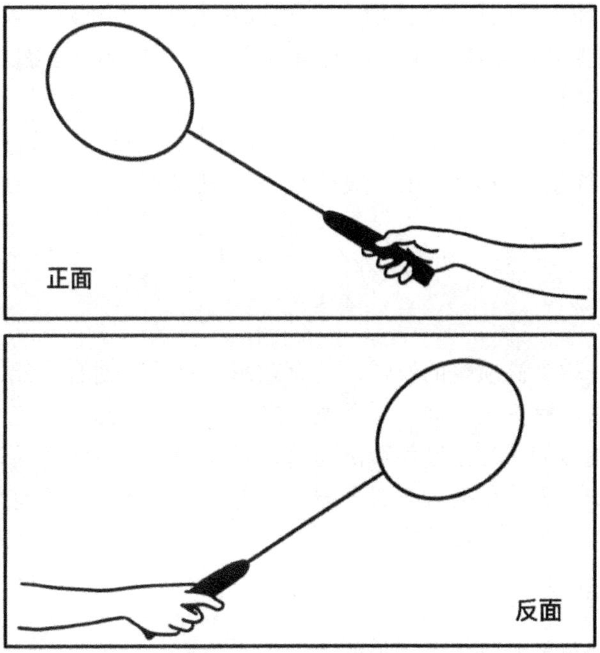

图 6-2　正手握拍技术

2. 注意事项

1）打球过程中，手指不离开拍柄；除反手击球动作外，手指与球拍位置不发生改变，仅在杀球、抽球或需要很大发力的高球时可适当加重握拍力度，尽量放松握拍。

2）食指绝对不能在击球过程中伸直。

（二）反手握拍技术

1. 动作要领

在正手握拍的基础上，将球拍柄稍向外旋，拇指顶贴在拍柄第一斜棱旁的宽面上，也可将大拇指放在第一、二斜棱之间的小窄面上，食指稍向下靠；击球时，靠食指后的三指紧握拍柄，同时拇指前顶发力击球；为了便于发力，掌心与拍柄间要留有充分的空隙（图6-3）。

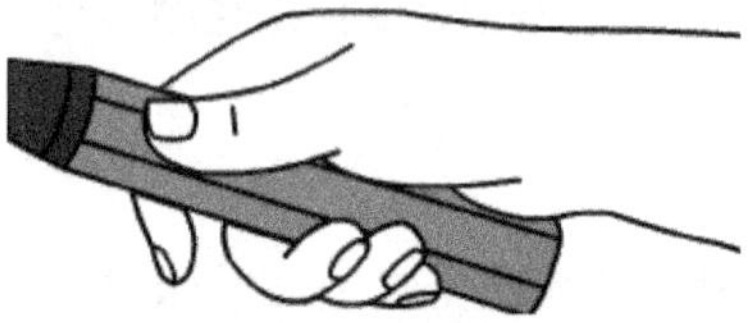

图 6-3 反手握拍技术

2. 注意事项

1）采用“西方式”握拍法握拍。这种握拍方法在羽毛球击球中，主要在近网扑球和封网时才较多使用。

2）不要“一把抓”握拍，即食指低于拇指与中指并拢握拍。

3）食指过于前伸，直接按在拍柄上部，造成在击球瞬间难以握紧球拍发力。

4）击球前握拍太紧，掌心与拍柄没有留有空隙，直接影响了握拍的灵活变化，同时也影响了击球瞬间的发力。

5）握拍时，小鱼际未和拍柄末端齐平，形成拍柄末端外露。这在双打发球、平抽挡和封网时是正确的握拍方法，但在一般情况下不宜采用。同样，过于后握球拍也是错误的。

二、发球技术

发球是比赛的开端。高质量的发球，可有效牵制对手，创造得分条件，甚至可直接得分。发球就姿势而言，有正手发球、反手发球之分。可视自己的习惯或战术的需要来选用正手或反手发球。就球的飞行角度和距离而言，发球可分为后场高远球、后场平高球、后场平射球和网前小球。无论用何种方式发球，在把握好发球时机的同时，还要注意发球动作的隐蔽性、突变性、落点多样性等特点。

（一）正手发球技术

正手发球是在身体的右侧采用正拍面击球的一种发球方式，在实战中被广泛采用。正手发球可根据战术需要发出不同的球，如后场高远球、后场平高球、后场平射球和网前小球等不同弧度的球（见图 6-4）。

1. 动作要领

1）侧身对网，双脚与肩同宽成丁字步站立，重心在两腿之间；左手手臂弯曲，以酒杯状持球于胸口前方；右手拉至身体后方，手臂可直可屈。

图 6-4　正手发球技术

2）左手无初速度将球抛落后，用腰腹部控制身体转 90°，重心移至左脚，右脚尖踮起；同时右手手臂伸直转至身体正前方，手腕在身体 7 点钟方位从后往前上方击打下落的球。

3）球离开拍面后，可放松手肘同时依照惯性挥动大臂至左上方，手肘超过下颌。

2. 注意事项

1）击球有效部位在拍面中间从上往下数第 6 至第 8 根横线。

2）击球时不能屈肘，手腕快速击球且拍面要正对前方，身体转正的同时击球以保证球的飞行轨迹高、远、直。

（二）反手发球技术

反手发球技术是在身体的左前方用反拍面击球的一种发球方式。同正手发球技术一样，反手同样能发出各种弧度的球；与正手发球不同的是，反手发球时动作的力臂距离相对要小，发球时对球的控制力更强，加之反手发球动作更具一致性、隐蔽性和突然性，因此在比赛中，尤其是在双打比赛中反手发球被广泛采用（图 6-5）。在实战中，发球方根据双打战术的特点和需要，常以发反手后场平高球、后场平射球和网前小球为主。

图 6-5　反手发球技术

1. 动作要领

1）准备动作：两脚与肩同宽，右脚在前，左脚尖侧后点地，重心放在前脚上；用左手的拇指、食指、中指握住球的羽毛处，将球置于腹前腰部以下；右臂屈肘稍向上提起，用反手握拍，以反拍面将球拍自然置于腹前持球手的后面，两眼正视前方，完成发球前的准备姿势。

2）引拍动作：左手放球的同时，右臂以肘为轴，前臂旋内。带动展腕由后向前做回环半弧形引拍动作。

3）击球动作：击球时屈指伸腕，拇指前端发力，用正拍面向前上方将球击出。

4）击球后的动作：发高远球、平高球时以制动动作结束发力，发近网小球时拍面自然前送。

2. 注意事项

1）发远球时用正拍面击球，发小球时用后仰拍面击球。

2）发远球时用弹射的力量，发小球时用切击的力量。

3）击球点应在身体的前方。

4）发球时拍面不可超过腰部和手，否则会被判犯规。

三、准备动作

1. 技术要领

1）双脚与肩同宽站立，右脚在左脚前半个脚的距离；双手平举，双肘距离宽过身体，小臂向内成八字，球拍拍头与胸口正中持平。

2）膝盖微屈，同时提起脚后跟，用脚前掌着地。

2. 注意事项

1）脚尖垂直于球网，同时膝盖垂直下蹲，脚尖与膝盖都不要成内八字或外八字。

2）右手举起拍子，左手同时也要举起保持平衡。

3）在发球至球落地的过程中，每次击球结束都要迅速恢复准备动作等待下一个来球

四、后场球技术

（一）高远球技术

高远球是以较高的弧线将来球击到对方场区底线附近的球，分为正手击高远球、反手击高远球、头顶高远球。

高远球的特点是球的弧线高、滞空时间长，它逼迫对方远离中心位置退到底线去接球，一方面可减弱对方进攻的威力，为我方进攻寻找机会；另一方面使我方在被动情况下，有较多的时间来调整站位，摆脱被动局面。

高远球是后场击球技术的基础，其他击球技术都是在高远球击球技术基础上的“延伸”技术。扎实掌握高远球击球技术，其他击球技术便能融会贯通。

1. 正手击高远球技术

正手击高远球技术水平决定了一个人的羽毛球竞技水平。

此外，后场高远球技术是后场吊球、杀球动作的模型，后场技术“动作一致性”就是基于此项技术。练好正手击高远球，也为以后练习其他技术打下了坚实的基础。

（1）动作要领

1）挥拍 1：侧身对网，双脚与肩同宽成丁字步站立，重心在两腿之间；右手大臂举起至与身体成 90°，小臂夹紧大臂，小臂、手腕、拍子成一直线；左手肘部、手掌微屈，左手指向来球方向；身体侧身成一直线。

2）挥拍 2：腰腹部转动 90° 面对球网，重心从双腿之间移至左脚，右脚踮起；同时保持右手大臂小臂夹紧角度不变，右肘转至眼睛上方指向 11 点钟方向，大臂贴近耳朵，小臂挂拍于身后，同时左手自然垂下。

3）挥拍 3：保持大臂不动，小臂引拍至与大臂成一直线时，手腕转动拍面正对来球方向，击球时手腕迅速从后 45° 挥至前 45°。

4）挥拍 4：击球结束，放松右臂使其依照惯性回落至体侧。

5）回转腰腹部，左右手向上举起恢复至准备动作，准备下一次击球。

（2）注意事项

1）做挥拍 2 时，转动身体靠的是腰腹部转动而不是肩膀转动，转身结束时身体包括肩膀正对球网；大臂小臂在转动过程中要一直夹紧，并非打开后再夹紧。

2）做挥拍 3 时大臂保持不动，击球过程中大臂小臂成一直线：高远球指向 11 点钟方向，吊球杀球等进攻击球需更靠向 10 点半钟方向；手腕在手臂成一直线时快速转动：挥拍练习时高远球为后 45° 至前 45°，实际击打可根据来球速度与方向以及回球落点控制手腕转动的角度与力度，通常情况想要球更高则从后往中多发力（转动速度快）且角度大，想要球更远则从中往前多发力（转动速度快）且角度大。吊球和杀球等进攻击球为后 5°~10° 快速往前往下，角度与速度取决于回球落点的选择，具体参考吊球与杀球的教程。

3）击球在挥拍 3 动作结束后结束，故挥拍 4 动作不需要发力。

4）挥拍 4 动作结束后恢复至挥拍 1 动作时，右手直接向上举，而不是先往后再往上（手臂运动距离长则浪费时间）。

2. 起跳挥拍动作（跳转步）

（1）动作要领

1）挥拍 1、2、3、4：准备动作，左脚为支撑脚，以左角为轴线，身体从腰腹开始发力，右脚往后跨一步（以来球判断该步的大小）且脚尖踮地。同时双手动作与原地挥拍 1 一致，身体侧身保持与来球方向一致。

2）挥拍 5、6、7、8：右脚脚尖踮地后，马上发力起跳，在起跳的过程中做挥拍 2、挥拍 3-1 的动作，起跳的最高点做挥拍 3-2 的动作，以保证在最高点击球（起跳的最高点同时也是击球的最高点）。

3）挥拍 9：挥拍 3-2 结束，左脚首先落地，挥拍 4 的动作由于腰部转动幅度甚于原地挥拍时的幅度，右脚随着腰部的转动后落地（图 6-6，其中右脚落地动作未画出）。

（2）注意事项

1）整个起跳挥拍是以手部动作，即原地挥拍动作带动脚步动作，不要刻意为了记住脚步的先后顺序而忽略手部动作。

2）右脚转身踮地时，膝盖弯曲小腿保持发力状态，踮地后要迅速起跳。

3）起跳挥拍与原地挥拍一样，发力的起始点在腰腹，因为起跳动作的幅度大于原地挥拍并且起跳有停滞，所以落地时先左脚后右脚。

图 6-6 起跳挥拍技术

4）原则上，双脚都落地后，身体与回球方向一致，成一直线，右脚在左脚前，以便于回中场准备下一个来球。

3. 反手击高远球技术

当对方将球击到本方左后场时，以反手将球击回对方底线的高远球击球法称为反手击高远球。

它的特点是节省体力，对步法要求也不高，我方在被动情况下，可采用反手击高远球过渡，帮助自己重新调整站位。

反手击高远球动作要领如下。

1）判断对方来球的方向和落点，迅速将身体转向左后方，脚步到位后，右脚前交叉跨到左侧底线，背对网，身体重心在右脚上，击球点位于身体的右肩上方。

2）击球前，由正手握拍迅速换为反手握拍，并持拍于胸前，拍面朝上。

3）击球时，以大臂带动小臂，通过手腕的闪动、自上而下地甩臂将球击出。

4）在最后发力时，要注意拇指的侧压力与甩腕的配合，同时还要利用双腿蹬地、转体等协调全身发力。

4. 头顶击高远球技术

在自己的左后场区，用正手在头顶中间部位或在左肩上方将来球击到对方底线的高远球击球法为头顶击高远球。它较反手击球主动性强，具有更大的攻击性。

头顶击高远球动作要领如下。

1）击球前的准备姿势以及击球动作同正手击高远球基本一致。不同的是头顶击高远球的击球点在左肩上方（因为球是飞向左后角的）。

2）准备击球时，侧身（左肩对网）稍左后仰。

3）击球时，大臂带动小臂使球绕过头顶，从左上方向前加速挥动，在用力击球时，注意发挥手腕的爆发力和充分利用蹬地以及收腹的力量。

4）击球后，左脚在身后着地并立即回蹬，同时右脚前移，重心移至右脚。头顶击高远球虽然对步法、全身的协调能力有较高的要求，但一旦掌握其动作要领并能坚持在平时的练习和比赛中主动运用它，那将会大大提高在左后场区击球的攻击性。

（二）吊球技术

把对方击来的后场高球还击到对方的网前区的击球法为吊球。它的作用是调动对方站位，利用步法组织进攻。在后场若将吊球与高远球或杀球结合起来运用，就能给对方以很大的威胁。

吊球可以用正手、反手或头顶击球技术来完成。吊球按球在空中飞行的弧线和击球动作的不同可分劈吊（快吊）和轻吊（拦截吊）两种。不论哪种吊球，其准备动作应保持动作的一致性，使对方难以判断。

1. 正手吊球

（1）劈吊（快吊）

1）击球时，拍面正面向内倾斜，手腕作快速切削下压动作。若劈吊斜线球，则球拍切削球托的右侧，并向左下方发力；若劈吊直线，则拍面正对前方，向前下方切削。

2）劈吊技术是在不降低球拍击球速度的条件下，通过球拍面与球的切击，使球拍传递给球的冲量较少，达到缩短球飞行距离的效果。切击球的球速较快，而且击球时拍面变化与杀球技术动作一致性高，动作更加隐蔽。但击球的落点一般要比轻吊球离网远一些，调动对手跑动的效果不如轻吊好。

（2）轻吊（拦截吊）

一种轻吊击球时拍面变化同劈吊基本一致，但用力要更轻些；另一种轻吊是击球时，拍面正击球托或借助来球的反弹力用球拍轻挡，使球过网后贴网而下。后者多用于拦截对方击来的平高球和半场高球，通过控制球拍的速度来降低球拍传递给球的冲量，使球飞行距离变短，落在球网前附近区域。球的落点比较贴网，能够最大限度地拉大对方移动的距离。但是，与劈吊球技术相比，轻吊球技术打出的球相对要慢一些。此外，轻吊球的技术动作隐蔽性较低，由于击球时挥拍较慢，很容易被判断出是吊球，而且击球时的拍面与出球方向一致，因此，对方很容易判断出球的线路。

2. 反手吊球

反手吊球其击球前的动作同反手击高远球，不同之处在于击球时拍面的掌握和力量运用。吊直线球时，用球拍反面切削球托的后中部，向对方右网前发力；吊斜线球时，用球拍反面切削球托的左侧，朝对方左网前发力。

3. 头顶吊球

头顶吊球击球前的动作同头顶击高远球一样。不同的是球拍触球时拍面变化和力量的运用。吊直线球的动作同正手吊直线球基本一致，只是击球点不同；吊斜线球时，球拍正面向外转，切削球托的左侧，朝右前下方发力。

（三）杀球技术

杀球通常也被称为扣杀，就是把对方回击的高球，以较快的速度、全力下压的方式击回。杀球的飞行速度更快、力量更大，并且弧线直、落地时间短，可以给对方造成最直接的威胁。杀球在比赛中往往可以直接得分，或者使对方陷入被动。在双打比赛中，运动员会频频使用杀球技术来压制对手。可以说，杀球技术是羽毛球比赛的攻击利器。一般来说，常用的羽毛球杀球有：侧身杀球、头顶杀球、反手杀球、腾空杀球、突击杀球。

1. 杀球技术步骤

杀球一般可以分为 6 个步骤：①屈膝；②起跳；③拉弓；④大臂外旋；⑤收腹反弓；⑥内旋击球。

1）屈膝。

屈膝是起跳前的关键动作，却往往被大家忽略。屈膝的作用是将身体收缩，让接下来的弹跳更有力。注意事项：屈膝准备时，整个人会向“内缩”。所以，双臂应该向身体靠拢，而不是展开或者举起。这让身体在“外放”时更有力。

2）起跳。

屈膝之后的起跳，是身体“外放”的过程，双手上举，非持拍手要略高于持拍手向上引；双脚蹬地发力，身体向上跃起，小腿随之向后曲勾。

3）拉弓。

大多数人都能做到屈膝和起跳，但是却无法成功击球，原因在于：起跳后身体是直挺挺的，没有后仰的动作。人的身体就像一张弓，如果不用力拉开，是发不出力量的。所以，在起跳的时候身体后仰，此时伴随着“展胸”的动作，持拍手肘关节向后拉，这是将身体向后呈弓形的基本动作。所以，起跳之后的第一个动作就是：持拍手肘关节向后引，做拉弓动作，胸部展开，身体后仰。

4）大臂外旋。

拉弓、展胸、后仰、勾腿，这些动作都是在起跳的过程中发生的，这些动作的目的是为了接下来的击球更有力。在起跳到最高点的时候，也是身体“外放”到最大的时候，接下来的动作就是：抬肘和小臂后倒，引拍到身后。

5）收腹反弓。

在起跳前是内收，身体缩在一起；起跳时，身体外放展开；展胸拉弓，身体后仰，呈弓形；抬肘，后倒引拍，准备击球。接下来就需要小腿放松，从向后曲勾的状态放松至垂直状态，此时整个身体基本是垂直于地面的，做好收腹反弓的准备。收腹是身体反弓的主要力量来源，腹部向内收，有利于上半身向前倾。目的是让击球的下压力量更充分，有将球向地上砸的感觉。收腹之后的上半身前倾，小腿向前摆，身体向前呈弓形。

6）内旋击球。

2. 杀球注意事项

（1）握拍

在击球前的任何一个动作都会影响击球时的力量，握拍也是，持续抠紧球拍只会增加力量的损耗。在杀球时只需要在击球的一瞬间抓紧球拍发力即可。整个杀球的过程中，握拍动作分别是：松→紧→松。在拉弓时，手指放松，可以采用“掌心空”（后三指放松）

或者是“虎口空”（前两指放松）的方式，然后抬肘、后倒引拍。

锁肘之后的鞭打动作，手指就已经逐渐抓紧球拍，在击球时感觉力量的瞬间爆发，手指完全抓紧球拍；击球后，手指从死扣拍柄逐渐放松，恢复到放松的握拍，准备下一次的击球。

（2）击球点

由于绝大多数人都是先学习高远球，然后再学习杀球。所以在杀球时会依葫芦画瓢，不仅仅是动作特别相似，击球点也选择的一样，这造成了大家都觉得杀球难，压不下去。杀球的击球点要更靠前，更低，这样才能保证球是向下走的。

五、网前击球技术

网前击球技术：搓球、勾对角球、推球、放网前球、扑球。

（一）准备姿势

侧身对网，右脚跨步，左脚在后自然拉开，躯干略向前倾，持拍手放松前伸约与肩平，肘关节微屈。

（二）搓球

搓球是从离网顶 30 厘米左右或者更高处，以球拍搓切球托的左侧、右侧或者底部，使球向右侧或左侧旋转与翻滚过网的击球技术，分为正手搓球和反手搓球。

1）正手搓球：运用正手上网步法向击球方向移动，击球时前臂外旋，手腕由后伸至稍向前内收闪动，握拍手的食指和拇指夹住拍柄，中指、无名指和小指轻握拍柄。手腕和手指发力，使球拍搓切来球的右下底部，使球旋转翻滚过网。挥拍的用力大小、速度快慢和拍面击球角度大小，主要取决于来球离网的远近和速度的快慢。

2）反手搓球：运用反手上网步法向击球方向移动，正手握拍改为反手握拍，前臂上举，手腕前屈，手背约与网同高，拍面低于网顶，以反拍拍面迎球。击球瞬间，主要靠前臂前伸并外旋，手腕由内收至外展，搓切球托的右侧后底部，拍面应倾斜一定的角度。

（三）放网前球

击球前准备姿势同搓球技术。击球时，拍面稍朝前下方倾斜，前臂带动手腕和手指用前送动作球托底部。

（四）勾对角球

勾对角球是在网前，用屈腕（或伸腕）的动作调整球拍角度，轻巧地将球回击到对方斜对角的网前区内的击球技术。它技巧性较高，与搓球、推球等交替运用，常能达到出其不意的战术效果。击球者将球从网前的一点勾到对方场区的另一个点，球斜着飞越网顶贴网而过。勾对角球可分为正手网前勾对角和反手网前勾对角两种。

1. 正手网前勾对角

一般采用并步加蹬跨步上网的步法。在移动的同时，球拍随着前臂往右前上方举起。前臂前伸的同时，稍有外旋，手腕微后伸，这时的握拍稍有变化——将柏柄稍向外捻动，拇指贴在拍柄的宽面上，食指的第二指节贴在与其相对的另一个宽面上，拍柄不触及掌心。击球时，靠前臂稍有内旋往左拉收，手腕由稍后伸至内收，球拍拨击球托的右侧下部，由手腕和手指控制拍面角度，击球后，球拍回收至胸前。

如果击球点比较高，对方网前拉球距离又比较近，可以多往下切一点，使球贴着网过去。如果来球距离球网比较远，位置又比较低，往前送的力量要大一点，回拉的动作幅度稍微大一点拍面向上扬一点。

2. 反手网前勾对角

在移动的同时，手臂向左侧前方平举（注意手臂不要伸直，稍弯即可）。击球时，随着肘部下沉，前臂回收外旋的同时，食指和拇指协调用力，使拍面拨击球托的左侧后部，将球沿对角线飞越过网，击球后，球拍回收至胸前，为下次的来球做积极的准备。

（五）推球

推球是与网前假动作相配合，在引诱对手上网时，突然将球快速推到后场底角的击球技术。

1. 正手推直线球

在网前，球拍向右侧前上举。肘关节微屈回收，小臂稍外旋，手腕稍后伸，球拍也随着往右稍下后摆，拍面正对来球。小指和无名指稍松开，使拍柄稍离开手掌鱼际肌。拇指和食指稍向外捻动拍柄，拍面更为后仰。

2. 正手推对角线球

推对角线技术的准备姿势和击球前动作与推直线相同，但是击球点在右肩前，要推击球托的右侧后部，使球沿对角线方向飞去。这时，手腕控制拍面角度，闪腕时手臂不要完全伸直。

3. 反手推直线球

反手推直线球是在网前较高的击球点上，以反手握拍法，用推击的方法向对方底线击出弧度较平，速度较快的球的击球技术。其击球动作是：用反手握拍法，前臂伸时稍外旋，手腕由外展至伸直闪腕，中指、无名指和小指突然握紧拍柄，拇指顶压球拍，往前挥拍，推击球托的左侧面。

4. 反手推对角线

反手推对角线的击球动作基本与推直线相同，区别点是在击球的一刹那要急速向右前方挥拍，推击球的左侧后部，使球沿对角线方向飞行。

（六）扑球

扑球是当来球在网顶上方时，能以最快的速度上网扑压来球的技术动作，是双打中常用的一项进攻技术。击球时，拍面前倾，前臂带动手腕和手指快速发力，击球后立即收拍。扑球要求判断准、上步快、抢点高、动作小。当对方发网前球或回击网前球，球越过网顶时，弧度较高，即迅速上步在网前举拍扑杀。扑球可分为正手扑球和反手扑球两种。扑球在网前进攻技术中是威胁较大的一种技术。

网前扑球身体腾空跃起或右脚蹬跨的同时，前臂往前上方举起，球拍正对来球方向。击球时，随着手臂由屈至伸，手腕由后伸至向前闪动及手指的顶压，将球扑下。其中手腕是控制力量的关键，挥拍距离短，动作小，爆发力强，扑球才会有威胁。处理离网顶较近的球可采用“滑动式”扑球方式，手腕从右向左将球抹压下去，这样可以避免球拍触网犯规。

扑球后，注意缓冲，控制重心，以免身体触网。

反手网前扑球反手握拍，持于左前侧。球拍随前臂前伸而举起，手腕微屈，拇指顶压在拍柄宽面上，其他四指自然并拢，拍面正对来球。击球时，手臂由屈至伸，手腕由微屈至后伸并用力闪动，拇指顶压，加速挥拍扑击，击球后，球拍随手臂回收至体前。

（七）挑球

将网前区域低手位的球由下至上地击至对方后场端线上空的球称作挑球。

羽毛球挑球可分为正手挑球和反手挑球两种技术动作，根据球的飞行路线还可分为挑直线和挑斜线，根据球的飞行轨迹还可分为挑高远球和挑平高球。

1）正手挑球：缩小引拍幅度，采用正手握拍法，前臂稍微外旋带动手腕充分伸腕，依靠手臂内旋发力，最后靠手指抓紧球拍将球击出。

2）反手挑球：手臂前伸，采用反手握拍法，将球拍引至左下方，击球时，前臂外旋伸腕击球，内旋到外旋发力。

六、中场球技术

中场介于前场和后场之间，中场击球技术，常见的是中场平抽平挡技术。由于中场区域是比赛双方攻守转换的主要地带，双方球员之间的距离比较近，球在空中滞留的时间比较短，这就要求球员引拍快，挥拍预摆弧度小，球在空中飞行突出“快”字。中场击球技术大致可分为：挡网前球技术、挑高球技术、抽球技术。从针对的落点区域来看，抽球主要的落点在对方的中场和后场区域、挡网的落点主要在对方场地的前场区域、挑球的落点主要在对方的后场区域（图 6-7）。

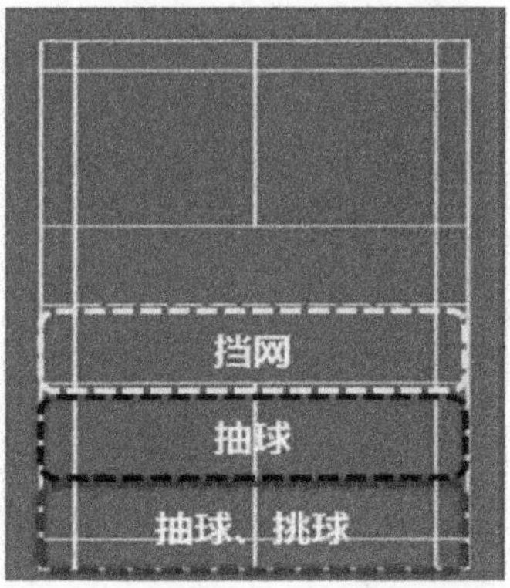

图 6-7　羽毛球球的的落点示意图

（一）抽球技术

1. 正手平抽球

两脚平行站立稍宽于肩，右脚稍向右侧迈出一小步，同时身体稍右倾，右臂向右侧上摆，球拍随着上举，肘关节保持一定角度，击球前肘关节前摆，前臂稍往后带外旋，手腕稍外展后伸，引拍至体后，击球时前臂内旋，手腕伸直闪动，手指抓紧拍柄，球拍由右后往右前方高速平扫来球。击球后，球拍顺势盖过去向左边摆，左脚往左前跟进一步，准备迎击第二次来球。

2. 反手平抽球

右脚前交叉在左前侧，重心在左脚上，右手反手握拍在左前侧。击球前肘部稍上抬，前臂内旋，手腕外展，引拍至左侧。击球时，在髋的右转带动下，前臂外旋，手腕由外展到伸直闪动，挥拍球托的底部。击球后，球拍随身体的回动收回到右前侧。

（二）挡网技术

1. 正手挡网

（1）正手挡直线网前球技术

该技术多用于接对方杀球。接球前用接杀球的步法移至右场边线，身体右倾，手臂右伸，前臂外旋、手腕外展。击球时，前臂内旋稍翻腕带动球拍由右下向前上方推送击球，把球挡向直线网前。可以在击球时前臂由外旋到内收，带动球拍由右向前切送挡直线网前。击球后，身体左转成正面对网，然后右脚上前一步，球拍随身体向左转收至体前。

（2）正手挡对角网前球技术

准备姿势与正手挡直线网前球技术相同。挥拍击球时，在肘关节屈收的同时前臂稍旋内，手腕由后伸到内收闪动击球托的右侧。击球点在右侧前，手腕、手指控制拍面角度，使球向对角线网前坠落。

2. 反手挡网

（1）反手挡直线网前球技术

该技术多用于接杀球。用接杀球的步法移至左场区边线，身体左转前倾，右肩对网，右肘弯曲，手腕外展，拍引至左肩前上方。击球时，借对方来球的冲力，以前臂带动球拍由左上方向左前方用拇指的顶力挥拍轻击球托，把球挡回直线网前。击球后，身体右转成正面对网，球拍随着身体的移动收至体前。

（2）反手挡勾对角网前球技术

击球时，手腕由外展到后伸闪动挥拍球托的左侧下部，使球向对角网前坠落。

（三）挑高球技术

1. 正手接杀挑直线后场高球

当对方杀右边线球时，右脚向右侧跨一大步到位。右臂稍向右后摆的同时稍微外旋，手腕后伸到最大幅度，球拍迅速后摆，右前臂急速向前挥动时略有外旋，手腕从后伸到伸直闪腕，这时拍面对准来球，击球托的中下部，使球向直线高远方向飞行。击球后，前臂内旋，球拍往体前上方挥动，球拍回收至体前。

2. 反手接杀挑后场高球

击球前，前臂内旋，手腕外展，引拍至左侧前。击球时，上臂支撑，前臂急速往右前方挥摆，手腕由外展至后伸闪动，握紧球拍，加上拇指的顶力，全速挥拍击球，使球向直线方向飞行。若向对角线方向挥拍，则球向对角线方向飞行。

七、羽毛球基本步法

（一）基本步法的分类

羽毛球步法分为后场步法、上网步法和两侧移动步法，根据运动员在场上的中心位置和来球的远近，可采用一步到位击球或二步、三步移动到位击球。右手握拍者，到位击球时的最后一步一般都是右脚在前，而左脚总是靠近中心位置，下面介绍正手、头顶后场步法和正、反手上网步法。

（二）正手、头顶后场步法

1. 正手后场步法

（1）动作要领（两步起跳）

1）并步后退：右脚向后方跨出一小步与来球方向一致，同时举起双手成挥拍准备动作，然后左脚并向右脚（图 6-8）。

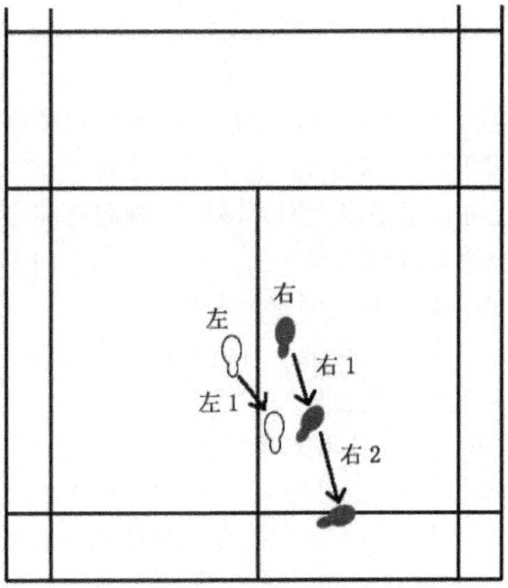

图 6-8　正手后场步法脚步示意图

2）起跳挥拍：右脚再次向后蹬跨出合适击球的距离，右脚脚尖踮地后与起跳挥拍动作（跳转步）的挥拍 5 后一致。

3）右脚落地后，尽量保持脚尖对准中场方向，左脚向中场跑出一大步，同时双手成准备动作时的姿势。紧接着右脚再跑出一步到中场，左脚再向前一步后与右脚同时小跳一次，回到最初的准备动作。

（2）注意事项

1）在两步跑不到击球位置的时候采用三步起跳动作，即在第一步和第三步中间，加入一步调整。无论两步起跳还是三步起跳都必须做到后一步的距离大于前一步的距离。

2）在向后并步后退时，双手要在第一时间上举做好挥拍准备。

3）挥拍结束右脚随腰腹转动落地时要尽量把重心往前往中场方向下压，以便左脚快速跑回中场。回中场的脚步和一般跑步一样，力求快速。回中场的时候双手不可挂在两边，要做好随时停下可击下一次回球的准备。

4）并步要求膝盖永远成微曲状态，贴地移动。

5）最后回到中场的小跳不可省略，小跳结束后仍然保持右脚在前，双手平举的准备动作。

2. 头顶后场步法

（1）动作要领

头顶后场步法与正手后场步法基本相同，只是移动方向是向左后而已。

（2）注意事项

1）即使击左后方的来球，只要采用头顶击球而不是反手击球动作，一定要先跨出右脚，并以左脚作为支撑轴转动腰腹，使右脚移至左后方。

2）头顶后场相对正手后场步法，最后一步的起跳挥拍腰腹需要更充分的发力。

（三）正、反手上网步法

1. 正手上网步法（两步上网）

（1）动作要领

1）在中场（整个场地的中心）准备起动前，脚跟一定要虚提，并且要保持轻微的晃动，通俗讲就是两个脚不要站死，这样才能在起动时迅速出脚。

2）为了加速上网，还可采用垫步上网，即用右脚向右前方（步法练习时为向右前方45°）迈一小步后，左脚快速跟进到右脚跟后，利用左脚掌内侧后蹬，右脚向右前方跨出一大步（图6-9），身体重心也从双腿之间移至右脚。

3）右脚向右前方跨出一大步的同时，右臂伸出准备击球，动作参考正手挑球动作，在此之前左右手保持在准备动作时的位置。

4）球离开拍面后，可依照惯性挥动大臂至上方。

5）击球结束退回中场时采用交叉步法，左右手收回的同时右脚在不转动腰腹部的前提下迅速向后移至左脚，同时重心从右脚收回至双腿之间，右脚着地后左脚向后移至右脚后（此时左脚大致与准备起动前的站位相同），左脚着地后，右脚退回同时双脚小跳调整左右脚站位与准备起动前站位一致，准备下一次击球。

（2）注意事项

1）上网的最后一步右腿屈膝成弓箭步（稳住身体重心），右脚脚尖打开（脚尖比身体前进方向更向右方打开）防止脚踝扭伤。

2）击球时不能屈肘，手腕快速击球且拍面要正对前方，以保证球飞行得高、远、直，并适当使用腰腹力量。

3）除击球动作外，左右手一直处于准备动作时的位置，身体在行进中一直保持侧身。

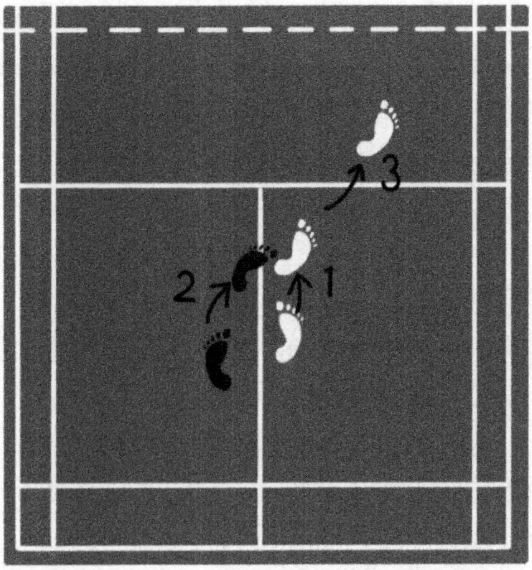

图 6-9 正手（两步）上网步法示意图

2. 反手上网步法（两步上网）

（1）动作要领

1）在中场（整个场地的中心）准备启动前，脚跟一定要虚提，并且要保持轻微的晃动，通俗讲就是两个脚不要站死，这样才能在起动时迅速出脚。

2）为了加速上网，还可采用垫步上网，即转动腰腹部用右脚向左前方（步法练习时为向左前方 45°）迈一小步后，左脚快速跟进到右脚跟后，利用左脚掌内侧后蹬，右脚向左前方跨出一大步（图 6-10），身体重心也从双腿之间移至右脚。

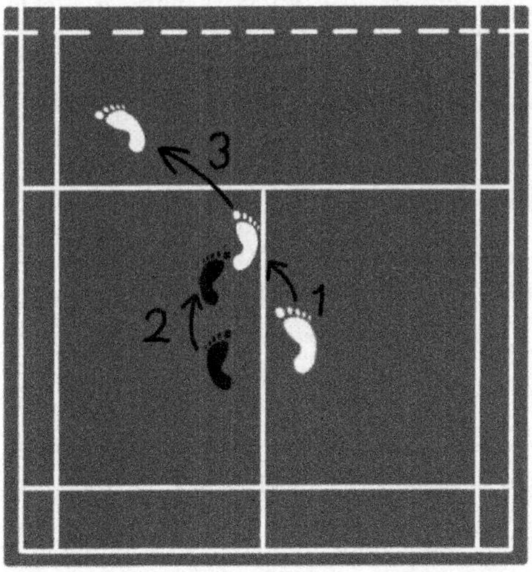

图 6-10 反手（两步）上网步法示意图

3）右脚向左前方跨出一大步的同时，手臂右手伸出准备击球，动作参考反手挑球动作，在此之前左右手一直保持在准备动作时的位置。

4）球离开拍面后，可依照惯性挥动大臂至上方。

5）击球结束退回中场时采用交叉步法，左右手收回的同时右脚在不转动腰腹部的前提下迅速后移至左脚后，同时重心从右脚收回至双腿之间，右脚着地后左脚向后移至右脚后（此时左脚大致与起动前的站位相同），左脚着地后，右脚退回同时双脚小跳调整左右脚站位与起动前站位一致，准备下一次击球。

（2）注意事项

1）上网的最后一步右腿屈膝成弓箭步（稳住身体重心），右脚脚尖与弓箭步成一直线防止脚踝扭伤。

2）击球时肘部不能弯曲，大拇指竖起，手腕快速击球且拍面要正对前方，以保证球的飞行轨迹高、远、直，并适当使用腰腹力量。

3）除击球动作外，左右手一直处于准备动作时的位置。

4）上网时要先转动腰腹部再迈出右脚，击球结束回复准备动作时要在最后才转动腰腹部收回右脚，以确保身体在行进中一直保持侧身。

第四节　羽毛球基本战术

一、单打的打法类型

单打的打法是根据个人技术特点、身体素质、心理素质等条件而形成的技术打法。常见的大约有以下五种。①控制后场，高球压底。从发球开始就运用高远球或进攻性的平高球压对方后场底线，迫使对方后退，当对方回球不够后时，以扣杀球制胜；或当对方疏于前场防守时，就可以以轻吊、搓球等技术在网前吊球轻取。②打四角球，高短结合。在后场，如高远球、平高球和吊球；在前场则以放网前球、推球和挑球准确地攻击对方场区前后左右四个角落，调动对方前后左右奔跑，顾此失彼，待对方来不及回中心位置或回球质量差时，向其空当发动进攻。③下压为主，控制网前。主要通过后场的高远球、扣杀、劈杀、吊球等技术，先发制人，然后快速上网以搓、推、扑、勾等技术，高点控制网前，导致对方直接失误，或被动击球过网，被进攻队员一举击败的一种打法。④快拉快吊，前后结合。以平高球快压对方后场两底角，配合快吊网前两角（或运用劈杀）引对方上网，当对方被动回击网前球时，即迅速上网控制网前，以网前搓、勾球结合推后场底线两角，迫使对方疲于应付，为前场扑杀和中、后场大力扣杀创造机会。⑤守中反攻，攻守兼备。以平高球和快吊球击向对方前后左右四个角落，以调动对方。让对方先进攻，针对进攻方打的高远球、四方球、吊球等，加强防守，以快速灵活的步法、多变的球路和刁钻准确的落点，诱使对方在进攻中匆忙移动，勉强扣杀，出现失误，或当对方回球质量较差时，抓住有利战机，突然进攻。

二、双打的打法类型

双打打法是根据双方的技术水平、身体素质和心理素质以及伙伴的配合特点，经过长期训练而形成的。常见的大致有以下三种。①前后站位打法。此打法基本上是本方在发球时所采用的。发球的队员站位较前。当发球员发球后立即举拍封堵前场区，另一名球员则负责中场或后场的各种来球。前后站位法可充分运用快攻压网前搓、吊、推、扑技术，寻找空隙，一举打乱对方站位；或通过后攻前扑，后场连续大力扣杀，前场积极封堵，当回球在网附近时，给以致命打击。②左右站位打法。本打法基本上为本方处于接发球状态和受到下压进攻时所采用。对方发球或打来的平高球处于后场，接球方可从原来的前后站位立刻转换为左右站位，两人各负责左右半场区的防守，以平抽、平打压住对方后场底线两角，在对方扣杀球时也能以平抽反击或挑高远球至两底角，造成对方回球无力，一举扣杀或吊球成功。③轮转站位打法。在比赛中，攻守双方总是根据比赛的情况而不断地在前后站位和左右站位间相互变换。

对于站位的变换通常具有如下特点。①发球或接发球时前后站位。当对方回击高球至后场偏一侧进攻时，位于前面的队员要直线后退，后方的队员看情况向侧移动，改换成左右站位。②发球或接发球时处于左右平行站位。在发球后或在对击球过程中，一旦有机会进行下压进攻时，一名球员便快速上网封堵，另一人则快速移动到后场进行大力扣、吊、杀球，导致对方处于被动地位。

第五节　羽毛球主要赛事介绍

一、羽毛球运动的国际重要赛事

1. 个人类

个人赛事包括奥运会中的羽毛球比赛、羽毛球世界锦标赛、羽毛球世界杯以及各大公开赛，如全英公开赛、中国公开赛、印尼公开赛等。

2. 团体类

团体类赛事包括汤姆斯杯、尤伯杯、苏迪曼杯。

二、各项赛事简介

1. 国际羽联世界锦标赛

它通常被称为世界羽毛球锦标赛，是一项由国际羽毛球联合会组织的羽毛球单项锦标赛事。世界羽毛球锦标赛是国际羽毛球联合会主办的世界最高水平的羽毛球单项锦标赛，至今共举办了 26 届。

2. 世界羽毛球联合会组织的世界杯羽毛球赛

该赛事从 1981 年开始连续办了 17 届，1997 年因多种原因而中断。按照国际惯例，世界杯羽毛球赛将邀请世界排名男单前十六名、女单前十二名、男双前八名、女双和混双前六名的选手参赛。2005 年世界杯羽毛球赛再次恢复，世界羽毛球联合会与国际羽毛球联合会合并后，2006 年后该赛事不再举办。

3. 苏迪曼杯羽毛球赛

它又被称为世界羽毛球混合团体锦标赛，1989 年开始举办，每 2 年举办 1 次，在奇数年举行。苏迪曼杯是印度尼西亚羽毛球协会代表本国人民向国际羽毛球联合会捐赠的一座奖杯。比赛采用五场三胜制，由男子单打、女子单打、男子双打、女子双打和混合双打等五个项目组成，是代表羽毛球整体水平的最重要的世界大赛之一，与汤姆斯杯羽毛球赛和尤伯杯羽毛球赛齐名。

4. 汤姆斯杯羽毛球赛

汤姆斯杯羽毛球赛，即世界男子羽毛球团体锦标赛，是世界上最高水平的男子羽毛球团体赛。由国际羽联创办于 1948 年，每 2 年举办 1 次。1934 年国际羽联成立时，英国人乔治・汤姆斯（George Thomas）当选国际羽联主席。5 年后，汤姆斯在国际羽联会议上提出，组织世界性男子团体比赛的时机已成熟，并表示将为这一比赛捐赠一个奖杯，称为"汤姆斯杯"。

5. 尤伯杯羽毛球赛

尤伯杯羽毛球赛又称世界女子羽毛球团体锦标赛。该赛事的奖杯是英国羽毛球选手贝蒂・尤伯于 1956 年在国际羽联理事会上向该组织捐赠的。尤伯杯羽毛球赛是世界上最高水平的女子羽毛球团体赛。尤伯杯羽毛球赛由国际羽联创办于 1956 年，每 2 年举办 1 届。从 1956 年至 1998 年，国际羽联共举办了 17 届尤伯杯赛。

6. 全英羽毛球锦标赛

全英羽毛球锦标赛是 1899 年由英格兰羽毛球协会创办的，是历史上最悠久的羽毛球赛事。最初由英国和英联邦国家选手参加，现在已成为全球性的羽坛大会战。

7. 奥运会羽毛球比赛

这是世界上最高荣誉的羽毛球赛事。1992 年羽毛球成为奥运会正式比赛项目，只设男子单打、女子单打、男子双打、女子双打 4 个单项。1996 年亚特兰大奥运会起增设混合双打项目，奥运会羽毛球赛冠军是世界羽坛的至高荣誉。

第七章　网球运动

第一节　网球运动概述

一、网球运动的概述及发展

网球运动是一种世界流行的球类体育项目，通常是两个单打球员或两对组合球员在网球场上隔着球网用网球拍击打网球。

网球与高尔夫球、保龄球、桌球并称为世界四大绅士运动。它的起源可以追溯到12—13世纪的法国，近代网球起源于英国。1873年，会打古式网球的英国少校M.温菲尔德在羽毛球运动的启示下，设计了一种适用于户外的、男女都可以从事的网球运动，当时叫作司法泰克（Sphairistike，意思为击球的技术）。

紧随英国之后开展网球运动的国家就是美国。因为当时的美国总统西奥多·罗斯福喜爱网球运动，因此美国的网球运动得到了快速发展，时至今日，美国的网球水平仍处于世界领先地位，优秀的网球明星层出不穷。

19世纪70年代以后，网球又得到了进一步发展，其主要原因有两点。

一是允许职业选手参加温布尔顿等锦标赛，开创了职业网球巡回赛的先例，取消了职业选手和业余选手的界限，增加了大赛的激烈程度，从而促进了运动员技术水平的提高，吸引了广大网球爱好者从事该项目的热情以及观看、评论网球比赛的积极性。

二是科技在球拍等器材制造中的应用，提高了先进器材的生产、技术水平的，造就了一批年轻的优秀选手，从而促进了网球运动的发展。

总之，网球运动的由来和发展可以概括为：孕育在法国，诞生在英国，其后在美国开始普及和形成高潮，现在在全世界盛行，被称为世界第二大球类运动。现代网球运动诞生于19世纪的英国伯明翰，最初被称为“草地网球”，此后网球运动得到了飞速发展，1877年首个大满贯赛事温布尔登锦标赛创立，随后是1881年的美国网球公开赛、1891年的法国网球公开赛以及1905年的澳大利亚网球公开赛，其统称为网球四大满贯赛事，每年举行一次，是最重要的网球赛事。

二、网球运动在中国的发展

网球运动于19世纪后期传入我国，上海、广州等大城市的外国传教士和商人之间开展网球活动，后来一些教会学校也开展起这项运动，但网球运动始终在少数人中开展。新中国成立后，在中央和地方各级领导的关怀下，我国的网球运动逐渐发展，但由于起点低、基础差，故整体水平较低。但近年来，我国网球运动水平有了较大幅度的提高，目前女子项目水平高于男子，出现了李娜、李婷、孙甜甜、郑洁、晏紫、彭帅等优秀的女子网球运动员，她们在一系列大赛中取得的优异成绩，不仅让中国网球从一无所有到夺得单双打大满贯赛事冠军，也让更多人知晓并喜爱这项运动，极大地推动了我国网球运动的发展。

第二节　网球运动的基本技术

网球运动的基本技术包括握拍方式、击球技术、发球技术、接发球技术、切削球技术以及截击球技术等。

一、握拍方式

握拍是网球击球的基础，握拍决定了击球的角度和接触球的位置，由于打球风格及个人习惯爱好的不同，握拍方法存在着差异。常用的握拍方式有大陆式握拍、东方式握拍、半西方式握拍以及西方式握拍、双手反手握拍等。

1. 大陆式握拍

这种握拍源于欧洲大陆。握拍方式（以右手为例）是将拍面与地面垂直，从上自下抓握拍柄，使手掌根与拍柄右斜面紧贴，食指根部放在 2 号斜面上，虎口的 V 形正对拍柄 1 号棱面上，食指稍离中指压住拍柄，其他三指自然弯曲叠放紧握拍柄，拇指垫握住拍柄的左垂直面，五指紧握拍柄。这种握法主要用于发球、网球截击球、削球及防卫性击球（图 7-1）。

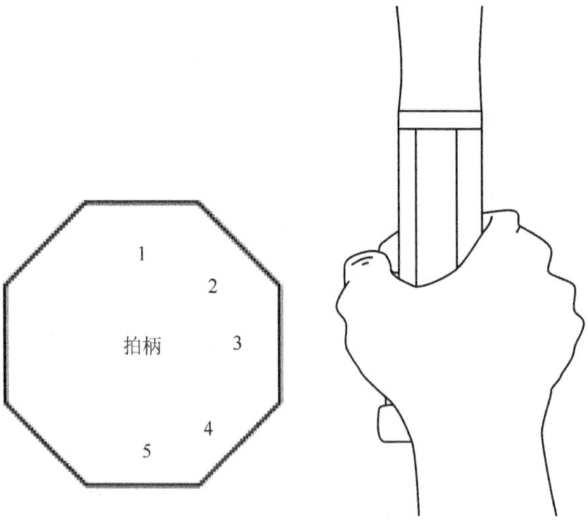

图 7-1　大陆式握拍

2. 东方式握拍

以大陆式握拍持拍（以右手为例），然后逆时针方向旋转球拍，直至虎口对正拍柄的2号斜面，食指根部压在3号棱面上，也就是大陆式握拍逆时针旋转大约30°。这种握拍是最适合初学者的握拍方式，可以轻松击出上旋球、平击球和穿越球（图7-2）。

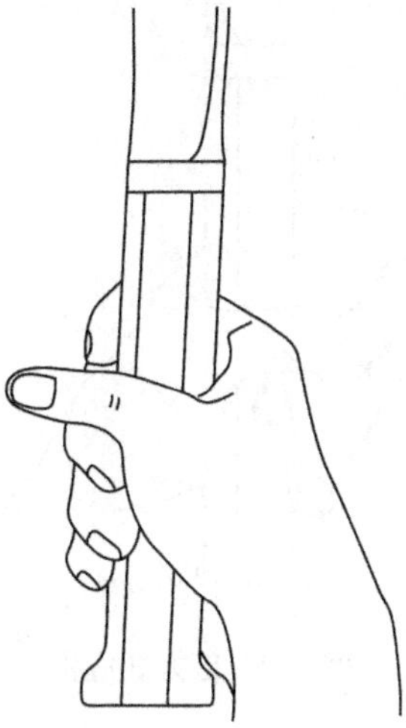

图7-2　东方式握拍

3. 半西方式握拍

以东方式握拍持拍（以右手为例），然后逆时针方向旋转球拍，直至虎口对正拍柄的3号棱面，食指根部压在4号斜面上。这是底线型选手用的握拍方式，这种握拍可以击出更深远的平击球，也有利于控制高球（图7-3）。

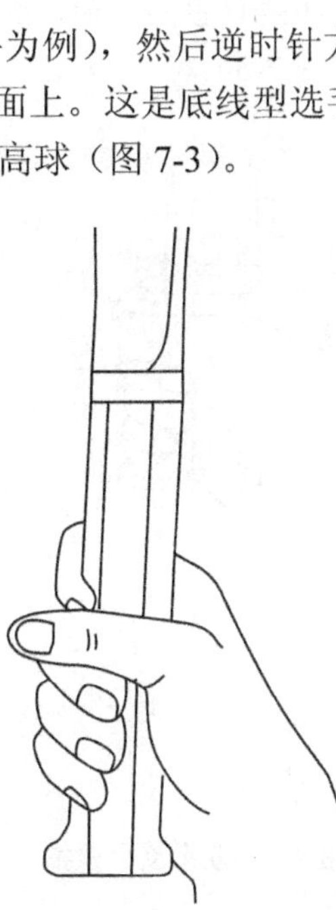

图7-3　半西方式式握拍

4. 西方式握拍

以半西方式握拍持拍（以右手为例），然后逆时针方向旋转球拍，直至虎口对正拍柄的4号斜面，食指根部压在5号棱面上。这种握法是红土选手首选的握法，它可以打出又高又强有力的上旋球，对处理高球很有效，但对处理低球和网球截击，极为不便（图7-4）。

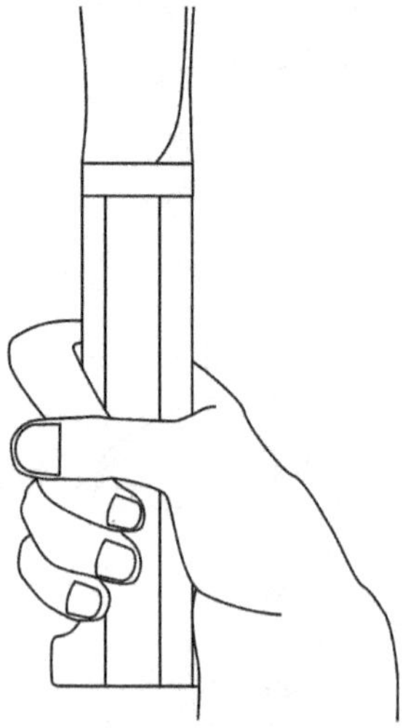

图 7-4　西方式握拍

5. 双手反手握拍

将发力手用大陆式握拍握住拍柄下方，另一只辅助手用半西方式放在上方。这是最普遍的双手握法，它是借助肩膀的转动和两只手的挥拍，回球的动作比单手反手更连贯和流畅，所以在处理回发球时比较理想（图7-5）。

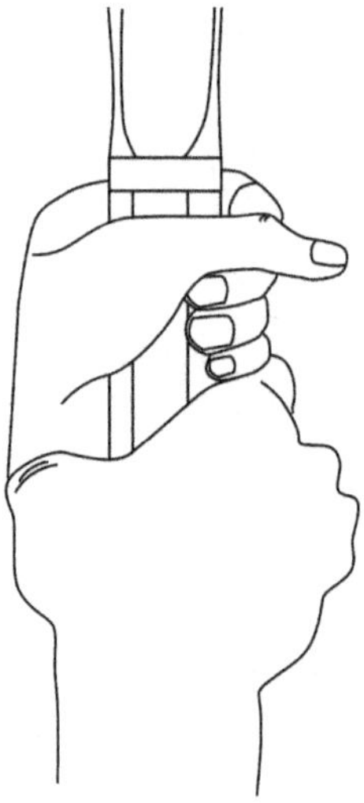

二、击球技术

（一）正手击球

正手击球是网球技术中最基本的击球方法，它既是初学者的入门技术，又是运动员得分取胜的主要手段。正手击球技术由四个环节组成，即准备姿势、转肩引拍、挥拍击球和前挥跟随（图 7-6）。

图 7-6 正手击球

1. 准备姿势

面对球网，两脚自然分开站立与肩同宽，双膝微屈，上体略前倾，脚跟稍提起，重心落在前脚掌上。以右手握拍为例，右手持拍于腹前，左手扶住拍颈，两肘自然下垂略外张，拍头稍高于拍柄，双眼目视前方。

2. 转肩引拍

当判断来球是正手方向时，左手马上推拍前伸，手指来球方向，转动双脚，右脚顺时针转动 90° 与底线平行，左脚向右前方上步与右脚平行站立，同时转肩转髋带动右手向后引拍，拍头向上略高于手腕，拍头指向身体后方，身体则侧身与球网垂直（此种为关闭式步法，适用于初学者转体；还有一种是开放式步法，左脚不必上步，两脚平站但需要更多的向右转体动作）。

3. 挥拍击球

以肩关节为轴，身体转动 90°，对准来球方向迅速向前挥拍，身体重心从后脚移向前脚，迎上击球。此时手腕要后伸固定握紧球拍，拍面垂直于地面，平行于球网，击球时用大臂挥动带动小臂、手腕及球拍，击球点在身体右前方，使球击在拍面的中心（即“甜点区”）。

4. 前挥跟随

击球后，球拍应随球的方向作较长的前挥跟随动作。球拍的前挥应最大限度向前方伸展，直到手臂和拍头无法再向前运动为止，此时右手手腕迅速内旋将球拍挥至左肩上方，左手则上举扶住拍柄，面对球网。随挥跟进结束，立即恢复准备姿势，准备下一次击球。

（二）反手击球

网球反手击球指的是与握拍手相反的落地球打法，它和正拍击球一样，也是网球的基本技术中最常用的击球方法。反手击球有单手击球技术和双手击球技术两种，而双手反手击球是网球反手击球技术中最重要的一种，当今世界大批顶级优秀网球球员采用双手反手握拍击球技术，其具有准确、隐蔽、有力等特点，适合初学者以及手臂力量不足的网球爱好者。双手反手击球技术由四个环节组成，即准备姿势、转体引拍、挥拍击球和随球动作（图 7-7）。

图 7-7 双手反手击球

1. 准备姿势

面对球网，两脚自然开立与肩同宽，两膝微屈，重心落在前脚掌上，右手持拍，左手扶拍颈，拍面垂直于地面，拍头指向对方，双目注视来球。

2. 转体引拍

当判断来球方向是反手时（以右手握拍为例），快速移动到位，重心移至左脚，身体向左旋转，右肩对着来球，右肩前探，屈膝降低重心，右脚向击球方向跨出成“关闭式”步法，侧对球网。同时双手配合转动球拍，右手用东方式反拍握法，加上左手用东方式正手握拍方法，向左后方摆动引拍，手腕固定，手臂放松。在来球即将落地前，快速向后引拍，将拍头指向场地后方，拍头降低与膝关节同高。

3. 挥拍击球

当球落地弹起约在腰部高度或略低于腰部高度时击球的后中部，前挥击球时挥臂要与转体动作配合，两臂协调一致用力向前挥，左手主力，右手辅助用力并控制球的方向。挥拍击球应是一种平滑连贯的动作，要伸展手臂，固定手腕，球拍从低向高向前挥击，重心前移，双眼始终盯住球。

4. 随球动作

击球后，球拍尽量随球前送，直到球拍和两臂形成一条直线才算完成击球的姿势，双手握拍顺势挥至右侧头部高度，身体重心从左脚移到右脚，动作完成后迅速还原，恢复成准备姿势。

三、发球技术

发球技术在网球比赛中具有特殊意义，它是唯一不受对方制约而主动发起进攻的技术，良好的发球是制胜的关键。

1. 握拍方式

东方式反手或大陆式握拍。

2. 准备姿势

侧身在底线后站立，左肩侧对左边网柱（以右手握拍为例），双脚自然分开站立，两脚的连线根据球员不同的习惯可与底线相垂直，也可保持另外一个合适的角度，但前脚与底线需要保持 7~10 厘米的距离，以免发生失误。球自然落在持球手拇指、食指及中指三指上，无名指和小指自然屈于球的后部，切忌用力将球握在手里或捏在手里。身体自然前倾，屈膝降低重心，将球拍与球相结合。

3. 抛球动作

在准备动作的基础上，持球手的肘部渐渐伸直并向下靠近持球手同侧的大腿，然后从腿侧自下而上将球抛起。在整个动作过程中，手臂保持伸直的状态，其走势与地面垂直，掌心向上，拇指、食指、中指三指将球平稳托起，球脱手的最佳点为手掌走势的最高点，脱手时托球的三手指已最大限度地展开，将球“抛送”空中。

4. 挥拍击球

抛球与挥拍击球是同时进行的。当持球手开始自下而上抛球时，持拍手迅速贴近身体像摆钟一样将球拍摆至体后，掌心朝向身体。球拍后摆至一定高度后，以肘为轴，小臂、手、拍头依次向体后、背部下吊，同时屈双膝并伴随身体后展呈“弓”状。在屈膝、背弓动作的基础上自下而上依次蹬直踝部、膝部，反弹背弓并向出球方向迅速转体，与此同时仍以肘为轴带手臂和拍头充分向前、向上伸展，在最高点击中抛送于空中的球，击球瞬间，拍面几乎与地面垂直。

5. 随挥收球

击球后应顺着身体及挥拍的惯性做收腹、转肩和收拍的动作，最终拍子由大臂带动收向持拍手的异侧体侧，结束发球动作。

四、接发球技术

接发球技术不是一种固定的技术动作，而是接球者根据来球的路线、速度、落点以及弹跳弧度等，所采用的正反手的各种击球方法，是一项将来球回击到发球一方场地中的综合性技术。

接发球技术的基本动作是两腿自然分开宽于肩膀，两膝微屈，上体稍前倾，脚跟提起，将球拍置于体前，拍头向上，做好接发球的准备。双眼紧盯对手及其手中的球，观察发球员的抛球线路和拍面的角度，预判对手发球的线路，做到提前移动，主动出击。接发球最重要的是当对方将球抛起时，主动向前一步，调整与来球间的距离，这样做让动作更流畅，对提高接发球的质量有极大的帮助。

五、切削球技术

网球切削球技术可分为攻击性切削球和防守性切削球。根据不同的情形，可采用不同的切削球技术。

1. 攻击性切削球技术

一般来说，当场上形势较为主动，有足够的时间可以引拍时，便可以选择用攻击性切削给对手的回球制造更大的麻烦。很多时候，攻击性的切削后，会伴随着随球上网。

动作要领：拉拍要早，手腕回屈要充分，球拍更紧密地缠绕头部；击球前，拍头高于击球点，同时重心向前迎球；击球时，球拍尽量垂直于地面，球拍从球的正上部垂直向下切，击球点离身体较近。

2. 防守性切削球技术

如果对手的回球角度很大，没有时间到位回球，或者意识到自己将陷入被动，需要调整比赛节奏时，就可以采取防守性切削，这种切削飞行速度较慢，而且过网较高，这样便能使自己获得更为充分的回位时间。

动作要领：由于时间较为仓促，拉拍后，手腕回勾不明显；击球前，球拍上举的位置比攻击性切削时低；击球时，拍面打开较多，击球的中下部，且有明显前送的动作；击球后，拍面基本完全打开，球拍最终停留的位置较高，一般超过对侧肩膀。

六、截击球技术

截击球技术是网前技术中的一种攻击性击球方法，也可称之为上网球，是一种在对方来球落地之前，将球击回到对方半场区的击球方式，具有速度快、力量强、威胁大的特点。截击球的后摆动作不应过大，击球点应保持在身体前方30~60厘米，要主动向前迎击来球，拍头竖起至鼻前，击球时手腕固定，拍子应紧握，击球时拍子不能移动。截击球技术可分为正手截击球技术和反手截击球技术。

1. 正手截击球

截击时站在网前2~3米的位置，准备姿势与击球的准备姿势基本相同，采用大陆式握拍，截击时引拍和挥拍的幅度都不要太大，要领是腰部发力，转腰跨步进行引拍，动作要稳，手腕要固定，持拍手紧握球拍，将球向前推送出去。

2. 反手截击球

反手截击引拍需左手扶拍调整拍面（以右手握拍为例），击球点位置要比正手截击球的击球点靠后，为了不使手腕扭伤，接着用腕部动作随挥。

第三节　网球运动竞赛规则

一、网球比赛场地

网球比赛场地应是长方形，长度为23.77米（78英尺），单打比赛的场地宽度为8.23米（27英尺），双打比赛的场地宽度为10.97米（36英尺）。场地由一条挂在绳索或钢丝绳上的球网从中间处分隔开，所使用的绳索或钢丝绳附着或挂在1.07米（3.5英尺）高的两根网柱上，球网中心的高度应当为0.914米（3英尺）。场上纵横交错的白线都有各自的名称，球场两端的界线称为“底线”，球场两边的界线称为“边线”（分为单打边线和双打边线）；在球网两侧6.40米处的场内各有一条与底线平行的横线为“发球线”；连接两发球线的中点有一条与边线平行的线称为“中线”；中线与球网交叉成“十”字形，将发球线与边线之间的地面分成四个相等的区域，称为“发球区”；在底线的中心，向场内画一条垂直于底线的短线称为“中点”（图7-8）。

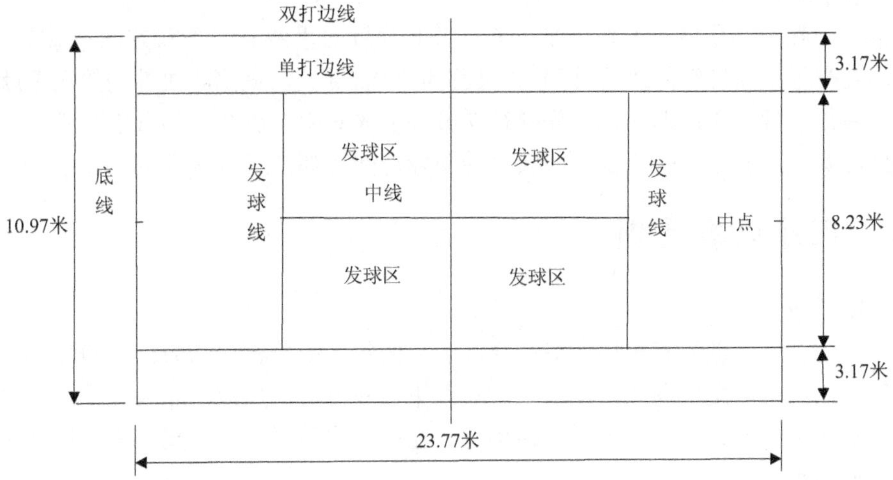

图7-8 网球比赛场地

二、发球规则

发球前发球员应先站在端线后、中点和边线的假定延长线之间的区域里，用手将球向空中任何方向抛起，在球接触地面以前，用球拍击球（仅能用一只手的运动员，可用球拍将球抛起），球拍与球接触，即算完成球的发送。每局开始，先从右区底线后发球，发出的球应从网上越过，落到对角的发球区内，或其周围的线上，得或失一分后，应换到左区发球。发球员每一分都有两次发球机会，若试图击球却未能击中，发出的球在落地前触及固定物（球网、中心带和网边白布除外），球下网或落到对角发球区外以及违反发球站位规定的，则被判为发球失误。发球员第一次发球失误后，应在原发位置上进行第二次发球，若发球两次失误，就叫“双误”，对手得一分。若是发出的球触网，但球仍落进了对方的有效发球区内，则为重发球，重发球不被记为失误球。

三、计分方式

1. 一局中的计分

最原始的网球运动起源于宫廷之中，他们就地取材拿可以拨动的时钟来计分，每得一次分就将时钟转动四分之一，也就是15分（a quarter，一刻钟），同理，得两次分就将时钟拨至30分，当然一切都是以他们的方便为基础，这就是15分、30分的由来。至于40分，它比较怪异，它不是15的倍数，这是因为在英文中，15和30分别为“fifteen”和“thirty”，均为双音节，但是45的英文为“forty-five”，变成了三个音节，因此为了方便，人们就将它改成同为双音节的40（forty），这就是看来不合逻辑的40分的由来，也一直沿用至今。因此网球运动比赛中一局中的计分为 0，15，30，40。若比分为 40：40，则比分为“平分”，“平分”后如果一名运动员获得下一分，则比分为“占先”，如果“占先”的这名运动员又获得了下一分，即赢得了这一局；如果“占先”后是另一名运动员获得了一分，则比分仍为“平分”，一局比赛将在一名运动员连续获得两分后结束。

2. 一盘中的计分

基本上，胜一盘是指一方率先拿下 6 局并且净胜对手两局。当双方在一盘中比分为 6 比 6 时，会举行一局特殊的“决胜局”，又称为“抢七局”，赢得此决胜局的选手就以总局数 7 比 6 赢得该盘。在抢七中，率先获得 7 分并领先对手至少 2 分的选手获胜。除大满贯男子单打比赛采用五盘三胜制以外，其余的国际巡回赛都是三盘两胜制。

四、网球比赛通则

1. 交换场地

运动员应在每一盘的第一局，第三局和随后的每一个单数局结束后交换场地。运动员还应在每一盘结束后交换场地，除非在这盘结束后双方所得局数之和为偶数，在这种情况下运动员则在下一盘第一局结束后交换场地。在平局决胜局（抢七局）中，运动员应在每六分后交换场地。

2. 压线

球完整地或部分地落在边线上，称为压线。

3. 发球次序

在每一个常规局结束后，该局的接发球员在下一局中成为发球员，该局的发球员在下一局中成为接发球员。在决胜局中，本该轮到发球的球员先发第一分球，接着由对手发第二、三分球，然后双方轮流发两分球。

双打比赛中，每盘第一局开始时，由发球方决定由何人首先发球，对方则同样在第二局开始时，决定由何人首先发球。第三局由第一局发球运动员的同伴发球。第四局由第二局发球运动员的同伴发球。这个轮换次序一直延续，直到该盘结束。

第八章　游泳运动

第一节　游泳运动概述

游泳（Swimming），是指人在水的浮力作用下向上漂浮，凭借浮力和肢体有规律的运动，使身体在水中有规律运动的技能。随着游泳运动的发展，游泳分为实用游泳和竞技游泳两大类。实用游泳又分为侧泳、潜泳、反蛙泳、踩水、救护等；竞技游泳分为蛙泳、仰泳、蝶泳、自由泳。

一、游泳运动的起源与发展

（一）游泳运动的起源

现代游泳运动起源于英国，早在17世纪60年代，英国不少地区的游泳活动就相当活跃。随着游泳运动的日益普及，1828年，英国利物浦乔治码头修建了第一个室内游泳池，到19世纪30年代，这种游泳池在英国各地相继出现。

（二）现代奥运会游泳发展概况

第一届现代奥林匹克运动会就把游泳列为比赛项目。当时游泳比赛只有男子100米自由泳、500米自由泳、1 200米自由泳3个比赛项目。1908年，在英国伦敦举办第四届奥运会时，国际业余游泳联合会（简称国际游联）成立了，审定了游泳各项目的世界纪录，并制定了国际游泳比赛规则，规定了比赛距离单位统一为“米”。1912年，瑞典斯德哥尔摩举行的第五届奥运会，首次把女子游泳列为比赛项目（女子100米自由泳和4×100米自由泳接力）。在1952年第十五届赫尔辛基奥运会上，国际游联决定把蛙泳和蝶泳设为两个项目进行比赛。从此，竞技游泳发展成4种泳式。游泳规则随着技术的发展，多次进行修改，比赛项目也逐渐增加，至1996年第二十六届奥运会和2000年第二十七届奥运会，游泳比赛项目达到32项，游泳成为奥运会比赛金牌数仅次于田径的大项。

（三）我国游泳运动的发展

我国近代游泳运动是19世纪中叶，由欧美传入，一开始在我国香港、广东、福建、上海、青岛等地传播，而后传及全国各地。1887年，广州沙面修建了25米规格的室内游泳池，而后逐渐有了竞技游泳比赛。1920年国内游泳比赛开始增设女子项目，1924年中国游泳研究会成立，这推动了各地游泳运动的发展，但游泳运动总体发展缓慢，比赛水平很低。中华人民共和国成立后，在党和政府的领导与关怀下，群众性游泳活动得到快速发展。有条件的省市积极修复了一批旧游泳馆，同时也开始建造一批新的游泳馆。随着群众性游泳活动的普及，游泳技术水平得到迅速提高。从 1952—1959 年，我国运动员多次参加国际性比赛，积累了国际比赛经验，运动员的成绩得到了大幅提高，也给祖国争得了荣誉。如 1953 年在第一届国际青年友谊运动会上，我国优秀运动员吴传玉获得男子 100 米仰泳冠军。1957—1960 年，我国著名游泳运动员戚烈云、穆祥雄、莫国雄，先后 5 次打破男子 100 米蛙泳世界纪录。在 1990 年第十一届亚运会上，我国游泳健儿一举夺得 23 枚金牌，第一次超过了日本。1988 年，在广州举行的第三届亚洲游泳锦标赛上，我国夺得 24 枚金牌，女运动员杨文意在 50 米自由泳决赛中，以 24 秒 98 的成绩打破该项目世界纪录。同年，在汉城举行的第二十四届奥运会上，中国女子游泳队取得 3 枚银牌、1 枚铜牌的优异成绩。1992 年在巴塞罗那举行的第二十五届奥运会上，中国女子游泳队获得 4 枚金牌、5 枚银牌，并打破两项世界纪录。

二、游泳运动的分类

（一）竞技游泳

竞技游泳是指有特定技术要求，按游泳竞赛规则的规定进行竞赛的游泳运动项目。目前竞技游泳分为游泳池比赛和公开水域比赛两大类别。在游泳池比赛的竞技游泳包括自由泳、仰泳、蛙泳、蝶泳 4 种泳式和由这 4 种泳式组成的个人混合泳以及接力比赛。公开水域比赛是指在江河湖海这些自然水域进行的游泳比赛，如游渡海峡、横渡江河、长距离游泳比赛等。这类比赛有特定的规则要求，但没有严格的泳式要求，运动员多采用自由泳参赛。

（二）实用游泳

实用游泳是指直接为生产、军事、生活服务的游泳活动，包括踩水、侧泳、反蛙泳、潜泳、水上救护、着装泅渡等非竞技游泳。竞技游泳技术虽不包括在实用游泳技术中，但在泅渡、水上救护、运物和水上做积极性休息时，常采用蛙泳、仰泳，在快速救护中，常采用自由泳。

（三）大众游泳

大众游泳是一种以增强体质为宗旨，以丰富人们文化生活为目的开展的群众性游泳活动，如娱乐游泳、水中游戏、康复游泳、健身游泳等，已在世界各地蓬勃发展，成为现代游泳运动的重要组成部分。这种以健身、实用、娱乐为目的的游泳项目，不追求严格的技术和速度，形式简便多样，已越来越被人们重视，发展相当迅速。国家体育总局推出的“全民游泳锻炼等级标准”和举办成人分龄游泳比赛，都属于大众游泳的范畴，也是推广大众游泳的有效措施。

三、游泳的意义

（一）保障生命安全

人在生活中不可避免地要和水打交道。学会游泳不但可以自救，还可以救人。因此，游泳成了重要的生存手段。世界上不少国家将游泳列为大学生必修的运动项目，要求从入学就要掌握游泳技能。

（二）强身健体

游泳时，水的压力、浮力和较低的水温，使人体的各部分器官都得到了锻炼。水的导热能力比空气大 25 倍左右，据测量，人体在 12 ℃的水中停留 4 分钟所散发的热量，相当于人在陆地上 1 小时所散发的热量。经常进行游泳锻炼能改善体温调节能力，适应外界气温变化。加之游泳时肌肉活动要消耗热量，人体必须尽快补充热量，从而促进了体内的新陈代谢。

（三）防病治病

经常进行游泳锻炼能有效增强体质，是防病治病的有效手段。游泳时，由于冷水的刺激，能增强机体适应外界环境变化的能力，抵御寒冷，预防疾病，所以经常游泳者不易感冒。

四、游泳的安全卫生

游泳是一项深受人们喜爱的体育活动，也是高等院校的一门重要技术技能课程。到游泳池游泳必须注意安全，自觉遵守游泳安全和卫生守则，防止发生意外事故和传染疾病。

1）安全第一。游泳安全必须反复进行宣传教育，游泳教师在每次上课时都要强调游泳安全，学生必须切实遵守安全规定。游泳场（馆）必须加强安全管理，按规定配备合格的救生员和救生器材，认真制定安全制度并严格执行，尤其是在天然水域不能独自游泳。在游泳时要互相关心互相照顾，同去同回，中间离开时应有所交代；有组织的游泳，如上游泳课，教师须严密组织，经常检查人数，落实安全措施。

2）选择安全的游泳场所。尽量选择人工游泳场馆，因为人工游泳场馆的管理比较规范，池水经常消毒、排污和过滤，清晰度较高，深水和浅水有明显标志。

3）游泳前严格体检。游泳前进行身体检查既防止患病者在游泳时发生事故，也避免疾病的相互传染。

4）饮酒、饱食后或饥饿、过度疲劳时不能游泳。游泳能刺激中枢神经系统使其处于过度兴奋或抑制状态，酒后游泳容易发生溺水事故。饱食后游泳会减少消化器官的血液供应，使消化器官功能降低，影响食物的消化和吸收。

5）游泳前要做好准备活动。做好准备活动可提高神经系统的兴奋性，增强心血管系统和呼吸系统的功能，加快血液循环和新陈代谢，可使肌肉的力量和弹性增强，身体各关节的活动范围相应加大，灵活性也有所提高。这些变化，有利于身体更好、更快地满足游泳运动的需要，同时，对防止抽筋、拉伤也有积极的作用。做准备活动一般包括做操、陆地模仿、跑步及拉伸肌肉和韧带等，特别要活动颈、腰、髋、膝、踝、腕等关节。

6）量力而行不逞能。下水游泳时，初学者应在浅水区域活动。会游泳者也要量力而行，不要好胜逞能，应合理安排运动量，当自感身体有异常反应，如头晕、胃痛、恶心或呕吐时应立即上岸休息。游泳时要避免一切危险动作，如在浅水区跳水、相互打闹、长时间憋气潜泳、在湿滑的池边奔跑追逐等。

7）自救和呼救。游泳如遇抽筋，要保持冷静，立即上岸或在水中自我解救抽筋部分，与此同时，也可呼救，以求周围的人及时来帮助、救护。如发现他人抽筋或溺水，应迅速呼喊，有能力的马上进行救护。

8）保持公共卫生，文明游泳。游泳时应讲文明，不要穿内衣下水，不宜穿白色、浅黄色等浅色泳装游泳。自觉遵守公共卫生，不向水中吐痰、便溺和抛弃杂物，以免污染水质，损害自身和他人身体健康。

第二节　游泳的基本技术与教法

下面介绍自由泳和蛙泳的动作要领和练习方法。

（一）自由泳

自由泳是身体俯卧水中，依靠两臂轮换划水，两腿上下交替打水向前游进。这种姿势的两臂轮换划水很像爬行，所以又称为爬泳。

1. 自由泳的动作要领

（1）身体姿势

自由泳时，身体平直地俯卧在水中，身体的纵轴与水平面成 3°~5° 倾角，颈部自然后屈与水平面成 20°~30° 角，两眼注视前下方。两臂轮换前伸向后划水，两腿上下交替打水。身体保持平直，既不要收腹提臀，也不要挺胸塌腰，但在游进中身体可以绕身体纵轴规律转动，转动角度一般在 35°~45°。

（2）腿部动作

自由泳的打腿，主要使身体保持平衡，有利于划水，在整个自由泳的配合技术中有着重要的作用。自由泳的打腿是两腿不停地上下交替摆动。腿自然伸直，用髋关节发力，大腿带动小腿，打水的幅度一般是两腿间差距 30~45 厘米。动作要快而有力，向上提腿时应放松一些。在向上打水时，由于惯性作用，此时小腿仍继续向上移动，而使膝关节有些弯曲，一般在 140°~160° 角之间（图 8-1）。

在打水时，脚尖自然伸直，在向下打水时，两脚应自然向里转一些。一般一个完整的划臂动作配合 6 次打水，但也有人采用 4 次打水和 2 次打水，这要根据个人的动作特点来决定。

（3）手臂动作

自由泳的手臂动作是产生推进力的主要动力。整个手臂动作可分为入水、抱水、划水、出水和空中移臂五个不可分割的部分。但是它们之间并没有明显的界限，而是一个完整的动作。①入水。在完成空中移臂后，手应向前，自然放松地入水，入水点一般在身体纵轴和肩关节的前方延长线之间。入水时手指自然伸直并拢，通过臂内旋使肘关节抬高，弯成 130°~150° 角，使肘关节处于最高点，掌心斜向外下方，这种姿势阻力较小。②抱水。臂入水后，手掌从向斜外下方转向斜内后方，并开始屈腕、屈肘，并保持高抬肘姿势。抱水时，上臂和水平面约为 30° 角，前臂与水平面约为 60° 角，手掌接近垂直对水，肘关节屈成 150° 角，整个手臂像抱个圆球似的。③划水。划水是整个臂部动作产生推进力的主要环节。在抱水的基础上，划水时臂与水面成 35°~45° 角。开始划水时，屈肘约为 100°~120° 角。此时前臂移动快于上臂，当划至肩下垂直面时，屈肘 90°~120° 角。前臂迅速向后推水至侧腿旁，结束划水。在划水过程中，手掌微凹。④出水。划水结束后，臂借助推水后的速度惯性，利用肩三角肌、肩带肌的收缩及身体沿纵轴的转动，将肘部向上方提起，并迅速将臂部提出水面，这时臂部和手腕应柔和放松。⑤空中移臂。这是手臂在一个划水周期中的休息放松阶段。移臂时，肘稍屈，保持比肩和手部都要高的位置，不要直臂侧向挥摆，也不要用手带动臂完成屈肘移臂，否则会达不到放松的目的。⑥两臂配合。两臂是否协调配合，是匀速前进的重要条件。两臂配合，通常有三种方法。前交叉：是指一臂入水时，另一臂处在划水阶段，这是一种滑行阶段的技术。中交叉：是指一臂入水时，另一臂已经进入划水阶段的中间部分。后交叉：是指一臂入水时，另一臂已经进入划水阶段的后半部分。

图 8-1　自由泳

（4）呼吸与臂部动作的配合

自由泳的呼吸是利用头向左侧或右侧的转动，用嘴进行呼吸的。如以向右呼吸为例：右手入水以后，嘴和鼻开始慢慢地呼气，划至肩下向右侧转头，呼气量开始增加，当右臂推水即将结束时，呼气量进一步加大。右臂出水时，马上张嘴吸气。移臂到一半时，吸气结束，并开始转头复原。此时，又闭气，继续转头和移臂，脸部转向前下方。头部姿势稳定时，右臂又入水开始下一次划水。如此反复循环进行呼吸。

（5）呼吸和完整动作的配合

自由泳腿、臂、呼吸的配合动作，一般采用两手各划水 1 次，呼吸 1 次和两腿打水 6 次的配合方法。为了充分发挥手臂的作用，提高游进速度，也有采用两臂各划 1 次水，呼吸 1 次和两腿打水 4 次的配合方法。

2. 自由泳的练习方法

（1）腿部动作练习

1）陆上练习。①坐姿打水：坐在岸边或桌椅边上，两手后撑，两腿伸直，脚尖相对，脚跟分开呈八字形。以髋关节为轴，大腿带动小腿，做上下交替打水动作。可以先做慢打水，然后再做快打水的练习。②坐池边，两脚放入水中打水，要求与坐姿打水相同。③俯卧在池边或长凳上，两臂前伸或弯曲抱住物体固定，两腿自然并拢伸直，做上下打水动作。

2）水中练习。①扶池槽打水：俯卧水面抓住水槽，可采用快速打水或慢速打水的方法。要求打水时，脚不出水面。也可用仰卧的方法，两手抓住水槽，身体仰卧水面，用仰泳腿部动作的练习，体会自由泳打水的方法，但必须注意膝盖不能露出水面。②手扶浮板或救生圈打水。方法要领与扶池槽打水相同。③脚蹬池壁滑行打水。打水方法按腿部动作要领做。④练习者由同伴拉着，做原位或后退行走的打水练习。

（2）手臂动作练习

1）陆上练习。①身体站立，上体前屈两臂伸直平举，做单臂的抱水、划水、出水、空中移臂、入水的模仿动作。②双臂的配合。原地站立，上体前屈，两臂伸直前平举做左（右）臂抱水、划水、左（右）臂出水、空中移臂入水。

2）水中练习。①站立水中，上体前倾，做手臂的划水练习。动作按臂部动作要领做。②上体前倾入水做水中走动的动作练习。③水中两腿夹板做臂的划水练习。④自己蹬池壁滑行后，做手臂划水的练习。

（3）呼吸动作练习

1）陆上练习。①臂腿配合：体前屈站立，两臂前伸，做脚尖不离地两膝轮流前屈的踏步，并与二次划水配合。口令配合即 1~3 踏步，同时左臂划水一次；4~6 踏步，同时右臂划水 1 次。②单臂与呼吸配合：体前屈站立，做抱水动作，同时慢呼气，并向后划水、转头、用力呼气和吸气，然后做出水、入水动作。头转正时闭气。③双臂和呼吸配合：体前屈站立，口令配合即 1~3 踏步，右臂划水 1 次，并配合呼吸、闭气、吐气、还原；4~6 踏步，左臂划水 1 次，同时吸气、闭气、吐气、还原。

2）水中练习。①体前屈：脸部入水，在水中做呼气动作；转头时，用力吐气；吸气时，下颌靠近肩部；闭气还原。②站立水中，上体前屈成水平姿势，头部放在水里。开始时，可以练习一臂划水与呼吸的配合；再练习两臂同时划水与呼吸的配合；也可以模仿向前游泳的姿势，两脚向前走动进行练习。③练习者双脚由同伴扶住，身体俯卧在水中，做呼吸与两臂配合的动作。

（4）自由泳的完整技术配合

①滑行打腿，一臂前伸，一臂划水。划水速度不要太快，但划水路线要长，以推水为主。②滑行打腿，两臂分解配合。③滑行打腿，两臂轮流划水，做前交叉配合。④臂与呼吸配合，滑行打腿，单臂划水，向同侧转头呼吸。掌握后再作两侧呼吸。⑤完整配合游。距离可以逐渐加长，在长游中改进和提高技术水平。

（二）蛙泳

1. 蛙泳的动作要领

（1）身体姿势

游蛙泳时，身体俯卧于水中，两臂向前伸直，两腿自然向后伸直并拢，同时上体稍挺起，头略抬，身体和前进方向成 5°~10° 角，这种流线型的姿势，既能减少前进的阻力，又可以充分发挥手、臂、腿的作用，提高游速。

（2）腿部动作

腿部蹬水动作是蛙泳推动身体前进和加强游速的主要动力。腿部技术有宽蹬和窄蹬两种，近年来大多数运动员都采用窄收窄蹬的技术，其特点是：两腿距离窄，大腿收得少，收腿路线短，迎面阻力小，动作比较简单易学。腿部动作可分为滑行、收腿、翻脚和蹬水四个动作阶段。①滑行：可以说是蛙泳的开始姿势，当身体借助惯性力高速向前滑行时，两腿并拢向后伸直，身体成水平姿势，下肢放松，只靠腿部肌肉的适当收缩，把脚跟稍稍提向水面，为收腿做好准备。②收腿：收腿是蹬腿的准备动作，路线要短，阻力要小，要为蹬水创造有利条件。收腿时两腿稍微内旋，使脚跟分开，膝关节随腿的下沉向前边收边分。收腿结束时，大腿和躯干之间的角度为 130°~140°，小腿尽量靠近臀部，并藏于大腿的投影之中，两膝的距离约与肩同宽，两脚掌几乎是平行向前收，靠腿的内旋使脚跟分开与臀部同宽。③翻脚：翻脚实质上是从收腿到蹬水的一个过程，是收腿的继续、蹬水的开始。蹬水效果的好坏，一般取决于翻脚技术是否正确。为了延长蹬水的路线，随着收腿的结束，两脚应继续向臀部靠紧，大腿内旋使两膝内压的同时小腿向外翻，接着脚尖也向两侧外翻，使脚掌内侧正对蹬水方向。整个翻脚的动作是由内收腿、压膝、翻脚三个连贯动作组成的。应当强调压膝是指大腿内旋，带动小腿外翻的过程。④蹬水：蛙泳蹬水就像蹬池壁一样，要使蹬水方向向后由髋部发力，带动膝关节和踝关节，然后相继伸直。如用窄蹬动作，能利用小腿内侧和脚掌内侧的合理对水，造成向前的推进作用力。另外，蹬水翻脚时大腿内旋造成膝内压，能带动小腿和脚向后蹬水，使蹬水形成一个有力的鞭状打水动作。为了延长有效的蹬水动作路线，踝关节的伸直，要在两腿蹬直之后进行，而不要过早地伸直，否则会缩短蹬水的有效距离。因此，踝关节的灵活性对提高蹬水效果特别重要（图 8-2）。

（3）手臂动作

蛙泳的臂部动作可分为滑行、抓水、划水、收手、伸臂五个连续的动作。①滑行：伸臂结束后，身体向前滑行，这时两臂向前伸直，手指并拢，掌心向下，两手尽量接近水面，使身体在较高的位置上保持稳定，整个身体成为流线型。②抓水：是滑行后进入划水前的动作，如果立即进入划水动作，其动作方向会向外下方，不仅不利于推进身体，还会造成身体起伏过大，所以从滑行到划水之间要有一个准备划水的抓水动作。抓水时，肩保持前伸，两臂内旋，使两臂和掌心转向斜外下方，屈手腕成 150°~160°。结束抓水时，两臂和水平面及前进方向成 15°~20°，肘关节伸直。③划水：抓水后紧接着划水。划水路线是向后偏外下方，划至与前进方向约成 80°。划水时，肩部向前伸展，保持高抬肘的姿势。整个动作过程是肘高于手并前于肩，手带动前臂和上臂向后划水的过程中，肘关节的角度为 120°~130°。划水是用手掌加速内拨的动作，这个动作带动前臂收至超过垂直部位并开始降时，掌心从外后转向内急促拨水而结束划水，这也是蛙泳划水最有效的阶段。④收手：划水结束即开始收手。收手就是结束划水后，手掌在向内上移动的同时，上臂外旋，向前推肘的动作过程。收手时，要尽量把两臂收在身体的投影之中，以发挥划水造成的推进惯性作用，减少水对臂前移的阻力。⑤伸臂：收手后继续推肘伸臂。推肘不是先伸肘关节，而是伸肩关节的同时伸肘关节。两手先向前上、再向前伸。两臂伸直后即恢复成滑行姿势。伸臂时不能有停顿的动作。

（4）呼吸和完整动作的配合

蛙泳的呼吸方法有两种：一种是早吸气，一种是晚吸气。早吸气是两臂抓水时抬头用力呼气，在划水过程中吸气，在收手过程中闭气低头，伸臂滑行时吐气。晚吸气是划水快结束时才开始抬头用力呼气，在两臂结束划水和收手过程中，身体达到最高点时吸气，结束收手时闭气低头，伸臂的后段直至划水过程中慢慢吐气。优秀运动员多采用晚吸气的方法，因为这种方法能保持身体平衡，使动作更连贯，使得前进速度也会更均匀，对提高成绩很有帮助。但是晚吸气动作要求严格，吸气时间比较短。所以一般游泳爱好者和初学者，最好先从早吸气的方法开始练习。

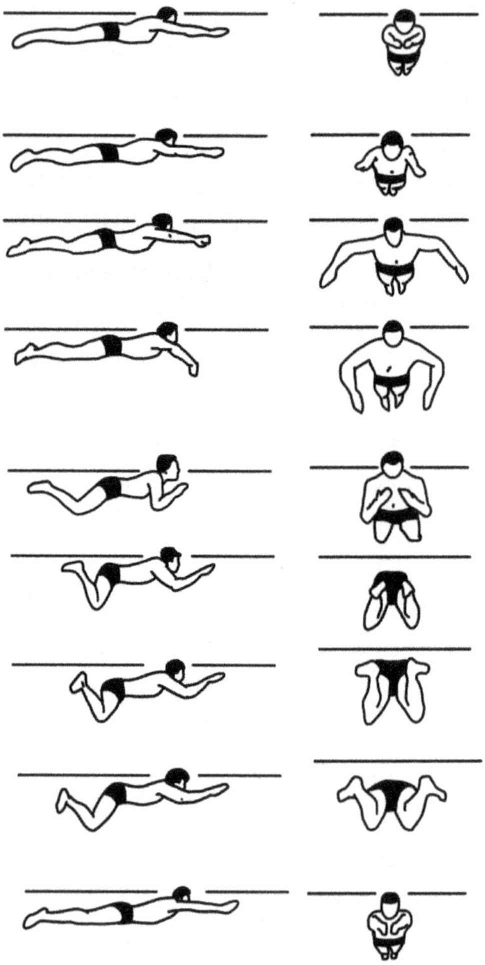

图 8-2　蛙泳

2. 蛙泳的练习方法

（1）腿部动作

1）陆上练习。

①模仿蛙泳腿。坐在凳上或池边上，上体稍后仰，两手撑在体后，两腿伸直并拢，髋关节展开，做蛙泳腿的收腿、翻脚、蹬夹水和停止动作。练习时，可先分解做，再连贯做。收腿时大腿带动小腿，边收边分，翻脚时脚向蹬水方向，膝稍内压；蹬夹水时应向后弧形蹬夹；停止时两腿并拢伸直放松。初学者练习时，可先用眼睛看着自己腿部动作是否正确。特别对翻脚这一动作，开始可能不太习惯，要反复多做，这样才能熟练掌握，等自己认为动作基本上正确后，闭上眼睛边想边做。②俯卧在凳子上做收、翻、蹬夹、停的动作。先做分解动作，再做连贯的完整动作。要求边想边做，开始可以由同伴帮助体会和纠正动作。重点是体会翻脚和蹬夹水的路线及动作的节奏。③单腿练习：一脚站立，一脚收腿。然后用手搬脚上翻，做蹬夹水练习。

2）水中练习。

①支撑池壁做蛙泳腿练习。一手抓住水槽，一手撑住池壁，使身体浮起平卧于水中，髋关节展开，两腿放松后伸并拢，然后做收、翻、蹬夹和停的蛙泳腿动作。先分解做，然后连贯做，也可由同伴帮助做。除注意陆上练习中有关要求外，还应做到把肩沉入水中，腰腹部肌肉稍紧张，臀部靠近水面，防止塌腰、挺腹、臀下沉。收腿时要放松慢收，小腿和脚在大腿投影之内；向外翻脚时要充分，脚和小腿内侧对准水，脚心朝天；向后做弧形蹬夹水时要连贯，速度相对要快，停时要双腿并拢伸直漂一会儿，当两脚上浮后再做下一个收腿动作。②扶池槽仰卧做蹬夹水动作。③扶池槽俯卧做蹬夹水动作。④扶池槽仰卧或俯卧由同伴帮助或纠正蹬夹水的动作。⑤在水中由同伴托住腰腹后，做腿的蹬夹水动作。⑥用救生圈或救生衣使身体浮起后，做蹬夹水动作。⑦双手扶木板或其他浮体的前端，练习收、翻、蹬夹和停的腿部动作。⑧由同伴拉着前伸的手，牵引着做腿部的完整练习。⑨自己蹬池壁滑行后，做蛙泳腿的练习。

（2）手臂动作

1）陆上练习。

①原地站立，做手臂的划、收、伸动作。两手上举后向下侧划，划至肩前停止，然后两臂向胸前回收，并经胸面部前方上举还原。划水时掌心向外侧下方，手内收时用力压摸水，动作完成后两臂向前伸直。②原地站立，上体前屈，两臂前伸，掌心向下，做蛙泳划水动作。

2）水中练习。

①在水中原地站立，上体前屈成水平姿势。然后两掌心向下前伸于水中，做划水、收手、前伸的动作。可先分解做，然后再连贯做。②在水中上体前倾，走动中做两臂划水、收手和伸臂的连贯动作。③由同伴托扶腰腹，使身体成水平姿势，在水中做手臂的划、收、伸动作。④用救生衣或救生圈保护，在水中做划臂动作。⑤自己蹬池壁，在滑行中做双臂的划水连贯动作。

（3）蛙泳的呼吸练习

1）陆上练习。

①原地站立，双臂上举，当双臂左右分开时，抬头呼吸，随之低头，双手还原。②原

地站立，上体前屈成水平姿势，两臂前伸，掌心向下，当两臂向左右分开时，即抬头呼吸，随之划水时低头。

2）水中练习。

①在水中原地站立，上体前倾，头没水中，两臂在水中伸直，当两臂向左右分开时，即抬头呼吸，随之划水低头。②在水中练习走动的呼吸动作。由保护人帮助夹抱着双腿，使身体俯卧于水面，然后听保护人口令做吐气、吸气的呼吸练习。

（4）完整配合技术的练习

1）陆上练习。

原地站立，双臂上举，开始划臂并呼吸，继而低头继续划水，收手时单腿抬腿。臂伸直时，蹬夹腿。

2）水中练习。

①在同伴托扶下练习完整的配合技术，并可根据保护人的口令做划手、呼吸、低头划水、收手收腿、伸臂蹬夹的动作。②采用浮体物（如救生衣、救生圈等）练习完整配合技术。练习时可以自己默念着划手、吸气、收手、收腿、伸臂、蹬腿来做。③漂浮成俯卧后做一次划臂、两次或三次蹬腿、一次呼吸的配合动作。保护人可在旁边指导。④做一次划水、一次呼吸、一次蹬腿的练习。动作要求慢而正确，不要太急，要放松，不要紧张，以防动作变形。⑤双人或多人的蛙泳练习。找一个游得较好的人带队游，后面的人扶住前面人的腰做蛙泳的蹬水和呼吸练习。

第三节　水上救护

一、水上救护

（一）观察与判断

水上救护中的两个主要环节是——“看水”和“现场急救”。所谓看水，即观察水面情况，分析事故性质，判断营救措施。

1. 溺水事故的成因

游泳时，游泳者因以下原因，往往导致溺水事故。

1）技术因素：指不会游泳或刚学会但技术掌握尚不熟练，以致在体力不支、水情变化或受人冲撞等情况下，导致溺水。

2）生理、病理因素：指患有不宜游泳的疾病（如心脏病等）和在饥饿、过饱、过冷的过度疲劳等情况下游泳，从而引起病理性并发症和生理性低血糖、中暑、抽搐症等导致溺水。

3）环境因素：指对游泳场所的情况不清楚（如水深、水底和天然游泳场的水流、水草、旋涡等），盲目游泳而导致溺水。

4）伤害因素：指违反游泳场所对游泳者的规定（如浅水区不准跳水、深水区定向游等）以及在江河中撞鱼、船、物致伤而导致溺水。

5）缺乏知识因素：指对安全和救生知识不了解（如抽筋、呛水等常规知识），最后导致溺水。

6）心理因素：指怕水、心情紧张，若稍有意外，就惊慌失措而导致溺水。

7）组织管理因素：指游泳场所的组织管理不当（如体检、救生力量配备、场地管理中的防范措施等不合规定）而导致溺水。

2. 观察方法（在游泳池）

观察的任务是贯彻“立足于防”，要有“不怕一万，就怕万一”的责任感。观察的一般方法如下。

1）救生人员必须精神高度集中，认真负责地、不间断地扫视（或环视）水域。必须定人、定点划分观察区域，做到“突出重点（主责区）、照顾全面（交叉观察，互相补漏）”。

2）观察方法上（在扫视水域时）必须掌握“池面与池底、池面与岸边、点与面”三个结合。

3）观察时，既要看清池面上有无游泳技术水平欠佳的溺水“苗子”，同时又必须看清水面下和池底有无溺水者。

4）在扫视池边水域时，既要看清池边水域有无溺水“苗子”，又要观察池岸上有无无人看管幼儿或脸色苍白、呆坐及卧在岸边的游泳者。

5）观察区划分（责任区）一般有“直线切割法”即将游泳池用直线大致平均地划割成几个长方形水域；“弧形切割法”即以救生台为圆心，以 10~15 米为半径切割水域，以弧形水域为主责区。

3. 判断方法（游泳池常规判断）

1）开场时的意外事故：由于游泳者急于下水，开场铃一响就争先恐后，一拥而入，然而多数人进池后乱蹦乱跳，容易互相挤倒、压倒，最容易发生意外事故。

2）深浅交界处的意外事故：深浅交界处，似会不会者一般集中在这里，是救生中的“危险段”。

3）深水区下水口的意外事故：这一地区会集的是能游一点但基本上属不会游的人，他们遇到干扰，容易发生意外事故。

4）跳水中的意外事故：不具备跳水条件的游泳池中，游泳者用跑跳、反跳及翻腾动作身体触池壁击伤、昏迷等意外事故。

5）游泳违纪中的意外事故：如池内打闹、乱抓乱摸、“没顶”后久沉不起、潜泳后俯在水底或在水中静止不动者，均可判为意外事故的警号。

（二）间接救护技术

间接救护是救护者利用救生器材，对较清醒的溺者施救的一种技术。游泳场所一般都应备有救生圈、竹竿、木板、泡沫块、轮胎、绳子及输氧设备等。下面介绍几种常用的救护器材和使用方法。

1. 救生圈

最好在救生圈上系好一条绳子，当发现溺水者时，可将救生圈掷给溺者。如在江河里，就向溺者的上游掷去，在溺者得到救生圈后，利用救生圈将他拖至岸边。

2. 竹竿

溺者离岸、船较近时，可用竹竿伸给溺者，切勿捅戳。待溺者抓住后再将其拖至岸边或船边。

3. 绳子

在绳索的一头系一漂浮物，将绳子盘成圆形，救护者握住绳子的一端，然后将盘起来的绳子掷在溺者的前方，使溺者握住绳子上岸。

4. 木板（包括一切可浮物）

在没有其他救护器材的情况下，木板也可作为救护器材。将木板掷给溺者，亦可扶木板游向溺者，然后将溺者拖带上岸。

（三）直接救护技术

直接救护技术是救护者不借助任何救生器材，徒手对溺者施救的一种技术。直接救护技术大致可分为入水前的观察、入水、游近溺者、水中解脱、拖运、上岸、岸上急救等过程。

1. 入水前的观察

当发现溺水者，立刻迅速扫视水域、判辨溺者与自己的距离和方位。在江河湖海中还要注意水流方向、水面宽窄、水底性质等因素。救护者要遵循入水后尽快游近溺者进行施救的原则，迅速选择入水地点。

2. 入水

入水指救护者在发现溺水情况后，由岸（船）边跳入水中准备赴救的过程。入水方法大致分两种。

1）在熟悉的水域或游泳池，可用鱼跃式（头先入水）的出发动作。其优点是速度快。

2）在不熟悉的水域，可用“八一”式（脚先入水）的动作。动作要领起跳后，两臂侧前举，一腿前伸微屈，一腿稍向后屈。当身体接近水面时，两腿夹水，手臂迅速压水。这种入水方法的优点是不会使身体下沉过多，并能防止碰到石头或暗桩，而且使头部基本不入水，以便看清目标。

3. 游近溺者

游近溺者指救护者在入水后迅速靠拢和控制溺水者做好拖带准备的过程。一般采用速度较快的抬头自由泳，亦可采用头不入水的蛙泳，以便观察溺者。当游到离溺者 2~3 米处，深吸口气并采用潜深技术接近溺者，以保证自身体力。如溺者面向自己，则潜入水中，游到溺者身旁，两手扶住他的髋部，将他转至背向自己，然后再进行拖运。另一种方法是正面游近溺者后，用左（右）手握住他的左（右）手，用力向左（右）边一拉，借助惯性使溺者背对自己，然后进行拖运。如溺者背向自己，可直接游近溺者急停后，一手托腋，使其口鼻露出水面，一手夹胸作好拖带准备，并有效控制对方。在水质混浊的游泳场所，还应有意识地由正面转向溺者的一侧，看清并及时抓住溺者，在水面上挣扎的近侧手，边拉边做夹胸动作控制对方。

4. 水中解脱

水中解脱指救护者在接近或寻找溺者时被溺者抱住后施行解脱，并进行有效控制溺者的一项专门技术。由于水中挣扎的溺者，一旦抓住任何东西就不会轻易松手，所以救护人员需要掌握一定的解脱方法，以防万一。解脱时一般利用反关节和杠杆的原理，动作要迅速、熟练、突然。下面介绍几种常见的水中解脱方法。

（1）虎口解脱法

虎口是指溺者拇指与食指之间的部位。当救护者的臂部（单臂或双臂）的任何部位被抓住时，都可用这种方法进行解脱。①当溺者两手从上抓住救护者的两手腕时，救护者可握紧双拳向溺者的拇指方向外旋，肘内收来解脱。如果溺者从下抓住救护者的两手腕，则紧握拳向溺者虎口方向内旋，肘关节向外展，即能解脱。②单手臂被溺者双手抓住的解脱方法，当溺者两手从下抓住救护者的一只手腕时，救护者一手可握紧拳头，另一手从溺者的两臂中间穿出，握住自己拳头突然从虎口下拉，即可解脱。

（2）托肘解脱法

救护者向上推托肘关节而施行的一种解脱方法。①从后面被溺者抱住颈部。救护者首先握住溺者靠近自己胸前的一只手腕，另一手从下向上托溺者同侧臂的肘关节使之转体，然后低头，并向上推溺者的肘关节，使救护者头部从溺者腋下钻出来。离开溺者肘关节后，乘势将溺者的手腕拉至背后，另一手扶住溺者的前胸，进行拖运。②被溺者从前面被抱住颈部。救护者用左（右）手推溺者的左（右）肘关节，右（左）手握住溺者的同一手腕并向下拉，然后，头从溺者的两臂中间钻出来。这时握住溺者的手腕从他腋下向后扭转拉到背后，同时另一手放开推溺者肘关节的手，并托住溺者的下颌进行拖运。

（3）推扭解脱法

推扭解脱法是救护者推扭溺者头部所施行的一种解脱方法。溺者从前方被拦腰抱住：救护者一手按住溺者的后脑勺，另一手托住溺者的下颌，向外扭转他的头，并顺势把溺者转至背向自己，然后进行拖运。

（4）扳指解脱法

扳指解脱法是救护者扳动溺者的大拇指所施行的一种解脱方法。溺者从后方被拦腰抱住：救护者用右手抓住溺者右手的一指，用左手抓住溺者左手的一指，分别向右左用力拉开，然后放开溺者的一只手，乘势转至溺者背后进行施运。

（5）外撑解脱法

外撑解脱法是救护者利用两手掌相对屈肘外撑所施行的一种解脱方法。溺者从背后被连同两臂拦腰抱住：救护者两腿用力向下蹬夹水，连同溺者一起在水中升高身体位置。当头出水后深吸口气，然后突然下沉，同时用两臂向外撑的方法进行解脱。随后转到溺者背后进行拖运。

5. 拖运

拖运是指救护者采用侧泳或反蛙泳进行水上运送溺者的一项专门技术。为防止溺者强行挣扎，拖运一般均采用夹胸拖带法。但应注意救护者及被拖运者的口、鼻必须露出水面。夹胸臂不可贴近溺者的喉部。拖运分侧泳和反蛙泳两种技术。

（1）侧泳拖运法

救护者侧卧水中，一手扶住溺者，一手在体侧划水，两腿做侧泳蹬剪水的动作前进。拖运时，一种方法是一臂伸直托住溺者的后脑，一手在体侧划水，两腿做侧泳蹬剪水的动作。另一种方法是一手抄腋下，同侧髋部紧贴溺者的背部，另一手在体侧划水，两腿做侧泳蹬剪水动作。

（2）反蛙泳拖运法

一手或两手扶住溺者，以反蛙泳腿的动作使身体前进。拖运时，一种方法是仰卧水面，两臂伸直，两手扶住溺者的两颊，腿做反蛙泳动作使身体前进。另一种方法是仰卧水面、双臂伸直以两手的四指挟着溺者的两腋窝下，大拇指放在肩胛骨上，腿做反蛙泳动作使身体前进。

6. 上岸

看到处于昏迷状态的溺者，可先将其拖运到岸边，然后再将其弄上岸以便抢救。这在浅滩或斜坡的河岸比较方便，如果在游泳池或陡坡，上岸就比较困难。下面介绍两种在游泳池上岸的方法。

（1）池边上岸方法

救护者先用右手握住溺者的右臂，将其右手先放到岸边，用右手和两腿的力量支撑上岸。然手迅速用右手拉住溺者的右手腕（溺者背靠池壁），再用左手拉住其左手腕，将溺者沉入水（头不要没入水中），借溺者身体向上的浮力，把他提拉上来，并立即进行抢救。

（2）扶梯上岸方法

将溺者拖运至梯前，背在自己的右肩上，两手握住扶梯，稳步上岸。当溺者的臂部移到池边时，慢慢放下，随后将右脚踏在池边上，右手托住溺者的颈部，左手抓住扶梯，弯腰向前，先慢慢将溺者放倒，再立即进行抢救。

7. 岸上急救

将溺者救上岸以后，先观察溺者的病状，然后再决定做人工呼吸或做心脏按压，同时找救护车。

（1）观察病状

①确认意识：握握手或大声喊叫，溺者若有意识的话，就会反握握手者的手，或有回应，也有时眼皮眨动。此法大致可确认有无意识，如果仍无反应时，可用手拧一拧看，反应出“痛！”②确认呼吸情况：把脸贴在溺者的鼻、口，感觉呼吸的交流。同时观察胸腹部，若有呼吸，腹部的皮肤就有上下起伏。③确认脉搏：一般切手腕的动脉，切不到此脉时，就切颈动脉。通常脉率成年人：60~80 次 / 分；小孩：80~100 次 / 分。当脉搏只有 30 次 / 分左右时（无脉或微跳时），应立刻做心脏按压。

（2）人工呼吸（口对口的呼吸）

当溺者被救上岸后，心脏还在跳动，施救者应立刻对其进行人工呼吸。在进行人工呼吸前，先要清除溺者口鼻中的异物，保持呼吸道的通畅。活动的义齿时应及时取出，以免坠入气管内。如溺者牙关紧闭，救护者从他后面，用两手大拇指由后向前顶住溺者的下颌关节，并用力向前推，同时用两手的食指与中指向下搬颌骨就可搬开溺者的牙关。在迅速做完上述处理后，接着进行控水，将溺者呼吸道中的水排出，以便进行人工呼吸。控水的方法是：救护者一腿跪着，另一腿屈膝，将溺者腹部放在屈膝的大腿上，一手扶着溺者的头，使溺者嘴向下，另一手压背部，把水排出。排出水后，要立即进行人工呼吸。实践证明，口对口吹气的效果比较好，而且简便易行。操作方法：使溺者仰卧，救护者在他身旁，一手捏住溺者的鼻子，另一手托着他的下颌，深吸一口气，然后用嘴对紧溺者的嘴吹气。吹完一口气后，离开溺者的嘴，同时松开捏鼻子的手，并用手压一下溺者的胸部，帮助他呼气。如此有规律地反复进行，每分钟做 14~20 次。开始时可稍慢，以后可适当加快。

（3）心脏按压

当溺者失去知觉时，心脏按压和人工呼吸同时进行很重要。心脏按压法包括：俯卧压背法、仰卧举臂压胸法、侧卧压胸法和胸外压放心脏法。这里介绍常用的仰卧举臂压胸法和胸外压放心脏法两种。①仰卧举臂压胸法：此法特点是既可用于做人工呼吸又能起到压放心脏的作用，因此遇溺者呼吸、心脏均停止可采取此法。方法是：溺者仰卧，肩下垫毛巾或衣服，头稍后仰，救护者跪于溺者头部上方，握其两手腕。操作呼气动作时，救护者上体前倾，增加压力，将溺者的双臂弯曲，用其两前臂压迫双肋处，通出肺部空气，操作吸气动作时，将溺者双手提起，向左右两侧做伸展动作，此时胸腔扩展，空气便会进入肺里。之后再继续将溺者的两臂经头上，回复到呼气手势动作。②胸外压放心脏法：此法适用于溺者无心跳或心跳极微弱时。具体方法：溺者仰卧，救护者跪在溺者身旁，将一手掌置于溺者的胸骨下端，另一手掌覆在上，两手掌重叠在一起，两臂伸直，借助身体的重力，稳健有力地向下垂直加压，压力集中在手掌根部，使溺者胸骨下陷 3~4 厘米，压缩心脏，然后抬起手腕，使胸廓扩张，心脏舒张。这样有节奏地进行，成人 60~80次/分钟，小孩 80~100次/分钟，直至心脏再跳动或确已死亡为止。做人工呼吸和心脏按压，应先在 3~4 秒内做 2 次人工呼吸，然后做 15 次连续的心脏按压，这样反复进行。另外，做心脏按压的同时，应注意：切颈动脉查脉搏，观察瞳孔。当呼吸停止和心脏停止跳动，瞳孔就会扩大，反之，瞳孔缩小。

（四）自我救护

在游泳中，当发生抽筋时必须保持镇静，不要慌张，可呼救也可自救。在水中自我解救抽筋部位的方法，主要是拉长抽筋的肌肉，使收缩的肌肉松弛和伸展。自救的方法如下。

1. 手指抽筋

将手握拳，然后用力张开，这样迅速反复做几次，直到抽筋消除为止。

2. 小腿或脚趾抽筋

先吸一口气仰浮水面，用抽筋肢体对侧的手握住抽筋肢体的脚趾，并用力向身体方向拉。同时用同侧手掌压在抽筋肢体的膝盖上，帮助抽筋腿伸直。

3. 大腿抽筋

可同样采用拉长抽筋肌肉的办法解救。

第九章　健美操

第一节　健美操概述

健美操是融体操、音乐、舞蹈于一体，经过再创造按照全面协调发展身体的要求组编成操，在音乐伴奏下达到增进健康，培养正确体态，塑造美的形体，陶冶美的情操的一种运动项目。

了解健美操运动的基本知识，可以提高对健美操的鉴赏水平；探索健美操运动的基本技术动作可以塑造健美形体，从而进一步挖掘健美操带给人们的美的感受，可以激发人们对该项目的喜爱，从而促进健美操项目的发展。

一、健美操的起源与发展

健美操最初是由体操演化而成的。在希腊，人们认为人体是万物之中最至高和最完美的，提出“体操锻炼身体，音乐陶冶精神”。人们对健身健美的追求以及提倡体操与音乐的结合的主张正是现代健美操形成与发展基础的。

其间，欧洲也出现了许多体操流派，理论和实践层面的创新助推了健美操的发展。在1960年，美国学者肯尼思库伯为美国空军设计的体能有氧训练研究正是现代健美操的雏形。1970年，杰克索伦森将库伯的研究进一步完善，把音乐和肢体动作结合起来，形成了健美操舞。

健美操不仅在美、英、法等国家迅速发展，而且在其他国家和地区也得到不同程度的普及。在亚洲地区，日本、菲律宾、新加坡等国建有许多健美操活动中心及健身俱乐部，人们都开始将健美操作为自己的主要健身方式，由此形成了世界范围内的“健美操热”。

健美操在我国发展迅速，1979年以来北京、上海、广州等地相继举办各种健美操培训班。1989年5月成立了中国健美操协会，总部设在北京。而后全国各地相继开展多种运动赛事，竞赛内容不断充实，形式也逐步完善。由于项目本身富有创造力、舞蹈多形式、多功能的健身特点深得人们的喜爱。健美操项目在中国的发展日渐成熟。

二、健美操的分类

根据健美操项目的运动目的特征，可分为竞技健美操、大众健身健美操、表演健美操。

（一）竞技健美操

竞技健美操是一项在音乐伴奏下，完成连续、复杂、高强度成套动作，并最终以获得较高名次为主要目标的竞技类运动项目。该运动项目起源于传统的有氧健身运动：成套动作通过连续的动作组合，展现运动员的柔韧美和力量美。竞技健美操在参赛人数、比赛场地、成套动作的时间等方面都必须按照规则严格进行，规则中对成套动作的编排、动作的完成、难度动作的数量等也都有严格的规定，并从艺术性、完成度、难度来进行评分。

（二）大众健身健美操

大众健身健美操能够强身健体，可为社会不同年龄层次的人所使用。它根据练习对象的需求进行创编，动作简单易学，节奏稍慢，时间长短不等。目前我国开展的健身健美操运动非常广泛，对各种成套健美操动作的练习时间、场地、人数、内容、动作名称、节奏快慢等没有统一标准，练习者可以根据需要自行进行编排。

大众健身健美操按不同方式分类有以下几种方法。

1）大众健身健美操按年龄层次分为：老年、中年、青年、少儿、幼儿健美操等。

2）大众健身健美操按性别分为：男子、女子、男女混合健美操。

3）大众健身健美操按目的任务分为：姿态、形体、医疗、热身、节奏、跑跳、减肥、活力健美操等。

4）大众健身健美操按练习形式分为：徒手、持轻器械和专门器械健美操。轻器械健美操包括哑铃、体操棍、彩球、绳、花环、手鼓健美操等；专门器械健美操包括踏板、体操垫、健身器健美操等。

5）大众健身健美操按动作特色分为街舞、搏击、拉丁、瑜伽、斗牛士健美操等。

（三）表演健美操

表演健美操的主要练习目的是“表演“，表演健美操是经过编排，具有强烈表现感的成套健美操。时间一般为 2~5 分钟。表演性健美操的动作较健身性健美操动作更复杂，音乐速度可快可慢，并为了保证表演效果，动作很少重复，也不一定是对称性的。表演健美操可由一人或多人进行表演，并可加入队形变化和集体配合的动作，表演者可以利用轻器械，如花环、旗子等，还可采用一些风格化的舞蹈动作，如爵士舞等，以达到烘托气氛、感染观众、增加表演效果的目的。因为表演健美操的动作复杂多变，所以参演者不仅要具备较好的协调性，还要有一定的表演意识和集体配合意识。

三、健美操的功能与特点

（一）健美操的功能

1. 健美功能

体魄健美，身体匀称，姿态端正，动作矫健，这既是健康的标志，又是人体美的表现。健美操运动以其丰富的内容和独特的形式，培养练习者的形体美、动作美、姿态美、仪表美、心灵美，使其树立正确的审美观。健美操运动还能够培养练习者对美的感受能力、鉴赏能力、表现能力和创造能力。

2. 健身功能

健美操作为一项有氧运动，具有所有有氧运动的健身功能。练习健美操可以提高机体的心肺功能和肌肉耐力，促进机体代谢功能的增强，使人达到最佳状态、精神焕发。练习健美操还可以增强关节的稳定性，增加机体的免疫能力，减缓肌肉与附着组织的退化和衰老过程。学习和掌握健美操的各种基本动作和基本技能，能够进一步提高身体的基本活动能力，提高对外界的适应能力和对疾病的抵抗能力，从而增强体质，锻炼身心。

3. 健心功能

健美操运动能丰富练习者的文化体育生活，调剂感情，增加生活乐趣，养成良好的生活习惯，培养勇敢顽强、拼搏进取、团结互助等良好的品质。同时，健美操运动可以陶冶情操，缓解心理压力。健美操与其他有氧运动项目的不同之处在于它是一项轻松、优美的体育运动，在健身的同时，带给人们艺术享受，使人心情愉快，陶醉于锻炼的乐趣中，减轻了心理压力，达到健身健心的目的。健美操作为一项体育运动，以动作优美、协调和有节奏强烈的音乐伴奏而著称，同时健美操是缓解精神压力的一剂良方，在轻松优美的健美操锻炼中，练习者的注意力从烦恼的事情上转移开，忘掉失意与压抑，尽情享受健美操运动所带来的欢乐，得到内心的安宁，从而缓解精神压力，使人活力四射。经常参加健美操锻炼，练习者可以在身体活动的实际体验中，调节心理平衡，增强自信心。

4. 健智功能

健美操运动通过改善练习者大脑的机能状况，全面发展观察力，广泛训练记忆力，启迪诱导想象力，帮助提高思维力。现代科学研究证明，经常进行体育锻炼，能保证大脑能源物质与氧气的充足供应，使大脑神经细胞发育充分。同时，不同类型的健美操动作，能对大脑神经系统提供各种刺激信息，有利于提高大脑皮层细胞活动的强度、均衡性和灵活性，使整个大脑神经系统的结构、功能得到改善和提高。各种形式的健美操活动，有利于疲劳的消除，使人头脑清醒，精神焕发，提高学习和工作效率。

5. 娱乐休闲功能

健美操运动也是一种娱乐活动。健美操运动是在音乐伴奏下进行锻炼的项目，它既可以作为一种表演的形式，也可以自娱和自乐，既能促进练习者之间的交往，陶冶情操，又能丰富文化生活。

（二）健美操的特点

1. 融健美和健身于一体

健美操是以健身为基础，根据人体解剖学、运动生理学、体育美学等多学科理论，为人体健康健美的发展而编排设计的。健美操动作讲究健美大方，强调力度和弹性，练习内容讲求针对性和实效性，不仅能使身体各部位的关节、韧带、肌肉得到充分锻炼，使人体匀称和谐地发展，而且还能增强体质，培养健美的体形和风度，塑造健美的自我。因此，健美操是一项既注重外在美的锻炼，又强调内在美的培养的人体运动方式，对人的身心影响较为全面。

2. 鲜明的节奏感和韵律感

健美操是一种必须在音乐伴奏下进行的身体练习，音乐是健美操的灵魂。与艺术体操相比，健美操更强调动作的力度。因此，健美操的音乐节奏趋于鲜明强劲，风格更趋于热烈奔放。健美操音乐多取材于迪斯科、爵士、摇滚等现代音乐和具有上述特点的民族乐曲，而正是音乐中的高低、长短、强弱、快慢等有节奏的变化，使健美操更富有一种鲜明的现代韵律感。此外，旋律清晰、活泼轻快、情绪激奋的音乐，不仅能振奋练习者的精神，使人跃跃欲试，而且还能使人在练习过程中，产生一种轻松愉快的心情。

3. 动作的多变性和协调性

健美操动作的多变性，不仅表现在动作的节奏和力度上，而且还表现在动作的复合性方面。其每节操很少是单个关节的局部动作，大多为多关节的同步运动。如大幅度的上肢动作常伴有腰、膝、髋、踝和头的动作。这不仅使身体各关节的活动次数成倍增长，而且还能有效地改善和提高人们身体的协调性。

4. 广泛的群众性

健美操是一项富有趣味性的运动，它能给人们带来热情奔放的情感体验，符合现代人追求健美、自娱自乐的需要，因此深受广大群众的喜爱。其练习形式多样，运动负荷和难度可以自我调节，不同年龄、性别、形体、素质、个性、气质的练习者都可酌情择项参加锻炼，各种人群都能从健美操练习中找到适合自己的练习方式，并通过训练增强体质，弥补自身的某些不足，并且还可从中获得乐趣。此外，由于健美操不受气候的影响，对场地、器材条件的要求不高，练习起来简便安全，适合不同地区、不同条件的单位和组织开展。因此，这项运动具有广泛的群众性。

第二节 健美操基本动作

一、基本动作

（一）健美操上肢动作

上肢动作由手臂的自然摆动、力量练习以及基本体操的徒手动作和舞蹈组成，它丰富了健美操的动作内容。

1. 动作

1）自然摆动：屈肘前后摆动，同时或依次。

2）臂屈伸：上臂固定，肘屈伸。臂屈时肱二头肌收缩，臂伸时肱三头肌收缩，可持小哑铃或沙袋进行练习。

3）屈臂提拉：臂由下举提至胸前平屈。胸大肌和三角肌前束收缩，可持小哑铃或沙袋进行练习。

4）直臂提拉：臂由下举提至前平举或侧平举。

5）冲拳：握拳由腰间冲至某位置，如向前冲拳、向上冲拳。

6）推：手掌由腰间冲至某位置，如前推时，胸大肌和三角肌前束收缩；上推时，三角肌中束收缩。

7）肩上推：立掌，屈臂由肩部向上推。

8）绕和绕环：以肩关节为轴，手臂在 180°~360° 之间运动为绕，大于 360° 的为绕环。

9）交叉：双臂重叠成 X 形。

2. 手形

健美操中手形有多种，它是从爵士舞、芭蕾舞、西班牙舞、迪斯科、武术等手形中吸收和发展的。手形的选用可以使手臂动作更加生动活泼。常见的手形有以下两类。

1）掌：并掌、开掌、花掌、立掌。

2）拳：实心拳、空心拳。

（二）健美操躯干动作

在健美操运动中躯干主要起连续，保护和固定作用躯干部位的练习通常是为了发展和平衡躯干前后肌肉面设计的。特别是躯干中部只有脊柱和腰腹部周围的肌肉、软组织连接并支撑身体的上下部分。

1. 胸部

胸大肌收缩，可使肩关节内收、臂屈和水平内收。

1）含胸：直臂或屈臂做内收动作，可持小重量的哑铃、沙袋或橡皮筋完成。通常与臂的外展动作结合进行练习。

2）俯卧撑：根据不同水平，练习者可采取跪撑、双脚分腿俯撑、并腿俯撑及单脚俯撑姿势，做臂的屈伸动作，屈臂时吸气，伸臂时呼气。

2. 背部

背部肌肉主要包括背阔肌、斜方肌、菱形肌和圆肌等，当背部肌肉收缩时，可使肩关节外展、下沉，使臂伸和在垂直方向内收。

1）外展：屈臂或直接做外展动作，也可持小重量的哑铃、沙袋或橡皮筋完成。通常与臂的内收动作结合进行练习。

2）提肩、沉肩：两肩用力上提、下拉。

3）上举、下拉：两臂由侧上举下拉至髋侧，如果利用固定器械进行练习效果会更好。

3. 腰腹部

腰腹部肌肉主要是由腹直肌、腹内外斜肌、腹横肌和竖脊肌组成，它们的作用都是保持身体的稳定性及收紧腹部。腰腹肌收缩，可使脊柱前屈、侧屈或扭转；使骨盆前倾或后倾；使胸阔向对角线方向屈。

1）仰卧起坐：仰卧，屈膝，两脚同肩宽，腹肌收缩，上体抬起，腰部始终保持侧卧与地面接触。

2）仰卧抬起：屈膝侧卧，两肩接触地面，腰侧部肌肉收缩，上体抬起，腰部始终保持侧卧与地面接触。

3）仰卧提髋：仰卧，两腿稍屈膝上举，腹肌收缩，使髋关节向上抬起。注意不要使用惯性借力。

4）站立侧屈：分腿站立，稍屈膝，上体侧屈，还原。

5）站立体转：分腿站立，稍屈膝，上体向侧水平扭转。

6）俯卧两头起：俯卧，异侧的手臂和腿同时抬起，还原。

（二）健美操下肢动作

1. 伸展类动作

下肢伸展动作是指在健美操练习的开始、结束及练习中为了活动及缓解肌肉紧张所采取的拉长下肢主要肌肉的动作。

1）股四头肌伸展：单腿站立，另一腿小腿后屈，一手或双手扳住脚踝。两脚前后平行站立，重心在两脚之间，半蹲，髋关节前倾。

2）股二头肌伸展：一腿屈膝站立，一腿勾脚前点地，上体前倾，腰背挺直。屈膝仰卧，一腿抬起，双手抱腿膝后部拉向胸部。

3）腓肠肌伸展：弓步姿态，两脚前后平行站立，上体前倾与后腿成一直线，双手扶膝。直立，两脚前脚掌站立台阶上，脚跟下压。

2. 力量类动作

下肢力量练习动作是指在健美操练习中利用自身重量和轻器械进行的针对主要肌群练习的一些动作。主要有臀大肌、股四头肌、股二头肌及腓肠肌。

1）蹲起：下蹲，髋关节屈，股四头肌收缩，站起时髋关节伸，股二头肌和臀大肌收缩。

分腿蹲起：左右分腿站立，两脚平行，屈膝下蹲时臀部向后下方，膝关节对准脚尖，蹲起要匀速。

箭步蹲起：前后分腿站立，两脚平行，中心在两脚之间，下蹲时膝关节不要超过脚尖；后退垂直，膝关节向下，蹲起要匀速。

2）提踵：单脚或双脚站立，脚跟提起，小腿腓肠肌收缩。

单脚提踵：前弓步站立，脚尖向前，重心在两脚之间，固定身体，后腿做单脚提踵动作。

双脚提踵：双脚站立，提踵、落下

3）摆腿：身体固定，一侧髋关节外展，大腿外侧肌肉收缩。

侧摆腿：站立或侧卧，一腿固定，一腿向侧摆动。

后摆腿：站立或俯卧一腿固定，一腿向后摆动。

二、基本步法

基本步法是健美操动作中最小的单位，是健美操练习的一个重要部分，练习者通过基本步法的练习，培养协调性、韵律感。

健美操基本步法根据人体运动时对地面的冲击力大小分为低冲击力步法、高冲击力步法和无冲击力步法三大类。

1. 低冲击力步法

1）踏步类（march）：此类动作两脚依次抬起，在下落时膝、踝关节有弹性地缓冲。主要步法包括踏步、走步（walk）、一字步（easy walk）、V 字步（V-step）、曼步（Mambo）。

2）点地类（touch step or tap together）：此类动作两脚有弹性地屈伸，点地时，主力腿稍屈，另一腿伸直（脚尖或脚跟点地）。主要步法包括脚尖前点地（tap forward）、脚跟前点地（heel）、脚尖侧点地（tap side）、脚尖后点地（top back）。

3）迈步类（step or step together）：此类动作是指一脚先迈出一步，同时移动身体重心，另一脚点地、并步或抬起的动作。主要步法包括并步（step touch）、迈步点地（steptap）、迈步屈腿（step curl）、迈步吸腿（step knee）、迈步弹踢（stepflick）、侧交叉步（grape vine）。

4）单脚抬起类（lift step or lift together）：此类动作支撑腿有控制地稍屈膝弹动，另一腿以各种形式抬起，同时收腹、立腰。主要步法包括吸腿（knee lift）、踢腿（kick）、弹踢（flick）、后屈腿（leg curl）。

2. 高冲击力步法

1）迈步跳起类（step jump or scoop）：此类动作是指一脚迈出，重心移动，跳起，单脚或双脚落地。此类步法包括并步跳（step jump）、迈步吸腿跳（step knee jump）、迈步后屈腿跳（step curl jump）。

2）双脚起跳类（jumping or jumping jack）：此类动作是指双脚起跳、双脚落地的动作。此类步法包括并脚纵跳（jump）、分腿半蹲跳（squat jack）、开合跳（jumping jack）、并腿滑雪跳（ski jump）、弓步跳（lunge jump）。

3）单腿起跳类（lift jump or leap）：此类动作是指先抬起一腿、另一腿跳起的动作。此类步法包括吸腿跳（knee lift jump）、后屈腿跳（leg curl jump）、弹踢腿跳（flick jump）、摆腿跳（leg lift jump）。

4）后踢腿跑类（jogging）：此类动作是指两腿依次蹬地离开地面，轻快跑跳。此类步法包括后踢腿跑（jogging）、侧并小跳（小马跳）（pony）。

3. 无冲击力步法

此类动作是指两腿始终接触地面的动作，主要步法包括弹动（spring）、半蹲（squat）、弓步（lunge）、提踵（calf raise）。

第三节　健美操比赛欣赏

一、比赛规则简介

了解健美操比赛基本规则，能更好地了解和欣赏该运动。健美操竞赛根据运动目的分为健身性健美操比赛和竞技健美操比赛。

健身性健美操比赛以健身塑形，推广群众体育项目为主要任务，因此竞赛规则中动作技术动作要求较低，比赛规则简单，操作方便。健身健美操比赛项目一般以集体 4~6 人，性别不限。比赛成套动作时间为 2.5~3 分钟；比赛场地为 10 米 ×10 米的地板或地毯，标记带为 5 厘米宽的红色或黑色带。

竞技健美操则以竞技，取得优异成绩为主要目的。因此对参赛者在技术动作，身体素质等多方面有较高要求。规则和参赛条件也有严格规定，一般主要形式有：锦标赛、冠军赛、邀请赛、运动员等级赛等。竞技健美操比赛项目一般分为男女单人、混合双人、三人、集体六人等项目。比赛成套动作时间为 1 分 40 秒至 1 分 50 秒；比赛场地用地板或地毯，单人、混双、三人比赛场地规格为 7 米 ×7 米，集体六人场地规格为 10 米 ×10 米，标记带为 5 厘米宽。

二、比赛形式和内容

（一）比赛形式

按照规则规定，竞技健美操的比赛内容是徒手的成套动作，因此比赛形式比较单一。而健身健美操，比赛形式呈现多样化趋势，参赛者可以徒手比赛，也可以持轻器械比赛；可以喊口号，也可以拉横幅；可以使用规定套路比赛，也可以自编套路比赛。

（二）比赛内容

健美操比赛的内容有规定动作和自编动作。规定动作是比赛主办方根据比赛目的、任务和所有参赛对象根据一般情况，在赛前已编排好成套动作，让参赛者共同完成同一内容进行比赛。自编动作是参赛者根据比赛规程和规则结合自身具体情况，编排一套动作进行比赛。

三、比赛欣赏

（一）艺术性欣赏

健美操成套动作的艺术性，主要体现在成套动作的设计、表现、音乐、配合以及创造性。运动员所设计的动作风格是活力、动感、趣味和快乐的外在表现，必须与音乐的风格相一致，选用的音乐必须通过运动员的动作、身体的表现、感染力和活力体现出来。它包含以下几个因素。

1）音乐的适宜性——动作的风格与类型必须完美地适合所选音乐的特点、音响的效果与节拍。

2）动作的强度——体现在运动员的动作频率、速度、耐力、重力、移动等方面。

3）动作的创造性——成套动作的编排必须与音乐的风格相适应，并与运动员的动作和表现力融为一体，具有令人难忘和与众不同的动作独创性、队形和托举的变化多样、队员配合的默契性。

4）基本步法和特殊内容——复杂的组合要表现踏步、后踢腿跑、吸腿跳、踢腿跳、开合跳、弓步跳、弹踢腿等七种基本步伐及其在一个八拍内手臂的变化，不同水平动作的连接、节奏变化、动作面的利用和协调。

5）过渡与连接——步法、动作形式、难度动作、托举动作的流畅和较好连接在成套动作里的每拍都应很清楚，这样连接就不会中断。

6）空间——进行移动同时对空间利用恰当。

7）表演——表演包括表现力和合拍，表现力是指运动员通过面部表情、目光接触、身体语言来表现内心的感受，通过体能、魅力、热情、自信征服观众的能力。合拍是指运动员应与音乐配合协调一致，动作与音乐的节奏相吻合。

（二）难度动作欣赏

在竞技健美操比赛中，所有单人、混双、三人和六人的健美操成套动作中，必须包括4组难度动作展示：①俯卧撑、倒地、旋腿与分切类；②支撑与水平类；③跳与跃类；④柔韧与变化类。一套动作中难度要求最多允许有12个难度动作，每组难度至少各有1个，地面难度不得超过6个，俯撑落地难度不得超过2个，每个难度分值为0.01分至1.0分。

同时例如运动员做直角支撑动作，没有保持2秒时间，这个难度动作就不予计分，或某运动员做单臂单腿俯卧撑时，胸部接触地面，这个动作也被判定为没有完成。成套动作选择的难度动作必须体现出空中、站立和地面三个空间动作的均衡性。

（三）完成性欣赏

健美操完成性包括技术技巧和一致性。我们在欣赏时，要观察健美操运动员的动作姿态是否成一条直线，躯干是否挺直，臂腿动作是否有力，外形是否清晰，是否合理利用空间地面，空中动作的变化等成套一系列动作是否完美。完成成套动作还应注重整体配合的一致性，包括动作的准确协调，动作与音乐伴奏的吻合程度以及动作所体现出来的动感和力度，如踢腿跳时，踢腿必须伸直，上体要挺拔，要体现出动作的规范性、准确性。同时在双人、三人、六人操时，不仅要看上述的内容，而且需要达到整体的一致性、整齐性，这样才能达到和谐统一。

（四）音乐欣赏

健美操是在音乐伴奏下完成的，音乐是健美操密不可分的组成部分，不同的音乐构成了运动员不同的表现风格，尤其在国际比赛中不同国家、不同民族风格的音乐，让观众在欣赏运动员高超技术的同时也感受到了音乐的魅力。然而，并不是所有的音乐都可用于健美操的，音乐选择对全套动作的效果，对运动员的最后得分都有着重要的作用。参赛队伍可以使用一首或多首乐曲混合的音乐，也可使用原作音乐和加入特殊音响效果，使用的音乐必须由运动员通过动作、身体表现、感染力和活力体现出来，这些动作必须适合竞技健美操的特色内容，按照音乐的结构、不同节奏等风格来完成，如采用拉丁音乐，动作也必须表现拉丁风格。由于竞技健美操成套动作的时间为1分40秒至1分50秒，在这样短的时间内，运动员要把身体技术全面地表现出来，使成套动作有起伏、有变化，那么音乐也必须与之相一致。运动员的成套动作由许多单个动作组合而成，音乐在此起着一个连接作用，动作的选择必须要按音乐的规律和特点，根据音乐的情绪、风格、意境和音乐的旋律和节奏来进行。

因此在观看比赛时应该注意以下几个方面。

1）所选择的动作必须能够符合音乐的特点，动作节奏必须与音乐节奏的强弱、快慢、轻重、缓急、抑扬和顿挫相吻合，动作变化要与音乐所蕴含的情绪和意境一致。

2）运动员身体姿态、动作速度和力度也必须和音乐的旋律、力度相一致，使动作与音乐成为一个整体。

3）音乐的主题、意境、感染力，是否能增强成套动作的表现力；是否被运动员充分理解，所表现的技术风格和个性是否与音乐完全一致；这都是因为音乐能体现运动员的气质、性格、爱好、审美能力和艺术的表现能力。

总之，一个好的音乐会有力地渲染、烘托成套动作的气氛，抒发一定的情感，表现某种风格，有助于运动员充分展示其个人特点；同时观众也能随着音乐的带入充分感受运动员的激情和高超技巧，使人们在听觉上、视觉上得到双重享受。

（五）服装欣赏

运动员出现在赛场上，除运动员的形体、容貌外，让观众眼前一亮的就是运动员的服装，规则在服装要求上主要看对胸沟、肩胛骨、腹部沟以及透明材料做了规定外，款式没有限制，所以目前我们观看比赛时发现运动员穿得健美操服款式有很多。运动员可以根据自己形体条件、爱好选择更适合自己的款式，再根据肤色选择服装的图案、色彩，再配以时尚的淡妆，充分体现了这个项目的时代感。

（六）运动员个人魅力欣赏

健美操是一项表演性运动项目，其对运动员的形象要求是非常高的，运动员的长相、体型、服装及服装色彩的搭配直接影响着观众、裁判的欣赏和评判。所以在选拔运动员时，力求选择形体美、容貌好、气质佳、富有艺术表现力、身体素质全面的运动员作为培养对象，可以说健美操运动员具有电影明星般的个人魅力。

一名优秀的健美操运动员的表现能与音乐完美结合，动作协调、轻松、自如，具有丰富的艺术表现力，充分表现各种优美的人体造型，具有较高的审美价值。通过长期系统的专项技术训练，每个运动员都具有本专项所需的身体素质和艺术修养，他们都具有高超的表演天赋，在比赛中他们往往不满足于只做那些适合自己特点和风格的动作，还尽量追求完全不同的风格，始终给人以新的感觉。他们在比赛场上用灵巧敏捷、活泼可爱、活力四射的动作把美传递给观众，用个人的魅力征服观众、征服裁判。

（七）集体项目欣赏

集体项目包括混双操、三人操、六人操动作，集体项目的特点就是每个运动员必须有集体团队精神，它主要体现在以下三个方面。

1）体现在运动员的选材上，运动员们在身高、体型、气质、技术和表现力上尽可能相近，并身着统一服装。

2）在动作编排上要求所有运动员在成套各部分充分体现动作的合作意识，如：必须有 3 次托举配合动作；至少 2 个动力性配合；混双操至少 3 个、三人操至少 5 个、六人操至少 6 个不同的队形的变化。

3）在完成动作的熟练性、力度、幅度、速度、技术规格上力求一致。尤其是在动作的一致性上，如发生变化则要被扣分。由于集体项目人数多、空间利用广、队形变化大等特点和风格，丰富了集体项目的技术内容，提高了集体项目的观赏性。

首先在空间的利用上：2~6 名运动员在一块场地上表演，同一画面上的运动员们在他们开始和结束的运动状态中，其各种造型和姿态多采用不同空间层次来完成，或统一一致，或分组组合，布局错落有致，形象生动活泼，使造型构图更加唯美，构成一幅幅动态的美妙画面。其次在队形变化过程中，或直接转换、或依次转换、或逐渐转换从而演示出各种各样的队形来。如直线、平等线、弧线、三角形、圆形、方形、箭形、菱形、丁字形等及各种不规则、不对称的队形，这些队形使整个场面始终处于绵绵不断的变化运动之中，也使观众感到强烈的流动感。

第十章　瑜伽运动

第一节　瑜伽运动概述

瑜伽是一项关于身体、心理以及精神的运动。瑜伽运动运用古老而易于掌握的技巧，能改善人们生理、心理、情感和精神方面的能力。瑜伽是一种达到身体、心灵与精神和谐统一的运动方式，包括调身的体式法、调息的呼吸法、调心的冥想法等。了解和学习瑜伽项目有助于提高对瑜伽概念的认知，从而在后阶段实践练习中夯实理论基础，学习瑜伽基本体式能培育练习者正确的动作，塑造健康的形体，安定调控心绪，从而进一步培育对这项运动的喜爱和练习。

一、瑜伽运动的起源和发展

瑜伽发源印度北部的喜马拉雅山麓地带，古印度瑜伽修行者在大自然中修炼身心时，无意中发现各种动物与植物天生具有治疗、放松、睡眠、或保持清醒的方法，患病时能不经任何治疗而自然痊愈。于是古印度瑜伽修行者观察动物的姿势、模仿并亲自体验，创立出一系列有益身心的锻炼系统。

据考证，瑜伽运动距今至少已有五千年的历史，是古印度六大哲学派别中的一系。大约在公元 4 世纪前后，随着佛教的传播而传入中国。“瑜伽”一词早在唐代就出现，是梵文“Yoga”的音译，在唐以前译成“相应”。其含意为联系、连接、结合之意。

瑜伽从古印度诞生并发展至今经历了四个时期，分别是前古典时期、古典时期、后古典时期、近现代时期具体内容如下。

（1）前古典时期

由公元前 5000 年开始，直到瑜伽经典文献《梨俱吠陀》的出现为止，属于瑜伽原始发展阶段，由于缺少文字记载，瑜伽由一个原始的哲学思想逐渐发展成为修行的手段，其中的静坐、冥想及苦行等是当时瑜伽修行主要表现形式。

（2）古典时期

这一时期开始有有关瑜伽的文字记载，公元前 1500 年《吠陀经》的出现，到《奥义书》，都明确地出现了文字记载的瑜伽。之后《薄伽梵歌》的诞生使得瑜伽从宗教修行实践变为正统，提出了瑜伽的概念，标志着瑜伽出现了系统性的记载。

大约在公元前 300 年，印度学者帕坦伽利创作了《瑜伽经》，提出了瑜伽八支体系，也是日后瑜伽发展的重要根基。因此帕坦伽利被称为瑜伽之祖。

（3）后古典时期

在《瑜伽经》之后，又出现了《瑜伽奥义书》等文献著作，瑜伽练习不再追求从现实中解脱，而是强调接受现实，在修行上经历了从重冥想到重体式的转变。

（4）后经典时期

公元 2 世纪至 19 世纪，瑜伽练习不再追求从现实中解脱，而是强调接受现实，在修行上经历了从重冥想到重体式的转变。圣哲帕坦伽利创作了《瑜伽经》是该时期的经典著作。

（5）近现代时期

19 世纪后，此后的瑜伽出现了很多流派，练习者从注重明显和精神修炼转向注重对身体姿势的练习，形式也更为多元化和普及化。

二、现代瑜伽流派

1. 阿斯汤加瑜伽

阿斯汤加瑜伽又称力量瑜伽，是哈达瑜伽中最讲求体力的。它一共有 240 个瑜伽姿势，以 6 组动作单元结合呼吸串连起来，借此提升身体的“热能”，进而强化身体。因为强调力量、柔韧度和元气，阿斯汤加瑜伽深受运动员和热爱剧烈运动的人的喜爱。在健身房通常会截取其中 20~30 个体式让身体柔韧度好、力量度强的学员练习，长期的坚持训练会使身体的各个部分，包括肌肉、关节、心肺等达到一个和谐的最佳状态。

2. 艾扬格瑜伽

它由国际著名的印度瑜伽大师艾扬格创立，他将瑜伽与医学科学相结合，借以改善人们在生理及心理上的种种病痛。其特别强调瑜伽姿势中身体各个部位的相互配合、绝对正确的位置和对肌肉收紧放松的控制，所以非常适合初学者，并在帮助他们建立良好的瑜伽姿势基础、改善身体姿势问题。艾扬格特别重视“站式”的锻炼，呼吸技巧则稍为次要。此外，他认为因受自身形体上的限制，练习者可借助道具来提高姿势的准确性，这些道具包括毛毡、砖、揽枕、椅子、绳子等。在一些瑜伽馆内，艾扬格瑜伽也被称为“辅助瑜伽”，非常适合身体柔韧度不够理想、身体部分位置有不适感的男学员练习。道具的辅助会让人们对一些瑜伽体式不再感到恐惧，从而使身体在一段时间得到改善，逐步适应各个体式。

3. 昆达里尼瑜伽

昆达里尼瑜伽历史悠久，它深信生命的能量隐藏于尾椎部位，通过各种修行（呼吸、姿势、唱声及冥想），便会被启发这能量、引导至脊椎的各个“气轮”上；而当“顶轮”被打通时，人便能悟道。其强调几种呼吸的技巧：鼻孔的交替呼吸、缓慢、横膈膜的呼吸，以及一种叫“火焰”的呼吸法。练习过后，你真的会感受到身体无比轻松，呼吸的清澈，从而也能带给你身体和精神上的彻底的放松、安静和集中。

4. 流瑜伽

流瑜伽是在阿斯汤加瑜伽和活力瑜伽的基础上，结合传统哈达瑜伽而产生的相对温和舒展的瑜伽流派。其注重呼吸的配合及体式之间的衔接，体式的难度相对较低，与其他流派相比，比较灵动活泼、行云流水。

5. 阴瑜伽

阴瑜伽是注重对身体结缔组织锻炼的哈达瑜伽流派，以体式放松肌肉、坚持时间比较长为主要特征。最先由保罗·格里瑞提出并推广。其理念是根据中医经络学说和道家功法以及印度气轮理论建立的一种锻炼方法，体式安排以轻柔为主，不注重体式之间的连接和精细协调，比较适合恢复性锻炼。

6. 热瑜伽

该流派由比克拉姆·乔杜瑞首创。比克拉姆瑜伽的特点是以 26 个固定体式和调息方法为基础，并在 38~42 摄氏度的室温和一定的湿度下进行。这个流派的瑜伽教学有一定难度，需要学生有一定的体能基础。

三、瑜伽运动的特征

瑜伽是一种区别于其他任何运动形式的练习。瑜伽的练习注重体式练习和呼吸的配合，同时更注重冥想的修习。瑜伽的魅力之所以经久不衰，是因为它对心灵起到了无与伦比的调节作用。瑜伽体式法有着数千年的历史，是其他现代的运动形式所不能取代的，因此瑜伽是一种集智育和体育于一体的运动项目。

（一）健身性

瑜伽体式练习可以对内分泌系统进行控制和调节，从而使人体激素水平趋于正常，给练习者的身体健康和精神状态带来正面的影响。人体的运动系统、神经系统、内分泌系统、呼吸系统、排泄系统和循环系统都可以互相协调、相互辅助，使内脏器官正常地工作。

（二）健心性

瑜伽体式法中的很多姿势可以通过调整人体骨骼的结构、平衡腺体分泌、促进血液循环来增强人的生命能量，从而影响人的精神状态。瑜伽有利于身心放松，减少焦虑和压力给人们带来更好的健康状况、更好的心情和更加集中的注意力。在很多领域中，瑜伽是一种行之有效的心理治疗手段，已被应用于治疗包括急性焦虑、抑郁、情绪波动等状况在内的一系列情绪。

（三）安全性

瑜伽的练习相对静止，没有竞技性，每个人根据自己的需求进行相应动作和冥想练习。任何人都可以通过不断练习达到良好状态。

第二节　瑜伽调息法和基本体式

一、瑜伽主要调息法

调息法就是对呼吸的控制和延续，也称呼吸控制法。通过调息法的练习，我们可以获得对生命能量的控制，使神经系统安静下来，平息大脑的活动，使注意力更加集中，使身体和大脑产生宁静广阔的感觉，有助于唤醒机体潜藏的精神能量。

（一）肩式呼吸

上肺部呼吸的呼吸法，因训练中锁骨的周围会动，所以又叫肩式呼吸。与胸式呼吸、腹式呼吸相比，肩式呼吸属于浅呼吸。

（二）胸式呼吸

胸式呼吸是运用肋间肌的收缩牵动整个胸廓，利用肺的中部进行呼吸的方法。

方法：将意识集中于胸部，缓缓吸气，让肋骨向外扩张，将气缓缓呼尽，肋骨收回。

功效：其实每个人平时的呼吸都是胸式呼吸，只是比较浅短，经常练习这样深长的胸式呼吸，可以把体内的废气、淤气排出体外。

（三）腹式呼吸

腹式呼吸是利用横膈膜的上下运动进行呼吸的方法，主要使用下肺部呼吸。

方法：仰卧屈双膝右手放在小腹上，拇指放在肚脐上。左手放在左侧肋间。深长地吸气，气体通过鼻腔直入肺底部，横膈膜下沉，用意识引导气息的深入，沉入小腹，感觉小腹向外隆起，将右手向外推；轻柔缓慢地呼气，小腹内收，感觉肚脐贴向脊柱方向，将体内的浊气、废气完全排出体外。如果在吸气的过程中，感觉左手受到肋骨的推力，说明气息沉得不够低，只到达肺中部，慢慢练习往下调整。整个的呼吸过程中，胸腔、肋骨没有明显的外推。连续而缓慢地练习，不要有屏息的情况出现，训练过程感到不舒服或者憋气，就回到自然呼吸状态，等呼吸正常后重新开始。

功效：使下肺叶的肺泡在换气中得到锻炼，从面延缓老化，保持良好弹性，防止肺的纤维化；做腹式深呼吸，可使机体获得充足的氧气，精力充沛。

（四）完全式呼吸

完全式呼吸是将胸式呼吸法和腹式呼吸法相结合的呼吸方法。它是瑜伽最完整、充分、基本的呼吸方法。完全呼吸法不仅能有效清理我们身体内部的毒素，还可以补充生命的元气，对心灵的宁静、专注力的提高都有显著的成效。

方法：缓慢深长地吸气，胸腔保持不动，小腹慢慢向外完全扩张，呼吸要非常慢，听不到任何呼吸的声音；感觉空气进入肺底部，腹部完成扩张后，胸腔自然地衔接腹部的扩张，肋骨向上向外扩张，腹部略微自然向内收缩，胸腔扩张完成后，锁骨和肩部微微上耸，把空气吸满肺部的最上端，身体的其他部分放松；呼气时，最先放松肩膀、锁骨和胸腔上部，然后胸部向内向下收缩；最后尽量向内收缩腹部，使肺部的气体排空。在完全式呼吸的练习中，胸部、腹部犹如波浪起伏，均匀、柔和、有控制。

功效：完全式呼吸法给身体提供了大量的氧气，增强血液中的含氧量；身体的肺部组织也会更加强壮，进而增加了人体对感冒、支气管炎、哮喘以及其他呼吸道系统疾病的抵抗力；体能会有明显的改善，人也变得更为清醒。普通呼吸方法吸入的空气量大约为 500 毫升，而完全式呼吸法吸入的空气量可达 3 000~3 500 毫升。

（五）蜂鸣调息法

姿势：按一种舒适的瑜伽坐姿打坐，脊柱挺直。

方法：①闭上双眼，放松全身片刻；②嘴巴在整个练习过程中都是闭紧的，通过两只鼻孔满满地吸气，蓄气不呼，进行收颌收束法和会阴收束法，坚持几秒钟，然后恢复正常呼吸；③将两手的食指轻柔地推进两外耳道，塞住两只耳朵。嘴巴继续闭紧，上下牙齿分开，然后缓缓呼气，产生连绵不断的蜂鸣声。呼气应缓慢而有节律，将意识完全集中于声音的振动上面。完成上述三个步骤是一个回合。

功效：能缓解紧张、焦虑和易怒的情绪，有助于降低血压，维持平和的心态，能消除咽喉不适。

（六）圣光调息法

这是清洁头脑额区的一种功法，可以在任何时间练习，特别适合在冥想前练习。

方法：进行腹式呼吸，重点放在呼气上。与风箱功不同的是，应让吸气慢慢地自发进行，只是微微地用力呼气，每次呼完之后稍做悬息，然后轻轻吸气。呼气 50 次，然后深深呼气，做收颌收束法、收腹收束法和会阴收束法，意识集中于眉心，感到空虚和宁静。接下来解除三种收束法，缓缓吸气，放松全身。这就完成了一轮。每次共做 5 轮。

功效：圣光调息法给予大脑充分的休息，并让心情在空虚的状态中重获活力。这个功法有助于缓解脑血栓的形成。

二、瑜伽体式法

瑜伽体式法，是指在某一个稳定、舒适的姿势上维持一段时间，借由一些扭转、弯曲、伸展的动作，及动作间的止息时间，刺激腺体、按摩内脏，达到松弛神经、伸展肌肉、强化身体、镇静心灵的功效。

根据体式姿势分类主要分为：站姿、坐姿、跪姿、蹲姿、卧姿、倒立。

根据体式躯干的运动关系主要分为：站立、前屈、后仰、扭转、平衡、开髋式、核心力量、倒立等。

（一）站立式

1. 祈祷式

体式描述：挺身直立，双脚并拢，双手胸前合掌，全身放松，呼吸均匀。

功效：建立集中和宁静的状态，为练习做准备。

2. 三角伸展式

体式描述：两腿开立站至一条腿长度；吸气，左脚内转 30°，右脚外转 90°；呼气身体向右侧弯曲，右手置于右脚踝上，左臂双肩右臂在一条直线上，眼睛看左手方向。

功效：通过练习三角伸展式，控制四肢的运动来激活器官、腺体以及神经系统。这个体式可以强健韧带，提高身体的柔韧性。

3. 战士二式

体式描述：两腿开立站至一条腿长度，手臂侧展；吸气，左脚内转 30°，右脚外转

90°；呼气，弯曲右膝，右大腿与地面平行，右胫骨与地面垂直，头部转向右手，左脚踩实地面。

功效：有助于培养力量和耐力；使四肢和躯干得到较大强度的锻炼，放松颈部和肩部，使膝部和髋关节更加灵活。

4. 战士一式

体式描述：两腿开立站至一条腿长度，手臂侧展，掌心朝下；吸气双臂向上伸展，双手于头顶处合十；左脚内转 30°，右脚外转 90°，髋部转向右正前方；呼气，弯曲右膝，右大腿与地面平行，右胫骨垂直地面，眼看手掌内侧。

功效：消除下背部及肩部肌肉紧张，拉伸胸部肌肉，提高双膝和腿部柔韧性。

5. 加强侧伸展式

体式描述：吸气，两腿开立站至一条腿长度，左脚内转 60°，右脚外转 90°，双手背部合十，身体躯干转向右侧；呼气，身体向前弯曲，靠近右小腿，伸展背部。

功效：这个体式使胸部得到高强度的伸展，有规律地练习该体式可以刺激和强健肾脏；有利于放松肩、颈和肘关节。

（二）前屈式

1. 站立前屈式

体式描述：山式站立，吸气，双臂向上展带动身体向前向下弯曲；呼气身体脸部贴向小腿，手肘弯曲。

功效：有助于消除身心疲劳并从中恢复元气；使脊柱神经和脑细胞焕发活力。

2. 双角式

体式描述：吸气，两腿开立站至一条腿长度，双手叉腰，抬头向后，身体前倾；呼气，身体前弯手掌放在两脚之间与肩同宽，眼看向前；将头顶置于双手之间贴地，手指脚跟位于一条线，双手肘向内弯曲，背部自然弯曲。

功效：使背部、肩关节和双腿及跟腱韧带得到充分伸展；促进腹部脏器腺体的功能；改善便秘和坐骨神经通；使脊柱更灵活。

3. 单腿背部伸展式

体式描述：手杖式，弯曲右膝，右脚后跟指向会阴；吸气，双臂向上伸展，躯干得到伸展；呼气，髋部向前弯曲，双手抓左脚，抬头伸展背部，前额贴向左小腿，保持背部平直。

功效：放松腿部肌肉和髋关节，提高了手臂从肩关节到指关节所有关节的柔韧性。

4. 婴儿式

体式描述：跪坐，吸气臀坐在脚跟上，脚尖碰触，膝盖稍稍分开；呼气，将胸部往大腿上带，直到前额碰触地板。

功效：按摩腹部脏器，拉伸背部肌肉，舒缓精神。

5. 花环式

体式描述：双脚并拢蹲在地面上。脚底和脚后跟应该完全地放在地面上；吸气，双膝分开，躯干前屈；呼气，手臂绕过弯曲的膝盖，把手掌放在脚后跟上。躯干前屈，慢慢把头靠向地面。

功效：拉伸大腿内侧，灵活髋关节，增强腹部器官功能，缓解背痛。

（三）后仰式

1. 骆驼式

体式描述：跪立在地板上，双膝略分开，手臂自然垂于体侧，脊柱挺直。两手托住髋部；吸气，骨盆轻轻向前推，臀部肌肉收紧，上半身慢慢向后弯曲，先用一只手触摸同侧的脚跟（初学者如果触摸不到脚跟，可将脚跟立起来）；呼气，另一只手放在同侧脚跟上，头向后放松，腰、胸向上推到最大限度；保持均匀呼吸；吸气，双手依次托住后腰部，缓慢起身。呼气，臀部坐在脚跟上，身体和手臂向前伸放于地板上，额头抵地。

功效：放松背部、肩膀和脚踝；伸展腹部脏器、喉部、甲状腺，扩展胸腔，有益肺脏。

2. 眼镜蛇式

体式描述：俯卧位，双手稍微往前放，吸气用手肘的力量撑起上半身；通过颈部和下巴的动作将头部稍微向背部仰一点；呼气把小腹向后挪，慢慢地将身体的重量从腹部转移到后背部；头向上仰，面部放松。

功效：使脊柱富有弹性，缓解背痛和较轻微的脊柱损伤。

3. 蝗虫式

体式描述：身体俯卧位，将身体俯卧在地板上，双手掌心向下放在髂骨下面，额头点地；吸气，将双腿尽可能地向后侧抬高，不要弯曲膝盖，保持臀部收紧；呼气，将双腿慢慢地放回到地板上，拿出双手，侧脸贴地放松身体。

功效：使血液更多地流向脊柱，滋养脊柱神经，加强下背部和腰部肌肉力量。

4. 弓式

体式描述：俯卧位，弯曲双膝，用双手抓两脚处（如果抓不到，可抓住小腿），目视前方；吸气，将上身及两腿抬离地板，尽量向上拾起，整个人成“U”形，手臂伸直；呼气，头颈部后仰，收紧背部。保持均匀呼吸。呼气，身体回落垫子。

功效：强健全身肌肉，可消除由于疲劳产生度疼痛和僵硬。

5. 新月式

体式描述：以站姿或下犬式为起始姿势。吸气，左脚向前迈出一大步，左脚掌紧贴地面，左腿膝盖弯曲，不要超过左脚前侧。右脚伸直，脚尖点地，朝前推送髋部。上身弯曲向前，腹部紧贴左前腿，双手撑地；吸气，双臂上举过头顶，贴紧双耳，扩张肩部和胸部，手臂伸直带动身体向上往后仰，继续延伸脊柱，髋部摆正，保持身体稳定，保持 5 个呼吸；躯干手臂还原，反方向练习。

功效：强化双脚、脚腕、小腿、膝部和大腿的力量，增强肌肉耐力；增强循环系统的功能，增加肺活量；提高身体的平衡控制能力。

（四）扭转式

1. 扭转脊柱式

体式描述：山式坐立，右脚跨过左膝平放在左膝外侧的垫子上；左脚脚后跟收至右臀处；伸出左手放在右大腿外侧，右手向后放在背后的垫子上，吸气向上挺直脊柱；呼气，右手向右后方点地，上身向右后侧扭转，右肩向后打开，同时头平行转向右后侧。

功效：伸展脊柱，有助于消除较轻的背痛；提高脊椎的灵活性，收细腰围，按摩内脏；对脊柱周边的肌肉及脊神经起到刺激、兴奋的作用；对脊间盘错位有正位的作用，从而使各节脊椎和背部肌肉群，更富有活力及弹性。

2. 半莲花脊柱扭转式

体式描述：坐姿位，双腿向前伸直，弯曲左腿放在右大腿根处，脚心朝上；呼气，左臂前伸，左手抓住右脚脚趾，上身转向右边，将右臂收向背部，右手揽住腰的左侧；吸气，然后呼气，同时头部和上身躯干尽量向右转，保持 20 秒自然呼吸，换另一侧。

功效：伸展、强化颈部肌肉，放松肩关节，活化脊柱，预防背痛。

3. 巴拉瓦加式

体式描述：手杖式坐姿，吸气弯曲双膝，小腿胫骨向左侧移动，臀部坐在垫子上，左侧脚踝放于右足弓上；呼气，身体向右转，左手放于右膝，右手放于左侧臀部后面地面，保持扭转。

功效：有效扭转脊柱来加强背部和躯干的灵活性，按摩、强健以及激活腹部器官。

4. 三角转动式

体式描述：两腿开立站至一条腿长度；深吸气，举手臂与地面平行，双膝伸直；呼气，上体左转，弯曲躯干向下，右手放于两脚之间；左手臂向上与右手臂成一竖线，双眼看左手指尖。伸展双肩及肩胛骨，保持 10~30 秒；吸气，先收双手，再收躯干，最后两脚收回。

功效：加强腿部韧带和肌肉的拉伸，加强腰背部力量以及手臂和肩膀伸展。

5. 坐椅扭转式

体式描述：山式准备，呼气屈膝，臀部后推向下，重心放于脚跟；吸气，延长脊柱，双手合十；呼气，身体向左扭转，右臂与左大腿外侧互抵，保持 5 个呼吸；吸气躯干转回中间，反方向练习。

功效：延展脊柱，按摩脏器促进肠胃蠕动，激活深层肌肉。

（五）平衡式

1. 树式

体式描述：山式站姿，重心放于左腿上，左脚内外侧均匀用力压实地面，右腿抬起；吸气两臂抬起，与肩膀同高；呼吸，像做扩胸运动一样将两臂打开至身体两侧，两眼凝视于一点；吸气，将两臂向上抬起，手掌合于头顶正上方，两眼凝视于一点保持平衡，呼气将后背与手臂伸直。左右腿交替进行练习。

功效：强化腿部、背部、胸部肌肉；提高平衡感和专注能力，纠正不良体态。

2. 风吹树式

体式描述：山式站姿做准备；吸气，双手由体侧向头顶方向抬起，掌心合十，翻转掌心向上；呼气，以腰部为起点向一侧弯曲上体，双眼看天花板方向，保持正常呼吸；吸气，缓慢还原上体，保持脊柱挺直。调息后做反方向。

功效：增强肝、肾功能，减少腰部脂肪，塑造腰部、手臂完美曲线，改善头部的血液循环与肤色，提升气质，矫正体态不良。

3. 战士三式

体式描述：双腿打开与髋同宽；吸气时，双臂从两侧上举，同时右腿向后略抬起，使脚离开地板，但不要弯曲右腿；呼气时将身体向前倾，直到你的身体和支撑腿成为T字形。

功效：增强脊柱的弹性和身体的均匀对称，腹部自动收起，身心变得更警觉，加强腹部器官内部的按摩，提高身体的平衡能力。

4. 舞蹈式

体式描述：山式站立，弯曲右膝，右手抓右脚背；吸气左手臂举过头顶；呼气，上身微微前屈；吸气右腿向后向上伸展，带动上身躯干向上，保持呼吸；吸气立直上身，呼气手臂还原；反向练习。

功效：强化下背部和臀部力量，加强腰部线条。

5. 站立腿上抬式

体式描述：山式站立，吸气，左手叉腰，屈右膝，右手食指、中指扣住右脚大脚趾；呼气，右腿向前伸展，保持右腿伸直，背部挺直，保持5次呼吸；呼气，手松开，脚还原，反方向练习。

功效：强健双腿，灵活髋部，增强专注力。

（六）开髋式

1. 束角式

体式描述：手杖式坐姿，弯曲双膝，双脚跟和脚掌相合，手指抓脚趾，脚后跟靠近会阴，脊柱挺直；呼气身体前俯，前额贴向地面。

功效：有助于增进腹部、盆骨以及背部的血液循环；对膝部、髋部以及骶髂关节的关节炎有辅助治疗的作用。

2. 坐角式

体式描述：坐姿位，双腿向两侧打开，双手食指、中指扣住大脚趾，吸气，腰背挺直，伸展脊柱；呼气，身体向前，肘关节抵住大腿，保持呼吸。

功效：拉伸大腿内侧，灵活髋关节，促进骨盆血液循环。

3. 鸽子式

体式描述：吸气，右膝盖往前，前腿弯曲90°，左腿往后拉伸；呼气时上半身往前倾，胸部枕在大腿上，双手前伸。

功效：提高腿部柔韧，按摩髋部，舒展胸腔肩颈。

4. 快乐婴儿式

体式描述：仰卧，双膝屈于胸前，向上举起双脚，小腿与地面垂直；双手握住两脚外侧边缘，两腿膝盖靠近腋窝，尾椎骨贴紧地面；保持这个姿势，以感觉舒适为限度，然后双脚放回地面，双膝弯曲。

功效：伸展髋部和骨盆。

5. 蜥蜴式

体式描述：四足式准备，吸气，右脚前跨至右手掌外侧，重心前移，延伸左腿；呼气，手肘微屈，或前臂放于地面，不翻髋；吸气收回右腿，反方向练习。

功效：拉伸臀部、大腿内侧肌肉，灵活髋部，促进髋部血液循环。

（七）核心力量

1. 猫式

体式描述：双膝跪地，分膝与臀部同一宽度，小腿及脚背紧贴在地上，脚板外翻。吸气时，慢慢地将盆骨翘高，腰向下微屈，形成一条弧线；呼气时，慢慢地把背部向上拱起，带动脸向下方，直至感到背部有伸展的感觉。

功效：塑造完美臀部，预防痛经。

2. 平板式

体式描述：呼气手臂打开，双手放于左脚两侧；勾右脚撤左脚向后，双脚同一位置，保持背部、髋部、双腿后侧同一个平面，腹部收紧。

功效：增强身体核心部位力量，增强手臂力量。

3. 船式

体式描述：坐在地面上，双腿向前伸直；手掌放于臀部两侧，手指指向前方；背部挺直；呼气，躯干向后靠，同时从地面抬起双腿，膝盖绷直，使腿笔直，脚趾向前；用臀部来保持身体的平衡，脊椎挺直不含胸，腿部与地面夹角保持在60°~65°；脚高于头部；双手离开地面，双臂向前伸直，与地面平行，靠近大腿。肩部和手掌应该在同一条水平线上，手掌相对。

功效：缓解腹部胀气，有助于减轻胃部疾患，同时可以消除腰部脂肪，增强肾脏。

4. 上伸腿式

体式描述：俯卧位，双腿并拢，掌心向下；吸气，抬右腿向上90°；呼气还原右腿；进行反向动作；吸气，抬双腿向上90°；呼气双腿还原。

功效：燃烧腹部、大腿脂肪，按摩脏腑器官。

5. 虎式

体式描述：四足式准备，吸气，抬头挺胸，腰部下推，抬右腿向上、向后伸展，不要抬髋，保持2次呼吸；呼气，低头，含胸拱背，屈右膝，额头找膝盖，保持2次呼吸；呼气，右膝还原，反方向练习。

功效：柔软脊柱，加强核心肌群力量。

（八）倒立式

1. 肩倒立

体式描述：平躺，双手放于身体两侧；吸气，高举双腿、翻臀，向后滚动直至小腿高于头部；呼气向上伸腿、展髋、挺直身体，同时两手撑腰后侧，夹肘，成肘、颈、肩支撑的倒立姿势。

功效：这一倒立体式让新鲜、健康的血液在颈部和胸部循环，舒缓支气管，刺激甲状腺、副甲状腺。

2. 犁式

体式描述：双腿伸直绷紧，脚尖绷直，指向与头部相反的方向；开始吸气，同时两腿向上抬起，一直抬到和身体垂直的位置；吸气与抬腿要同时进行；双手掌保持原位，贴着地面；当腿抬到垂直位置时候，呼气，同时双腿向头部下放，努力使脚趾触及头部前方所能及的地面。接触点的距离尽量向前。停留在力所能及的位置上，身体要保持平稳。呼气完毕后，保持正常的呼吸，直到动作做完。第二段姿势保持大约 10 秒钟后，再把两腿还原放回地面。还原动作要有控制的进行，两腿要缓慢平稳地向地面平放。在整个还原动作中，腿和脚趾均要始终绷紧；当脚跟触及地面时，整个身体放松。

功效：有助于提升自信，增强能量；帮助久病的人们恢复平静；减轻压力、疲劳。

3. 单腿肩倒立式

体式描述：完成肩倒立动作；呼气，屈左髋，放低左腿，左脚落在身体前侧的地面上，右腿保持向上伸展，骨盆端正，一段时间后回到肩倒立。

功效：加强肾脏功能，进一步提升腿部拉伸和增强腿部肌肉力量。

4. 下犬式

体式描述：四角跪姿准备，双手双脚打开与肩同宽，双手在双肩的正下方，双膝在髋部的正下方，呼气，双脚脚后跟向下踩，臀部向后向上，将坐骨推到最高点，身体呈倒“V”形。脚后跟用力向下踩，膝盖伸直，大腿肌肉收紧，脚后跟、膝盖窝到臀部坐骨成一条直线，双手用食指与中指指根以及大鱼肌用力推地，手臂、躯干到坐骨成一条直线，手臂由腋窝处向外转动，双肩和脖子放松，头部和脊柱在一条直线上。

功效：增强手臂、腿部、躯干的力量，伸展手掌、胸部、背部、腘绳肌腱、小腿和双脚，锻炼腰背的肌肉，强化背部力量，矫正驼背等不良体态。

5. 鹤禅式

体式描述：跪姿准备，双手体前撑地，双手间距与肩同宽，肘关节微屈，膝盖放于大臂上；吸气，坐骨上抬，重心移至双手，脚尖着地；呼气，收腹部，尽可能双脚离地，脚背绷直，抬头，保持 5 次呼吸。

功效：增强手臂力量，强化核心肌群。

第三节 瑜伽的运动损伤与预防

一、瑜伽练习中常见损伤

（一）损伤部位

头部、肩颈、腕部、背部、膝盖等部位度肌肉、韧带、神经、关节等。

（二）造成损失的原因

1）注意力不够集中，思想意识麻痹。练习者在体式练习过程中注意力不集中，对预防运动损伤的认识不足，思想上松懈，导致在完成体式时造成运动损伤。

2）热身不充分。神经系统和肌肉器官功能尚未达到适应的水平就进入运动状态。

3）练习方法和内容不合理。违反了人体各系统的活动规律也容易造成运动损伤。

4）盲目挑战高级体式动作。超负荷运动或身体并未能达到某种条件而强行完成动作，也会导致运动损伤。

5）场地、器械、保护用具、服装等练习工具不符合要求。

二、体式练习的注意事项

（一）热身充分

一开始就做高难度的动作容易造成运动伤害。最好先做一些瑜伽热身动作，循序渐进，避免受伤。

（二）营造舒适的练习环境

练习时，室内一定要保持安静，空气一定要流通。不要在过软的床上练习，准备瑜伽垫，穿着舒适有弹性的服装，光脚练习，摘掉手表、腰带等配饰物件。

（三）保持稳定、舒适的练习

1. 让身体的中轴同于地心引力的方向

人体脊柱的延长线被认为是人体的中轴线，当这条中轴线垂直地面，也就是与地心引力同方向时，人体呈现最稳定的状态。就如同一根柱子，它只要垂直地面，就不会倾倒。柱子如果倾斜，便会倒塌。

2. 让身体着地点均匀承受身体的重量

当练习站立体式时，脚掌是身体的着地点，双脚要均匀地受力，如果力量偏向于其中一只脚，身体便会向一侧倾斜，失去平衡。

3. 利用骨骼和关节的结构去完成体式

在瑜伽体位法的练习中，要关注骨骼与关节的正确位置，最大限度地保护身体。

4. 利用力线稳定和伸展身体，实现精神的高度集中和身体能量波动的协调统一

想象的有一条力量之线在牵引身体，身体将能量集中于这条线，并沿着力线的方向去伸展。

5. 在极限范围内保持和完成动作

柔和、均匀、有控制地进行瑜伽体位法的练习，避免用爆发性和反弹去完成体式。

（四）保持正确的呼吸

1）练习的整个过程中要保持顺畅的呼吸，避免屏息。

2）可选择多种呼吸法配合瑜伽的练习。

3）气息引领动作，利用呼吸的配合稳定、放松身体。

（五）保持意识的专注

意识的专注分为如下三个层次。

1. 专注在身体的感觉上

初练瑜伽时会感到肌肉酸胀、韧带疼痛，这些感觉会让我们的意识不能集中在冥想上。需要用心感受那些不适，将意识完全集中在疼痛的感觉上也是一种专注与冥想。

2. 专注在身体的稳固上

肌肉和韧带的柔韧性得到提高后，身体的疼痛和不适感消失，此时可以将注意力转移到身体的平衡上来，去感受重心、身体的中轴和力线，利用意识的专注去保持身体的稳固。

3. 专注于呼吸

当身体的平衡感和稳定性没有问题后，将意识集中于呼吸的控制，让我们进入真正的瑜伽冥想层面。

（六）练习后注意事项

1）练习后的 0.5~1 小时以后再进食。瑜伽练习中，消化器官得到了充分的按摩，需给予一定的休息调整，从而最大限度地保护和提升器官机能。

2）练习后，休息 0.5~1 小时后再洗浴。瑜伽练习后体感非常敏锐，短时间内应避免忽冷忽热的刺激，从而保证体内能量有序流动。同时，能够避免毛孔过度扩张所造成的油脂清洗过度，从而保养皮肤天然保护层。

休闲篇

第一章　高尔夫球运动

第一节　高尔夫球运动概述

一、高尔夫球运动的起源

高尔夫球运动是一项古老的运动，它不像现代许多运动如篮球和足球等有其起源的准确日期与年份。但是，高尔夫球运动作为一项有魅力的运动，在从最早的牧羊人游戏演化成时尚、健康的体育运动过程中，形成了独特、浓厚的高尔夫球运动文化。这也是高尔夫球运动能风靡全球的最主要原因。

关于高尔夫球的起源问题，长期以来一直是一个有争议的问题。由于在这一问题上产生了很多古老神秘的传说，因而为高尔夫球运动增添了一些神秘的色彩。实际上，世界上大部分研究者在探讨高尔夫球运动的起源时，都将其与欧洲的其他休闲娱乐活动联系起来，试图从中找出一种可能是高尔夫球运动前身的运动形式。

大致认为现代高尔夫球运动诞生于苏格兰的圣·安德鲁斯，那里至今还保存着与现代高尔夫球场相同的古老的高尔夫球场。高尔夫球场无论建在世界何地，均必须仿照最初玩高尔夫球的苏格兰特有的生长着草丛的海边沙地进行铺设，既要有平坦的沙滩和葱绿的草皮，又要有一定的起伏和沟壑溪流。设在海滨的现代高尔夫球场仍袭用苏格兰语的称谓，称球场为林克斯（links）。其次，世界上第一家高尔夫球俱乐部设立在苏格兰的爱丁堡，最有名气的高尔夫球俱乐部——皇家古典高尔夫球俱乐部也设在苏格兰。世界上第一家女子高尔夫球俱乐部也建于苏格兰。此外，高尔夫球运动最初的规则是由苏格兰的爱丁堡高尔夫球协会制定的。

根据现有资料，高尔夫球运动最早的文字记载，出现在苏格兰。1457 年 3 月，苏格兰国王詹姆士二世颁发了一项完全停止并且取缔高尔夫球的法令，因为这项消遣性极强的运动妨碍了苏格兰正常的军事射箭演练，而作为苏格兰“国术”的射箭是当时最重要的军事操练活动。由此可见当时高尔夫球运动在苏格兰的盛行程度。

二、高尔夫运动的发展

（一）高尔夫运动在世界的发展

高尔夫球运动自从 500 多年前在苏格兰的圣·安德鲁斯风行之后，至今已走过了一段漫漫长路。15—16 世纪，这项运动得到不断发展。不过，当时使用的高尔夫球只是一种非常粗糙的圆形木球。17—18 世纪，高尔夫球运动仍持续发展，其中一个比较重大的变革是新型高尔夫球的发明。人们用一种新型的羽毛制球替代了老式的木制高尔夫球，这种球用羽毛作芯、皮革做外壳缝制而成，可以飞行很远的距离，甚至可以达到现今高尔夫球的某些指标。但它也存在着一些缺点：使用一段时间后，会变形，飞行能力会降低，并且沾水容易开裂。制作这种球不仅工艺难度大，而且正品率低，既费时又昂贵。不过，它的问世还是极大推动了高尔夫球运动的发展。这种新型的羽毛制球统治了高尔夫球运动长达 225 年之久。

从 18 世纪开始，高尔夫球运动传入北美。1788 年，美国南卡罗来纳州的地方性报纸上出现了有关当地高尔夫球的报道；1795 年美国成立了第一家高尔夫球俱乐部。

19 世纪 50 年代末出现了“橡胶球”。这种球是用类似橡胶的杜仲胶制成的，初为实心，后以固体物质或液体作芯。这种球具有良好的耐磨性，价格也比羽毛制球便宜，外壳可以利用模具加工制造，飞行状态良好。因此，这种球受到了当时高尔夫球界的普遍欢迎，并很快就取代了羽毛制球。与此同时，高尔夫球运动开始向世界各地扩展。

到了 20 世纪，高尔夫球运动迎来了新的纪元，高尔夫球具的革新、比赛规则与制度的建立、国际性赛事的开展以及高尔夫球场管理水平的提高，都极大地促进了高尔夫球运动的发展，也为这项古老的运动注入了新鲜的血液和活力。

1920 年，用橡胶取代杜仲胶作为高尔夫球芯，又一次改进了高尔夫球的飞行性能，增加了这项运动的可打性。

国际性赛事的开展极大地促进了高尔夫球运动的普及，英国公开赛、业余锦标赛，美国公开赛、业余锦标赛，高尔夫球精英赛，世界杯等赛事的开展，为不同国别的球手创造了同场竞技的机会，使这项地区性的体育运动走向了全球。在现今高尔夫球运动热潮中，世界超级球星的收入达到了惊人的地步，奖金超过 100 万美元的比赛比比皆是。

1894 年，苏格兰约有 30 个球场，英格兰却仅有 3 个球场，但到了 1900 年，英国已有 2 000 个球场，其中大部分位于南岸。在 19 世纪下半叶，英国打高尔夫球的人数众多，但在第二次世界大战后，美国人开始在这一项目上显示出强劲的实力，并确立了其在高尔夫球坛上的霸主地位。国际高尔夫球比赛以前只允许职业选手参赛，但是从 1965 年的英国公开赛起，业余选手被允许参加比赛，这对于高尔夫球运动在全世界的发展，起到了很大的推动作用。

第二次世界大战后，世界各国经济的发展在很大程度上推动了高尔夫球运动的快速发展，此时期的高尔夫球运动流行于美国、日本及欧洲各国，并迅速向世界其他地方传播，参加这项运动的人数急剧增加，高尔夫球场的数量也飞速增长。

美国作为高尔夫球的王国，1945—1970 年，其高尔夫球场数目从原来的 6 000 个急增到 12 000 个。职业比赛的奖金额也急剧增加。参加高尔夫球运动的人数在 1975 年猛增至 1 600 万。至今美国已经拥有 2 万多个高尔夫球场。据估计，现在美国从事高尔夫球运动的人数已达到 2 400 万，而用于高尔夫球运动方面的开支已经从 1980 年的 57 亿美元上升到目前的 200 亿美元，为各项体育运动中开支比率增长最快的球类项目。同时，美国也是最早实现高尔夫球运动平民化的国家。美国每年要承办世界高尔夫球坛四大赛中的三大项，是举办高尔夫球比赛最多的国家。英国目前有 2 000 多个高尔夫球场；日本、澳大利亚、南非、西班牙、瑞典等国家的高尔夫球运动也得到了很大的发展。日本在1974年时拥有高尔夫球场1 400多个，现已经达到2 000多个，打球人数突破1 000万。加拿大有1 600个球场。澳大利亚，有1 400多个高尔夫球场。瑞典建造了500个高尔夫球场。丹麦有高尔夫球场300多个。法国年投入资金1亿多法郎用来建设高尔夫球场，打球者25万余人。高尔夫球运动在这些国家已经是一项非常普及的运动，在公共球场上打球的费用非常低，与其国家的高收入比较，在美国公共球场上打一场球的费用就像在我国打一场乒乓球的费用。德国的收费亦仅相当于一张电影门票的价格。

20世纪后期，世界高尔夫球运动逐渐向亚洲转移，尤其是亚洲经济的迅速发展，使得高尔夫球运动得到了很大的发展。泰国建成了上百个高尔夫球场。韩国20世纪80年代末至90年代初，高尔夫球人口每年以15%~20%的速度增长，至1997年已增至200余万人。球场数量的增加为更多的人参与这项运动提供了方便，也使这项被称为贵族运动的体育与休闲活动逐步走入现代普通人的生活。

（二）高尔夫运动在中国的发展

1896年，上海高尔夫球俱乐部成立。随后，中国、英国、美国的商人合办高尔夫球俱乐部，在南京陵园中央体育场附近开辟高尔夫球场。20世纪80年代，高尔夫球运动重新进入中国。1984年，中国大陆的第一家高尔夫球俱乐部在广东中山诞生。此后，我国陆续兴建了30多个高尔夫球场。1985年5月，中国高尔夫球协会在北京成立。目前国内已开业的球场达500余家。

20世纪，草坪研究与草坪管理同快速发展的高尔夫球运动一样取得了长足的发展。1920年11月，第一个草坪管理顾问机构在美国诞生，即美国高尔夫球协会下属的果岭部。1960年，他们首次公开发布了果岭建造方案，其后，经过多年的深入研究，分别于1973年和1989年对建造方案进行了修正和补充。20世纪50年代，新型高尔夫球场管理机械、养护设备不断推向市场，新型的杀虫剂、杀菌剂、除草剂也逐渐面世，为草坪管理创造了更好的条件。同时，用于指导高尔夫球场管理的技术数据和科学研究数据也越来越多，在很大程度上提高了高尔夫球场草坪的管理水平，为高尔夫球运动创造了更好的条件。

第二节　高尔夫球运动的场地与器材

一、高尔夫球场

（一）高尔夫球场的类型

1. 根据球道长度和杆数的不同分类

（1）标准球场

以18个洞作为标准球场，源于英国皇家古典高尔夫球俱乐部。标准18个洞球场球道总长度在6 200米以上，一般为两个循环，每个循环9个球洞，即1~9洞和10~18洞两个循环。要求每个循环的第一洞的发球台和结束洞的果岭尽可能地靠近会所。标准杆为72杆，18个球洞中有4个长杆洞（即5杆洞）；4个短杆洞（即3杆洞）和10个中杆洞即（4杆洞）。其球道的组成（以一个球洞为例）由发球台、球道、高草区、水障碍区、沙坑和果岭。

（2）非标准球场

不足18个洞或总杆数低于68杆、球道长度较短的球场。主要有商务球场、3杆洞球场、小型球场和9洞球场等形式。这些球场主要是为了适应特别球市的需求，为满足时间不充裕的球手打球和观光、娱乐及培训等而设计建造。

2. 根据球场的选址和景观特点分类

（1）滨海高尔夫球场

其特点是受海风影响大，同时沙多、草势大，不易管理，地势平坦，不过距离一般比较长。

（2）森林高尔夫球场

其特点是球场的土质好，因此草坪生长比较好，风景也很怡人，缺点是地形的变化不够，降低了难度。

（3）丘陵高尔夫球场

其特点是具有起伏多变的自然地理特点，地形的起伏不太突兀而让球友打起球来较为轻松。所以丘陵球场属于既有挑战性又有乐趣的球场。

（4）山地高尔夫球场

其特点是起伏较大，球的落点也很难控制，在这种球场上打球对准确性要求比较高。

（二）高尔夫球场的组成

按照其内部区域和功能的不同，高尔夫球场可以划为三个主要功能区域：会馆区、球道区和草坪管理区。各功能区在管理上具有相对的独立性，并在功能上相辅相成。

1. 会馆区

会馆区是一个高尔夫球场的管理中枢，是球场接待、办公、管理、后勤供应的场所，也是球手办理打球手续以及在打球前后进行娱乐、休息与社交的场所。会馆区一般由主楼、停车场、练习场等部分组成，有些球场还包括网球场、游泳池、高尔夫球学校及其他附属设施等。整个会馆区的占地面积一般在2万~5万平方米。会馆区除作为管理上的中枢外，在球场总体布局中还具有连接其他各区的微型高尔夫球场桥梁和纽带的作用，一般馆区会设置在与其他各区衔接和易于接近的适宜区域，一般应接近入口，并与第一洞、第十洞的发球台及第九洞、第十八洞的果岭接近。

2. 草坪管理区

草坪管理区是球场中日常维护管理机械和物资等存放的区域，是机械保养和维修以及进行草坪实验与其他管理活动的场所。草坪管理区一般设在球场中利于对球道进行管理以及与其他各区联系便利的位置，面积约5 000~20 000平方米，草坪管理区内应有一个果岭草坪备草区，标准球场的草坪备草区应不小于500平方米。

3. 球道区

球道区是整个高尔夫球场的主体部分，是球手打球的主要区域，其面积占整个球场面积的 95% 以上。标准的高尔夫球场设置 18 个大小不一、形状各异的球道，每个球道均由发球台、球道、果岭、球洞以及沙坑、水面、高草等障碍组成，标准球场的球道总长一般在 6 200 米以上，宽度不定。与网球场，棒球场等不同，高尔夫球场的球道区在形状和大小上没有统一的规格，只有大致的标准，标准高尔夫球场球道区面积一般为 50.80 公顷。

（1）发球台

发球台是指每个洞打球的起点和开球的草坪区域，一般略高于球道地面，为平台式或阶梯状的修理平整的较细的草皮。开球时将球座安插在平整的草坪上一个指定位置，然后把高尔夫球放在球座上，之后用球杆将球击出。

（2）球道

球道是球场中面积最大的部分，是指连接发球台与果岭之间、较利于击球的草坪区域。球道两侧可保留原有自然起伏的地形以及防止越界的缓冲栽植，球道中也可利用不常修剪的草地、灌丛、土丘、池塘、水道、沙坑等障碍物以增加球手挥杆的难度和兴趣以及景观的变化。理想的高尔夫球道应既富有挑战性又可合理打球。

（3）果岭

果岭是每一个洞中设置球洞和放置球杯的一块特殊的草坪区域，是经过精心雕琢的短草草坪。球能在略有起伏的果岭草坪上无阻碍地滚动。单个果岭面积为 279~1 115 平方米不等，一般为 500~700 平方米，一个 18 洞标准球场的果岭总面积一般为 9 000~12 000 平方米。果岭面积应足够大，以便创造出富于变化的造型，给球手增加难度，面积大小取决于球道的长短和逾越障碍区的难度。

（4）障碍区

障碍区是为了增加击球难度及惩罚不正确的击球而设置的区域，主要有沙坑、水面及高草区等。沙坑的主要作用是惩罚过失击球、增加景观效果以及指示击球方向等。沙坑分为果岭沙坑和球道沙坑两种基本类型。水障碍不仅是击球的障碍，同时还可起到很好园林景观效果，水体可以设计于单个球道内，也可以为几个球道共用。有时发球台或果岭设在四面环水的岛上，增加击球的难度和乐趣，丰富球道景观。水池边适宜造景，可架小桥、设汀步，在面积较大且水源充足时，可以设计喷泉或瀑布。

二、高尔夫球杆

（一）高尔夫球杆的分类

1. 木杆

木杆（图 1-1）主要用于打出远距离的球，它的特点是杆身长，杆头较轻。尽管现代的发球杆一直被称为木杆，实际上百分之七十以上的发球杆已由金属制造。木杆通常分为 1 号木杆，球道木杆：3 号木杆，4 号木杆，5 号木杆，7 号木杆，9 号木杆。号码越小，杆身长度越长，重量越轻；反之，号码越大，杆身长度越短，重量越重。

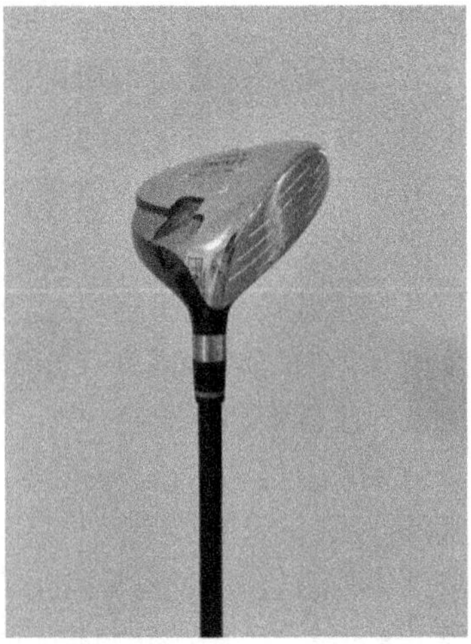

图 1-1　木杆

2. 铁木杆

英文名为 Hybrid 或 Utility，指的是既像铁杆又像木杆的一种球杆，中文习惯将这类球杆称为铁木杆、混合杆、混血杆或者叫万能杆。铁木杆的外形有两种，一种近似于铁杆，可以使用长铁的打法；另一种近似于球道木，可以用球道木打法。

3. 铁杆

铁杆（图 1-2）通常是由不锈钢或软铁制成，有铸造和锻造两种制作方法。铁杆多在球道上使用，或在 3 杆洞开球时使用，它主要的追求是稳定性。套杆内包含的铁杆为：2 号铁至 9 号铁，P 杆、S 杆。个别品牌（比如 HONMA）还有 10 号铁或 11 号铁。女运动员很少使用 2 号铁杆，通常从 4 号铁或 5 号铁开始使用。从距离角度讲：2、3、4、5 号铁为长铁杆，6、7、8 号铁为中铁杆，9 号铁、P 杆、S 杆、A 杆为短铁杆。

图 1-2　铁杆

4. 挖起杆

P 杆、S 杆、A 杆为挖起杆（图 1-3）英文名称缩写，都属于短杆范畴，也叫特殊铁杆。它的特点是铁身较短，挥重比铁杆重，杆面倾角大（45°~60°），有反弹角。其主要用于果岭周围以及沙坑或长草救球。挖起杆按特点分为：劈起杆（PW）、中继挖起杆（GW）、沙坑杆（SW）、高抛挖起杆（LW）。

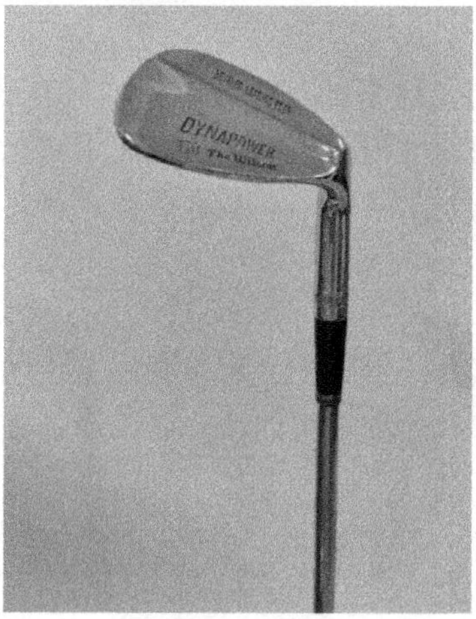

图 1-3　挖起杆

PW：它角度通常为 45°~49°，击球距离为：男子大约 110 码，女子大约 90 码；

GW：它角度通常为 49°~54°，击球距离为：男子大约 100 码，女子大约 85 码；

SW：它角度通常为 54°~57°，击球距离为：男子大约 90 码，女子大约 80 码；

LW：它角度通常为 57° 以上，击球距离为：男子大约 65 码，女子大约 60 码。

因此，如果你选择了一支 48° 的 PW 和一支 56° 的 SW，最好再加上一支 52° 的 GW，这样就足以应付任何可能在果岭周围发生的情况了。

5. 推杆

推杆（图 1-4）是用来在果岭上朝球洞方向推击球的专门球杆，推杆杆身较短，杆面倾角最大不超过 5°。杆头主要有条形（也叫刀背形）和槌头形两种。

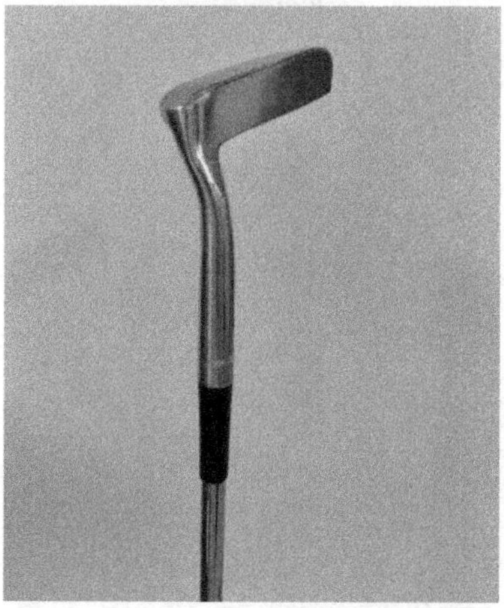

图 1-4　推杆

（二）选择高尔夫球杆的“三大要素”

1. 容错度

对于初学者来说，他们的首要任务是尽可能多地打出高质量的球，让自己成为会打球的人。由于技术水平较低，经验少，初学者如果一开始就用刀背铁杆，那恐怕一年下来也打不出几个好球，所以初学者应选择容错度较大的球杆。

2. 套杆价格

对于初学者来讲，不见得是越贵的球杆就越好，只有适合初级阶段的学习才最重要。一个人在练习高尔夫的过程中，会根据技术的长进更换两至三套球具，所以对于初学者来说，想一步到位地购置球具是不太可能的，最理智的选择是：寻找并选择一套适合自己的入门级球杆。

3. 杆身硬度

杆身一般是用不锈钢、碳纤维制成的。可以根据自己的挥杆速度、力量来选择相应硬度的杆身，就是说如果你的挥杆速度很快的话，可以选择硬度比较大的杆身，反之亦然。

第三节 高尔夫球运动的基本技术

一、握杆技术

（一）重叠式握杆

重叠式握杆（图 1-5）方法是很多著名球手常用的方法。20 世纪这种握杆方式十分普及。这种握杆方式也是初学者最常用的握杆方法。

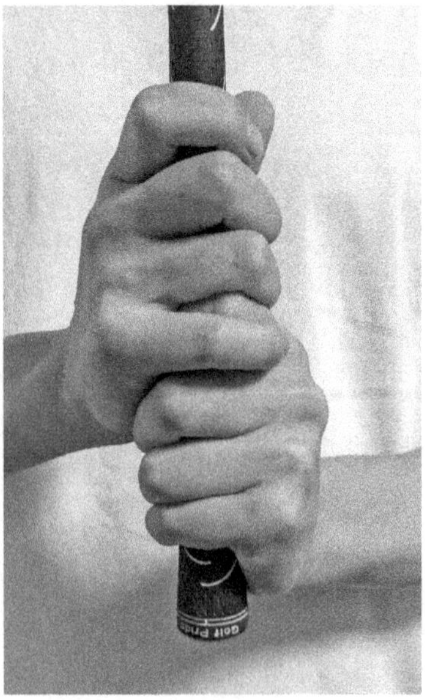

图 1-5 重叠式握杆

方法：双手放在握把上，右手小指放在左手食指和中指之间（右手球员）。左手的食指应该跟右手的生命线重合。

（二）互锁式握杆

第二个常见的握杆方式叫做“互锁式握杆”（图 1-6）。这种握杆方式深受 LPGA 球手的欢迎，一些顶级的球手，如杰克·尼克劳斯和泰格·伍兹也喜欢采用这种握杆方式。简单来说，这种握杆方式将双手锁在一起，但是使用这种握杆方式时也容易用掌心握杆。

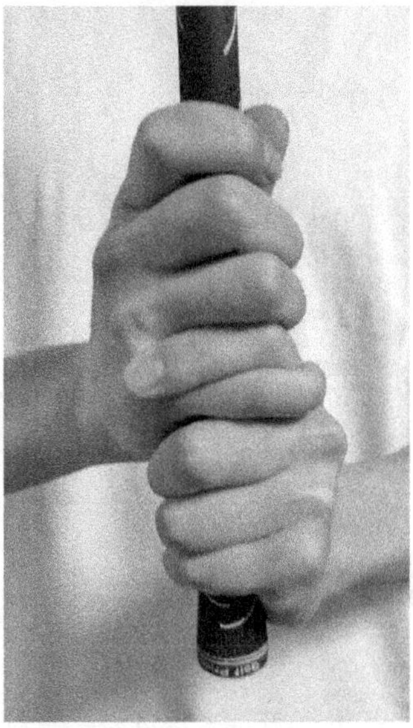

图 1-6　互锁式握杆

手比较小、前臂和腕部力量微弱的球手，以及初学者也爱采用这种握杆方式。

方法：握杆的时候将右手的小指和左手的食指交叉，左手的食指应该和右手手掌的生命线重叠（右手球员）。

（三）棒球式握杆

使用棒球式握杆的球手较少，但并不是说这种握杆方式不具备什么优势。教练经常让初学者采用这种握杆方式，以简化初级阶段的教学。这种握杆方式也很适合手掌较小、缺乏力量或者患有关节炎、风湿的球手。

方法：开始时用左手握杆，然后将右手的小指靠近左手的食指，左手食指与右手手掌的生命线重合。

二、击球准备

（一）瞄准

瞄准体系是决定身体各部位瞄准时先后顺序的简单概念。它是以杆面为基准进行的。离杆面越近的部分，越需要正确瞄准，因为此时的一个错误将对球的飞行产生重大的影响。

瞄准体系是：①握杆；②杆面；③双臂；④双肩和躯干；⑤臂部；⑥膝盖；⑦双脚。

（二）站姿

站姿是指身体的3个弯曲，这3个弯曲点的结合质量高低决定挥杆动作在其整个过程中是否能保持平衡。理想的站姿决定平衡点在双脚上的位置。它同时使臂部形成一个倾斜的角度。

站姿的要领：

1）腋窝、膝盖和脚掌成直线；

2）使用不同的球杆，站姿的身体弯曲角度不同；

3）臂部向前倾斜；

4）重心的理想位置在双脚的脚指跟部；

5）站位宽度与肩同宽；

6）球位大致在前侧脚后跟内侧一杆头的距离。

三、挥杆技术

（一）起杆

挥杆技术的一部分决定整个挥杆动作的基调，当杆身与地面平行时，起杆完成。

1）身体与地面平行；

2）身体形态与击球准备相似；

3）轻微的转体；

4）球杆随着身体的转动改变了指向，但仍与击球准备时保持一样。

（二）上杆

上杆的位置可以定义为前侧手臂与地面平行，杆头指向天空。

1）前侧手臂与地面平行；

2）前侧手臂与杆身成90°；

3）前侧手臂围绕脊椎向后侧方旋转。

（三）挥杆顶点

这一姿势常被称为挥杆的过渡动作，因为它是挥杆方向自上而下的转换点。

（四）下杆

挥杆开始向结束部分运动，下杆是观察高尔夫球员如何向击球区域移动的重要标志。这个位置极度偏离，将会在击球时对杆头轨迹、杆面的角度和击球角度产生巨大的影响。

1）前臂与杆身保持90°；

2）身体向球的方向转动。

（五）释放

释放将球杆送至击球位置，这是挥杆动作的关键。释放位置可定义为在下杆时杆头挥至臂部高度的位置。

（六）击球

杆头击球的方式决定球的飞行。

1）杆身和前侧臂手臂成直线；

2）后侧脚跟微抬；

3）后膝盖（稍微）向内靠；

4）前侧髋部打开；

5）双肩与目标线平行或稍微打开。

（七）送杆

击球区域的三个位置的最后一个，如果你能较好地完成这三个位置，你将成为一位好的高尔夫球手。如果球员对于怎样击球才能使球高飞具有理解，他们就会更倾向于让送杆自然产生。想要将球挑向空中的人，永远不能掌握送杆。在送杆位置双臂伸直（整个挥杆体系中唯一的一次双臂伸直），双腕完全伸展。送杆紧跟着击球产生，让杆头击球后沿着低平的轨迹运动。

1）Y 字形依然保持；

2）杆身的延长线指向腹部的皮带纽扣，此条线位于双臂之间；

3）后侧脚转动更多，并且向大脚趾内侧方向前移；

4）身体重心转移到前侧脚大腿内侧；

5）杆身的延长线指向目标线。

（八）前挥

前挥指的是后侧手臂与地面平行时的动作。

1）前臂弯曲；

2）杆身延长线通过身体；

3）后侧脚向脚尖移动；

4）后侧腿朝向目标线。

（九）收杆

收杆是指挥杆动作停止时的位置，这一位置最重要的就是保持身体平衡。

1）重心在前侧脚的脚后跟上；

2）两条大腿和膝盖完全靠拢并朝向目标方向；

3）后侧脚完全抬起，与地面垂直，以大脚趾轻轻支撑；

4）站姿的三个弯曲不再保持；

5）球杆轻轻地背在背上。

四、推击

推击是比赛的最后一部分，对于大多数高尔夫球员来说，推击大约占击球杆数的50%。推击是高尔夫球运动中挥杆动作最小的，球沿地面滚动，使用的球杆也是最短的。

众所周知，推杆技术的基本原则是用双臂和双肩控制击球。但是，即使动作十分完美，而瞄球不准的话，还是空谈。为了形成一个可靠的瞄球姿势，你必须知道以下三条“线”：

（一）眼和球：左眼须在球的正上方

在瞄球和击球时，双眼应该刚好在球的上方，这样才能瞄准目标。如果双眼在球的里面，那对目标的观察就会发生偏差，导致瞄向右侧；如果双眼在球的外侧，则又会瞄向左方。可以用这个方法来检查：以常规站姿站好，并举起一个球贴在自己的左眼上，然后松手，如果这个球刚好砸中地面上的球，那么说明此时瞄球是对的。

（二）双臂和双肩：平行目标线

瞄球时杆面必须垂直于目标线，但这还是不能够保证击球的准确。挥杆路径会受双肩和双臂运动的影响，如果双肩和双臂没有指向目标，那同样无法准确击球。双肩、双肘和前臂在击球时与目标线平行。

（三）肩和手：保证钟摆运动

推杆击球就像是一个钟摆运动，但双手如果不是自然地从双肩下垂的话，击球时是不能完成这个钟摆运动的。手臂可以弯曲，但双手必须刚好位于双肩下面。最好能够使用一个足人高的镜子，看看自己肩到手的直线是不是垂直于地面的。

五、切击

切击与推击相似，但用的是铁杆。在果岭边缘通常是长草，这使得用推杆击球的路线变得不可预测，因此我们用切杆使球越过长草，然后再让球在果岭上滚动。切击出的球在空中飞行的时间很短，大部分时间是在地面上滚动的。这种挥杆动作幅度比推击稍大，杆头始终位于膝部以下。

六、劈击

劈击时杆头会后挥至膝部和肋骨之间的高度，这种位置与全挥杆的释放和送杆非常相似。击球后，大约有50%的时间在空中飞行，另外的50%的时间在地面滚动。

七、高吊击球

高吊击球是一种非常冒险的击球，在没有别的选择时方可使用，使用高吊击球飞越沙坑就是一例。高吊击球挥杆的动作幅度最大，高质量高吊击球的弹道很高，球在空中的飞行时间更长，落地后会很快停住。其特点是杆面打开，大幅度的挥杆和手腕动作提高了杆头击球时的速度，并提供了由于打开杆面所需要的更大的力量。挥杆幅度最大可挥至头部的高度。

第四节 进行高尔夫球休闲活动时的注意事项

高尔夫球礼仪作为高尔夫球运动最重要的组成部分，是区别于其他运动项目的特点之一，因此高尔夫球运动也被称为“绅士运动”。一个人在球场上的举止就能反映出他是一个名副其实的高尔夫球手，还是一个只会拿着球杆在场上比画的玩球人。一个人的场上表现，可以体现出他对这项运动的热爱、对传统的理解、对同伴的尊重及其教养和人品。

高尔夫球运动是一项需要球员精力高度集中的运动。如果有人在旁边说笑、发出响声你将很难集中精力。制定高尔夫球礼仪规则的目的就是通过规范球员在场上的行为举止，使球员尊重，充分享受打球乐趣。与礼仪有关的规则有些是适用于在整个球场和练习区域的普通状况，有些则是针对特定区域，如发球区、果岭。

一、注意安全

安全在高尔夫球运动中至关重要，如果球员对高尔夫球和球杆的坚硬程度没有足够的认识，球场将会变成一个危险之地。因此球员应高度重视，如：①不要对着有人的地方击球或挥杆，因为击出的球或无意间打起的石块、树枝和草皮有可能打中他人，而且这也是不礼貌的行为；②注意不要在有人走过身旁的时候挥杆，同时也不要在别人挥杆时从其身旁走过。

二、保持安静

保持安静十分重要。打球时球员需要全神贯注，任何响动都有可能影响击球的质量。所以在场上讲话时必须压低嗓音。即使你同组球员不介意，你也要照顾附近其他组打球客人的需要。切忌在球场上跑动。在场上跑来跑去会使其他球员分心和烦躁，还会损害草皮。所以必要时应尽量轻轻地快走。

三、控制打球速度

球友们都希望尽情享受打高尔夫球的乐趣，但谁也不想一整天都耗在球场。如果球员在两次击球之间等待时间过长，他们会变得不耐烦，而且会失去击球的动力。所以为了大家的利益，打球时不要延误时间。下面是保持适当打球速度的几点建议：每次击球之前只做一次挥杆练习，然后马上击球。记住：如果你每场球打 120 杆，每次都用 30 秒钟做练习的话，加起来你每场球就要多花 1 小时。在轮到你击球之前做好充足准备，不要等轮到你时才开始考虑用哪根球杆，或决定是直接打过水还是对着水障碍区前方打保险球，最好提前考虑周全。当走向果岭时，观察好下一洞发球台方位，然后将球杆摆放（或球车停放）在果岭距离下一发球台较近的一侧，这样打完该洞后可以少走弯路，既节省体力又不会耽误时间。紧随前面一组球员。当他们离开果岭时，你应该已经做好击球准备。不用介意后面一组会不会赶上你，只要注意与前一组保持合适的距离和打球速度就行了。

四、不要让球击中前一组球员

时刻提醒自己保持合适的“打球速度”会有助于你紧随前一组球员，并确保不会影响后面组的打球。但紧随前一组的同时又必须小心，不要离得太近，以免球打中前面的球员。所以一定要在前一组所有球员都离开击球距离范围之后再开始打。

有些球员在场上当遇到前方有打得慢的人会表现得十分不耐烦，这是可以理解的。如果你等得太久，可以走过去提醒前一组加快速度，但千万不能用朝他们击球的方式来催促对方。

五、请求先行通过

向前一组球员请求先行通过是打球中最难实现也是最容易引起争议的状况之一。难以实现是因为通常这在暗示前一组他们延误了打球时间，会引起对方的不悦。所以如果你打算先行通过，就应该寻找合适的时机，礼貌地提出来。以下的建议不妨一试：在提出先行通过的请求之前，应确定前方有足够的空间。如果在你请求超过的一组之前还有另一组在打球，那么你肯定会遭到拒绝。在得到准许后应表示感谢并尽快完成击球。万一你打出了一个“臭球”(通常在这种情况下球员会感到压力，所以很有可能打球失误)，最好不要加打另一球，以免引起他人的反感。保持镇定，按照规则继续打即可。

当你与前一组之间已经空出一洞以上，说明你的打球速度较慢，如果你觉得后面的一组追得很紧，有可能希望先行通过，应主动询问并提供方便。最合适的时机是当你到达果岭后，向后一组招手示意先让他们打上果岭一杆。击球后趁他们走向果岭的间隙你可以完成自己的推击。之后可以在下一洞发球区请他们先开球。

六、“ReadyGolf”——让准备好的球员先打

如果不是参加比赛或其他正式场合，平常打球每次击球时，同组球友之间可以让准备好的球员先打。也就是说即使同组某位球员的球不是离洞最远的一个，只要他（她）已经做好击球准备，就可以先击球。前提是与同组球员事先达成共识，说明本场球将打“ReadyGolf”，这样同伴就不会认为你不懂规则，相反还会感到你的绅士风度。

让准备好的球员先打有助于加快打球速度，但击球之前必须确定同组所有人都知道你将要击球，同时你也知晓其他人当时所在的位置，因为你不想让球打到任何人，当然你更不想出现同组球友同时挥杆的场面。

第二章　定向运动

第一节　定向运动概述

定向运动是地图和指北针的游戏，一项挑战智力和体力的运动。它不仅能让人有强健体魄，而且能培养人独立思考、独立解决问题的能力以及在体力和智力面临压力时迅速做出反应的能力。除此之外，定向运动还有助于人们在世界范围内建立起强大的社交网络。

定向运动源自瑞典语 Orienteering 一词，其意思是：借助地图和指北针穿越未知地带。国际定向运动联合会 2004 年将定向运动（Orienteering）定义为一项参赛者在一张详细精确地地图和指北针的帮助下，以最短的时间，按顺序到访地图上所标示路线的各个点标，在每一个点标之间选择自己认为的最佳路线直到终点的运动。定向运动可以在森林、山地、公园、校园、社区等进行。

定向运动是一项家庭体育项目，它可以在周末让一家人回归自然，放松身心，自我娱乐，有助于融洽家人关系，增加家庭生活的乐趣。

定向运动是一项非常重要的世界军事体育项目，拥有自己的世界锦标赛。

定向运动是一项自然环境体育项目，它教会你如何在大自然中把握自己的行为，爱护自然，遵守郊野公园法则。

定向运动是一项无须很多花费的群众性体育项目，所需的只是一张定向地图和指北针。在着装方面，参与者可穿定向专业套装，也可穿普通运动服装。

定向运动是一项探险寻宝体育项目，给你惊险刺激的人生经历。

定向运动是一项社交性体育项目，在这里，人们不论性别、年龄、种族背景、文化阶层、社会地位有何差异，都可以相互交流，共享人生乐趣。

定向越野是定向运动的主要比赛项目之一。参赛者要依靠标有若干检查点和方向线的地图并借助指北针，自己选择行进路线、依次寻找各个检查点。因此，定向运动吸引了世界各阶层男女老少的广泛参与。

一、定向运动的起源

定向运动起源于瑞典。瑞典山路崎岖，森林遍布。人们外出只能在森林小路里面穿梭。于是，地图和指北针成了人们生活和出行必备的东西了。这个时候，定向运动的雏形已经出现了，而岛上的居民和军队，则成了定向运动的先驱。

一开始，军队利用岛上天然的地形进行军事训练，随后又在训练中加入了军用地图，并举办了几场比赛。但是到这个时候，定向运动还只是一种军事活动。

直到20世纪初，一位叫吉兰特的童子军，组织了一场“寻宝游戏”，人们对“定向”不了解，但是对于“寻宝”可是十分感兴趣。吉兰特把“寻宝”和“定向”结合起来，这项活动很快就风靡北欧，而吉兰特，也在之后被人们视作“定向运动之父”。定向运动成为一项独立的体育项目，是在1919年。斯德哥尔摩南部的森林中举行了一场定向比赛，这场比赛的组织模式和规模是前所未有的，其直接奠定了定向运动的地位。

二、定向运动的发展

（一）国际定向运动的发展

20世纪30年代，定向运动已在瑞典、挪威、芬兰和丹麦立足，并得到了较好的发展——1961年在丹麦的哥本哈根成立国际定向运动联合会（IOF）——目前在世界五大洲的60多个国家和地区，有400万定向运动爱好者。如在瑞典，全国有700多个定向俱乐部，每年组织1 000多场正式定向比赛。瑞典国王是定向最权威的支持者和保护翼，其玩定向的人群已超过足球项目。瑞典五日定向赛有数万定向爱好者参加。定向运动中的定向滑雪已成为冬奥会比赛项目。

（二）中国定向运动的发展

20世纪末，国家体育总局在北京成立了“中国定向运动协会”。紧接着，2004年11月10日，经民政部批准，中国定向运动协会在北京举办成立大会，中国定向运动协会正式成立。这标志着，这项源自北欧的百年运动，在我国的发展进入了成熟阶段。

国家对于定向运动也给予了一系列政策支持，包括但不限于：

1）教育部把定向运动作为“2+1项目”在中小学中开展，同时，作为大学体育教育类院校骨干必修课；

2）中国教育协会把定向运动作为十一五规划课题推广课程；

3）国家国防教育办公室把定向运动作为国防体育，决定大力开展定向运动；

4）国家测绘局把定向运动作为科普的主要内容之一；

5）定向越野将纳入国家级课题野外生存生活训练课程；

6）部分省市教委将定向运动列为中考、高考加分项目；

7）定向运动是全国体育大会和全国大运会的正式比赛项目；

8）全国招收定向越野特长生的高校达到几十所，湖南大学、浙江大学、中南大学、首都师范大学、中国地质大学（北京）、吉林农业大学、四川师范大学、贵州大学、天津财经大学、东南大学等二十多所大学均设有定向运动特招生。

目前，全国的定向越野赛事有许多，比如：全国定向锦标赛、全国定向冠军赛、全国青少年定向锦标赛、全国山地车定向公开赛、中国旅游城市定向越野挑战赛，还有各省市举办的定向越野赛事，参加人数高达几万人次。

第二节　定向运动的分类与特点

定向运动是一项户外运动，它集竞技性与游戏性于一身，在益智，健身等方面具有独特的价值，因此能风靡世界，得到人们的普遍喜爱和参与。

一、定向运动的分类

（一）按照运动模式

国际定联将定向运动项目划分为：徒步定向（亦称定向越野）、滑雪定向、山地自行车定向和轮椅定向。

（二）常见的定向运动形式

徒步定向、接力定向、滑雪定向、山地车定向、轮椅定向、夜间定向、公园定向、计分定向、专线定向、瑞典五日定向。

（三）其他形式的定向运动

校园定向、扶手定向、星形定向、特里姆定向。

（四）竞技领域定向运动的分类

按比赛性质分为：个人赛、接力赛、团队赛。

按检查点设置分为：传统定向、微型定向。

按比赛持续时间分为：长距离赛、中距离赛、短距离赛、百米定向、其他距离。

按比赛成绩计算方法分为：单程赛、多程赛、资格赛。

二、定向运动的特点

（一）游戏性

定向运动的游戏性是非常明显的，从发展初期——瑞典童子军的“寻宝游戏”，到现在各式各样的比赛及活动，都带有很大的游戏色彩。

（二）竞技性

定向运动中比赛有各种类型的比赛，其竞技性特点十分突出。它的竞争激烈性能够刺激人们对这项运动的向往和追求。

1. 群众性

定向运动的参与对象十分广泛，具有关报道，参加定向越野比赛年龄最小者仅 3 岁，年龄最长者为 80 岁，由此可见，定向越野是一项群众性体育项目。

2. 实用性

定向越野最早是军队的一种训练形式，而今定向越野不仅可以最为军事训练的内容，还可以作为学校体育教学内容。

第三节　定向运动的特点与价值

作为一项能够使人们的体力、智力得到全面锻炼，融健身性、知识性、趣味性于一体的新兴体育项目，定向运动不仅能使参与者强健体魄，而且能培养参与者独立思考、果断处事的素质，提高他们的反应速度和解决问题的能力。因此，在许多国家，定向运动被列入军队和地方院校的必修课程。

一、定向运动的特点

（一）群众性

定向运动的参与群体十分广泛。定向运动比赛可根据参赛者的性别、年龄划分为不同组别，比赛距离可长可短，场地可难可易，比赛因体力与智力结合而决胜，所以不管男女老少都可以参与定向运动。可以说定向运动是一项可广泛开展的群众性体育项目。

（二）趣味性

定向运动的环境、比赛形式能充分发挥比赛活动的趣味性，激发人们比赛的积极性。在比赛过程中，参赛者通过各式各样的游戏活动寻找点标，与单纯步行相比具有更强的娱乐性和趣味性。同时，定向运动不需要体育场馆，主要利用森林、公园、校园等自然环境，使运动更具有趣味性的特点。

（三）竞争性

定向运动比赛成绩取决于识别使用地图、辨别方向和奔跑能力等方面。定向运动既是体力的较量，也是智力和技巧的竞争。因此，定向运动具有激烈的竞争性，而竞争性使得更多人群参与这项运动。

（四）知识性

参与定向运动需要运用地理学、测绘学、逻辑学、数学等相关知识以及运用这些知识的能力。定向运动的广泛开展，可以提高人们识图、用图的能力。

（五）不确定性

定向运动要求参赛者自主选择比赛路线，因此参赛者无法跟跑。在比赛过程中，参赛者也无法知道对手的比赛情况，只有比赛结束才能清楚最终成绩。因此定向运动比赛充满了不确定性，而这也是它的魅力所在。

二、定向运动的价值

（一）定向运动的健身价值

定向运动是一种有氧运动，既是一种令人兴奋的，十分有效的发展心肺适能和肌肉适能等的好方法，又是一种提高灵敏素质、平衡能力等运动相关体适能的好方法。

（二）定向运动的智力价值

定向运动涉及自然地理学、环境地理学、数学等方面的知识和技能，以及语言表达技能的学习和应用。由于定向运动参与者在游戏过程中，要借助指北针和定向地图，依次准确地寻找各个点标，因此定向运动可以增长参与者的识图、用图知识，同时对培养参与者独立分析问题、解决问题的能力有着独特价值。

（三）定向运动的德育价值

定向运动可以从多个方面改善人体的心理素质，特别是社会化水平、自我评价能力、自尊、自信、情绪控制能力和独立分析和解决问题的能力。

第四节　定向运动的基础知识与基本技术

一、定向运动中的定向地图

任何一张地图都可以定向，但为了定向运动本身，还需制作专门的定向地图。地图记录的信息指示了实际的场地，它提供寻找点标的基本信息。定向地图的主要信息一般包括图名、指北线、比例尺注记、等高距注记及图例说明等。地图上所标明的比例尺说明地图被缩小了多少倍。在日常生活中我们看到过各种各样的地图，不仅颜色、符号各不一样，而且质量也不同，有些地图简单、粗略，有些则精确、详细，地图上的信息十分丰富，需要大家进一步学习。

（一）地图上的比例尺

1. 比例尺的概念

比例尺也称缩尺。它表示图纸上的长度跟其相应的实际长度之比。地图上某两点之间的距离与相应的实地两地之间的水平距离之比，称为地图比例尺。即：地图比例尺 = 图上距离 / 实地距离。

地图长度单位一般为厘米。如：某幅地图上长厘米，若相当于实地距离 10 000 厘米。则此幅地图比例尺为 1∶10 000，或 1/10 000。

2. 图上距离的量算

比例尺 1∶1 000，即地图上的 1 厘米 = 实地上 1 000 厘米 =10 米；

1∶3 000 即地图上的 1 厘米 = 实地 3 000 厘米 =30 米；

1∶5 000 即地图上的 1 厘米 = 实地 5 000 厘米 =50 米；

1∶10 000 即地图上的 1 厘米 = 实地 10 000 厘米 =100 米。

现今，大多数森林定向越野地图的比例尺为 1∶10 000 和 1∶7 500，公园定向越野地图比例尺为 1∶5 000/4 000/3 000。

认识地图跟实际比例尺最简单办法是去掉最后两单位数值，如：地图 1∶10 000 比例尺去掉后两单位数值为 1∶100，即地图上 1 厘米实地距离为 100 米。

当利用“厘米尺”量读时，要先从图上量取所求两点间的长度，然后乘以该图比例尺分母，即可得出相应的水平距离（须将结果的单位换算为米或千米），即实地距离 = 图上长度 × 比例尺分母。

（二）地图上的符号与颜色

如同其他地形图一样定向地图也要求完整而详细地表示地貌、水系、建筑物、道路、植被和境界，即所谓“地图的六大要素”。

根据定向运动比赛的特殊需要，国际定联将定向地图（也称越野图）的符号分成五类。

1）地貌，用棕色表示。这类符号还包括小丘、小洼地、土崖、冲沟、陡坡、土垣等表示地面详细形态的专门符号。

2）植被，按下列基本原则表示。

白色（空白）指容易通过的森林区。

黄色指空旷的地域，它分为空旷地、半空旷地及凌乱的空旷地。

绿色指树林中密度较大的地区。其可跑性分为慢跑（使正常跑速降低 20%~50%）、难跑（使正常跑速降低 50%~80%）、通行困难（使正常跑速降低 80%~100%）。上述可跑性的区分均取决于树林的生态，如树种、密度及矮树、草丛、蕨类、荆棘、荨麻等植物的生长情况。

3）人工地物，用黑色表示，包括各种道路、房屋、栅栏、境界等地图符号。

4）岩面与石块，用黑色表示。岩石与石块是地貌的特殊形式，它们既可以为读图与定位提供有用的参照物，又可以向运动员表明是危险还是可奔跑通行的情况。为使它们明显地区别于其他地貌符号，这一类符号使用了黑色。

5）水体与湿地，用蓝色表示。这类符号包括露天的明水系和水生或沼泽生的植物、植被，用空白或黄色和绿色表示。植被情况的详细区分和全面表示非常重要。

（三）国际定向运动地图图例规范

定向运动是国际性体育运动，为了定向运动的公平竞赛和此运动的日后发展，特设计了地图图例规范（图 2-1 至图 2-4）。

（四）地图上的磁北线

定向图上的磁北线在图幅内以磁北矢线的形式标绘若干条。一般情况下是每实地距离 250 米或 500 米标绘一条，贯穿南北；公园赛、校园赛等比例尺较大的地图，磁北线数量可视实际情况而定，但间隔必须一致。

（五）地图上的定向标号

定向标号是用特定符号和图形点标点的相关位置表示出来，用来指示点标点在图上的位置和帮助练习者快速寻找点标点、完成定向任务的符号。定向标号分为路线标号和标点说明符号。

1. 定向路线标号

定向路线标号是标绘在定向运动图上的指示起点、点标、终点的符号。起点以正三角形表示，其精确的位置是三角形的中心，一般三角形的边长为 7 毫米；点标以单圆圈表示，一般直径为 5~6 毫米；终点则以双圆圈表示，同心圆的内外直径般分别为 5 毫米和 7 毫米。点标之间用直线连接（图 2-5）。

2. 点标说明符号

点标说明符号是国际定向联合技术委员会统一制定的图形符号。不同的颜色、符号表示不同的地物。

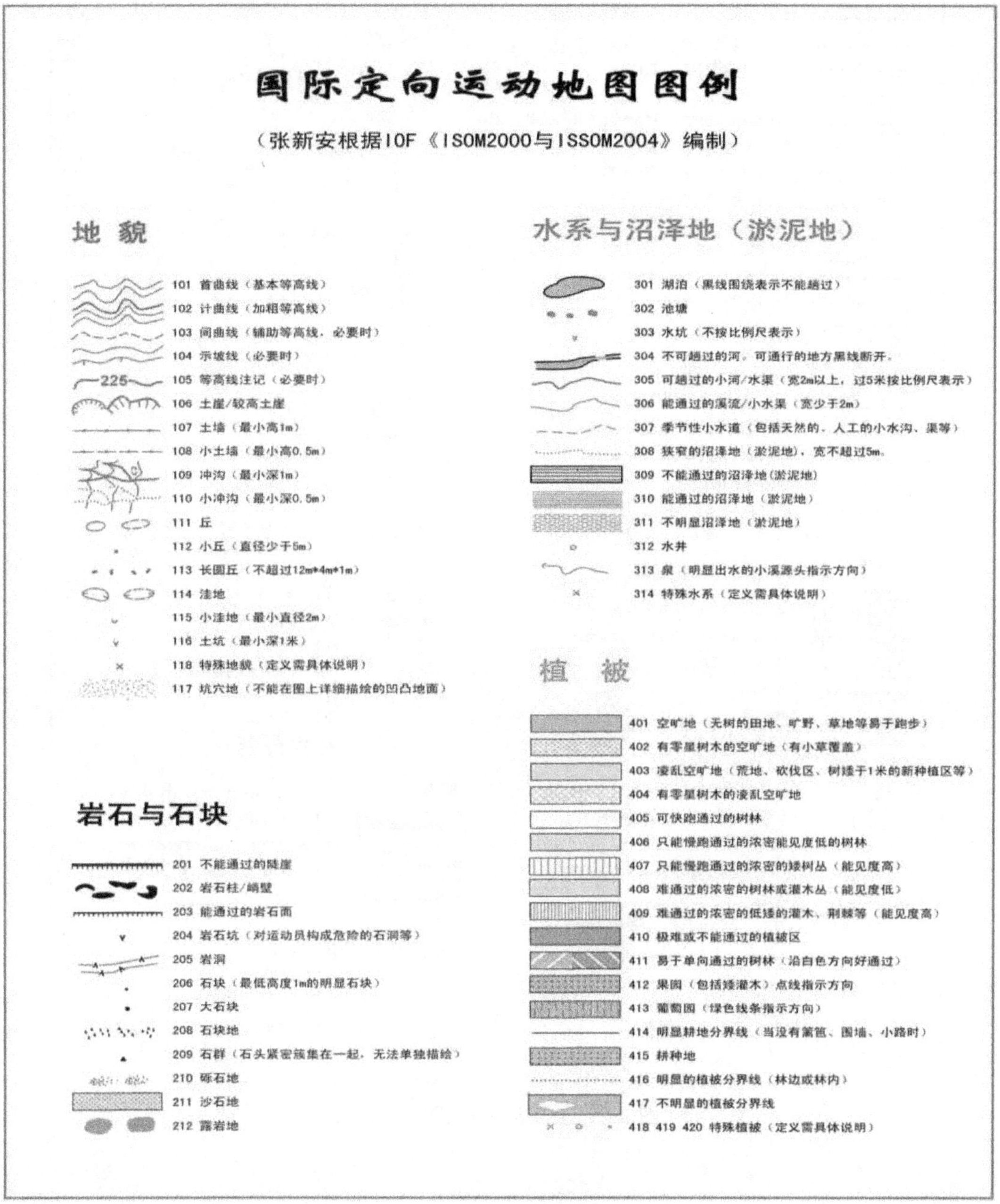

图 2-1 定向运动地图图例规范 1

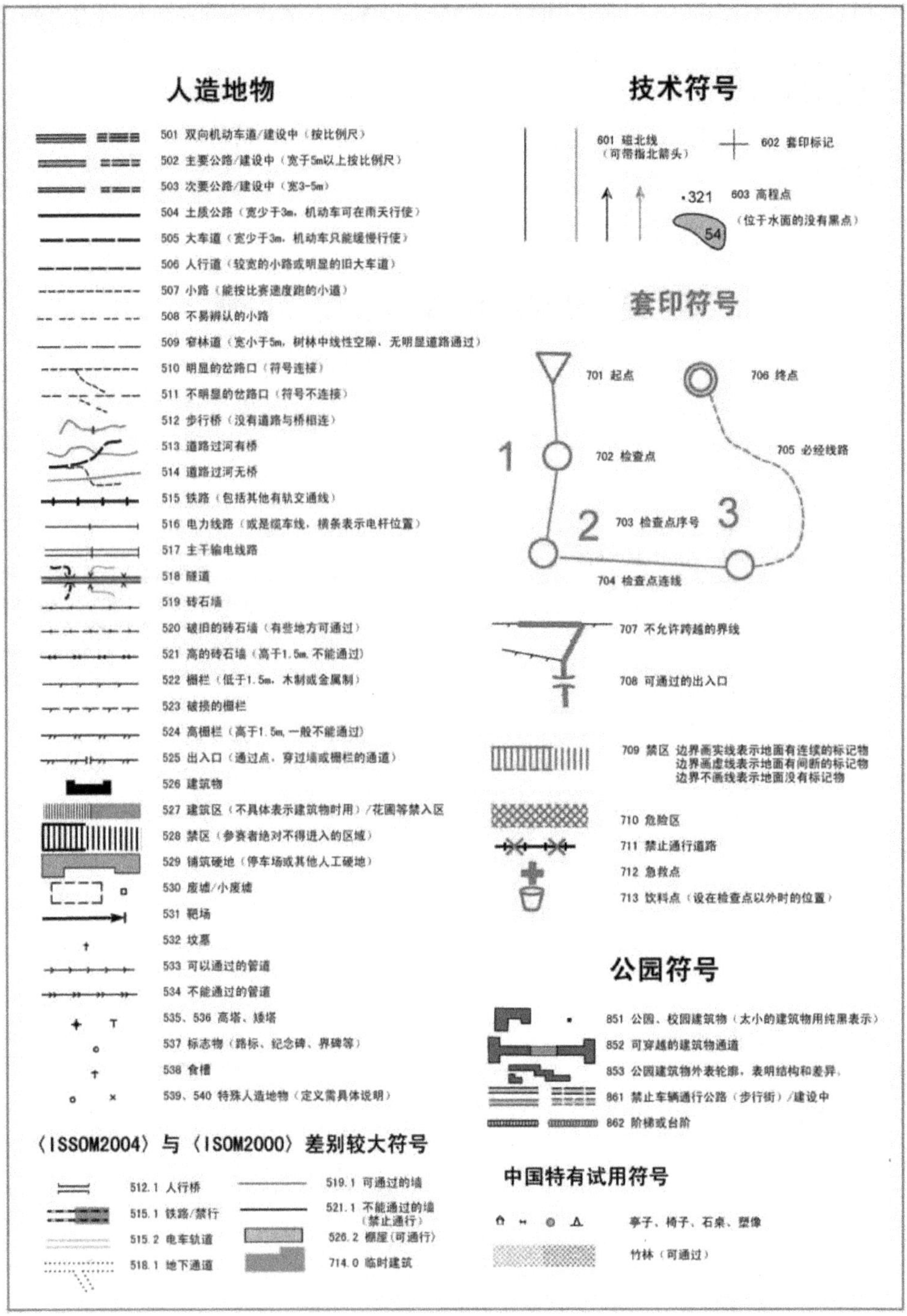

图 2-2 定向运动地图图例规范 2

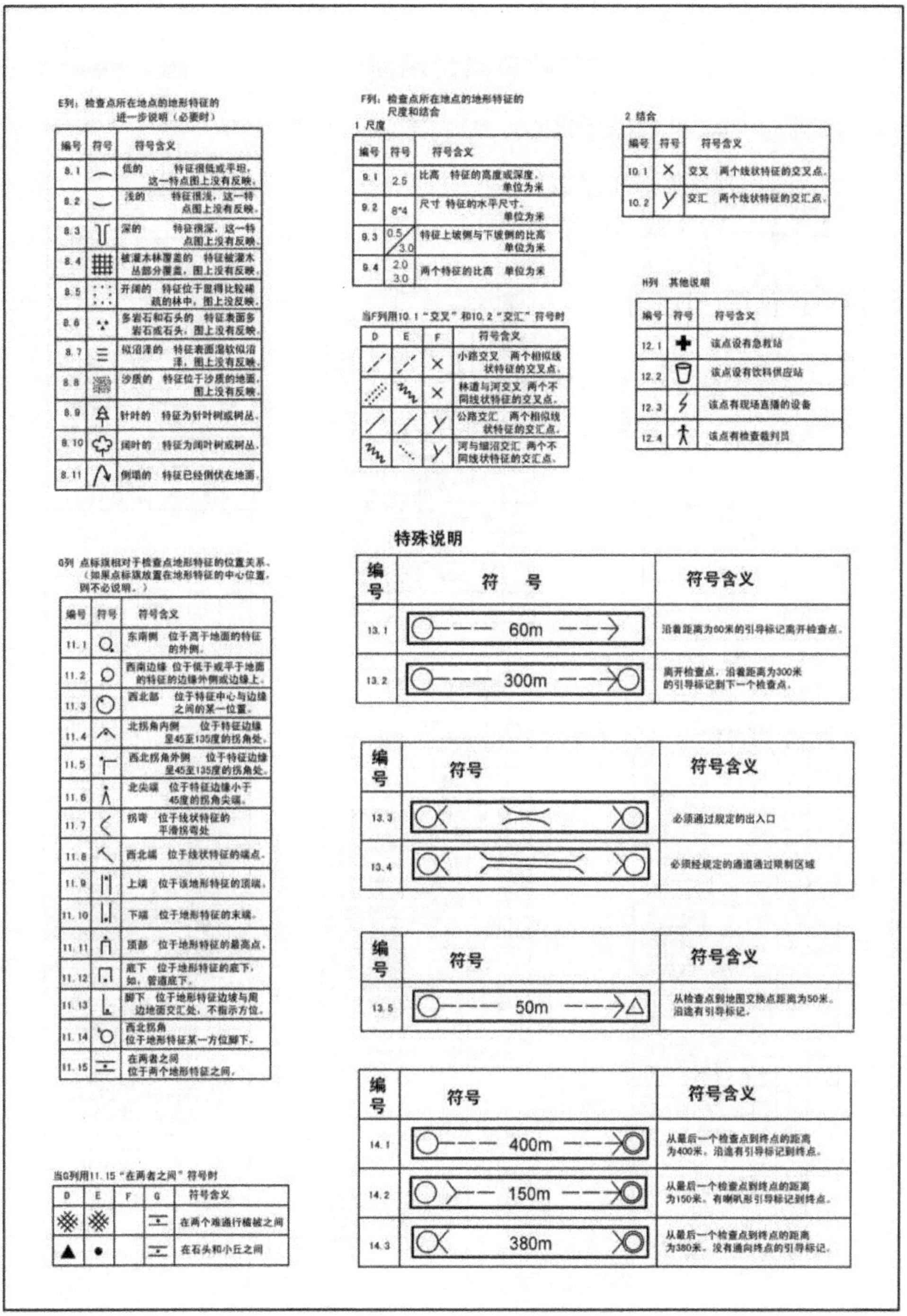

图 2-3 定向运动地图图例规范 3

IOF检查点说明简介

张新安　王翔编

检查点说明表是IOF为世界各国定向运动员提供一套无需语言翻译就能够准确理解检查点有关信息的符号体系，运用这套符号体系构成的一条定向比赛路线的简短的精确说明表，包括赛事名称、组别、比赛路线代码、直线距离和爬高量、起点、各检查点、必经路线、终点等信息的说明。

检查点说明表主要分为表头、起点说明、各检查点说明和终点说明这几部分。

1. 表头：说明比赛名称、路线组别、路线号、路线长度和爬高量等内容
2. 起点说明：说明比赛起点的位置
3. 各检查点说明：按检查点序号描述检查点特征，点标旗与检查点特征间的位置关系，由A-H 8个栏目组成
4. 终点说明：指出最后一个检查点到终点的距离，及两点间是否有标记物

A	B	C	D	E	F	G	H
2	32				8*4		

各列的定义

A 检查点序号。除积分赛外，要按序号到访检查点。
B 检查点代码。标示检查点的号码，大于30的数字。
C 相似特征中的哪一个。当检查点圆圈内有两个以上相识特征时用。
D 检查点地形特征。位于检查点圆圈正中心的地形特征。
E 外观细节。需要对检查点地形特征作进一步说明时用。
F 尺度或结合。给出特征的尺寸；或两个特征结合信息。
G 点标旗位置。点标旗和打卡器位于地形特征的相对精确位置。
H 其它说明。对参赛者有重要意义的其他说明。

C列：圆圈内两个以上相似特征中的哪一个？

编号	符号	符号含义
0.1		北边的
0.2		西南边的
0.3		上面的
0.4		下面的
0.5		中间的

D列：检查点所在地点的地形特征
1. 地貌符号

编号	符号	符号含义
1.1		台地　山坡上出现的一小块明显平台。
1.2		山凸　山坡上出现的一小条明显凸起。
1.3		山凹　山坡上低凹的部分。
1.4		陡坡　与周围地面发生明显变化的陡坡。
1.5		采掘场　开采石头、沙土等的开采地。
1.6		土墙　凸出在地表面上狭长的土质墙。
1.7		冲沟　受雨水冲刷形成的深沟壑，通常没有水。
1.8		小冲沟　受雨水冲刷形成的小沟壑，通常没有水。
1.9		山丘　能在图上用等高线表示的地面凸起。
1.10		丘　不能在图上用等高线表示的明显地面凸起。
1.11		鞍部　相邻两个山头之间的象马鞍状的凹部。
1.12		洼地　地表面凹下去的部分。
1.13		小洼地　小而浅的凹地。
1.14		坑穴　地表有明显陡边的凹地。
1.15		坑穴地　地表明显的不能单独表示的小凹地。
1.16		蚁穴　由蚂蚁或白蚁建造的土堆。

D列：检查点所在地点的地形特征
2. 岩石和石头符号

编号	符号	符号含义
2.1		陡崖 悬崖　能通行或不能通行的陡崖或悬崖。
2.2		岩柱　高的，天然岩石突起。
2.3		山洞　岩面上或山边的洞穴，多为地下施工的出入通道。
2.4		石头　显著的独立岩石或石头。
2.5		石头地　分布着太多石头而无法单独描绘出来的区域。
2.6		石群　簇集在一起的，无法单独描绘的小而明显的石头群。
2.7		砾石地　被众多小石头或小岩石覆盖的区域。
2.8		露岩地　没有土壤和植被，可奔跑的岩石区域。
2.9		隘路　两个相对的陡崖或岩面间的间隙。

D列：检查点所在地点的地形特征
3. 水系符号

编号	符号	符号含义
3.1		湖　通常情况下不能通行的大面积的水域。
3.2		池塘　小面积的水域。
3.3		水坑　有水的坑或洼地。
3.4		河、溪、水道　天然的或人造的，水流动或静止的水道。
3.5		季节性小水道　天然或人造的，季节性有水的小水道。
3.6		细沼　不能用沼泽符号来描绘的狭窄的沼泽或细流。
3.7		沼泽　带有沼泽植被的永久性的湿地。
3.8		硬地　沼泽地中或两块沼泽地之间的非沼泽硬地部位。
3.9		井　明显的有水的竖井，通常有人造的结构围起来。
3.10		泉　水道的源头，有明显水流流出。
3.11		贮水池　贮水用的人造容器。

D列：检查点所在地点的地形特征
6. 特殊符号

编号	符号	符号含义
6.1		特殊特征　符号的定义必须在赛前公告中提供给参赛者。
6.2		特殊特征　符号的定义必须在赛前公告中提供给参赛者。

D列：检查点所在地点的地形特征
4. 植被符号

编号	符号	符号含义
4.1		开阔地　无树的区域，草地、牧场、旷野、荒野等。
4.2		半开阔地　带有零星树木或灌木丛的开阔地。
4.3		林地的拐角　林地延伸进入开阔地部分的拐角或尖端部位。
4.4		林中空地　指林中没有树木的小空地。
4.5		难通行植被　小片浓密的树木或下层丛林，难通行区域。
4.6		难通行林带　人工密种成线状的难穿越的树篱或灌木林。
4.7		地类界　两类不同的树林或灌木林之间的明显分界线。
4.8		独立树丛　开阔地中的一小片树林。
4.9		突出树　开阔地或林中与众不同的单棵树，可给出类别。
4.10		树桩　树被砍伐留下的部分树干或余下的根部。

D列：检查点所在地点的地形特征
5. 人造地物符号

编号	符号	符号含义
5.1		公路　水泥、沥青、碎石铺面或土质路面的公路的公路。
5.2		小路　可供人、农用车或越野车行驶的路。
5.3		林道　树林间明显的线状间隙。
5.4		桥　通过水道或其它线状特征的通道。
5.5		输电线　电线、空中索道或吊索等高空线状特征。
5.6		电线杆　输电线、空中索道或吊索等的支架。
5.7		隧道　从底下穿过公路或铁路的通道。
5.8		石墙　石质界墙，或石头铺面的墙。
5.9		栅栏　金属或木制等材料制作的围栏或边界等。
5.10		通过点　穿过或跨越墙、栅栏等的出入口。
5.11		建筑物　直立的砖头、木质、石质等材料建造的。
5.12		铺筑地　人工铺筑的硬地。
5.13		废墟　废弃了的建筑物遗迹。
5.14		管道　地面上的输气、输水和输油等管道。
5.15		塔　高的金属、木质或砖头结构的塔。
5.16		狩猎台　固定在树上，供射手或观测者坐的结构。
5.17		界碑或石垒　人工的石堆，用作界碑，纪念碑和三角点等。
5.18		饲料架　喂养动物的饲料架
5.19		碳灰地　木炭燃烧过的地点。
5.20		纪念碑、雕像等纪念标志物
5.23		走廊　室内过道或穿过建筑物的路。
5.24		阶梯　至少有两个台阶的阶梯。

图 2-4　定向运动地图图例规范 4

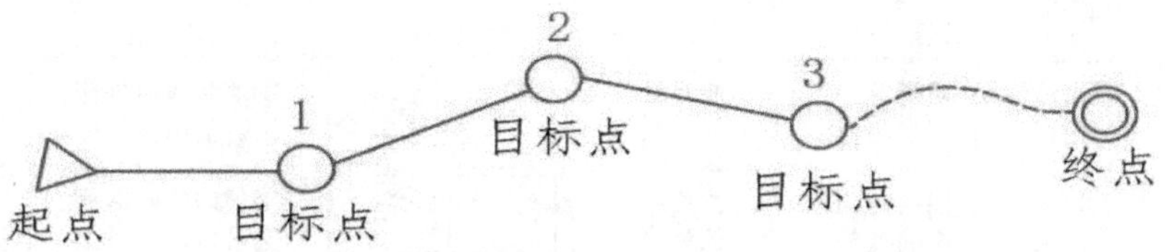

图 2-5　定向路线简图

3. 点标（详细信息）说明

如果在比赛场地上设有许多的点标旗，那么选手如何分清找到的是不是他（她）的路线上应该找到的正确点标呢？每一位选手在出发前都会得到一张点标说明（有时也会印在地图的下面或侧边）。这张说明给出了点标的详细信息，包括点标的确切位置和具体编号（当有多条路线时）。在一些大型的比赛中，如省级或国家级的比赛，应使用国际定向联合会点标说明标准。

（六）地图上的等高线和等高距

等高线指地形高度的差距，能够准确地描绘山谷、山背等地形特征，在定向运动中，能读懂等高线对参赛选手有很重要的作用（图 2-6）。图上的每条等高线都是实地等高线的水平投影；既描绘出地貌的轮廓，也表示出地貌的起伏。在同一条等高线上，各点的高度相等。在同一幅地图上，同一等高距的条件下，等高线越多，山体就越高，高等线越少，山体就越低；凹地的等高线则表示深浅。等高线间隔越小，实地坡度越陡，等高线间隔越大，实地坡度越缓（图 2-7）。

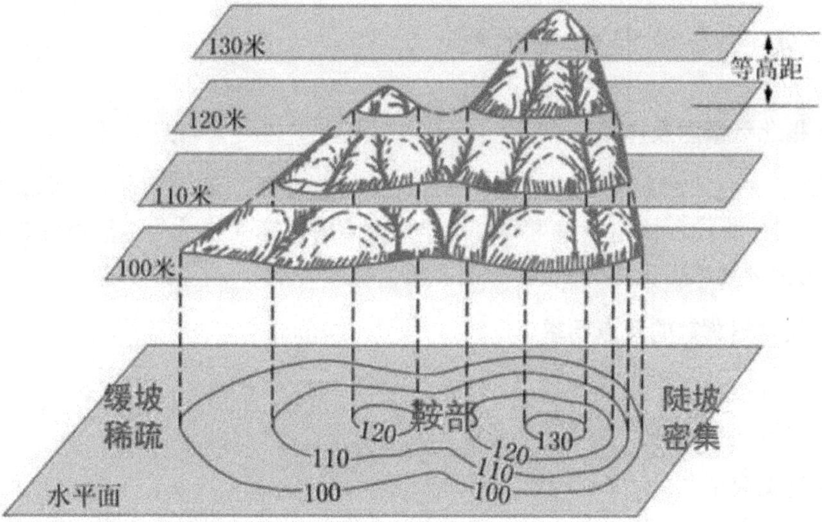

图 2-6　等高线

地形	地形特征	等高线形态	等高线图	判读方法
山峰 山丘	四周低中间高闭合	曲线外低内高	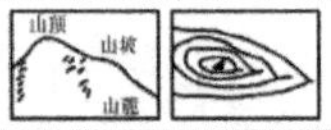	①坡向线向外侧 ②数值内高外低
盆地 洼地	四周高闭合中间低外高	曲线内低外高		①坡向线向内侧 ②数值内低外高
山脊 (分水岭)	从山顶向外伸出的凸起部分	等高线向低处凸	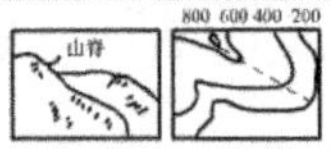	①等高线凸向低处 ②脊线高于两侧
山谷 (干谷、河谷)	山脊之间低洼部分	等高线向高处凸	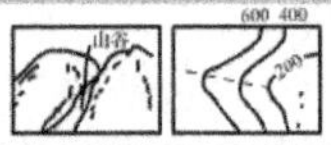	①等高线凸向高处 ②谷线低于两侧
鞍部	相邻两个山顶之间呈马鞍形	一对山脊线	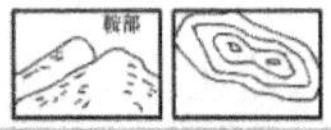	两山峰之间
陡崖	近于垂直的山坡	多条等高线重合叠在一起		①等高线重合 ②根据陡崖符号

图 2-7　等高线规则

等高距是相邻两个水平面之间的垂直高差，定向越野地图中等高距通常为 2~5 米，不同的地图等高距不同，但在同一张地图上不允许使用两种等高距。

（七）地图上的检查点说明表

检查点说明表主要作用是明确地指示检查点特征物、检查点点标与该特征物之间的相对位置关系，用以说明检查点点标在地貌、地物的具体位置。在比赛中，参赛者根据这一说明系统，结合地图，可以迅速地找到检查点。

二、定向运动中的指北针

（一）指北针概念及作用

指北针是定向越野最重要的工具之一，指北针刻度盘红色指针永远指向北方。指北针主要用途有标定地图、确定行进方向、确定站立点等。指北针分为：刻度盘指北针、拇指指北针、拇指刻度盘指北针（图 2-8、图 2-9）。

（二）使用指北针的两点要求

1）左手握持，水平放置；

2）前进方向箭头保持在身体正前方。

（三）注意事项

在使用指北针的时候我们需要注意以下几点：

1）指北针不要离铁、磁性物质太近；

2）不要将磁针的 S 端与 N 端混淆，以免造成误判；

3）使用前要检查磁针是否灵敏。

军用指北针

普通指北针

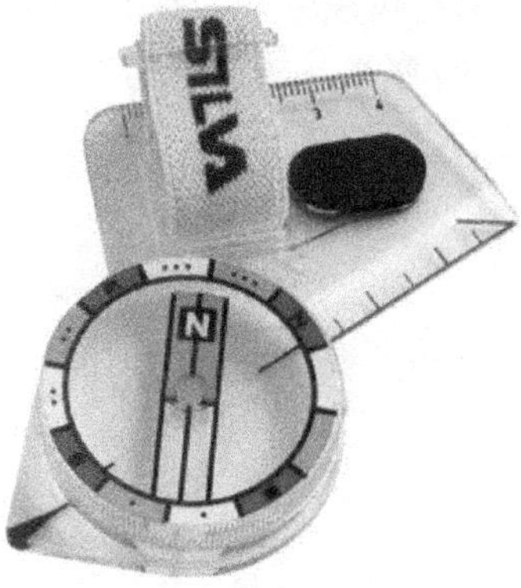

定向越野专业指北针

图 2-8　指北针

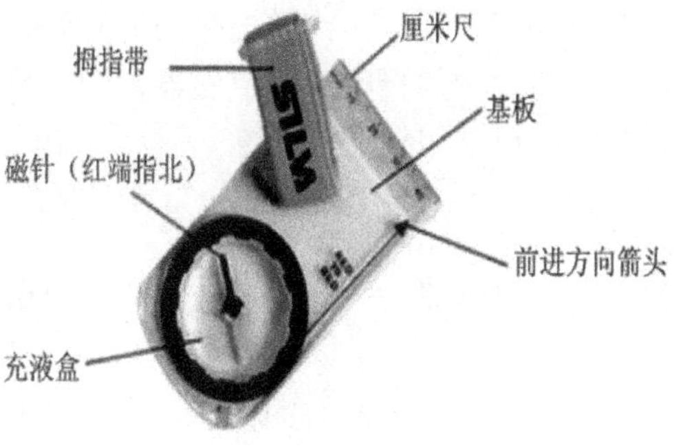

图 2-9　指北针的构成

（四）使用指北针定向的具体方法

一般，我们参加定向运动，都会使用拇指式指北针。将拇指式指北针戴在左手的拇指上，蓝色箭头冲外。指北针的红色指针为磁针，指向北，红色箭头为前进方向箭头。指北针须水平放置，远离金属与磁性源。

怎么用指北针确定前进方向呢？在地图上能确定自己站的位置，并知道要寻找地图上下一个点标后，可以按照下面三个步骤来进行。

1）地图放水平，指北针水平放在地图上。指北针的边缘与站立点和目标点之间的连线平行或重合。

2）使指北针和地图保持一个整体，水平放置。转动身体，直到指北针的红针与地图的北方向一致、磁针与磁北线平行。（注意针盒底部的海底线要与地图上的指北线平行，且针盒底部的箭头需与地图指北线方向相同）。

3）标定地图后，指北针的前进方向箭头或所指的方向即为下一个目标点的方向。

三、定向运动中的点标旗

定向越野点标旗是用于检验运动员按规定到达规定的点而设置的标志。它由三面标志旗连接组成，每面正方形小旗，沿对角线分开，左上为白色、右下为橙色，国际标准的点标旗尺寸为 30 厘米 ×30 厘米 ×30 厘米。旗于通常要编上代号，以便选手在比赛时根据旗上的代号来判断自己是否找到了正确的检查点。

四、定向运动中的打卡器

打卡器是与检查点配合起作用的，它提供给运动员一个到达位置的凭据。打卡器分为机械打卡器与电子打卡器。

（一）机械打卡器

机械打卡器是运用针孔打卡机，在打卡纸上打孔，以此来确定运动员们是否到访各个打卡点。

（二）电子打卡器

电子打卡器主要由点签器和指卡组成，点签器分为清除站、起点站、终点站、任务站和主站。打卡时，运动员仅需将手中的指卡靠近点签器，当听到哔哔声或看到打卡器上的红灯闪烁时，其到访及到访时间已被记录。

（三）操作程序

定向比赛一般使用的是电子打卡系统。运动员应将指卡佩戴在手指上，并按以下程序进行打卡。

1）选手出发前打“清除”，清除卡中原有的信息，并打“核查”来检验指卡是否已经清查。

2）出发时拿地图，打“起点”，比赛开始计时。

3）比赛中途按比赛要求按顺序找到每一个检查点，并在相应检查点的“打卡器”上打卡，读取到达该检查点的时间。

4）回到终点打卡，比赛结束。

5）到主站上打卡，领取个人成绩条。

五、定向运动的基本技术

要完成一条完整的定向越野路线需要几个步骤。简单来讲就是我在什么地方—去什么地方—怎样过去，这是三个最基本的步骤，接下来就由我来给大家讲解定向运动中所必须掌握的技术——读图技术。读图技术有四部分组成：标定地图、确定站立点、确定行进方向、按地图行进。

（一）标定地图

标定地图有以下四种方法：概略标定、指北针标定、利用直长地物标定和利用地形地貌标定。

1. 概略标定

概略标定是相对简单的一种方法，大家都知道哈，地图上的方位是：上北　下南　左西　右东。当我们实地正确的辨别方向之后，只需将地图的上方对应实地的北方，地图即可标定。

2. 指北针标定

定向地图上红色粗线条表示磁北线，箭头指向地图的上方，我们在利用指北针进行标定地图时，通过转动地图，使指北针上的红色指针与地图上磁北线的方向重合或平行。由于指北针和地图上的磁北线都是红色的，所以也称此种方法为“红对红”或“北对北”。

3. 利用直长地物进行标定

直长地物是指：比较长的线状地物，如：铁路、公路、沟渠、高压线等。方法如下：在地图上找到这段直长地物；转动地图，使图上的直长地物与实地的直长地物方向一致；对照两侧地形，使地图上与实地各关系点的位置相符（图 2-10）。

图 2-10　利用直长地物进行标定

4. 利用地形地貌标定

从地图上找到自己的明显地形点位置（即本人所在站立点）时，可以利用它来标定地图。方法如下：首先选择一个图上与实地都有的明显地形点（目标）然后转动地图，使图上的站立点至目标的连线与实地的站立点至目标的连线相重合，此时，地图即标定（图

2-11）。

备注：地图对照地形的顺序一般是：大而明显的地形—一般地形—由近及远，由左至右，由线及面—逐段分片，有规律地进行对照。

（二）确定站立点

标定完地图接下来我们要完成的是：确定自己在地图上的站立点，那么怎么来确定呢？有以下几种方法教给大家。直接确定、利用位置关系确定和利用交会法确定。

图 2-11　利用地形地貌标定

1. 直接确定

这个方法相对其他方法来讲比较简单。当自己所处的位置是在明显的地形点上时，只需从中找出该地形点，站立点即可被确定（图 2-12）

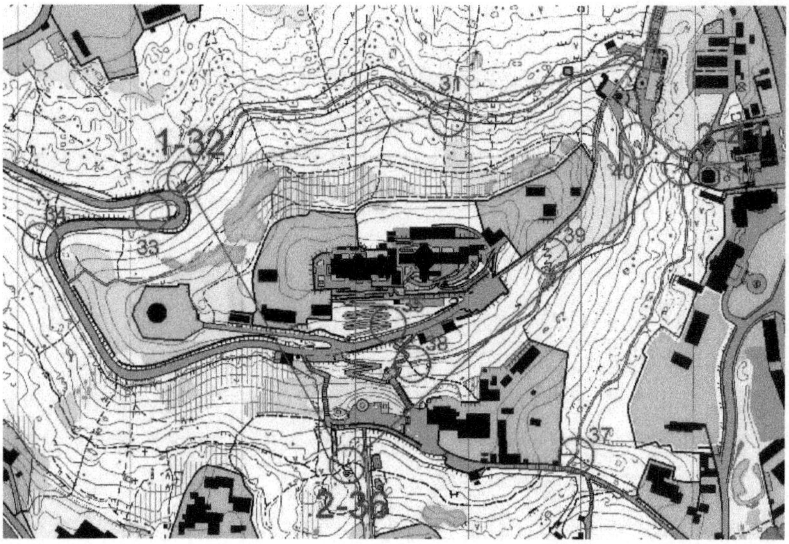

图 2-12　直接确定

2. 利用位置关系确定

当站立点位于明显地形附近时，可以利用位置关系来确定站立点。在这里需要考虑到两个因素：站立点至明显点的方向；站立点至明显点的距离。在地形起伏明显的地方，还可以结合高差情况进行判定。

3. 利用交会法确定

当站立点附近无明显地形点时，可利用此方法确定站立点。这种方法不需要判断或者测量距离也能比较准确地确定站立点。当你站在线状地形上时：例如我面前的是主干道，在与运动方向相垂直的方向能够找到明显的标志物，即可利用此方法确定站立点（图 2-13）。

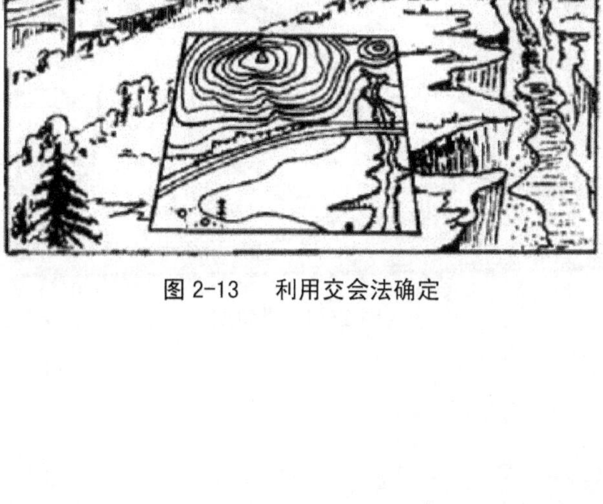

图 2-13　利用交会法确定

（三）确定行进方向

完成标定地图，确定站立点，接着我们便来确定行进方向：先将指北针直尺边切于目标方向线，指北针上的方向箭头指向要到达的位置；指北针和地图水平放置于面前，转动身体，使指北针上红色指针的方向与地图上磁北线的方向一致；指北针上方箭头所指方向即为前进方向。

（四）按地图行进

标定完地图，确定完站立点，确定了自己的行进方向，前期的铺垫工作都已经做完，最后一步就是按地图行进。路线选择即决定从一点到另一点要走的路线。选择一条好的路线能够极大地提高行进的安全性以及最大限度地减少体能的消耗。在选择一条最佳比赛路线时，选手需要根据每一段赛程的具体情况，综合判断是否能发挥，如何发挥自己的技术、战术或体能优势。简单地说应符合四个条件：省时间、最安全、省体力便于发挥自己的技能或体能优势。这里教给大家以下几种方法：借线法、沿地形、地貌行进法、拇指辅行法、一次记忆运动法、攻击点技术、偏向瞄准法。

1. 借线法

利用线状地形，如道路、栅栏、高压线等作为行进的“导引”，沿着线状地行走犹如扶着楼梯的栏杆走（图 2-14），因此又有人称此法为“扶手法”。

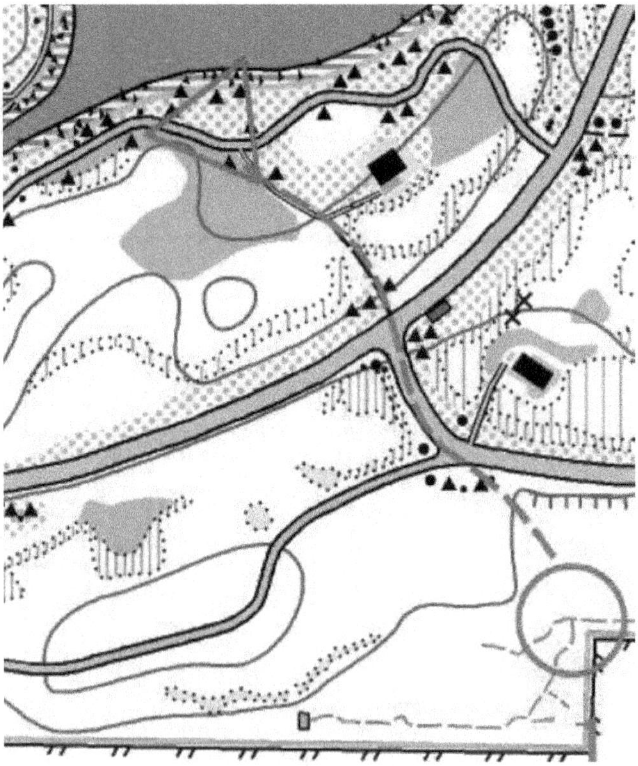

图 2-14　借线法

2. 沿地形、地貌行进

下面这个技术是必须掌握的一项基本技术。沿地形、地貌行进。地形地貌如河流、围墙、小路等，明显地形物如房屋、独立树、雕塑及高压线等，这些都可以提供给参赛者安全、便捷的路线。方法如下。

根据所跑路线顺序，分段、连续或一次性的记住前进方向上经过的地形点、两侧的特征物等，使实地不断与记忆内容“叠影”、印证，做到“人在地上跑，心在图上移”。

3. 拇指辅行法

先明确站立点、路线、目的地，接下来转动地图，标定地图，使地图与实地方向一致，以左手拇指压于站立点上（此时可把你的拇指想象成你自己站在图上），然后开始行进。行进过程中要根据自己所到达的位置不断移动拇指，转动（标定）地图，始终保持位置、方向的连贯性与正确性（图 2-15）。即“人在地上走，指在图上移”。

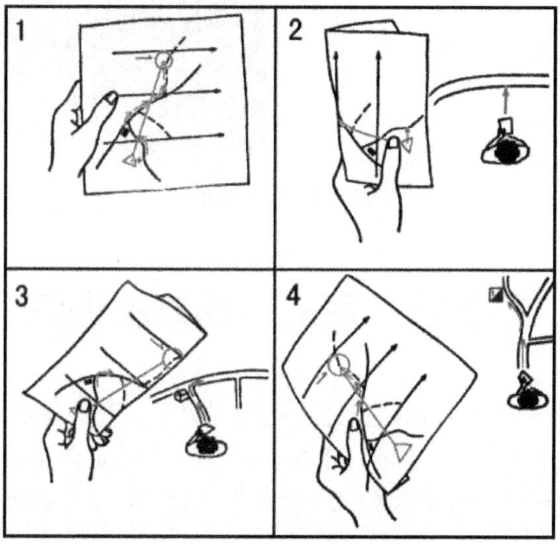

图 2-15　拇指辅行法

我们在行进过程中，需要注意：

1）在经过岔路口等地方时，应及时进行图地对照；

2）当发现走错路的时候，应立即对照地形，回忆所有走过的路，判断出走错的位置和距离，再根据实际情况另选路线或返回后继续行进。

4. 一次记忆运动法

技术全面、经验丰富的选手，为了取得更理想的比赛成绩，还可采用“一次记忆运动法”。这种方法是：在出发点，把在地图上选择的从出发点到 1 号检查点的最佳行进路线，一次性记在脑子里，行进中按记忆的路线运动。未到达 1 号检查点之前，在地图上选择好从 1 号检查点到 2 号检查点的最佳行进路线，又一次性记在脑子里，这样在检查点“打卡”后，可立即离开检查点做连续运动。

5. 攻击点技术

先将实地比较明显的地物、地貌设为攻击点，然后根据这一攻击点与检查点的相对位置及距离关系寻找到检查点。

6. 偏向瞄准法

当目标点位于线性地图或地物附近，当无法准确直行到达时，为了控制好目标点，我们可以选择目标点附近较明显地物作为参照点。在行进中，快要抵达参照物时，需要确认目标点位于参照物的具体方位，再提前偏向目标点方向，就能准确找到目标点（图 2-16）。

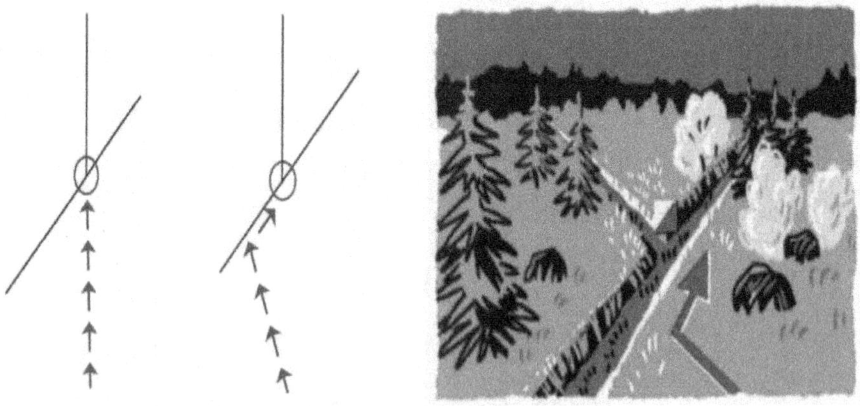

图 2-16　偏向瞄准法

第五节　定向运动素质训练

以上介绍了定向越野理论知识，但是定向越野更为主要的是要在实践中去掌握这些知识，需要参赛者发挥出空间思维想象。下面我们重点讲解定向越野在现实中的训练方法，主要从“关节稳定训练”“一般有氧耐力训练”“定向越野专项训练”“拉伸放松训练”四个方面进行介绍。

一、关节稳定训练

（一）踝关节稳定

1）单腿支撑训练：单脚踩实地面，另一侧腿自然弯曲抬离地面，上身腰背挺直，在距身体 50 厘米处前、左、右，放置标志物，按顺序分别触碰三个标志物，一组完成 10 次重复，交换腿进行训练，每侧腿完成 4 组。（重复次数可根据自身情况进行增减）

2）进阶 BOSU 球单腿支撑点地训练：在能够轻松地完成上一训练动作后，我们进行进阶训练。单腿站立在 BOSU 球上，双手叉腰，上身腰背挺直，另一侧脚按顺序进行前后左右方向点地，一组完成 8 次重复。每侧腿完成 6 组。（重复次数可根据自身情况进行增减）

3）单腿跳跃训练：在平整的地面上，用胶布画一个十字，单腿踩实地面，另一侧腿自然抬起，以胶布为分界，进行前后左右跳步，一组完成 15 个来回，每侧腿完成 4 组。（重复次数可根据自身情况进行增减）

（二）膝关节稳定

1）靠墙静蹲训练：背对一面墙，全脚掌踩实地面，双脚分开与肩同宽，脚尖微微外展，膝关节对齐脚尖方向，上背部，臀部紧贴墙面，大腿与地面平行，大小腿成 90°，双手交叉扶肩。根据自身实际情况，在感觉股四头肌有强烈酸胀感时再坚持 5 秒后结束一组训练，完成 6 组。

2）单腿跳箱蹲起训练：在身后放置高于膝关节的跳箱，单脚踩实地面，脚尖微微外展，整个训练过程中，膝关节始终对齐脚尖，另一侧腿自然弯曲抬离地面，上身腰背挺直，向下时，臀部轻点跳箱即向上发力蹲起。一组完成 15 次，每侧腿完成 4 组（组数可根据自身情况进行增减）。

（三）髋关节稳定

1）侧卧抬腿训练：侧卧于瑜伽垫上，下侧腿自然弯曲保持身体平衡，上侧腿膝关节自然伸直并固定，并抬高至与地面成 30° 角左右为起始动作，进行 30°~60°角之间的运动，一组完成 15~20 次，每侧腿完成 3 组（组数可根据自身情况进行增减）。

2）仰卧单腿臀桥训练：仰卧于瑜伽垫上，一侧脚位于膝关节正，踩实地面，膝关节对齐脚尖，臀部发力将身体抬起，从侧面看，肩髋膝成一条直线，并保持住。另一侧腿自然弯曲抬起，做屈伸动作。每组在动作标准的前提下，完成尽可能多的次数，每侧腿完成 3 组（组数可根据自身情况进行增减）。

二、一般有氧耐力训练

接下来我们介绍一般有氧耐力训练，一般有氧耐力素质是定向运动运动员完成比赛的保证，采用持续训练法对一般有氧耐力素质的提高有显著效果。

具体方法如下。

场地：一般选择操场、公路等平整的人工路面。

训练距离：根据所参加比赛的距离决定，为比赛距离的 2~3 倍。

运动强度：将心率控制在最大心率的 80%~85%。

最大心率 =220- 年龄

训练时间：1~1.5 小时。

三、定向运动专项训练

以上是定向运动的基础训练，如果从运动项群理论角度出发，定向运动属于体能类耐力主导项目，奔跑的片段化，赛道障碍物的多样化，需要良好的方向感和读图记忆能力是其主要特点，针对这些特点，我们需要对定向运动员进行以下专项训练。

1）速度耐力训练。训练内容：单次采用 400~1 000 米快速跑。训练组数：8~15 组。负荷强度：心率保持在 180 次 / 分钟左右。间歇时间：给予运动员充分的恢复时间。

2）绝对速度训练，定向运动比赛中，在最后时刻，运动员需要进行最后的冲刺来获得较好的成绩。训练内容：单次全速奔跑少于 40 秒。训练组数：3~5 组。训练强度：运动心率在 190 次 / 分钟左右。间歇时间：不充分，心率下降到 120 次 / 分钟时进行下一组训练。

3）模拟环境训练：训练时，在训练场地上，设置各种比赛时可能出现的障碍，运动员在奔跑的同时需要通过这些障碍再继续前进，提高运动员障碍跑的能力。

4）法特莱克跑：一种快跑和慢跑交替进行的中长跑训练方法，在奔跑中插入一系列不定时间、不定距离的加速跑，甚至快速冲刺，运动员可以根据自己的感觉决定加速或放松。

场地：空气新鲜的地方，如郊区、公园、树林、山地等。

四、拉伸放松训练

训练结束后以及赛后，我们需要对相应的肌肉进行针对性的拉放松与拉伸，提高肌肉的伸展性与弹性，防止在运动中肌肉因伸展性降低而受伤。拉伸放松一共有 6 个部位：股四头肌、股二头肌、臀大肌、腰肌、小腿三头肌、阔筋膜张肌和髂胫束。

第六节　定向运动中常见运动损伤与应对措施

定向运动是在不同的地形环境中进行的一项户外体育项目，通常在野外进行，要爬山和穿越等，没有特定的路线，也没有提前设置的路标指示，只有地图和辨别方向的指北针，运动员只有凭借自身使用地图和指北针的能力来独立完成比赛，所以有很多不可预知的因素。因此，专业的定向运动组织、培训教育者会加强定向训练、教学和比赛中的安全教育，让每一个参与者掌握一定的应对突发安全事故的能力，确保定向运动能安全有序地开展。

我们在开展定向运动中一般常见的安全事故问题有：皮外伤、踝关节扭伤、摔伤、肌肉痉挛（抽筋）、昆虫及野生动物伤害、中暑等。

一、皮外伤

皮外伤包括擦伤、刺伤、划伤。在定向运动实践中参与者要穿越不同的地形，道路崎岖不平，乱石、杂草、树枝纵横交错且定向运动强度较大，行进速度快，容易发生摔倒，皮肤与地面摩擦或身体在攀爬穿越中与地物摩擦，或被带刺植物刺伤划伤。

措施：在活动前做相应的预防工作，穿戴有效的运动服装及护具等。如果发生相应皮外伤情况，对于面积不大的较干净的伤口只需用红药水或紫药水涂擦，不包扎。擦刺划伤面积较大，创面有异物污染，则要用生理盐水或凉开水冲洗伤口，再用消毒棉擦干，然后再涂上消炎软膏后并包扎。皮外伤严重者应紧急处理送医院医治。

二、踝关节扭伤

在定向运动实践中由于奔跑在崎岖不规则地形环境，跑步速度会时快时慢，踝关节是距离地面最近的负重关节，又是全身负重最多的关节，行进中由于地形和速度等的影响，很容易扭伤。

措施：在训练和活动时有所预防，增强踝关节周围肌肉力量，运动时佩戴合适的护具等，如果已经发生关节扭伤，需要做好两个方面的应急处理。一是现场急救。立即停止受伤踝关节的活动，足部高抬。尽早将冰袋敷于踝部扭伤处，约 20 分钟。然后可用绷带对受伤踝关节作 8 字交叉固定，去医院紧急治疗。二是伤后处理。伤后 24 小时，根据伤情可选用药物外敷、理疗和按摩。在踝关节周围用轻的推摩、揉理筋等手法按摩后，再用一手的拇指和食指分别夹持内、外踝间隙，另一手握足趾，在跖屈位作牵引，并在牵引下使足轻轻摇摆和内、外翻数次，而后背伸、跖屈，如此反复数次。

三、摔伤

除扭伤外，摔伤也很常见，有一般摔伤和严重性摔伤之分。前者主要是身体表皮或软组织受伤，以及开放性伤口。而严重性摔伤主要有深度开放性伤口、骨折、内部脏器受伤。其中最常见的是骨折，典型表现是伤后出现局部变形、肢体等出现异常运动、移动肢体时可听到骨擦音，此外，伤口剧痛，局部肿胀、淤血，伤后出现运动障碍。

措施：无论是否有出血或疼痛现象，原则上，对摔伤者不要轻易采取移动措施，也不要乱揉，否则可能加重伤势。首先，要观察和判断。观察摔伤的情景、伤情和部位，以判断是否有骨折等严重摔伤。其次，果断及时采取措施。对于开放性伤口要把留于皮下、伤口内的杂物清除，再根据实际情况使用外敷药物涂于患处。如果没有流血，尽量不要使用能和伤口真皮粘合的材料如绷带、纱布等物，否则，不利于伤口愈合。如颅脑损伤及其他重要脏器损伤，要密切注意神智和全身状况的变化，并迅速送往就近医院抢救。

四、肌肉痉挛（抽筋）

在复杂的场地和路线上快速跑动体能消耗比较大，尤其是小腿部位一直处于运动状态。因此，运动员在定向运动中很容易出现肌肉痉挛，俗称抽筋。引起肌肉痉挛的原因很多，常起因于肌肉运动时间过长，长时间重复一个动作，使肌肉过度疲劳，或是肌肉受到冷刺激，或是在运动前没有足够热身动作而突然剧烈运动。中暑引起大量出汗导致体内丢失钠盐过多，也常引起小腿肌肉痉挛。

措施：对肌肉痉挛的处理，一是主动伸展或被动拉直痉挛的肌肉，并可作按摩松解痉挛或作热敷松懈肌肉紧张。对小腿肌肉痉挛，自己可努力伸直腿站起来，身体可稍向前倾，可使小腿肌肉伸展。也可以坐在地上，伸直膝关节，使小腿肌肉努力伸展，并按压足趾使其背屈，同时按摩小腿肌肉。如因大量出汗引起小腿痉挛，应及时喝下大量淡盐水。

五、野生动物及昆虫伤害

在山地场所的定向运动中，最常见的是蛇咬伤和野蜂蜇伤。如果所选择的场所要经过蛇类栖息的草丛、石缝、枯木、竹林、溪畔或其他比较阴暗潮湿处，运动员往往遇到被蛇咬伤的情况。密林、草丛或灌木往往是野蜂的巢穴，一旦野蜂受到惊扰就会向人发起攻击，引起伤害事故。

措施：首先要注意预防，如可在身体衣物部位喷洒加入雄黄的酒精用于驱赶蛇等。如出现被蛇咬伤的情况时，首先应判断是否为毒蛇咬伤。通常伤口上有两个较大和较深的牙痕为毒蛇咬伤。无牙痕并在20分钟内没有局部疼痛、肿胀、麻木和无力等症状，则为无毒蛇咬伤。只需要对伤口清洗、止血、包扎。若有条件再送医院注射破伤风针即可。

蜂类喜欢在草丛和灌木中。运动员发现蜂巢应绕行，最好穿戴浅色光滑的衣物，因为蜂类的视觉系统对深色物体在浅色背景下的移动非常敏感。如果有人误惹了蜂群而招致攻击，唯一的办法是用衣物保护好自己的头颈，反向逃跑或原地趴下。如果被蜂蜇，可用针或镊子挑出蜂刺，但不要挤压，以免剩余的毒素进入体内。然后用氨水、苏打水甚至尿液涂抹被蜇伤处中和毒性。可用冷水浸透毛巾敷在伤处，减轻肿痛，最后送到医院进一步治疗。

六、中暑

在闷热的夏季，运动员在山区或密林中开展定向运动容易中暑。中暑按病情轻重可分为先兆中暑、轻度中暑及重度中暑。先兆中暑主要是出现头晕、眼花、耳鸣、恶心、胸闷、心慌、无力、口渴、大汗和四肢发麻等表现；轻度中暑，除了有先兆中暑的表现外，还有面色潮红或苍白、恶心呕吐、气短、大汗淋漓、脉细弱、体温在38摄氏度左右，此时已有循环衰竭早期表现；对于重度中暑，除了具有上述先兆中暑和轻度中暑表现外，并伴有其他更加严重的症状，此时由于机体受高温环境严重影响，加上机体自身适应力下降，使重度中暑者的表现较复杂。高温环境对机体影响是多方面的，按高温对机体的不同作用方式，以及机体当时的生理条件，可引起不同类型的中暑病理变化。

措施：无论哪种中暑情况，应先将中暑者移至通风阴凉处休息，将其头部垫高，松解衣扣，在现场准确判断中暑类型，并采取相应措施。

1）中暑及轻度中暑者，饮用含盐饮料、茶水、绿豆汤等，服用人丹，藿香正气水等。将清凉油、风油精涂在中暑者的太阳穴或前额部，也可以用冰袋外敷额部或腋窝部，并用电风扇吹风。

2）对于重度中暑者如果意识清楚，现场口服含盐饮料，头部要用冷水或冰袋降温，以保护中枢神经系统，再去医院做静脉注射补液。若出现昏迷，则用指甲掐人中使其清醒，并饮用含盐饮料，同时送医院作进一步治疗。

综上所述，定向运动没有固定场地地形环境、路线也没固定路线，参与者要在陌生的环境奔跑，使其具有一定运动伤害的风险。因此，我们应根据其项目和伤害情况特点全面预防。预防主要手段包括运动前的准备，合理衣着鞋袜等；运动中主要注意针对不同地形路况采用不同跑跳方法等；运动后的应进行相应放松、营养和有效休息等。通过对定向运动中运动伤害的了解和预防，将有利于更多的人参与该项运动，并能帮助其提高训练效果和比赛成绩，从而推动定向运动更好的发展。

第三章　跳绳运动

第一节　跳绳运动概述

一、跳绳运动的起源与发展

绳子与我们日常生活密切相关，早在远古时期，绳子就是人类日常生活中最重要的工具之一，人们用绳子捆扎农作物、搬运物品、驱赶牛马等家畜。跳绳早在南北朝时期就已出现，唐代称跳绳为“透索”，明清时代，跳绳称为“跳百索”“绳飞”（图 3-1）。

图 3-1　跳百索

明朝的《宛署杂记》记载：“以丈许长绳，两儿对牵，飞摆不定，难以凝视，若百索然，其实一索也。群儿乘其动时，轮跳其上以能过者为胜，否则为绳所律，听掌绳者以绳击之以示罚，名曰跳百索。”百索之名是因绳索摆动后似百条绳在动之故，最早是孩子们在春节时兴的一种游戏，所谓“跳百索”，就是因为当绳飞转时，可以幻成千百条，而顾名思义。跳绳称为“绳飞”，大概是由于绳子转动，像是在空中飞动，所以得名。

明朝时《帝京景物略》中说：“二童子引索略地，如白光轮，一童子跳光中，曰：‘跳白索’。”“跳白索”又称“跳百索”；《幽州风土吟》书中说：“太平鼓，声冬冬，白光如轮舞索童，一童舞索一童歌，一童跳入白光中。”这就是现代跳绳中的朋友跳。跳绳运动在清代相当盛行。清代儿童跳百索，经常用有节奏的歌谣加以伴唱，娱乐习惯很强。据清人蕃荣陛的《帝京岁时纪胜》中记录，在清代北京元宵节民间娱乐时，称跳绳为“跳百索”。济南府《府志》中载：“每年孟春正月元旦，儿女子以绳跳为戏，名曰‘跳百索’。”《松风阁诗抄》中也有诗记载：“白光如轮舞索童，一童舞索一童唱，一童跳入光轮中。”当时这种跳绳加伴唱的游戏，娱乐性很强。跳绳有单脚跳、单脚换跳、双脚并跳、双脚空中前后、左右分跳等多种方法，对促进少年儿童发展灵敏、速度、弹跳及耐力等身体素质，皆有好处。因此，跳绳运动一直流传至今。现在，跳绳已经发展成为集健身、娱乐、竞技、观赏为一体的体育竞技运动项目。

我国第一部跳绳竞赛规则《中国跳绳竞赛规则》早在2007年制定，它也标志我国的跳绳竞赛的开展并开始走向正规化。国家体育总局随后颁布了《全国跳绳大众锻炼等级标准》、《中国跳绳竞赛规则》，跳绳竞赛规则有了详细的评分标准，在跳绳竞赛发展中起着重要作用。我国在2010年首次参加世界跳绳比赛中取得了优异的成绩之外还把独创的“车轮跳”推广给全世界。2012年教育部出版的小学教材《体育与健康》中新增添了跳绳运动，并且我国中考体育测试项目中也含有跳绳测试。目前我国中、小学体育教学大纲均设有这一项跳绳项目，并且我国很多地区都有跳绳组织，部分地区还将跳绳运动作为该地区的特色运动项目，甚至部分小学以跳绳运动打造校园特色跳绳学校，现在许多省份成立了跳绳协会，无论从宏观的角度还是微观的角度来看，跳绳组织的产生，跳绳联盟的不断壮大无疑促进了我国跳绳运动的发展。

二、跳绳运动的价值

（一）健身价值

跳绳运动花样繁多、安全性高、简单易行，只需要一块平地和一根绳子就可以实现，但是一根小小的跳绳能够满足少儿、青壮年、中老年等人群的锻炼需求。儿童早期教育中可以将跳绳作为练习手段，促进儿童的健康发育，确立数字概念，提高记忆力，培养平衡感和节奏感，形成时间概念和方位感。另外，跳绳还非常适合中老年。跳绳对人体体质健康起到全面促进的作用，具体表现在：形态、素质、机能三大方面。

1. 改善身体形态

跳绳运动能够改善身体成分，表现为降低体脂和增加骨量等。跳绳会消耗大量的热量，减肥效果也十分显著，它可以紧实全身肌肉，消除臀部和大腿上的多余脂肪，使锻炼者的形体健美，并能使动作敏捷、重心稳定。跳绳运动还能增加骨量，增大骨密度，跳绳的主要动作为原地跳动和双手及手臂摇动，能使前臂肌肉得到充分的活动，桡、尺骨受到充分的肌肉牵拉，从而产生应变，骨量明显增加。跳绳运动对腰椎产生的运动负荷主要为地面的反作用力以及维持身体运动平衡有关肌肉的牵拉力等。虽然上体动作简单，腰部只需较小的力就能维持身体的运动平衡，但腰椎总是受到地面相应爆发性向上的反作用力，能使腰部受到强烈的生理压力，从而使腰椎受到一定的运动负荷而产生应变，增加骨量。另外，跳绳时双脚或单脚落地后，身体自重对下肢骨骼有一定的压力，从而能刺激骨质增长，促进儿童骨骼的成长发育。

2. 提高身体素质

跳绳是一项全身性的运动，不但能增强机体的有氧代谢功能，还可以使力量、速度、灵敏、耐力等各项身体素质全面提高，跳绳运动对身体素质的影响以协调性和力量方面更为突出。青少年儿童经常参加各种跳绳活动，可以使身体素质得到全面发展，所以，目前各中小学体育教学，常用跳绳作辅助练习。国外在运动员训练中也大多将跳绳作为发展弹跳力、提高身体素质的一种重要手段。

3. 改善身体机能

跳绳促进体质发展，体现在对心血管疾病的干预和防范。跳绳对心脏机能有良好的促进作用，它可以让血液获得更多的氧气，使心血管系统保持强壮和健康。跳绳是一项有益的体育锻炼方法，单纯性肥胖且血脂较高的少儿，通过跳绳，可以达到减轻体重，降低血胆固醇、甘油三酯（三酰甘油）的目的。跳绳能增强人体心血管、呼吸和神经系统的功能，增进人体器官发育，有益于身心健康，强身健体、开发智力、丰富生活。跳绳时的全身运动及手握绳对拇指穴位的刺激，会大大增强脑细胞的活力，提高思维和想象力，是健脑的最佳选择。研究证实，跳绳使人体器官、肌肉以及神经系统同时得到锻炼和发展，所以长期跳绳可以预防如糖尿病、肥胖症、骨质疏松、高血压、肌肉萎缩、高血脂、失眠症、抑郁症和更年期综合征等。

（二）休闲娱乐价值

休闲娱乐作为人的本能需求，是体育产生的原因之一。跳绳与人们的休闲娱乐活动有着密切的关系，游戏性是跳绳的重要特征之一。跳绳花样无限，不管是跳绳初学者，还是跳绳老手，丰富的跳绳技术及难易兼具的跳绳技巧都会给人带来无限创意和挑战不管是新的跳法，还是不同的花样组合，跳绳从来不会让人觉得枯燥乏味，只要肯动脑筋，并努力练习，随时可以体验到成功和进步的乐趣。娱乐是人的一种愉快的心理或精神体验，它是人类生活中不可或缺的重要内容。跳绳的娱乐性具有两重性：“娱己”和“娱人”。“娱己”是指跳绳者的自娱自乐；“娱人”则是指跳绳运动给观众带来观赏娱乐性，使观者在“观”与“赏”之间体味“乐”，满足娱乐的心理需求。娱乐是我国跳绳运动发展的主导价值取向，游戏、竞技是其休闲娱乐性的根本体现，跳绳融入中小学课程使其娱乐性得以充分展现，跳绳表演化又使其休闲功能得到进一步的发挥。

（三）社会价值

随着社会的高速发展，人民生活水平日益提高，文化生活越来越丰富，跳绳简便易学、灵活有趣、易于推广，为社区体育发展注入活力，它能促进和谐社会中个体的健康发展，协调社会生活感情，有利于营造公平、公正的社会氛围；它是有中国特色的全民健身体系中的重要部分，是学校体育改革发展的必然方向。跳绳运动对建立社会关系的积极作用在国内外得到认同。美国迪斯尼电影公司在 2007 年拍摄的跳绳主题励志电影一《跃动青春》，在创造票房佳绩的同时，鼓励青少年追求梦想、实践梦想，营造融洽和睦的家庭氛围、邻里关系和校园环境，通过跳绳技艺的沟通和传播，促进和谐人际关系的建立和保持。另一方面，跳绳活动对矫正破坏社会和谐稳定的行为以及消除不和谐社会隐患也有不可估量的作用。综上可知，跳绳不但可以减肥、健美形体，还具有竞技表演、休闲娱乐功能，更能改善心血管、呼吸和神经系统，预防各种疾病，还能调节情绪。

三、跳绳运动的术语

（一）绳具术语

绳具即为跳绳时使用的器具，跳绳的绳具种类较多，根据不同的分类原则可以分为以下几种。绳具根据绳子的长短可以分为短绳、中长绳和长绳。绳具根据绳具的材质可以分为棉绳、塑料绳、珠节绳、钢丝绳等。绳具根据绳具的功能可以分为计数绳、计时绳、卡路里绳等。绳具根据绳具的用途可以分为速度绳、花样绳等。绳具一般由绳柄、绳体及绳柄与绳体之间的连接装置三部分组成。绳柄为人手与绳子的接触部位，是绳具中重要的组成部分，在跳绳中具有非常重要的作用。绳柄可以使使用者手部免受磨损，同时有利于花样动作的完成。绳柄有长短之分，短绳柄一般用于动作较单一，两手打开于腰间及手部位置较为固定的动作，如单摇步法类动作；长绳柄一般用于动作较为复杂的花样动作，特别是手臂有交叉的动作，因为长绳柄延长了手臂长度，无形中缩短了手臂交叉幅度，从而提高了动作完成度。某些绳柄还添加了一些特殊装置，如机械计数器、电子计数器、电子计时器、能量测试仪等，从而增强了绳具功能。绳体是绳具的主体部分，决定了绳具的长短及使用效果。绳体的中间部位与地面接触，最好选用耐磨材料制作，且要保持绳体的平滑及重量均匀，一般不可在绳体上打结。绳柄与绳体之间的连接装置也是绳具的重要组成部分，它可以保证力量的有效传递，从而提高绳子的控制能力和绳体运行的完美弧度。目前国内国外绳具种类繁多，外形各式各样，功能各有不同，根据绳具的制作材料可以分为棉绳、塑料绳、珠节绳、钢丝绳等，下面做简单介绍。

1. 棉绳

棉绳（图 3-2）是使用最早的绳具，它取材简便，价格便宜，外形普通，一般无绳柄跳速度时较为笨重，并且容易卷曲。棉绳较易磨损，阻力较大。

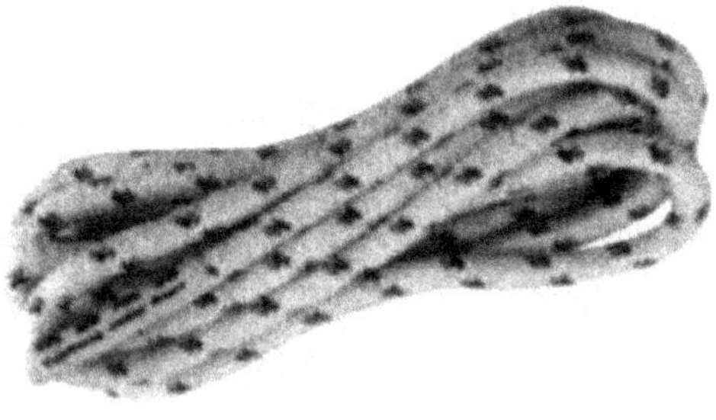

图 3-2　棉绳

2. 塑料绳

塑料绳（图 3-3）是用含有 PVC 或 TPU 成分的塑料制成的，直径一般为 3.0~5.0 毫米，优点是绳子价格便宜，重量较轻，可胜任速度跳及花样跳，缺点是当绳子速度较快时，绳体会变形拉长，并且容易卷曲，特别是天气较冷时，塑料绳容易变硬折断，使用前可放入热水中浸泡，擦干后使用。

图 3-3　塑料绳

3. 珠节绳

珠节绳（图 3-4）是用多个直径为 2.5~3.0 毫米的塑料珠节串在一起组成的绳子，也叫“拍子绳”，优点是外观绚丽，轻重适中，手感舒适，不容易卷曲，能胜任个人花样、车轮跳、交互绳等各类跳绳，绳子打地及珠节空隙与空气摩擦会发出声音，表演效果较好，是新手入门的最佳选择。

图 3-4　珠节绳

4. 钢丝绳

钢丝绳（图 3-5）是专门用来跳速度的，里面是很多根缠在一起直径为 0.6~0.8 毫米的细钢丝，外面是一层很薄的塑料，防止训练失误时抽伤身体，正式比赛时把外面塑料刮掉，柄上有一个特制的转轴，转动非常灵活。世界跳绳速度类项目比赛中，大多数选手都会选用钢丝绳。

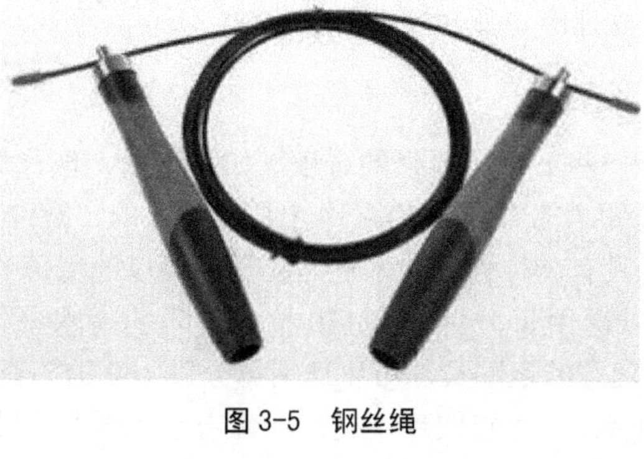

图 3-5　钢丝绳

（二）基本动作术语

跳绳在中国北方习惯称为“摇”，如单摇、双摇、三摇；中国南方习惯称为“飞”，如单飞、双飞、三飞。

四、休闲跳绳活动的注意事项

（一）绳具的选择

1. 绳的长度

对于跳绳者来说，合适的绳长是非常重要的，合适的绳长可以让手臂处于正确的位置，实现“力量节省化”，跳出更多更难的花样动作。初学者短绳长度可以用以下方法确定：以两脚并拢踩在绳子中间，两腿伸直，两手握绳拉直，绳柄于胸部最合适。绳的长度还要根据所跳花样及不同技术阶段来进行调节，如花样绳一般比速度绳稍长；随着跳绳者动作熟练程度及跳绳水平的提高，可以选用稍短一点的绳子，以便跳得更快及跳出更难的花样动作。朋友跳、车轮跳等两人或多人配合类单绳一般比个人绳稍长，以朋友跳为例，这类绳子的长度可以用以下方法确定：两人并排站立，每人外侧手各持一绳柄，两人伸出内侧脚踩住绳子中间，绳柄达到两人胸部位置为佳。3 人交互绳长度一般为 3.6~4.0 米，4 人交互绳长度一般为 4.2~4.8 米，长绳类可根据跳绳者人数及动作来选择绳长。

2. 是否容易卷曲

选择绳子另外一个非常重要的因素就是需要考虑绳子是否容易卷曲。好的绳子不容易打卷，摇动时能够保持饱满的弧度，同时给跳绳者充足的跳跃空间，不容易缠脚，可以增加跳绳成功率，减少失误。

3. 绳柄设计

最后一个需要考虑的重要因素就是绳柄的设计。绳柄的长短、粗细应适中，外观漂亮，手感舒适；另外，绳柄与绳体的连接处旋转要顺畅，容易控制绳子的速度及形状；最后，绳柄应容易拆卸，方便调整绳子长度。

（二）服装的选择

跳绳时最好穿一些轻便舒适、透气性较好的运动服装，服装不要过于宽松，以免影响跳绳动作的灵活性。初学者可以穿长裤及长袖服装，以防动作失误时绳子打到自己。另外，女士练习跳绳时最好穿适合运动的内衣。

跳绳时最好穿不容易挂绳、弹性较好的运动鞋，不可以穿高跟鞋和坡跟鞋。

（三）音乐的选择

在跳绳时，可选用一些节奏感较强的音乐，如摇滚乐、现代舞音乐、健美操音乐等。无论选择哪种音乐，能跟着音乐的节拍跳绳才是最重要的，跳绳是一项节奏感很强的运动，音乐可以使跳绳更具有韵律性和艺术性。初学者可以选用每分钟 120~125 拍的音乐；中等水平的跳绳者可以选用每分钟 125~130 拍的音乐；高水平跳绳者可以选用每分钟 130~135 拍的音乐；更优秀的运动员，可以选用每分钟 160 拍的音乐。不同水平的跳绳者最好选用能随之跳跃的音乐，不过快也不过慢，音乐速度适中，以能够跟随音乐“与绳共舞”为佳。

（四）场地的选择

普通跳绳对场地要求不高，只要能摇开绳子，地面平坦、柔软即可，但是要练习难度较高的跳绳，最好选择塑胶或木质地板等有弹性的场地，以减少运动损伤。硬质水泥地不适宜长时间跳绳，跳绳者可以使用跳绳垫（如瑜伽垫）或做简易跳绳台，来保护身体和室内地板。跳绳垫的大小根据所练习动作而定，动作幅度较小的动作可以选择面积较小的跳绳垫，如基本单摇跳步法花样，可以使用 1.2 米 ×1.2 米的跳绳垫；动作幅度较大的动作可以选用面积较大的跳绳垫，如俯卧撑花样，可以使用 2 米 ×2 米的跳绳垫。儿童简易跳绳台长 1.8 米、宽 0.9 米，厚 2.2~2.6 厘米左右的木板，两侧再制作 5 厘米高的脚。成人则使用长 2.4 米、宽 1.2 米、厚 2.8~3.3 厘米的木板。

（五）呼吸要求

呼吸在跳绳过程中是非常重要的，但很容易被忽略。跳绳时应注意动作与呼吸的配合，保持呼吸通畅，不可憋气，也不可长时间大口喘气，憋气会导致缺氧，大口喘气会使身体水分过快流失。良好的跳绳节奏有助于呼吸的调节，跳绳时要尽量动作配合呼吸，保持呼吸均匀通畅。不要紧张，紧张会引起心跳过快，进而导致呼吸节奏紊乱，影响练习效果。长时间或大强度跳绳后不要马上停下来，更不可马上躺下或坐下。跳绳使人体所有肌肉都得到活动，跳绳结束后身体应慢慢放松下来，可以选择放松走动，等心率恢复后做一些拉伸动作。

（六）跳绳安全

对于任何一项运动来说，安全都是最重要的。初学者特别是老人及小孩以及曾经受过伤或有病史的初学者，在从事一项运动之前先进行体质测试，以确定是否适合做此项运动。

第二节　跳绳运动的基本技术

一、单人跳绳

（一）基本跳（并脚跳）

1. 动作方法

两手握住绳柄，绳置于身后，由前向后摇动绳子，当绳子摇至脚前瞬间，并脚跳过绳子（图 3-6）。

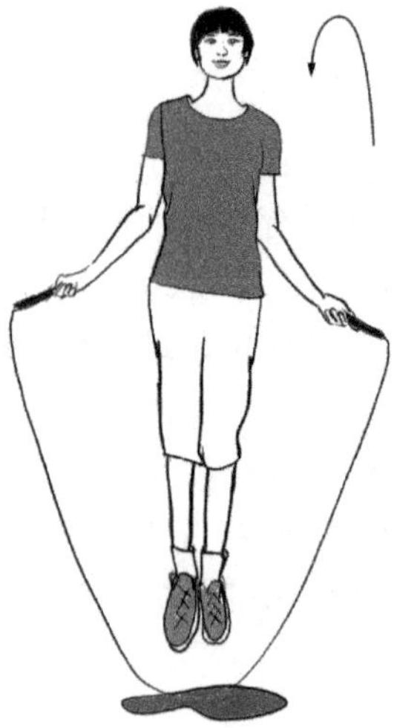

图 3-6 基本跳

2. 技术要领

甩绳时，两大臂夹紧，小臂自然下垂至髋关节两侧，绳柄指向身体外侧，旋转手腕将绳子甩动起来，初学者可以用小臂配合手腕转动。

起跳时，双腿尽量放松、伸直，避免出现前踢腿和后踢腿的动作；落地时膝关节微屈，缓冲落地后的冲击力；

整个并脚跳过程中眼睛平视前方，保持正常呼吸，有节奏的跳动。

3. 练习方法

1）无绳练习。徒手模仿整个跳绳动作，体会连续并脚跳和手腕甩绳的动作。

2）甩绳练习。将两个绳柄拿在一侧手上，由后向前摇动绳子，让绳子在身体侧面甩动。

3）跳空绳练习。两手各握一根绳子，由后向前摇动绳子，当绳子打地的瞬间自然跳起。

4）完整动作练习。初学者可以先从单个动作开始练习，逐渐增加连续跳绳的次数。

（二）双脚交换跳（速度跳）

1. 动作方法

在基本摇绳姿势的前提下，两脚依次做抬起、落地的踏步动作，每只脚落地前都要过一次绳子（图 3-7）。理论上，双脚交换跳是速度最快的一种跳绳方法，因此世界跳绳比赛规则中规定运动员 30 秒速度单摇跳、3 分钟耐力单摇跳等单摇跳速度比赛中必须使用双脚交换跳动作。

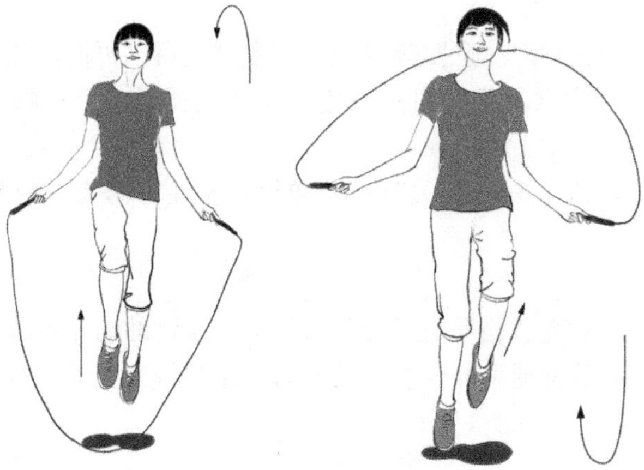

图 3-7　双脚交换跳

2. 技术要领

1）做双脚交换跳时，两手腕自然放松、有节奏地摇绳，手脚配合做到一摇一跳、一摇一抬腿。

2）要避免出现后踢腿和前伸腿的动作，想象双腿做小幅度的高抬腿运动，踝关节和膝关节放松，落地时前脚掌先落地。

3. 练习方法

1）无绳练习。不拿绳，做徒手动作练习，体会双脚交换跳的动作过程。

2）单脚跳过渡练习。找不到双脚交换跳节奏的同学，可以尝试一只脚跳 3 次再换另一只脚跳 3 次，熟练后再尝试两次一换，逐渐过渡到一次一换。

3）完整动作练习。初学者可以先尝试速度较慢的双脚交换跳，保持节奏稳定，熟练后逐渐加快双脚交换的频率。

（三）开合跳

1. 动作方法

两手持绳由后向前摇动绳子，当绳子过脚置于空中时，两脚跳跃向两侧打开，膝盖微微弯曲。当绳子下一次快打地时，双脚合并跳绳过绳一拍一动 . 完成开合跳（图 3-8）。

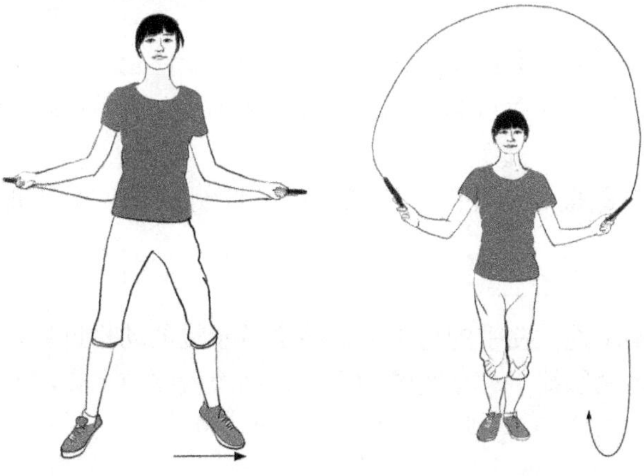

图 3-8　开合跳

2. 技术要领

1）做“开”的动作时，注意要等双脚在空中过绳后，再向两侧打开。

2）做开合跳时，注意两手腕自然放松、柔和地摇绳，手与脚的节奏注意做到一跳，一开，一合。

3）做开合跳时，踝关分与膝关节注意放松，控制好节奏与时机，做到前脚掌着地，富有弹性。

3. 练习方法

1）徒手练习。不拿绳做徒手的开合跳，体会开合跳的动作过程。

2）完整练习。再熟练徒手开合跳的动作后，拿绳做完整动作练习。

（四）弓步跳

1. 动作方法

两手持绳由后向前摇动绳子，当绳子过脚置于空中时。两脚分开成前后弓步动作；当绳子下一次打地快过脚时，双脚并拢跳过绳。一拍一动，左右两边各一次，完成弓步跳（图 3-9）。

图 3-9　弓步跳

2. 技术要领

1）做弓步时，前后幅度不宜过大，以免脚勾到绳子。

2）做弓步跳时，注意两手腕自然放松、柔和地摇绳，手与脚的节奏注意做到一摇一跳，一弓一并。

3）做弓步跳时，踝关分与膝关节注意放松，控制好节奏与时机，做到前脚掌着地，富有弹性。

3. 练习方法

1）徒手练习。不拿绳做徒手的弓步跳，体会弓步跳的动作过程。

2）完整练习。再熟练徒手弓步跳的动作后，拿绳做完整动作练习。

（五）滑雪跳

1. 动作方法

在基本摇绳姿势的基础上，摇绳过脚后两脚在空中向左方并脚落地为左，反之为右，左右连续交替跳动即为滑雪跳（图 3-10）。

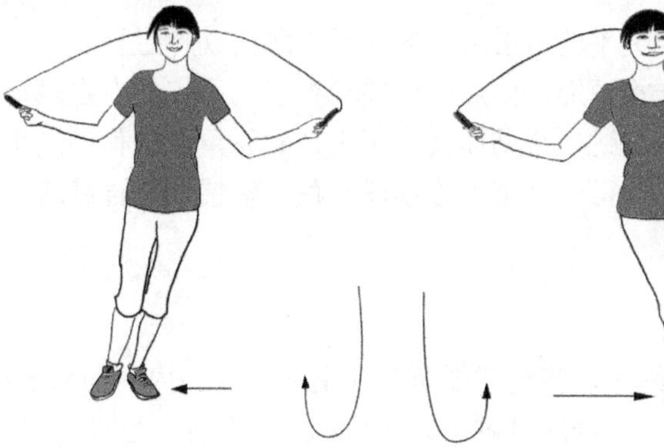

图 3-10　滑雪跳

2. 技术要领

手臂保持基本摇绳姿势，上体保持在原垂直面跳动，脚步左右跳动。左右落地位置距离起始点约为一脚距离。

3. 练习方法

1）徒手练习：不拿绳做徒手的滑雪跳，体会滑雪跳的动作过程。

2）跳空绳：两手各持一根短绳，由后向前摇动绳子，脚步做左右跳动作。

3）单个动作练习：每次只跳一个动作就停下来，熟练单个动作的过程。

4）连续动作练习：熟练后可尝试练习连续滑雪跳，慢慢增加连续跳的次数。

（六）提膝跳

1. 动作方法

在基本摇绳姿势的基础上，摇绳过脚同时一腿做提膝动作，支撑腿跳起后伸直，再次跳跃过绳后，两脚并步落地，两脚交替进行练习（图 3-11）。

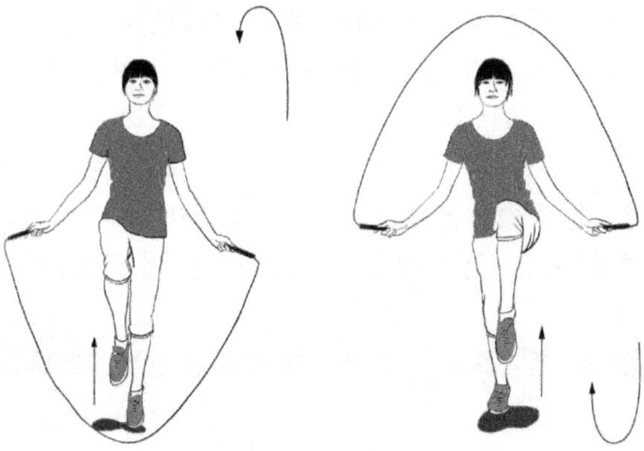

图 3-11　提膝跳

2. 技术要领

1）手臂保持基本摇绳姿势，上身挺直。

2）提膝腿脚面绷紧，中心在支撑腿上。

3）大腿抬平，上身与大腿、大腿与小腿约成 90°。

3. 练习方法

1）徒手练习：不拿绳做徒手的滑雪跳，体会滑雪跳的动作过程。

2）跳空绳：两手各持一根短绳，由后向前摇动绳子，脚步做左右跳动作。

3）单个动作练习：每次只跳一个动作就停下来，熟练单个动作的过程。

4）连续动作练习：熟练后可尝试练习连续滑雪跳，慢慢增加连续跳的次数。

（七）交叉跳

1. 动作方法

两手持绳由后向前摇动绳子，当绳子摇至头前上方，绳子内前向后摇动时，两手交叉于腹前，双脚或单脚跳过绳子，绳通过脚下再次甩到身体前面时立即打开，做一个基本跳动作，基本跳与交叉间隔练习（图 3-12）。

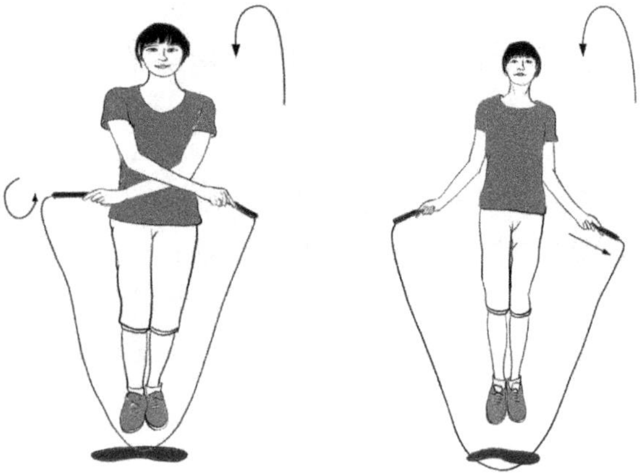

图 3-12　交叉跳

2. 技术要领

1）在做体前交叉时，两手腕交叉贴紧，手腕贴紧腹部。

2）两手腕交叉后，手腕要继续向下向后摇动绳子，跳过绳后继续向上向前甩，直到两手打开。

3. 练习方法

1）无绳交叉练习。徒手做体前交叉的动作，体会整个动作的过程和交叉的位置。

2）持绳交叉不过绳练习。持绳做交叉的动作，把绳子甩到自己的脚前，体会交叉时绳子画弧的过程，

3）完整练习。做一次基本跳、一次交叉跳的间隔练习，熟练后可尝试连续交叉跳。

（八）双摇跳

1. 动作方法

两手握住绳子两端绳柄，绳置于身后，手腕快速甩绳，两脚同时起跳，同时使绳子绕过脚下两次，也就是绳子绕身体两周，然后两脚同时落地，甩绳时绳子可不打到地（图3-13）。

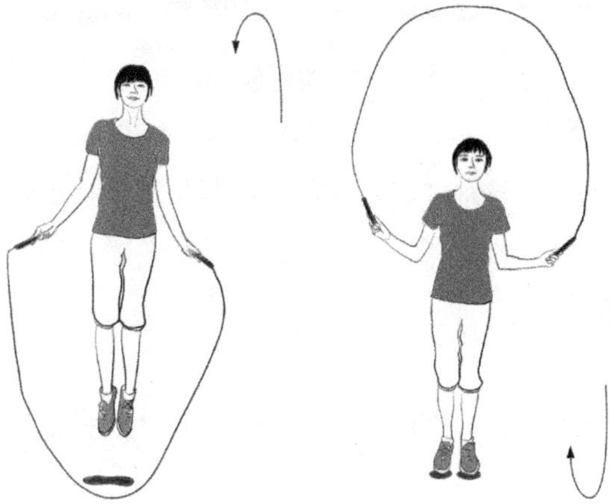

图 3-13 双摇跳

2. 技术要领

1）两脚稍前后站立，易于掌握平衡；前脚掌压地后自然弹起。

2）在做双摇跳时，起跳高度要稍高一点，甩绳速度要快。

3）整个过程全身处于放松状态，在空中时膝盖可微微弯曲，但不可出现前伸腿和后屈腿的动作。

3. 练习方法

1）无绳练习。徒手做整个过程的模仿练习，找到起跳和手腕快速转动两圈的节奏。

2）单摇和双摇交替练习。做两次单摇和一次双摇的交替练习。

3）连续双摇练习。

二、双人跳绳

（一）带人跳

1. 动作方法

带人者持绳，两人协调配合，绳子同时过两人身体即为完成一个动作。两人可面对面站立，也可同向站立，跳绳者可位于带跳者体前或体后，可同跳单摇跳或双摇跳（图3-14）。

图 3-14　带人跳

2. 技术要领

两人要节奏一致相互配合，持绳者可主动前伸或后伸手臂，加长绳的半径，更好地完成带人跳绳动作。

（二）两人一绳并排跳

1. 动作方法

两人并排站立（同向或异向），各握一绳柄，同时由后向前摇动绳子，当绳子摇到脚前时，两人同时起跳过绳（图 3-15）。

图 3-15　两人一绳并排跳

2. 技术要领

两人节奏一致，相互配合，可从同向并排两弹一摇并脚跳开始练，过渡至一弹一摇并脚跳、踏步跳，熟练后可练习并排双摇跳。

（三）两人一绳轮流跳

1. 动作方法

两人并排站立，各握绳子一端把柄、同时摇动．依次轮流跳绳的动作称为两人一绳轮流跳（图 3-16）。

图 3-16 两人一绳轮流跳

2. 技术要领

跳绳者注意进绳时机，绳子打地时进绳；配合者注意给跳绳者“送绳”到位，手臂做侧摆绳动作。

三、跳长绳

（一）原地跳长绳

1. 动作方法

原地跳长绳是指跳绳者（一人或多人）预先站在跳绳位置上，摇绳者开始摇绳，当绳至跳绳者脚下时，跳绳者跳跃过绳。原地跳长绳时跳绳者站在两个摇绳者的中间，在绳的一侧，排成一路纵队，面向一位摇绳者。开始时可由一人发令，摇绳者一起向同一方向摇绳，跳绳者同时起跳，让绳子通过脚下。摇绳者连续摇绳，跳绳者连续跳绳。

2. 动作要领

初学者可以选择用稍长一点的绳子，可以先练习荡跳绳，即摇绳者持绳沿地面左右摇动，跳绳者跳过左右摆动的绳子，绳向两侧摆起至腰部的高度为宜，熟练后绳子摇转一周，连续跳绳。初学者可以先面对摇绳者跳绳，这样能够看到绳子的运动轨迹和摇绳者的动作，便于更好地掌握节奏，等熟练后可面向绳子外侧。

（二）长绳绕“8”字

1. 动作方法

甩绳的两人持一长绳面对面站立，其余跳绳者在一名摇绳者身体侧面站成一路纵队。第一个人进绳，跳跃一次，直线跑出，绕过另一名摇绳者，准备再次进绳跳跃。接着第二个人进绳，同样跳一次后跑出，绕过另一名摇绳者排在第一个跳绳者身后，以此类推，一个接一个进绳、跳绳、跑出。长绳绕“8”字是一项常见的跳长绳比赛项目，普及面非常广。一般要求在 3 分钟内，2 名运动员同时摇一根长绳，其他 8 名运动员依次以“8”字路线绕过摇绳队员，并尽可能多地完成跑跳进出绳。

2. 动作要领

首先，跳绳者要掌握进绳时机，初学者可以看到绳子打地瞬间进绳，熟练后可以在绳子经过面前后立刻进绳。其次，跳绳者要清楚运行路线，跳绳者站立起始点为摇绳者体侧，尽量靠近摇绳者，以绳子刚好碰不到摇绳者为宜，沿斜直线运动，经过另一摇绳者身侧出绳；再次，要掌握好起跳点，进绳后起跳点尽量在绳子中间，落地在绳外，且出绳后要迅速前冲，离开绳子的运行区域；最后，跳绳者之间的衔接非常重要，后一位跳绳者要盯紧前一位跳绳者，前一位跳绳者进绳时，后一位跳绳者准备进绳，要做到思想集中，动作迅速。

第三节 休闲跳绳游戏

一、快快跳起来

1. 游戏方法

多人游戏，绳子的长度依参与人数而定。一人执绳，其他人以持绳人为圆心，呈圆形均匀分布。游戏开始后，持绳人逆时针（顺时针）甩起绳子. 横扫游戏者脚下，游戏者依次跳起，躲避绳子。被绳子扫到者出列担任甩绳执行人（图 3-17）。

图 3-17 快快跳起来

2. 游戏规则

1）持绳人可持 1~2 根绳进行游戏。

2）可规定游戏者的跳起方式，慢慢增加游戏难度，如单脚跳起，下蹲姿势跳起等。

3. 注意事项

1）持绳人须控制绳子的高度，绳子要处于游戏者膝部以下，绳子过高容易伤到游戏者。

2）身体不适者不宜参与。

3）绳子碰到或打到游戏者，持绳人必须马上停下甩绳，并换人继续游戏。

二、象限跳

1. 游戏方法

两人或多人游戏。单人跳绳的过程中，进行象限跳游戏。一人在跳，同伴跟随，如果失误或不能完成为输，可以不断交换角色进行游戏（图 3-18）。

1）口令："左、右、前、后"。

2）需要依次跳进相应的象限内，落地判定胜负。规定时间内胜多者为赢。

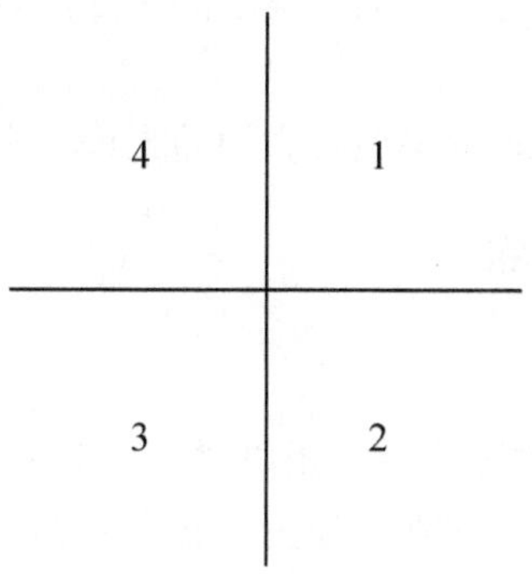

图 3-18 象限图

2. 游戏规则

1）在口令期间应不断进行跳绳。

2）允许空中改变方向等做假动作，以落地动作为断定胜负的依据。

3. 注意事项

1）跳绳速度适中，可用大臂甩绳，减缓绳子的速度，增加反应时间。

2）控制身体随绳子一起移动的距离，注意控制重心。

三、穿越隧道

1. 游戏方法

6 人参与游戏、5 人依次摇绳，1 人进行穿越，每经过 1 位跳绳者必须与其同跳 1 次。依次通过各位跳绳者后，到达队尾后成为最后一个摇绳者；第二人进行穿越，以此类推，直至最后一位跳绳者穿越全队游戏结束，用时少的队伍胜出（图 3-19）。

图 3-19 穿越隧道

2. 游戏规则

1）所有跳绳者要统一节奏。

2）穿越者应同大家保持节奏一致。

3）也可采用其他穿越方式，如利用跳绳转动的间隙通过，可不与跳绳者同跳。

3. 注意事项

1）跳绳速度适中；可以大臂甩绳加大绳子的空间，以便穿越者通过。

2）身体不适者不宜参与。

3）绳子碰到或打到游戏者时，跳绳者必须马上停下甩绳，重新调整跳绳节奏。

四、剪刀、石头、布

1. 游戏方法

两人或多人游戏。单绳跳的过程中，用脚进行“剪刀、石头、布”的游戏，落地时并脚站立视为出“石头”；两脚左右开立视为出“布”；前后开立视为出“剪刀”（图 3-20）。

1）口令为“剪刀、石头、布”，每一声口令跳一次绳。

2）需要用脚做出“剪刀、石头、布”相应的动作，落地时看谁赢。

图 3-20　剪刀、石头、布

2. 游戏规则

1）在口令期间，应不断进行跳绳。

2）允许空中改变步伐等做假动作，以落地动作为判定胜负的依据。

3. 注意事项

1）跳绳速度适中，可用大臂甩绳，减缓绳子的速度，增加反应时间。

2）注意节奏和停绳。

第四章　空竹运动

第一节　空竹运动概述

一、空竹运动的起源

空竹运动作为我国首批入选非物质文化遗产名录，它的起源却没有明确界定，纵览我国其他民俗传统体育运动或者历史文化遗产，通常是先有民间传说，后有文字记载；最初空竹作为宫廷玩物，后来传入民间并广为流传，特别在我国北方曾风靡于城乡百姓之中，一度成为家喻户晓的健身娱乐项目。

早在三国时期，曹植曾经写诗《空竹赋》； 在北宋时期，宋江看到有人玩胡敲，于是有感而发并赋诗一首：“一声低了一声高，嘹亮声音透碧霄；空有许多雄气力，无人提挈漫徒劳。”；到了清代对空竹的记载有了更多，坐观老人在《清代野记》中 记载：“京师儿童玩具，有所谓空钟者，即外省之地铃。两头以竹筒为之，中贯以柱，以绳拉之作声。唯京师之空钟，其形圆而扁，加一轴，贯两轮，其音较外省所制，清越而长。”清代《燕京岁时记》记载：“空竹者，形如车轮，中有短轴，儿童以双杖系棉线播弄之。”清代李若虹在《朝市丛载》中记曰：“抖空竹，每逢庙集，以绳抖响，抛起数丈之高，仍以绳承接，演习各样身段。”生动地记述了当时民间抖空竹的情景，可见在我国古代社会人们对空竹运动是多么的热爱。

二、空竹运动的发展

随着社会的进步、经济的飞速发展，空竹运动也在不断前进。随着人民生活水平的逐步提高、大众健身意识的增强，空竹运动深受广大中老年群体的喜爱。

随着我国改革开放经济的快速发展，人民的物质文化生活水平得到了极大提高，人们对于文化品位的提升和强身健体也有了更高要求，空竹运动又焕发了青春活力。近年来，空竹运动在全国各地得到了很大发展，特别是北京、天津、郑州、西安、石家庄、济南等地练习者众多且互有交流。随着空竹运动的不断发展，空竹运动开始了科学体系化的进程，如空竹的教程和规则的出台和完善等，各地也陆续举办不同形式的空竹艺术节、空竹比赛、空竹培训班等，其中，“中国保定—空竹艺术节”的成功举办，对空竹这一民族非物质文化遗产的交流与提高起到了积极的推动作用。

三、空竹运动的价值

（一）空竹运动的健身价值

空竹运动作为民俗传统体育项目，具有民族传统性，对参与者有极高的健身锻炼价值。空竹运动看似是简单的上肢运动，其实全身各个关节以及颈椎、腰椎都在不同程度地同时运动。空竹运动可以促进全身血液循环，提高四肢协调能力、灵敏性和平衡能力，增强神经系统的活动能力。神经系统活动能力的增强，可以有效缓解老年人焦虑和抑郁情绪，有效提高老年人睡眠质量，降低老年人血脂水平，提高老年人心血管机能，等等。

（二）空竹运动的表演与娱乐价值

空竹运动是以体育运动的形式体现表演的色彩，既然有表演的色彩就必须能够展现杂技表演的艺术的“奇、变、巧”。抖空竹表演讲求花样的变幻莫测、技术的精巧娴熟以及招式的新颖奇特。空竹艺术是技术、形式和力量的融合，是比例、对称、均衡、和谐及节奏的统一。在抖空竹过程中，表演者通过双手握杆扯拉抖动，将运动和技艺有机结合起来，在多变化的节奏中利用人体各种姿态，在动态中将力度、幅度、速度、力量等融于空竹技巧中。完成各种高难、优美的动作对表演者来说，是一种很好的身体和精神的双重锻炼，对于观赏者来说也是一种健康休闲、调节身心的娱乐方式。空竹运动通过这种方式把心灵与情感的内在驱动力和精神的蕴涵力完整表现出来，使人得到鼓舞，获得自信。

（三）空竹运动的社会和推广价值

空竹运动适合群体性活动，不但能强身健体，而且为人与人的沟通、交流搭建了一个平台，在推进精神文明建设、扩大交流与传播，构建和谐社会、提高文明素养有着极其重要的社会价值。空竹运动具有广泛的群众基础，器材便宜，场地随意，具有较高的推广价值和广阔的市场前景。①专业空竹人员要发挥带头示范作用和拓宽空竹运动的发展空间。②空竹产品生产厂家要不断创新，制造出新颖独特的空竹产品，更好地适应空竹运动现代化的需要。

四、空竹运动的器材

（一）空竹的种类

从目前空竹的结构、规格、功能以及原材料有所不同，其分类如下。

1. 按空竹的结构分类

（1）单轴空竹

一个轴连接一个发声轮。

（2）双轴空竹

在一个轴的两端各连接一个发声轮。

（3）双轮空竹

双轮空竹（图 4-1）在发声轮的中心两侧各连接一个轮。

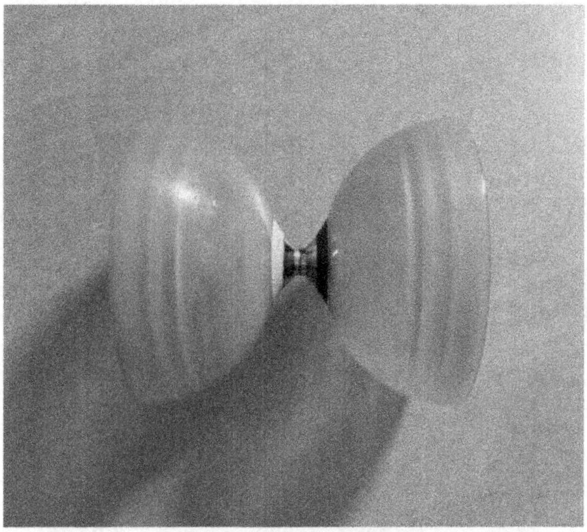

图 4-1 双轮空竹

（4）楼子空竹

无论是单轴空竹、双轴空竹或是双轮空竹，凡是连接多个发声轮（2 个以上）的空竹均为楼子空竹，如：单轴楼子（目前最多加到九层）；双头楼子（目前最多加到 12 层）；双轴楼子（目前最多 3 层）。

（5）地轴空竹

一个发声轮中心贯穿一根棍，另配有一根线绳及一个打孔的竹板。

2. 按规格分类

空竹有几百种规格，其最小的直径只有 2 厘米，最大的可达 40 厘米以上，常用（练习或表演）的空竹直径一般为 10~13 厘米。过小的空竹可练技巧；过大的空竹可练臂力、腰劲、腿劲。

3. 按制作的原材料分类

（1）竹木结构空竹

这种空竹是用粗竹竿裁割与木材相组合成的。优点：发出来的声音悦耳好听。缺点：强度差，易损坏。

（2）塑钢、塑木结构空竹

这种空竹质量稳定，使用寿命是竹木结构空竹的 3 倍左右。

（3）玻璃钢（环氧树脂 + 玻璃丝布）与木材结构空竹

这种空竹声音洪亮，强度高，韧性好，使用寿命长，一般是竹木结构空竹的 3~5 倍。

（4）塑胶 + 金属结构空竹

这种空竹不易损坏，使用寿命更长。

4. 按功能分类

（1）练习表演空竹

练习表演空竹是一般规格的空竹。

（2）工艺品空竹

工艺品空竹既可以抖着玩，又可以观赏收藏。

（3）电子空竹

电子空竹抖起来既有彩色灯光，又有音乐。

（二）空竹器材的使用与要求

1. 空竹竿

1）空竹竿（图 4-2）的长度：35~40 厘米。

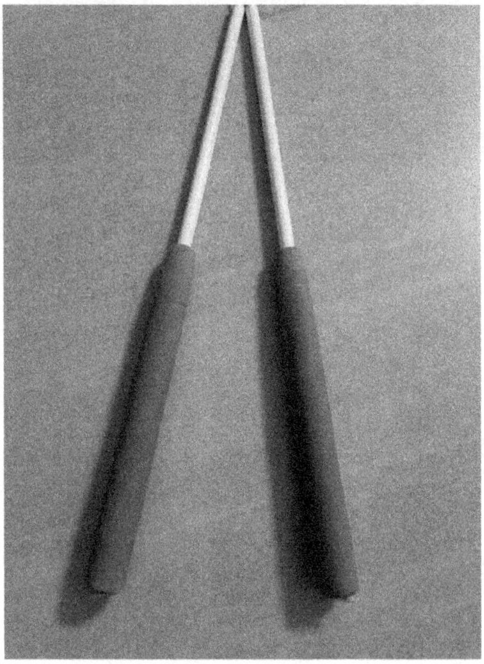

图 4-2　空竹竿

2）直径：1~1.3 厘米。

2. 空竹绳

1）规格：18~24 支纱，纯棉线绳。

2）使用长度：以本人双臂伸展开从虎口至虎口的长度为标准长度。

3. 系绳方法

先将线绳的两端打个死结（小疙瘩），然后盘个活套，套在杆头的绳槽内，拉紧系牢。

4. 握竿方法

双手成握拳式，大拇指压在竿的上面。竿的后端露出手撑外约 1 厘米。

第二节　空竹运动基本技术

一、空竹的启动

（一）提拉启动

1. 滚动提拉启动法

先将空竹一个端面（哨孔的薄边在右）对正自己放在右脚前，双手握竿，左手竿头高于右手竿头，把线绳垂直套在空竹轴上，启动时右手竿向左提拉，使空竹向左滚动，左手绳顺势下垂跟随，右手绳顺势将空竹提拉起来，以右手为主用力地不断提拉，左手为辅放松跟随配合，上下不断抖动，空竹即会旋转起来。开始抖动时，左右竿头的距离在 20 厘米左右为宜。

2. 原地提拉启动法

先将空竹一个端面（大孔的薄在右边的一头）对正自己，放在双脚正前方，双手握竿将绳线垂直地套在空竹轴上，左手竿头高于右手竿头，启动时，右手用力向上提使线绳充分与空竹轴摩擦，以带动空竹向左旋转，左手放松顺势下垂跟随配合，当左手竿送到底时，右手竿迅速下落，左手竿顺势配合抽回，这时线绳与轴产生摩擦力；当右手竿落到底时，再突然加力向上抖动，右手竿再顺势下垂跟随，这样反复抖动，空竹即旋转起来，开始抖动时，左右竿头的距离在 20 厘米左右为宜。

（二）手捻启动法

1. 定位手旋启动法

左手握双竿，竿头分开，右手手心向上五指抓住空竹一端，使空竹挂在线绳的中央，拉紧线绳向左突然发力转动空竹，右手瞬间从左手接过一根竿，双手配合上下抖动，右手用力左手放松跟随配合使空竹不断地向左旋转起来。

2. 高抛手捻启动法

左手握双竿，竿头分开，右手五指抓住空竹一端手心向上准备好，右手突然向左发力，转动空竹的同时向空中抛出去，右手瞬间从左手接过一根竿顺势拉直线绳高举接住空竹，双手配合上下不断抖动，即可将空竹旋转起来。

（三）滚动启动法

1. 无扣启动技术要领

挺胸、抬头、收腹、两脚直立，两腿分开与肩宽，两手持抖竿将空竹置于脚前，首先向右侧拉动空竹，然后向左侧拉动空竹，当空竹滚动到左肩垂直面时，右手迅速向上提拉空竹，左手顺势放送，使抖绳与空竹中轴摩擦，从而使空竹旋转起来。要求身体与空竹正面保持平行。

2. 有扣启动技术要领

与无扣起动技术要领相同，差别在于右手向上提拉空竹时，顺势用线在空竹中轴绕扣后再抖动。

3. 交叉启动技术要领

挺胸、抬头、收腹、两脚直立，两腿分开与肩宽，两手持抖杆将空竹置于脚前，首先向左侧拉动空竹，然后向右侧拉动空竹，当空竹滚动到右肩垂直面时，右手迅速向上提拉空竹，左手顺势放送，使抖绳与空竹中轴摩擦，从而使空竹旋转起来，要求身体与空竹正面保持平行。

二、空竹的旋转脱扣

空竹启动后，在抖动过程中，常常需要解扣或是调整内外线的位置，如果不能及时脱扣，空竹则很难持续运行。下面介绍三种脱扣方法。

（一）转体脱扣法

在空竹启动之初，就需要做转体配合，身体要随着空竹的抖拉及时连续左转体，则可以及时脱扣。

（二）倒竿脱扣法

在抖空竹过程中，将右手杆从左手线后绕过或是将左手竿从右手线后绕过谓之倒竿。通过倒竿可以调整内外线的位置，如右手线在外，通过右倒竿可以将线调到内；左手线在外，通过左倒杆可以将线调到内。

（三）甩线脱扣法

双手握杆将空竹甩绕一周，同样可以调整内外线的位置，由下而上顺时针左甩，则右手线由外到内。反之，由下而上逆时针右甩，则右手线由内到外。

三、空竹的基本动作

（一）调整方向

在抖动空竹时应面向固定的方向，但有时会发生空竹向左或右偏转现象。如果需要向左方调整，其方法：左手高举竿把线绳拉紧，用稍倾斜的右竿头轻轻地触动空竹的后轮（竿与中轴线成45°角），空竹即转向左方；如果需向右方调整，其方法：左手高举竿把线绳拉紧，用稍倾斜的竿头轻轻地触动空竹的前轮（竿头向内侧与中轴线成45度角），空竹即转向右方。

空竹在抖动时有时会出现向里或向外的歪斜现象，如不及时调整，就很难做各种组合和花样。

1）空竹向外侧歪斜：用右手的抖绳拨动空竹轴在自己的方向一侧直到将空竹校正为止。

2）空竹向里侧歪斜：右手的抖绳拨动空竹轴在外侧的轴面直到将空竹校正为止。

3）空竹跳动时：用右手抖杆轻轻触动一下空竹轮盒的外圆，空竹即可平稳旋转。

（二）加速

空竹抖动起来平稳后，右手在提拉起空竹的瞬间，立即在空竹轴上从左至右绕上一圈形成下交叉状（上扣），右手竿将空竹向右斜上方拉起，左手配合做向右方送的动作，等空竹下落时到底时再将空竹拉起，这样反复多次即可提高空竹的转速。

避免卷线提示：

1）左手竿或送或回收时，速度应与右手协调好，线绳不能出弯，也不能拉得太紧。

2）在转速达到一定要求时，需要摘扣要注意：是在右手向上提拉空竹的一瞬间摘扣。

3）在抖动时左手线稍靠前。

（三）抛接

用下交叉抖法将空竹加速到一定转速时，摘扣，双竿头相对，使空竹下沉停稳，双手同时用腕力将空竹向正上方挑起抛出，随后将抖竿线绳向左右拉紧，左手竿指地，右手竿指天，竿头对准空竹轴心，把空竹接住，抛接时要求直上直下。

（四）弹跳

将空竹抖至一定的转速时，摘扣，左手竿高，右手竿低，使空竹停留在右半部的线上，左手竿向左挥动一次，空竹即弹跳一下，弹跳高低与左手挥动时用的力大小成正比，待每一次弹起的空竹落在线绳上，左手竿继续向左挥动一下，空竹第二次弹起，如此反复不断做此动作，空竹就会弹跳数次，可以给其他技法作准备。

（五）抄接

1. 正抄技法

将空竹加速到一定的转速时，摘扣，将两臂伸展开，右手略高左手略低，此时空竹停留在靠近右竿头的绳上，然后右手用力左上方扯动，使空竹跳起，这时右手竿线迅速从空竹的后轮下方向前，绕过一圈将空竹接着，此操作称为正抄。

2. 反抄技法

将空竹加速到一定转速时，摘扣，再将两臂伸展开，左手略高右手略低，此时空竹停留在接近右竿头的绳上，然后右手用力向右上方扯动，使空竹弹起，这时迅速将线拉直，用右手竿头部的线绳对正空竹的轴心从上往下，往左抄着空竹，此过程称为反抄。

（六）捞月

捞月也称水中捞月，基本手法是在抖空竹的基础上，右转身解扣，右手上提使空竹离线，左手线从空竹头部脱扣，在空竹下落时右手线从空竹外侧搭线接住，再向上提拉，反复进行，空竹始终作上下运动。

在捞月过程中，初学者容易捞不住或是越捞越歪，以致不能连续进行。除了加强练习外，有两点必须注意，一是捞月时线与空竹的轴必须垂直。二是在右手线接空竹时，左手要上举，将线拉直并保持竖直状态，这样通过练习，很快就会掌握。

（七）盘丝

盘丝亦称金蛛盘丝，它是捞月的延伸和变种，它分为竖向盘丝和横向盘丝。

1. 竖向盘丝

竖向盘丝的基本手法是：在抖空竹的基础上，通过右手的甩动把空竹从右前方盘到左后方。右手在右前方搭线甩出，左手在左右方脱扣，空竹以水平状态在身前按右、下、左、上的顺序竖直绕大圈旋转，而在整个过程中空竹不离线，此动作反复进行谓之盘丝。这中间须注意两点：一是盘丝以右手为动力，而左手辅助，右手动作幅度大而左手应尽量减少摆动；二是盘丝过程中，要不断做左旋体配合，这样才能连续进行。

2. 横向盘丝

横向盘丝的基本手法是：在竖向盘丝的基础上，右手有意识向前甩绕，从而使空竹在盘丝过程中慢慢立起，身体持续逆时针旋转把空竹盘平，使空竹在站立状态下，在身前按右、前、左、后的顺序水平绕大圈旋转。此过程十分圆顺均匀，空竹在自身旋转的同时，又始终在线的控制下水平绕大圈旋转。这中间也要注意两点：一是左右线的夹角不能过大，否则空竹容易脱线；二是转体要快，配合要及时。

四、空竹的花样

（一）左右绕花线

以左绕花线为例，先将空竹抖出一定转速，摘扣，将左手竿横在胸前，右竿线从左竿前从上向里绕下（第一圈），再从左向右兜住轴向上拉起，从里侧向外绕过左竿然后下拉右竿线（第二圈），再从右下方向左兜住轴向上拉起，此时左手竿头低垂，两圈线绳立即脱离左竿，恢复无扣状态。右绕花线所有动作与左绕花线对称。

提示：作绕花线时，身体稍转向右前方，右手竿随着向右方伸出横在胸前。

（二）蚂蚁上树

先将空竹抖出一定转速，摘扣，身体稍转向左前方，空竹顺势摆到左边，左手紧接着上扣，高举，竿头横在前额的上方，但不要拉紧线，等空竹下沉到右竿头时，右手竿指地绷紧线绳呈垂直状，此时空竹可顺线绳滚向上方，待空竹快到左竿头时，左手竿逆时针摘扣，这时空竹会顺线绳下沉，右手竿抬起，可为下一个花样作准备。

提示：空竹要有一定的转速；空竹抖线要垂直。

（三）金鸡上架

待空竹有一定的转速后，摘扣，将右手竿横在胸前，双手同时向上挑动竿头，使空竹跃起落在右竿上，此时竿头应稍向上翘起，以保持空竹在竿上稳定，旋转，犹如金鸡站在架上，如做左手竿金鸡上架时，竿头应低垂，以抵消空竹向左转动的冲力，保持平衡状态。

（四）金鸡飞渡

在金鸡上架的基础上，左右双手在胸前并列平伸竿头稍翘起，右竿金鸡上架的空竹被抛起，然后用左手竿接住，空竹在左手竿上再被抛起，右手竿接住，这样可反复多次，犹如金鸡飞渡。

（五）左、右晴空挂月

待空竹有一定转速时，摘扣，空竹顺势从右方滑向左方，此时左手竿从空竹后轮上方回收到轴心处，成 30° 角，架着空竹，右手竿拉直线绳放在右胯前，此动作为左晴空挂月。

待空竹在竿上旋转片刻后，左竿头向左推送空竹，使竿脱离空竹轴，下滑到右边线绳上，右手竿顺势将空竹带向右上方，右手竿从空竹后轮上方回收到轴心处，成 30° 角架着空竹，左手竿拉直线绳放在左胯前，此为右晴空挂月。待空竹在右手竿上旋转，右手竿向右方推送空竹，使竿再次脱离空竹轴回落到线中央。

提示：抖竿应与空竹轴成 90° 角，以保持空竹不倾斜。

（六）大回环

在做完右晴空挂月后，右竿头挂住空竹轴，向下方跟随较短距离，立刻将竿放开，左手顺势将空竹向左上方抡起，当空竹快要到头顶上方时，左手停止转动，此时悬空的空竹竿向右方落下，右手可趁势反手抓着右手竿，完成大回环动作。

（七）青龙摆尾

左臂伸直，右臂弯曲，将空竹抖出一定转速时，摘扣，双竿低垂，左右手一样高（与胯同高）向左方摆动空竹，同时右脚向左脚后做后叉步，待空竹摆到左方尽头时，双手再像前面所述摆动空竹向右方做同样的动作，形如青龙摆尾之势。

五、集体花样

（一）两人对传一个空竹

A、B 二人面向同一个方向相距 3 米左右的同一条线上，右方 A 将有一定转速的空竹停稳，右手竿高，左手竿低，将空竹向左方 B 抛出，B 左手竿高右手竿低把抖线拉直，（方向应与二人站位连线平行）将空竹接住，然后 B 再将空竹传给 A，这样可反复进行数次，在转速许可下还可以加入一些花样技巧互相传递，更富有观赏性。

（二）两人对传两个空竹

A、B 二人按上面的要求站好，各抖一个空竹，调整好空竹的角度，待二人同时将空竹停稳后，A 左手竿低右手竿高，B 右手竿低左手竿高，二人同时将空竹抛出，并互相接住对方传来的空竹，做此动作时，二人所抛出空竹不能相撞，要求一个高抛、一个低抛。这样可以反复进行，在转速允许下也可以加入多种花样技巧。

（三）四人传一个空竹

A、B、C、D 四个人站成一排，间隔一臂距离，待 A 将空竹加速到一定转速时，摘扣，把空竹滑到左竿头处高举双臂，撑直抖线，右手竿逐渐放低，使空竹滚向右边，此时，B 把抖线撑直，双手高举，左手竿插在 A 的右手竿内侧，上举托起空竹，B 再按 A 动作再把空竹传递给 C，C 再传给 D，D 接过空竹快速抛给 A，整个过程结束，可以反复进行。

六、空竹游戏

将参加游戏的若干人分成甲、乙两组，另有两人负责拉 1 根 8 米左右长的绳，甲组队员在右边每人抖动一个空竹，排好队，最前面的人将空竹加速后放在长绳上（要求空竹垂直于线绳方向），右边拉线绳者高举，这时空竹就会顺绳向左边滚动，待空竹滚到中间时，左边拉线者将绳放松空竹下沉，再突然拉起将空竹抛向空中，乙组第一个人应将空竹接住其余人员继续做相同动作。此游戏使参加游戏者在玩中学，在学中合作，在合作中创新，这既锻炼了身体又培养团队精神。

第三节　进行空竹休闲活动时的注意事项

一、把安全放在首位

空竹运动虽然没有身体的接触，但是在一些花样组合上有高空抛接和多人抛接的技术，存在一定的安全隐患。学习应由易到难，由简到繁，不可急于求成，多人组合练习注意技术动作的正确运用。初学者在练习中空竹可以用橡胶材料的空竹代替竹子材料的空竹，这样练习抛接等动作失误时，砸在身上不会有太大伤害，而且空竹也不容易损坏。总之，要做到以下几点。

（一）要坚持量力而行

由于每个人的情况不同，其适应性也不一样，因此自己应制订一个符合本人实际的练习计划。运动前充分热身，运动后进行拉伸。练习时间和强度切勿超出了身体承受能力，以免造成了肌肉拉伤或身体不适。

（二）要注意自身安全

虽然空竹是一项安全系数比较高的运动，但是在练习某些花样技巧时，安全隐患还是存在的。空竹旋转速度快、力量大，加之初学者基本要领掌握不到位，就可能失手或是发生意外碰伤。我们要在保证安全的前提下，循序渐进，提高技艺，不可偏片追求高难动作，更不能在没有把握的情况下做一些危险动作。

（三）要注意周围同志的安全

由于空竹运动具有很强的观赏性，往往吸引不少观众。有时多人同时练习而场地狭小，显得比较拥挤。这时要注意周围人员的安全。空竹有时会脱绳而出，可能会碰伤同伴或观众，这一点要特别注意。

二、练习者的精神面貌

空竹运动这一中华民族的传统项目是民族智慧的结晶，我们有义务、有责任把它继承发扬下去，在练习表演中练习者一定要精神饱满，站姿要挺拔、端正、优美，表现出我们民族的精神面貌。

三、正确掌握双轮空竹的正反方向

空竹的轮盘有大大小小的发声孔，大孔（闷）发出低音，小孔（哨）发出高音，在快速旋转时会发出美妙动听的嗡嗡声，在启动空竹前应注意观察大孔的左右两个立边的薄厚程度不同，应将薄边一头放在右方，这样空竹向左转动起来，就会发出悦耳的声音。

四、抖空竹的三个要领

在抖动空竹及空竹加速过程中必须遵循的三个要领：

1）对正——自己的身体始终对正空竹的一个端面；

2）对齐——双手握竿，竿头要对齐，竿头应在一个立面上；

3）右手用力——右手用力抖动，左手放松配合跟随。

第五章　滑冰运动

第一节　滑冰运动概述

一、滑冰运动的起源与发展

滑冰是一种历史悠久的冰上运动项目。人类早期的滑冰行为可追溯到远古新石期时代，当时的冰上运动是在冰雪环境中的一种生存技能，在寒冷地区在冰面上行走来满足狩猎、逃避敌人或者迁移等生存的需求。据史料记载，滑冰运动起源于北欧。当时人们以木制的爬犁作为冰面上的运输工具，后来北欧的游牧民族利用动物骨骼绑在脚上制成骨制冰刀在冰上快速移动，为现代冰上运动奠定了基础。大约在 13 世纪滑冰运动在英国盛行，滑冰技巧从快速滑行的直线技术发展为曲线、直线的组合，逐步诞生了有规则的团体性运动。1830 年在英国成立了第一个滑冰俱乐部。随着欧洲移民迁徙，滑冰运动传入美洲。1892 年国际滑冰联合会（International Skating Union，简称国际滑联）在荷兰成立。滑冰运动逐渐演化为三种专门技术性不同形式的滑冰项目，分别为花样滑冰、速度滑冰和冰上曲棍球，分别在 1908 年、1924 年、1920 年正式成为冬季奥运会竞赛项目。随着滑冰器材的不断改良，滑冰技术也不断成熟，冰场也由室外改到了室内，各种比赛项目的规则也不断完善，现代滑冰运动得以普及。

滑冰在我国的发展进程，与世界滑冰史较为相近，从最初北方人们作为生存需求的交通方式、捕猎技能和工具，逐渐演变为社会活动手段。据史料记载，宋朝时期，冰上滑行进一步发展为以“冰嬉”为内容的滑冰运动。其开始于宫廷中，逐渐普及到民间。当时冰嬉以“冰床”为主，即人拉冰爬犁，是一种冰上游戏。到了清朝，冰嬉更为流行，规模更大，是我国古代滑冰的最盛时期。《帝室岁时纪胜》中记载的“冰床”“滑擦”是指各种拉冰车、冰爬犁和滑冰趟子等冰上游戏。冰嬉已成为北方民族传统的冬季运动项目。近现代以后，中国滑冰运动伴随 19 世纪末“西学东渐”，先后在京津冀地区乃至更大范围内传播开来，继而又同中国传统的溜冰活动相互碰撞融合而逐渐形成了独特的社会流行文化。但当时我国冰上运动基础十分薄弱，受季节环境因素影响较大，滑冰运动仅限于在北京、沈阳、长春、哈尔滨等城市开展。在新中国成立以后这一局面得以改善，参与滑冰运动的人越来越多，开展了较多群众性滑冰运动。我国在 1956 年加入国际滑联，标志着我国滑冰运动进入新的阶段。近年来我国加强对冰雪项目的发展战略研究，承办了越来越多的国际性赛事，涌现出一大批优秀的滑冰运动员。2022 年我国成功举办北京冬奥会、冬残奥会，开启了我国冰雪运动新时代，推动我国冰雪运动迈上新台阶。

二、滑冰运动的特点

滑冰是一项集速度、协调、力量、耐力、柔韧、平衡、灵活、优美、稳定于一身的运动项目，具有健身性、趣味性、观赏性等特点。

（一）健身性

滑冰是一项全身性运动，它能促进心脑血管系统和呼吸系统机能的改善和代谢作用的加强。由于滑冰独特的滑行方式能增强臂、腿、腰、腹等各处肌肉的力量和身体各个关节的灵活性，特别是对人平衡能力的掌握上有很大的帮助和协调。另外，滑冰运动在寒冷气温低的环境中开展，可以提高神经系统对体温的调节能力。有研究表明，经常参加滑冰运动的人呼吸系统疾病的患病率比不参与滑冰运动的人要低。

滑冰作为有氧运动，促进燃烧脂肪，提高心肺功能，可以达到强化心血管和燃烧脂肪的效果。综上所述， 滑冰运动本身要求参与者拥有良好的速度、力量、耐力、平衡感觉，能有效地发展肌肉力量，改善身体机能，达到内外兼修的健身效果。

（二）趣味性

滑冰运动由于其所用器材简单，技术动作易于掌握，成了一项老少皆宜的健体运动，深受广大运动爱好者喜爱。滑冰运动，可使人们从平时紧张、繁重的学习和工作中解脱出来，从而达到身心放松、排解压力的目的。

另外滑冰对于人的心理健康有着积极的促进作用。学习滑冰的过程就是学会在跌倒中站起，这种过程能培养、磨炼学习者的勇敢顽强、吃苦耐劳的良好意志品质。

（三）观赏性

花样滑冰、速度滑冰、冰球都极具观赏性。花样滑冰中优美舒展具有舞蹈性的技术动作、速滑中爆发力速度和胜负的不确定性和偶然性、冰球中灵巧的脚下移动和冲撞深深吸引大众观赏滑冰比赛。

第二节 滑冰运动的分类

一、速度滑冰

速度滑冰（Speed Skating）是一种竞技形式，分为大跑道速滑和室内短跑道速滑，速度滑冰通常是指大跑道速滑。速度滑冰不仅是历史最为悠久的冰上运动项目，也是在全世界范围内开展最为广泛的冰上项目。古代生活在寒冷地带的人们，在冬季冰封的江河湖泊中以滑冰为交通运输的手段。随着社会的进步，滑冰逐步发展为滑冰游戏，直至演化成现代速滑运动。从 19 世纪 40 年代开始，速度滑冰从英格兰和荷兰迅速传入其他国家，滑冰俱乐部纷纷成立。1879 年，第一个全国性的滑冰领导机构——英国滑冰协会成立。1893

年 1 月，在国际滑联的领导下，第一届世界男子速度滑冰锦标赛在阿姆斯特丹举行。1924 年，速度滑冰被列为奥运会正式比赛项目。最初设男子 500 米、1 500 米、5 000 米，10 000 米和全能（第二届冬奥会取消了该项目）5 个项目。1960 年，女子速滑被列为奥运会正式比赛项目。

19 世纪末，欧洲滑冰运动发展延伸至我国，速滑运动逐渐成为北方人民所爱好的冬季运动。1953 年，第一届全国冰上运动会在哈尔滨举办，诞生了第一代速滑运动员。几十年来中国速滑项目走过一段荡气回肠的征程，我国速度滑冰项目突出运动员数量还不够多，多数项目竞争力仍旧有限，但新时代的中国速滑也在逐渐实现更大的突破，2022 年北京冬奥会高亭宇在短道速滑男子 500 米比赛中打破该项目的奥运会纪录，并获得冠军，实现了 1980 年参加冬奥会以来，我国速度滑冰男子项目的历史性突破。

短道速滑（Short Track Speed Skating）起源于加拿大。19 世纪 80 年代，加拿大修建室内冰球场，一些速度滑冰爱好者经常到室内冰球场练习。19 世纪 90 年代中期，加拿大的蒙特利尔、魁北克、温尼伯等城市相继出现室内速度滑冰比赛。1905 年加拿大首次举行全国短道速滑锦标赛。

1969 年加拿大在第 33 届国际滑冰联盟代表大会上，向与会代表散发了《短跑道速度滑冰规则》，1975 年国际滑冰联盟成立短跑道速度滑冰技术委员会。1976 年首次在美国伊利诺伊州的尚佩思举行国际短道速滑赛，1981 年起举办世界短道速滑锦标赛。

短道速滑项目在 1981 年被引进中国。1982 年 2 月在北京首都体育馆举行了第一次全国短道速滑集训比赛。1983 年起被国家体委列为年度全国比赛和全国冬季运动会正式比赛项目。在 1987 年第六届全国冬运会上，李金艳打破了短道速滑女子 3 000 米的世界纪录，给长期在艰苦条件下努力奋斗的冰雪界带来了信心和希望。

在 1988 年加拿大卡尔加里举行的冬奥会上，短道速滑被列为表演项目。李琰勇夺短道速滑女子 1 000 米金牌，并打破短道速滑女子 1 000 米、短道速滑女子 1 500 米世界纪录；在 1989 年世界锦标赛上，郭洪茹获得短道速滑女子 3 000 米第一名；1995 年世界锦标赛，中国队获得短道速滑女子 3 000 米接力的金牌；1996 年世界锦标赛上，李佳军获得短道速滑男子 1 000 米项目的金牌，这是中国短道速滑获得的第一个男子项目世界冠军。

1997 年杨扬在日本长野举行的世界锦标赛上获得中国的第一个全能世界冠军，至 2002 年世界锦标赛她连续夺取六届的全能冠军。2002 年，在美国盐湖城举行的十九届冬奥会上，杨扬勇夺短道速滑女子 500 米、短道速滑女子 1 000 米两块金牌，为中国实现了冬奥会上金牌“零”的突破。2006 年都灵冬奥会上，王濛夺得短道速滑女子 500 米金牌。2010 年温哥华冬奥会，中国队获得女子短道速滑比赛 4 枚金牌。2014 年，索契冬季奥运会短道速滑项目中，周洋在短道速滑女子 1 500 米决赛中获得金牌，李坚柔获得短道速滑女子 500 米金牌。2018 年平昌冬奥会武大靖在短道速滑男子 500 米决赛中以 39 秒 584 的成绩打破世界纪录并且为中国代表团夺得平昌冬季奥运会首枚金牌。

中国速滑项目经历了从无到有，从有到磨炼，从磨炼到优秀，从优秀到卓越的过程，如今许多城市已陆续建成标准的冰场。北京、长春、哈尔滨、杭州自 1998 年开始，先后承办了国际滑联世界锦标赛、世界杯等国际顶级赛事。我们相信，速滑项目在中国必将拥有更为美好的未来。

二、花样滑冰

花样滑冰（Figure Skating）是技巧与艺术性结合的冰上运动项目，也是冬季奥运会的正式比赛项目。它是一种在音乐伴奏下，运动员通过冰刀在冰面上滑行，并且滑出各种优美图形，凭借滑行速度做出在空中跳跃、旋转等高难度技巧、舞蹈动作的冰上运动。裁判员根据动作的质量与艺术性表现进行综合评分，决出胜负。

在 12 世纪的北欧文学中记载了花样滑冰最初是一项在冰面上勾勒出各种形状，同时保持优美姿态的技能竞赛。18 世纪的英国爱丁堡诞生了最早的花样滑冰俱乐部，并制定形成了第一个正式的比赛规则。1772 年，英国约翰逊撰写的《论滑冰》是世界上第一部涉及花样滑冰的书籍。1872 年，奥地利首次举办花样滑冰比赛。1882 年，奥地利花样滑冰选手弗列依和他的妻子在维也纳冰场手拉手跳起了双人舞后，诞生了双人滑。之后花样滑冰从欧洲进入北美地区，花样滑冰俱乐部纷纷成立，滑冰技术，得到迅速发展壮大。1924 年慕尼黑冬奥会上花样滑冰被列为冬奥会比赛项目。作为花样滑冰项目之一的冰上舞蹈起源于 20 世纪 30 年代的英国，后来发展到世界各地。1952 年，冰上舞蹈被列入世界锦标赛和欧洲锦标赛。自 1976 年以来，冰上舞蹈一直是冬奥会的固定项目。

21 世纪以来，世界花样滑冰选手水平接近，在比赛中主要比的是在同一难度水平下的动作完成质量，可以说“优质、高难”是当前世界花样滑冰技术发展的趋势。世界男子单人花样滑冰，比较普遍地掌握了 3 周跳，并进入 4 周跳的高难度；女子已进入勾手 3、4 周跳的高难度。在自由滑中突出了跳跃动作的地位，起跳速度大，动作节奏鲜明，落冰稳定；旋转动作在自由滑中的比重较小，并向联合多变的方向发展；在自由滑的快速步法中，运动员提高了难度和技巧性。单人自由滑在起跳、滑行和节奏变化方面，都显示出快速多变的特点；在表达音乐主题的手法上，大都向表演化方向发展。

1995 年世界花样滑冰锦标赛上，中国选手陈露勇夺女子单人滑冠军，实现了中国花样滑冰多年的梦想。2010 年温哥华冬奥会上，申雪、赵宏博勇夺金牌，成为中国史上第一对花样滑冰奥运冠军，庞清、佟健获得了亚军。这两对征战多届冬奥会的老将，在温哥华赛场共同创造了中国冰雪运动的新辉煌。2022 年北京冬奥会上，韩文聪和隋静获得双人滑冠军。相信未来将会有更多的中国选手出现在世界舞台上，为中国的花样滑冰运动创造新的历史。

三、冰球

冰球（Ice Hockey ），亦称“冰上曲棍球”。冰球运动是多变的滑冰技艺和敏捷娴熟的曲棍球技艺相结合，对抗性较强的集体冰上运动项目之一。

19 世纪中叶加拿大安大略省的金斯顿地区流行脚穿冰鞋，手持曲棍，在冰面上追、运、击打圆球的游戏。1855 年 12 月 25 日在金斯顿举行首次冰球比赛。1858 年冰球运动传至欧洲。1860 年加拿大开始使用橡胶制成的盘形冰球。1875 年 3 月 3 日在加拿大蒙特利尔的维多利亚冰场举办第一次正式冰球赛。1879 年加拿大麦克吉尔大学的学生罗伯逊和史密斯教授共同制定了比赛规则，规则规定每队比赛人数为 9 人。1890 年加拿大成立安大略冰球协会，这是世界上第一个冰球协会组织。1893 年加拿大冰球队首次赴美表演。

1902 年欧洲第一个冰球俱乐部在瑞士的莱萨旺成立。1910 年举行第一届欧洲冰球锦标赛。1912 年加拿大国家冰球协会首创六人制打法，并被国际冰联沿用至今。女子冰球始于 19 世纪 60 年代。1892 年在安大略的多伦多举行首次女子冰球赛。1916 年在美国举行加拿大和美国参加的首次国际女子冰球赛。1990 年起举行世界女子冰球锦标赛。男子冰球于 1920 年被列为奥运会比赛项目，后来该届奥运会冰球赛被追认为首届世界冰球锦标赛。女子冰球于 1998 年被列为冬奥会比赛项目。目前，在各类冰球比赛中，美国、加拿大、瑞典等国实力雄厚。

中国女子冰球队在 1998 年冬奥会获得第四名，2002 年冬奥会获得第七名，2006 年冬奥会，中国队预选赛遭淘汰，无缘参赛。2022 年北京冬奥会上中国男女冰球都创造了历史佳绩，中国冰球未来可期。

第三节　滑冰项目的竞赛规则

一、速度滑冰

（一）竞赛项目

速度滑冰是一项比赛滑行速度的冰上体育运动，速滑项目按照国际滑冰联盟的规则规定，分短距离、中距离、长距离和全能 4 种，每种均分男女组别，分别是：

1）世界锦标赛的竞赛项目：男子为 500 米、1 500 米、5 000 米、10 000 米；女子为 500 米、1 000 米、1 500 米、3 000 米。

2）世界男女短距离锦标赛竞赛项目：500 米、1 000 米。

3）世界青少年速滑锦标赛竞赛项目：男子为 500 米、1 500 米、3 000 米、5 000 米；女子为 500 米、1 000 米、1 500 米、3 000 米。

4）冬季奥运会竞赛项目：男子为 500 米、1 000 米、1 500 米、5 000 米、10 000 米；女子为 500 米、1 000 米、1 500 米、3 000 米。各种比赛，除奥运会项目按男子 500 米、5 000 米、1 000 米、1 500 米、10 000 米，女子 1 500 米、500 米、1 000 米、3 000 米的程序进行外，其他比赛如天气情况允许均应在两天内进行，编排顺序按第 1 项短距离、第 1 项长距离和第 2 项短距离、第 2 项长距离的次序比赛。

5）短道滑冰项目分组。

男子组：500 米、1 000 米、1 500 米、5 000 米接力。

女子组：500 米、1 000 米、1 500 米、3 000 米接力。

混合项目：混合团体接力。

（二）竞赛场地

标准速滑竞赛跑道最大周长为 400 米，最小周长为 333.33 米，内弯道半径为 25~26 米，每条跑道宽为 4~5 米。短跑道速滑跑道周长 111.12 米，内弯道半径 8.25 米，直道长 128.07 米。

为避免各处意外事故，赛前应对跑道进行测量验证，并要得到裁判长的批准。不准用固定木桩或类似东西标记跑道。标准跑道练习道至少 3 米宽，应在弯道和直道外设置防止意外事故的保护物，不能设雪墙时，应备有至少 15 厘米厚的保护垫子。

短道速滑比赛场地规格为 30 米 ×60 米，椭圆形跑道每圈长 111.12 米，直道宽不小于 7 米，弯道半径 8 米，直道长 28.85 米。场地两端弧形弯道处摆放黑色橡胶块，作为标志线，运动员不得滑入标志线内。直道区则没有标志线，可以任意滑行。为确保运动员的安全，赛场四周要安放泡沫防护垫。

（三）竞赛装备

1. 服装

速滑运动员穿尼龙紧身全连服（衣、裤、帽、袜、手套连在一起）。由于尼龙服保温不好，在温度较低的条件下，运动员须穿贴身的棉毛内衣。男运动员还要穿三角裤衩或护身。若温度很低，膝、胸等部位应垫上防风纸或其他物品。做准备活动时，冰鞋要套上保温较好的鞋套，以防脚冻伤。练习时要穿保暖服，裤子两侧缝上拉锁，以方便穿脱。

短道速滑比赛中，由于经常在比赛中发生运动员受伤的事件，因此在经过多年的观察后，国际滑联研究认为，短道速滑运动员高危险区域包括颈部、腹股部、腋部、臀部、小臂、手部、膝盖。所以国际滑联要求所有运动员在参加比赛的时候，必须身穿防切割服，以保证自己的安全。

2. 冰刀与冰鞋

速滑冰刀刀长刃窄，用滑度好、耐磨、硬度适宜的轻合金材料制成，冰鞋用优质厚牛皮缝成，冰刀刀刃厚薄要均匀，两刀刃高度要相同，刀刃要笔直，没有凹凸不平等问题。冰刀与鞋号相同或比鞋大一号。鞋穿在脚上要感到舒适，贴合脚，又不能太紧。刀尖比鞋尖要长 8~9 厘米，刀跟比鞋跟长 5~6 厘米，左脚刀刃与鞋的纵向中线吻合，右脚刀尖稍偏左。

短道速滑的冰刀与长道速滑的冰刀虽然从外观上看有较大的区别，但其结构却是基本相同的。短道速滑的赛道有许多弯道、倾斜角度大。一场比赛的选手人数较多，比赛时选手躲闪的次数多，滑跑的速度快，这就要求冰刀能够适应比赛的特点。和普通冰刀相比，短道速滑的冰刀更高更短，弧度更大，这种设计使得转弯更流畅；刀托是可移动的，滑跑时选手可自行调节刀刃的位置。冰刀管必须是封闭的，刀根必须是圆弧形。最小半径为 10 毫米。刀管最少有两点固定在鞋上，没有可动的部分。

短道速滑的冰鞋与长道速滑的冰鞋比较相似，不过它的鞋腰更高，鞋底、前鞋帮、后跟两侧都是硬性材质，其他部位为皮制。这样冰鞋更稳定，滑跑时的力量更大。

3. 其他装备

长道滑冰运动员，应穿戴与短道滑手相同的装备，但头盔、护胫、护膝和护颈套不是必需的。长距离滑冰运动员使用所谓的“拍手刀片”滑冰。这些刀片在靴子下方有向后的铰链。防护眼镜不是强制性的，该套装也不需要是凯夫拉纤维。长距离滑冰运动员应戴着内置于套装中的风帽。

短道速滑中除了穿防切割训练比赛服外，运动员在参加比赛时，必须穿着以下防护装备：短道速滑安全头盔、耐切割手套或皮革制成的连指手套、由防割防扎耐用材料制成的护踝、长袖长裤连身服、带有软垫的硬壳护膝、能够保护颈部动脉的护颈。

（1）头盔

短道速滑选手使用硬塑料头盔来保护自己，以免遭撞击导致的伤害。短道速滑安全头盔应符合现行的 ASTM 标准。头盔必须有一个规则的形状不能有突起。

（2）防切割护颈和护踝

护颈和护踝的主要作用是保护运动员的颈部和踝关节部分，其材质都由防切割、防刺穿的材料制成。

（3）护腿板

护腿板主要是放在防切割服膝关节下带有软垫部位，用来保护胫骨。目前大多数护腿板是足球护腿板，广大短道速滑爱好者可以使用足球护腿板。

（4）防切割手套

短道速滑运动员的手套主要以防切割为主，兼顾防水性能。所以大多数手套都会使用防切割材质并在手掌内侧挂一层胶，这样可以帮助运动员在弯道扶冰过程中避免弄湿手套。短道速滑手套还有一个特点，就是运动员的左手五个手指都会粘有树脂或胶质的手指扣，目的是运动员在弯道扶冰的过程中减少扶冰摩擦力。

（四）竞赛规则

1. 速滑竞赛通则

（1）起跑

运动员听到“各就位”口令后，须站在预备线与起跑线中间，保持直立姿势，听到“预备”口令后，应迅速做好起跑姿势，静候枪响。此时，运动员的冰刀不得越过或踏上起跑线，只能用冰刀的尖端触线。如果运动员有意不立即站好位置或在鸣枪之前跑出，即为犯规。应叫回运动员，并对犯规者给予警告。如果由于某一运动员抢跑而引起另一运动员抢跑，只警告前者，不处罚后者。如同一运动员第二次抢跑即被取消其比赛资格。

（2）滑跑

运动员在比赛时须按照逆时针方向滑跑，须在自己抽签决定的跑道内滑跑，如侵入他人的跑道滑跑，会被取消该项比赛的资格。运动员若在滑跑中摔倒，站立后可以继续滑跑，但不得妨碍他人的滑跑，否则将被取消该项的录取资格。在进出弯道及在弯道中滑跑时，不得以缩短距离为目的而触及和穿过雪线，违者将被取消录取资格。运动员如果被不属于自己的过失影响了滑跑，经裁判允许，可以重新滑跑，成绩取其两次滑跑中较好的那次成绩。如果冰刀损坏或冰场不洁而影响了滑跑，则不允许重新滑跑。

（3）交换跑道

内、跑道的运动员滑跑到换道区时必须交换跑道。凡在换道区起跑的项目，开始起跑时不换道。内、外跑道的运动员同时到达换道区并进行滑跑时，要让外道的运动员先换进内道，处于内道的运动员必须在外道的运动员由其前面穿过后方可换道。

（4）在同一跑道内滑跑

运动员在同一跑道内前后滑跑时，后者必须与前者保持 5 米的距离，或者超越前者，不得平行滑跑或带跑，否则会被警告，如再犯则被取消比赛资格，并被勒令立即退出跑道。后者可以由内侧或外侧超越前者，但不得妨碍前者，如因此发生碰撞，则取消后者的该项的录取资格。但在后者要超越前者时，前者不得阻碍后者的超越，否则将取消前者的该项录取资格。

（5）到达终点

运动员到达终点，以冰刀触及终点线为准。如运动员临近终点时摔倒，只要冰刀触及终点线，即可判作已到达终点，运动员摔倒后，可以伸脚力争触及终点线，但不得妨碍他人滑跑，否则会被取消录取资格。

（6）计分方法

速滑各单项比赛以时间计成绩，排列名次。速滑的全能总分计算方法是：运动员在每个单项中的得分是以其 500 米的平均速度按 1 秒钟作 1 分折算而成。速度越快，所需的时间越少，得分就越少，总分越少，名次越好。短距离全能计分方法与此相同。

2. 短道速滑竞赛通则

短道速滑以名次论胜负，赛制采用淘汰制。首先小组预赛，前两（或三）名进入下一轮，即复赛；以此类推，复赛每个小组的前两（或三）名进入半决赛，半决赛的前两（或三）名进入决赛。通常 500 米、1 000 米决赛只有 4 人参加，1 500 米决赛可有 6 人参加，3 000 米可有 8 人参加。运动员在同一起跑线上起跑出发。首轮比赛站位通过抽签决定，其后各轮次均按照上一轮比赛成绩分配道次，成绩优者排在内道。比赛途中在不违反规则的前提下运动员可以随时超越对手。运动员如有身体碰撞、绊人以及用手推拉等动作，则受到取消比赛资格的处罚。违规被取消资格的选手无法进入下一轮的比赛。禁止脱离跑道、降低速度、冲撞、踢出局。

二、花样滑冰

（一）竞赛项目

国际滑冰联盟规定的比赛项目有男女组别的单人花样滑冰、双人花样滑冰和冰上舞蹈三个项目。

（二）竞赛场地

花样滑冰场地一般长 56~60 米，宽 26~30 米，近似长方形场地（四个角是弧形的而不是直角），室内冰场室温应保持在 15 摄氏度以下，冰面温度应调节在零下 6 摄氏度至零下 5 摄氏度，冰面厚度为 3~5 厘米。

（三）竞赛装备

1. 服装

花样滑冰选手练习时通常穿紧身柔软的长裤。不得穿上下分开的服装，裙子前后长度要掩盖臀部；男选手则必须穿长裤，不能穿紧身裤。如今服装已成为选手节目的重要组成部分，色彩选择、搭配和设计与音乐特点和舞蹈风格息息相关，从而大大提高了选手的表演效果。

2. 冰刀与冰鞋

花样滑冰鞋的冰刀比较短，而且冰刀有一定的弧度，这是因为花样滑冰运动员在做旋转、跳跃等动作时会用到冰刀的不同部位。花样滑冰刀分图形刀和自由滑刀两种，刀身下面有半圆弧形的浅槽，两边有锋利的刀刃。图形冰刀刀身弧度稍大，前端的刀齿离冰稍高，以防止冰刀转动时刀齿刮冰，影响冰上图形线痕的清晰和准确度。冰刀刀身弧度稍小，前端的刀齿离冰稍低，以便运动员利用刀齿完成一些跳跃和旋转动作。冰上舞蹈的冰刀后部比其他项目的要短 1 英寸，这是为了满足舞蹈对双人近距合作和精细步法的要求。

花样滑冰鞋最好按照脚形制作，要求高腰，高跟，硬帮，硬底，鞋帮到踝关节以上为好，太高妨碍小腿的活动；跟高与鞋码成比例，一般 26 厘米的鞋，跟高 5~6 厘米为宜。花样滑冰鞋的冰刀应和鞋码相适应。冰刀要经常用电动砂轮或手工油石打磨，保持刀刃锋锐和有一定深度，沟槽要浅而匀。冰刀鞋使用后，应将刀上的冰屑和水珠擦干。在比赛场上，选手穿着冰鞋在冰场外行走时，要在冰刀外套上硬塑料的保护套，这是为了避免冰刀被地面磨钝或沾上灰尘杂质。选手不穿冰鞋时，则用软套保护冰刀，它可以吸收残留的融水，防止冰刀生锈。

3. 音乐

花样滑冰比赛节目使用的音乐风格迥异。冰上舞蹈节目采用的音乐可以包含人声，但单人滑及双人比赛的节目不能使用带有人声的音乐。2014 年索契冬奥后，花样滑冰的规则发生变化，在正式比赛选曲中取消了“不能带有人声”的规则。

（四）竞赛规则

冬奥会和世界锦标赛参赛名额由上一年度世界锦标赛的成绩根据国际滑联的相关规定进行计算确定，但每个国家和地区每项最多可参加 3 人（对）。所有项目必须分别进行。男、女单人和双人各包括短节目、自由滑和表演自由滑 3 项内容，冬奥会和世界锦标赛只有短节目和自由滑。

1. 单人滑和双人滑规则

短节目由规定的 3 种不同跳跃、3 种不同旋转和 2 种不同步法共 8 个动作和连接步组成。运动员自选音乐，根据要求编排一套不超过 2 分 40 秒的节目。评分包括规定动作分和表演分。裁判员依据动作质量、难度和完成情况先评出规定动作分，然后根据内容编排的均衡性和音乐的一致性、速度、姿势以及音乐特点表达等再给出表演分。

自由滑由跳跃、旋转、步法和各种姿势组成。运动员自选音乐，根据规则编排一套均衡内容的节目。男子单人自由滑比赛时间和双人自由滑比赛时间为 4 分 30 秒，女子单人自由滑比赛时间为 4 分钟。

自由滑动作由规定数量的跳跃、旋转和步法组成；节目主要突出音乐的表达和艺术表演。其得分包括滑行技术分和表演分。

2. 冰上舞蹈规则

冰上舞蹈比赛由规定舞、创编舞、自由舞和表演舞 4 项内容组成。冬奥会和世界锦标赛只进行 3 项。

规定舞是根据规定的音乐、图案、步法和重复次数进行比赛。规定舞共有 22 种，每次比赛滑其中的 2 种。冰上舞蹈的得分包括技术分和节奏 / 表演分。

创编舞有规定的节奏和速度，运动员自选音乐，在规定的时间内完成一套自编的舞蹈。创编舞得分包括编排分和表演分。

自由舞由运动员自选音乐，由各种步法、托举、小跳、姿势、握法的变换等组成一套 4 分钟的节目。自由舞的得分包括技术水平分和艺术印象分。

三、冰球

（一）竞赛项目

冰球是以冰刀和冰球杆为工具在冰上进行的一种相互对抗的集体性竞技运动，主要分为男子冰球和女子冰球两个小项。

（二）竞赛场地

冰球场四周有高 1.15~1.22 米的界墙。球门高 1.22 米，宽 1.83 米。场地被一条红线分成两个相等的区域，两条蓝线又将比赛场地分成三部分：中间场地中性区，两边场地为进攻（防守）区。

（三）竞赛装备

1. 冰球杆

冰球杆表面不能有任何突出部分，且所有边缘都必须是斜面。球杆只有 1 个杆刃，杆刃只可以有 1 个弧度。冰球杆的尺码要与使用者身高相对应。通常情况下，杆柄从根部至顶部最长 163 厘米，最宽 3 厘米，最厚 2.54 厘米，球杆杆刃从根部至顶部最长 32 厘米。守门员和球员的球杆功能不同，在外形上也有所区别。

2. 冰刀与冰鞋

冰球鞋为高腰型，鞋头、鞋帮、两踝、后跟等外层均为硬质。前面的长鞋舌加上硬实的高腰，可将腿踝箍紧，帮助运动员支持和用力。冰球鞋原为优质牛皮缝制，20 世纪 60—70 年代出现全塑料模压鞋。现在国际上多用尼龙纤维鞋帮、塑料底的冰球鞋。这种鞋比皮制鞋轻，坚硬、耐湿，适合室内冰场使用。

冰球冰刀：原为铁托钢刃，现多采用全塑刀托，优质合金钢刀刃，具有质量轻、抗击打、不易生锈等优点。冰球冰刀刀身高而短，弧度大，刀刃较厚。守门员冰鞋的四周包有特殊加厚的硬皮革，以保护双脚。守门员冰刀与运动员冰刀有较大区别，它全为金属制作，刀身矮而平，刀刃与刀托有多处连接以防漏球。与花样滑冰冰刀最大的不同点为冰球刀受力面积较小，灵活，抗击打。

3. 护具

为防止在紧张激烈的对抗中受伤，运动员全身穿戴护具。护具包括头盔、面罩、护肩、护胸、护腰、护身、护肘、手套、裤衩、护腿、护踝等。现代冰球护具一般多采用轻体硬质塑料外壳，内衬海绵或泡沫塑料软垫。守门员戴有特制的面罩、手套，加厚的护胸及加厚加宽的护腿。

4. 冰球

冰球由黑色硬橡胶或经国际冰联批准的材料制成。球厚 2.54 厘米，直径 7.62 厘米，质量为 156~170 克。

（四）竞赛规则

冰球比赛时每队上场6人（3名前锋，2名后卫、1名守门员）。运动员在冰球场内按规则运用滑行、运球、传球、射球、身体阻截等技术相互攻守，力争用冰球棍将球射入对方球门。

1. 比赛时间

全场比赛分为3局，每局20分钟，中场休息15分钟。进球数多者为胜方。

2. 运动员的替换

比赛过程中可随时换人，依据运动员犯规程度的不同给予不同时间的离场处罚，2分钟、5分钟、10分钟或更长时间，受罚者必须进入受罚席。

3. 加时赛

从1/4决赛开始算起，如果两队在三节比赛之后依然战平，将安排20分钟的加时赛，并在加时赛中采用突然死亡法（即有一方进球则结束比赛，进球方获胜）。如果双方在加时赛的规定时间内都没有进球，那么将进行点球决胜。其规则与足球比赛相同：双方先进行5对5的点球，5轮比赛之后进球多的一方获胜，若仍为平局则将进行1对1的互射点球决胜，直至分出胜负。

4. 暂停

在正常比赛或决胜局比赛期间，每队允许有一次30秒钟的暂停。

5. 越位

在球传出的一刹那较球更接近对方球门线者，即处于越位位置将被判为越位。

6. 死球

打过对方球门线，即成死球，此时要在打成死球一方的守区内，距该队最后射球点最近的争球点进行争球，但如果球直接进了球门应判此球有效。

7. 争球

比赛重新开始时，双方各有一名球员在争球点面对面的准备，裁判将球掷在二人中间。

8. 身体接触

男女冰球比赛的唯一差别是，男子比赛可以有合理的冲撞，而女子比赛则不允许有任何身体冲撞。

9. 常见犯规

常见犯规包括非法冲撞、肘击和横杆推阻。

第四节　滑冰运动的技术动作

一、速度滑冰

速度滑冰的合理技术是运动员以最快的速度滑完规定距离所采用的协调、省力的全身动作。滑行速度和保持速度的能力是滑行技术合理程度的主要标志。它要求运动员滑行时上体前倾，两腿深屈，身体呈流线型，双足交替进行单足支撑惯性滑行、单足支撑蹬冰和双足支撑蹬冰 3 个阶段进行循环，各动作结构严谨，协调自如，节奏自然流畅。运动员只有具备较高的平衡能力和较强的腿部力量，才能作出合理的技术动作。

（一）直道滑行

直道滑行姿势是速滑的基本技术。合理的滑行姿势应是：上体放松前倾，自然团身与冰面平行或略高于臂部，腿部深屈，膝关节成 90°~110° 角，踝关节成 50°~70° 角，两臂放松置于背后，头微抬起，滑行姿势根据个人形态素质特点、滑行距离、冰场条件、天气情况等而有所不同。直道滑行，关键在于要能掌握适宜的蹬冰时间。冰刀切入冰面，获得牢固支点，同时应开始蹬冰，全力蹬冰应在两腿交换重心的瞬间完成。为了利用体重蹬冰，倾倒时重新应牢牢压在支撑腿上，不要过早交换重心。收腿动作要利用蹬冰后的弹力立即放松后腿，积极靠拢支撑腿，不要有停顿和后引的动作。下刀动作应注意膝关节领先，与前进方向一致，向前提拉要快，着冰后动作要轻巧。

（二）弯道滑行

基本姿势与直道滑行大致相同，但由于向心力作用，弯道与直道动作又有很大区别。弯道滑行时，身体始终向左倾倒，用左脚外刃、右脚内刃蹬冰。弯道滑行中的惯性滑行时间很短，右脚惯性滑行尤为短暂，在短距离滑行中几乎不存在惯性滑行。其主要动作要求是：进弯道时右脚最后一步要进入直道和弯道交接处，深入程度以天气、冰质、风向、项目等情况而定。左腿紧贴右脚下刀，指向切线方向，着冰时脚尖开始逐渐顺送，用外刃紧紧咬住冰面，左肩与新的切线方向一致，不要扭腰摆臀。收腿动作在蹬冰后即放松，积极向支撑腿方向提拉，膝关节领先，以利形成前弓角度。在浮腿收回过程中，身体向左倾倒，两腿边收边蹬。蹬冰方向，两脚要有“侧送蹬”感觉，上体纵轴与浮脚着冰方向一致。

（三）起跑技术

起跑技术主要有两种：一是正面前脚点冰起跑法，二是侧面起跑法。优秀运动员多采用第一种方法。其主要动作是由静止状态，运用合理技术，迅速转入快速滑行的技术动作。起跑技术对提高短中距离项目成绩尤为重要。前脚点冰起跑技术要领是，前脚刀尖为支点，后脚全内刃着冰，两刀距离略比肩宽，面向前方。蹲屈姿势略高于其他起跑姿势，重心在两脚之间或稍前。启动时，大腿高抬，上体前倾，冰刀着冰时要紧紧切住冰面，头几步不要滑动。

（四）摆臂动作

摆臂动作主要用于短中距离滑行，可起到加大蹬冰力量的作用。现在，在长距离滑行中采用单臂摆动的人越来越多，摆臂用力程度较小，摆动方向要与滑行方向一致。短中距离无论采用双摆臂或单摆臂，都要用力，特别要注意向侧前摆动的速度和力量。

二、花样滑冰

（一）跳跃

跳跃是花样滑冰最重要的动作要素之一。它要求运动员跳到空中、迅速转体，在完成至少一次的旋转后落冰。跳跃按照运动员起跳与落冰的方式与空中旋转的周数分类。运动员的空中转体放向可以是顺时针，也可以是逆时针，多数运动员都是逆时针。花样滑冰的跳跃动作要素包括：阿克塞尔跳、勾手跳、后外点冰跳、后内点冰跳、后外结环跳、后内结环跳。以逆时针运动员为例，这六种跳跃都是以单右右后外刃落冰，但起跳方式各不相同。它们可以归为两个大类：点冰跳与刀刃跳。

1. 点冰跳

点冰跳是靠冰刀前端的刀齿点冰起跳的。按照由易到难的顺序，点冰跳包含下列三种。

1）外点冰跳：以逆时针运动员为例，后外点冰跳是左脚刀齿点冰，右后外刃起跳。

2）后内点冰跳：以逆时针运动员为例，后内点冰跳（又称飞利浦跳）是右脚刀齿点冰，左后内刃起跳。

3）勾手跳：以逆时针运动员为例，勾手跳（又称鲁兹跳）是右脚刀齿点冰，左后外刃起跳。

2. 刀刃跳

刀刃跳不用点冰辅助。按照由易到难的顺序，刀刃跳包含下列三种。

1）后内结环跳：以逆时针运动员为例，后内结环跳（又称后内跳）是左后内刃起跳。

2）后外结环跳：以逆时针运动员为例，后外结环跳是右后外刃起跳。

3）阿克塞尔跳又称前外跳：以逆时针运动员为例，阿克塞尔跳是左前外刃起跳。它是唯一以前刃起跳的跳跃动作，而且由于起跳方向与落冰方向相反，空中旋转比其他种类的跳跃要多出半周，被认为是旋转周数相同的情况下六种跳跃里难度最大的。

3. 其他跳跃

一些跳跃动作通常只作为单跳完成，用作顶级比赛中接续步里的衔接或亮相动作。这些跳跃动作包括：后外点冰半周跳、后外结环半周跳、后内点冰半周跳、后内不点冰一周跳、分腿跳、华尔兹跳、内侧阿克塞尔跳、单脚阿克塞尔跳等。

（二）旋转

旋转是绝大多数花样滑冰比赛的必选动作要素。花样滑冰包括三种基本旋转姿态：蹲踞式旋转、燕式旋转和直立旋转。由这三种姿态，又可以变化出许多姿态。运动员在单脚旋转时以一只脚接近刀齿的“脚掌”弧线部分触冰。像跳跃一样，多数运动员沿逆时针方向旋转，少数运动员既能沿顺时针方向旋转又能沿逆时针方向旋转。以逆时针选手为例，左脚的旋转称为正向旋转，右脚的旋转称为反向旋转。

旋转可以单独完成一种，也可以连续完成多种。跳跃进入的旋转称为跳接旋转，包括跳接燕式、跳接蹲转、蝴蝶旋转。跳接旋转可以从正向旋转改为反向旋转，也可以作为一套联合旋转的一个组成部分。

双人滑的旋转可以是双人同步完成同种旋转，也可以是双人联合旋转。此外，双人滑和冰上舞蹈还包括双人旋转与舞蹈旋转，即两位运动员互相抱持，绕同一轴心旋转。

（三）托举

托举是双人滑和冰上舞蹈的必选技术动作。双人滑的托举与冰上舞蹈的托举区别在于，冰舞托举的高度不能过肩。国际滑联大赛允许的冰舞托举依照滑行方法，分为短时托举（不超过 6 秒）和长时托举（不超过 10 秒）两大类。

托举时，空中的女运动员和负责托举的男运动员可以变换多种姿态，以提高托举的难度。每一种姿态都要至少保持 3 秒钟，同种姿态在每个节目中只能使用一次。双人滑托举与冰舞托举不同，是按照托举方式分类的。国际滑联成年组大赛规定，男选手转体必须至少一周、但不多于三周半。双人滑符合规定的托举共有五大类，包括腋下握、握腰部、扶髋部和手拉手，其中手拉手又有施压托举和拉索托举两种不同方式。拉索托举是双人滑中难度最大的托举。

捻转托举（常简称为“捻转”）是双人滑的一种托举方式。表演捻转时，女伴优先是被抛向空中，接着转体，再被男伴接住。如果女伴在转体前做出分腿动作，那么这个动作就叫做分腿捻转；分腿动作不是必须的，但有助于提高动作定级。女伴必须在落冰前由男伴接住腰部、再以单脚后外刃落冰，而男伴用单脚滑出结束动作。

（四）步法及转体

花样滑冰全部四个奥运会项目都把接续步列入必选技术动作要素。接续步分为三种：直线接续步、圆形接续步（circular）和蛇形接续步（serpentine）。接续步包含转体、步法、小跳和变刃。此外，步法和转体还可以作为技术动作要素之间的衔接。运动员在接续步中可以选用的转体动作如下。

1）转三：冰刀在冰上划出的轨迹是数字“3”的形状。

2）括弧步：冰刀在冰上划出的轨迹是括弧状。

3）内勾和外勾：单脚转体，既转换方向，又变换弧线。

4）莫霍克步：转三和括弧步的双脚版本。

5）乔克肖步：内勾和外勾步的双脚版本。

6）捻转步：单脚在滑行的同时完成多周旋转。

其他可以加入接续步或用作衔接的动作包括大一字步和拖刀。鲍步与大一字步类似，区别在于鲍步单膝弯曲，并通常有下腰动作。Hydroblading 则是指用刃极深的滑行动作，运动员身体尽可能放低接近冰面，几近水平。

7）燕式步：是指运动员使用一侧刀刃在冰上滑行，浮腿抬高过髋。燕式步按照用刃和滑行脚分类，既可以向前滑行，也可以向后滑行。燕式接续步是指顺序完成的一种或一套或多种燕式姿态及用刀刃的动作。

燕式姿态有许多种，浮腿可以抬高在身前、身侧或背后。用手拉住浮腿的是支撑燕式步；没有拉住浮腿的是非支撑燕式步。拉住冰刀的是提刀燕式步。最著名的提刀燕式姿态是贝尔曼姿态。

三、冰球

冰球的基本技术可分为滑跑技术和攻防技术两大类。滑跑是冰球运动员必须熟练掌握的基本技术，包括起跑、正滑、倒滑、惯性转弯、左右压步转弯、急停等。滑行姿势应是上身抬起，稍前倾，眼睛向前看，两脚蹬冰频率稍快。这种滑行姿势有利于在场内急跑急停和频繁变向。

攻防技术，包括控制球、传接球、过人、争球、射门等进攻技术和阻截、抢球、合法冲撞以及守门员防守等防守技术。

射门是各项进攻技术中特别重要的一项。射门方法很多，有拉射、挑射、快拍、击射和补射等。这些方法又分正拍和反拍两种方式。现在射门又发展出弹射和垫拍等射门方法。

1. 滑行技术

正滑转倒滑、倒滑转正滑、跳跃；随意变换滑行方向和步频。滑行是建立在单腿支撑能力、平衡能力和身体灵活性基础上的。

（1）起跑

起跑是指运动员突然、快速的提速动作，通常用于摆脱对手、突破进攻、争夺球权或回追防守等情况。

（2）正滑和倒滑

滑跑技术中正滑和倒滑是最基础也最重要的技术，它直接影响进攻和防守的速度、传接球的速度、运球的速度、身体阻截的效果、滑行中射门的速度等。

（3）转弯

1）急转弯。急转弯是冰球技术当中很重要的一个，运动员要在最短的时间里摆脱对手，在躲避对方球员追赶、阻截以及保护球权的过程中，常常会用到急转弯的相关技术。转弯技术包括惯性转弯、压步转弯、单脚转弯等，其中单脚急转还有内刃急转和外刃急转的两种。

2）压步转弯。压步转弯用于转弯的滑行动作，分为向前压步转弯和侧滑压步转弯。向左转弯时，身体重心落在左腿上，右腿向左腿的前方横跨迈出，左腿在后面用力蹬冰，形成压步动作。向右转弯时左右腿动作相反。

（4）急停

急停是运动员从速度滑行状态到静止状态的技术，常在冰球突然停止、对方队员突然停止、运用假动作、避免越位、躲闪和改变誉行方向时使用，是常见的技术动作。急停的动作包括单脚内刃急停、单脚外刃急停、双脚急停、单脚倒滑急停、双脚倒滑急停。

2. 进攻技术

除了基本的滑跑技术，冰球进攻技术与足球相近，分为控球、传球、过人、争球、射门等。

（1）控球

冰球被称为速度最快的球类运动，在电光石火之间，控球的基本功显得尤为重要。在加拿大，青少年运动员的持杆控球训练丰富多样。控球训练更注重手部动作训练，以提升握杆和拨球的熟练度。

（2）传球

传球是冰球中的基本技术，每次传球都是一次决策，精妙的传球往往可以创造出射门良机。在冰球运动中，传球技术主要有反手长传球、反手短传球、传空中球几种。

（3）射门

进攻技术中最重要的就是射门，冰球中的所有技巧都是为了射门。射门的动作多种多样，要想在对方严密的防守下有效地完成射门，就要善于选择射门时机，掌握正确的射门方法。射门技术包括挑射、拉射、击射、补射、弹射等，方式有正拍和反拍两种。

3. 阻截技术

防守效率同运动员阻截技术有着密切关系。前锋阻截和后卫阻截在次数上没有明显的区别，但后卫阻截在动作方法和时机的选择上要求更加严格。一般来说，前锋阻截可以大胆，而后卫则必须谨慎。

第六章　击剑运动

第一节　击剑运动概述

击剑运动是一对一的技能类格斗项目，是一项历史悠久的传统体育项目。由双方运动员身着击剑服，头戴面罩，手持特制钢剑，在专门的剑道上，依照击剑统一的规则，采用刺或者劈打的动作进行的攻防格斗。击剑者需遵守击剑规则，尊重对手，集中注意力、沉着冷静、保持良好的精神状态。

击剑运动分为花剑、重剑和佩剑三个剑种，每个剑种又分别设有男子和女子两项。三种剑的构造不同，其有效部位和比赛规则也存在差异。

一、击剑运动的起源

击剑在古代的埃及、希腊、罗马、中国、阿拉伯等国家十分盛行。最初，击剑主要是军队训练士兵时使用，后来由于作战的需要，击剑得到了普及，技术也随之提高。

早在公元前 11 世纪，古希腊就已经开设了击剑课，并有专门的剑师传授知识。迄今在希腊、埃及等国家的一些历史建筑和纪念碑上仍可见当时关于击剑的浮雕。在上埃及北部卢淑尔附近的一座名为马狄纳特哈布的庙宇的浮雕上，就雕刻着当时击剑的情景，雕刻时间大约是公元前 1190 年前后。

二、击剑运动的发展

中世纪的欧洲出现了名噪一时的骑士阶层。骑士们以精湛的剑术和高尚的情操享誉天下，击剑也因此成为上流社会的时尚。

随着冷兵器时代的结束，剑逐渐淡出历史舞台，但击剑以健身娱乐和竞赛的形式被保留下来，发展成为今天的击剑运动。

此时，欧洲各国纷纷成立击剑行会，研究和推动击剑技术的发展。1474 年第一本与击剑相关的书籍由两位西班牙剑师编著而成，内容包括闪躲技术、步伐移动、内外线击剑法等一些击剑专有名词，论著得到了大家认可，并传入法国和意大利，因此西班牙被认为是现代击剑运动的摇篮。击剑运动在法国得到了全面发展也使得法国成为当时欧洲击剑运动发展的中心。与此同时，决斗之风盛行欧洲，这也成为推动击剑运动蓬勃发展的重要原因。当遇到解决不了的争端时，人们就采用击剑的方式进行裁决，最后结果就是“神的裁决”。决斗时使用的是三棱形剑，就是今天使用的重剑的雏形。绅士和贵族热衷于决斗，也开始有人对使用的三棱形剑进行改进。从 1885 年开始，在习武厅进行练习时，对三棱形剑做了很大改进，多莱德制造出一种三棱形的剑、轻巧细长，其造型与现在使用的重剑非常接近，同时这一时期击剑比赛中也规定交锋时候不限制有效部位，至此，重剑项目正式以竞技形式出现。

1588—1608 年，巴黎约有 8 000 名绅士在决斗中死亡。很多人反对决斗，这迫使当时的法国国王路易十三世颁布了“禁止决斗”的禁令。在这种情况下，人们需要一种既安全又能满足人们进行击剑运动的剑，在这样的情况下，一种剑身较短而且呈四棱形，用皮革将剑尖进行了包扎的新型剑被设计出来，这种剑受到了人们的普遍欢迎，可以说是现代花剑的雏形。最初，这种剑仅用于宫廷练习，因此被称为宫廷剑。这种剑和军队使用的三角棱剑有区别，减少了对抗练习中的流血和伤亡，赢得了民众普遍欢迎和认可。从此，在欧洲的习武厅、击剑厅和专业的学校里，花剑及其击剑方式都得到了普遍推广使用，花剑的击剑方式逐渐形成并且日趋完善。

18 世纪末，匈牙利人对波斯人、阿拉伯人及土耳其人早期骑兵用的弯刀，进行了改良，于剑柄上装配了一个弯月形的护手盘，其在击剑时可以起到保护手指的作用。最初这种剑比宫廷剑笨重，所以一开始不太受欢迎，后来意大利击剑大师朱赛普・拉达耶力对这种新设计出来的剑做了一些改进，改进之后的剑更适合在击剑运动和决斗中使用。根据骑兵作战的特点，在使用这种剑进行击剑运动时候，人们将有效部位定为腰带以上，这种击剑方式便是现代佩剑的前身。

伴随剑身的改进和击剑技术日趋完善，击剑着装也有了改变。到了法国路易十四时期，宫廷中的贵族们将玩赏剑术当作娱乐活动，民众也把身佩一把剑，掌握一定的击剑技术当作一种时尚。同时法律也正式规定了击剑者的穿着：男士须穿织锦面料的外衣和斗篷，要求穿马裤和长筒袜。贵妇练习击剑时，也要身着丝绸或者绸缎制作的马甲或者坎肩式上衣，并梳着讲究的发型。

击剑向着健康运动的方向发展，因此需要制定出一些规则引导和控制。在这种情况下，当时法国著名的击剑师拉・弗热尔与让・路易等人合编了击剑的规则，这就是最早的击剑规则。规则将有效的击中限制在胸部，禁止刺面部等。这些条文成为今天击剑规则的原则和雏形，同时也为确定花剑的有效部位奠定了基础。

1776 年，著名击剑大师纳・布瓦西埃（法国）发明了面罩，面罩由金属丝制成，能够对脸部及眼睛起到很好的保护作用。这一发明可以说使击剑运动走上了高雅运动的道路。不管宫廷还是民间，人们穿上击剑的服装，戴上面罩和手套，这样就可以安全地进行一系列的攻防。面罩的问世可以说是击剑运动发展的里程碑。

19 世纪初，法国击剑运动权威拉夫让尔提出倡议，将重剑、花剑、佩剑这三种不同的剑减轻重量，并且深入研究一些击剑的技术原理以及击剑战术的意义，同时欧洲一些国家经常会有一些击剑竞赛，这些都推动了击剑运动的发展，击剑运动也最早成为奥林匹克大家庭中的一员，逐渐成了国际性的体育竞赛项目。

三、现代击剑运动

现代奥林匹克运动会到今天已经有一百多年的历史，击剑运动也以“更快、更高、更强”奥运精神为指导，蓬勃发展。

1896年在雅典举行的第一届现代奥林匹克运动会上就设有男子花剑、佩剑项目。1900年在巴黎举行的第二届奥运会，增设了男子重剑这一项目。1924年在巴黎举行的第八届奥运会，又增设了女子花剑项目。1996年第26届亚特兰大奥运会，女子重剑被列为正式比赛项目。2004年雅典奥运会，女子佩剑正式成为奥运比赛项目。

即便如此，现代击剑运动的发展经历仍然是曲折的。1912年在斯德哥尔摩举行的第五届奥运会，法国队拒绝参赛，原因是认为重剑比赛剑的长度未统一，同时意大利队也对比赛规则提出异议并宣布退出比赛。在这种情况下，人们需要一个统一的比赛规则。1913年11月29日在法国巴黎九个国家代表举行会议，会上成立了“国际击剑联合会”，该组织其后来得到国际奥委会和各国政府承认。其职能是组织和管理击剑运动等各项工作。1914年6月《击剑竞赛规则》在巴黎通过，同年编辑成册，1919年正式出版。这样，击剑运动比赛趋于公平和合理，击剑运动得以更加完善和健康地发展。1930年之前的击剑比赛采用的都是人工裁判方式，因此误判较多，也引起了不少的争议。这也对击剑比赛的裁判提出了新的挑战，1931年开始在重剑比赛使用电动裁判器。1995年花剑电动裁判器也运用于比赛。1989年佩剑比赛也开始使用电动裁判器。可以说，电动裁判器的发明是现代击剑史上的一个里程碑，它使击剑比赛更加公平，同时也推动着击剑技术迈向新高度。目前，击剑运动进入了相对稳定的发展阶段，高水平的击剑运动与大众的娱乐健身同时发展，使击剑运动焕发出新的生机，更具魅力。

四、击剑运动在中国的发展

1944年，在日本东京青年会学习击剑的贾玉瑞回到中国，利用业余时间在北京大学教学生击剑。这是我国最早开展的击剑运动。1952年，苏联和匈牙利向来访的中国体育代表团赠送了击剑器材，有了这批器材，贾玉瑞在北京师范大学开展了击剑教学。经过一段时间的训练，北京师范大学的学生于1953年11月在天津举行的第一届全国民族形式体育表演和竞赛大会上进行了击剑表演，并介绍了比赛方法。从此，现代击剑在中国少数大城市和体育学院开展起来。1955年苏联专家赫鲁晓娃在北京体育学院（现北京体育大学）开设了击剑专修课。培养了30多名学员，这批人毕业后又被分配到各省市，成为开展新中国击剑运动的骨干力量。击剑运动在我国从无到有、从小到大、从极少数到全国十几个省市和解放军及大专院校的发展，为后来我国击剑运动冲出亚洲、走向世界打下了基础。中国击剑运动真正有计划和有规模开展起来应该从20世纪70年代算起，至今也不过40多年时间，但是也创造出了一条不同于其他击剑先进国家的独有的发展道路，在短时间内个别剑种跨入了世界先进行列，并取得了优异的成绩（表6-1）。

表 6-1　中国击剑队 1984—2021 年奥运会、世锦赛奖牌统计表

项目	奥运会			世锦赛		
	金牌	银牌	铜牌	金牌	银牌	铜牌
男花个人	1	—	—	—	4	4
男佩个人	1	—	—	—	—	—
男重个人	—	1	—	1	—	—
女花个人	1	1	—	—	—	1
女佩个人	—	1	—	1	2	1
女重个人	1	—	2	1	3	2
男花团体	—	2	—	2	3	2
男佩团体	—	—	—	—	—	—
男重团体	—	—	—	—	—	—
女花团体	—	—	—	—	—	2
女佩团体	—	1	—	—	1	1
女重团体	1	1	1	3	4	2
合计	5	7	3	8	16	15

第二节　击剑主要规则

一、花剑

（一）武器装备

击剑分花剑、重剑、佩剑，所使用的剑因剑种不同，形状、剑身长度、重量等都有所区别（图 6-1）。

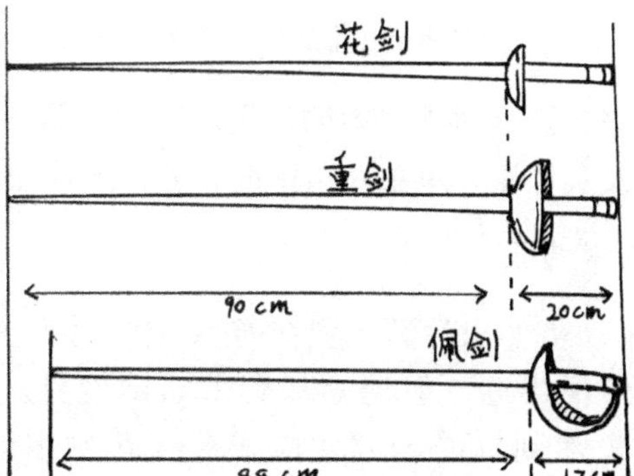

图 6-1　击剑种类

花剑（图 6-2）是一种长剑，最大剑身不超过 110 厘米，总重量要低于 500 克，由剑柄、剑身和护手盘组成。剑身为钢制，长度不超过 90 厘米，横截面为长方形，弯曲度也是规定好的，限定了硬度和软度。剑柄长度不得超过 20 厘米。比赛（图 6-3）过程中运动员应身着防护服、金属衣，佩戴金属面罩，单手持剑不允许换手，并佩戴花剑专用保护手套。

图 6-2　花剑

图 6-3　花剑比赛

（二）交锋协定

花剑是仅使用刺击技术的武器。因此，运动员只能使用剑尖来做攻击动作。在激烈的交锋中，对剑尖的控制能力是花剑运动员技术实力的重要体现。在花剑比赛中，运动员只有击中有效部位才能够得分。有效部位，仅限于躯干着金属衣部分（图 6-4）。击中无效部位则不得分，但是双方需要停止交锋。

图 6-4　花剑有效部位

比赛借助电动裁判器来判断。对于击中的认定，以裁判器显示信号为准，同时需要裁判员根据花剑特有的条款及其原则，单独对击中的有效性或优先性做出裁决。

（三）花剑比赛的技战术特征

花剑的正确进攻是运动员伸出后臂，剑尖连续威胁对方的有效部位。花剑的技术动作虽然与重剑技术动作很接近，但规则却有着一定差异。花剑在双方运动员互中的情况下，只有获得优先裁判权的一方才能得分。花剑中的优先裁判权，与速度、耐力、力量等没有直接因果关系，也就是说，一个运动员被动反攻，即使他的速度再快、力度再大也没有意义，因为对方运动员先发动进攻，并且有效击中有效部位，获得优先裁判权。如果主动进攻被对方截击，就会丢失优先裁判权。花剑比赛的核心是围绕着优先裁判权进行的，只有掌握优先裁判权，才能掌握比赛的控制权和主动权。

花剑现阶段技战术特征如下。

1）比赛中男子花剑的交锋比女子花剑更加积极主动。

2）决定性攻击主要采用快速、简单实用的技术动作，看重攻击时机的捕捉和交锋实力，实质性交锋多采用简单交锋，进行实质性交锋之前采用步伐调整、试探、武器接触等方式。

3）花剑高水平运动员主要依靠主动进攻、防守反击等动作得分。

二、重剑

（一）武器装备

重剑（图 6-5）全长不超过 110 厘米，重量不超过 770 克，是击剑器械中最重的一种。剑身为钢制，横截面为三棱形，长度不超过 90 厘米，护手盘呈圆形，长度和深度都比花剑要长，剑柄长度不超过 20 厘米。比赛过程中运动员应身着防护服，佩戴金属面罩，单手持剑不允许换手，并佩戴重剑专用保护手套（图 6-6）。

图 6-5　重剑

图 6-6 重剑比赛

（二）交锋协定

重剑和花剑一样，运动员要用剑尖攻击对手，但是比赛没有优先权的相关规定，先击中对手即得分。有效部位包括运动员整个身体、衣服和装备。因此，击中对方身体（无论是四肢、躯干或者头部）就能得分。重剑比赛借助一台电动裁判器来判断，击中对方一方得分，当两名运动员都被击中，而裁判器记录的两次击中都有效，就出现“相互击中”，则每人都算击中一次。判断击中只能以裁判器显示信号为准。比赛中双方只有在 40~50 毫秒的时间内完成相互击中时，裁判器两侧才能显示互中。若刺中的时间差超过 50 毫秒，裁判器则显示先击中一方的信号，即单方得分。在任何情况下，只要裁判器没有按常规显示击中信号，裁判就不能裁决某一名运动员被击中（罚剑的情况除外）。

（三）重剑比赛的技术特征

重剑项目在三个剑种的技术层面上是限制最少的，有效击中没有优先限制权，也没有部位限制。不管动作是主动进攻还是被动防御，技术动作是否正确，运动员只要击中对手就能得分，双方同时击中对手可以同时得分。这一特征使得重剑的技术、节奏、战机、距离、技术多样化。重剑刺点多，但是腿和脚只有在重剑比赛中才能作为可攻击点，重剑由此产生独有的刺脚技术，在进攻和防御中都可以使用。而且重剑运动员可以在对抗中选择不同技术，如转移刺、直接对抗、压剑、甩剑、交叉刺、冲刺、补剑刺等。重剑的战术体系包括基本战术、针对性战术和特殊战术。

三、佩剑

（一）武器装备

佩剑（图 6-7）起源于骑兵部队，最初不是为了刺敌人，而是为了“砍”对方。佩剑是三种击剑器械中最轻的，它的总长度不超过 105 厘米，总重量不超过 500 克，剑身是钢制，弯曲度小于 4 厘米。佩剑的护手盘平整且光滑。佩剑比赛（图 6-8）过程中运动员应身着防护服、金属衣，佩戴金属面罩，单手持剑不允许换手，并佩戴保护佩剑专用手套。

图 6-7 佩剑

图 6-8 佩剑比赛

（二）交锋协定

佩剑是一种使用刺击、劈砍技术的武器，可使用剑刃和剑脊。用剑刃、扁平部分或者剑背做出的任何劈打击中有效部位都算击中（正劈或者反劈）。剑身的劈打，指的是劈打时用剑碰到对手的有效部位，只要是明显击中对方的有效部位，就视为有效。佩剑的有效部位（图 6-9）包括连接髋骨顶端并水平环绕与运动员躯干的水平线之上的任何有效身体部位。

图 6-9　佩剑有效部位示意图（图中黑色部分）

（三）佩剑比赛的技术特征

根据佩剑的交锋特点以及佩剑的比赛规则，得分分为主动得分和被动得分。主动得分指的是在享有主动权的情况下的得分，而被动得分是指在被动情况下因为对手的失误而得到的分。花剑、佩剑、重剑击剑比赛都是在规定的剑道上进行交锋的，各剑种对移动的步法有着严格的规定，佩剑比赛中向前禁止一切后脚越过前脚的交叉步，向后移动时，不能背对对手，只能面向对手后退。运动员通过协调脚下距离和手上交锋动作来达到得分目的。而佩剑的裁决需要在电动裁判器的辅助下，通过双方交锋的姿态、动作和击剑时间来分析完成。不同于花、重剑，佩剑的攻防动作更加丰富、立体，比赛中佩剑运动员主要围绕着对攻进行进攻、防守、反攻的转换。

第三节　高校开展击剑运动的训练方法和基本要求

随着击剑运动的普及，高水平竞技击剑和大众击剑也进一步均衡发展，击剑运动逐渐在各高校开展起来。在这样的情况下，各高校要合理地将击剑的一般训练和心理、技战术、体能等专项训练结合起来，制定出科学的高校击剑训练方法和课程。

一、集体课程练习及设置

集体训练是击剑训练手段之一，是指以一个班为单位在老师或者教练统一指挥下进行的各种练习。集体训练的优越性在于学生可以通过有趣的竞赛练习学习击剑基础动作（包括步法和手上技术动作），提高练习热情，培养团队精神，增进授课老师和学生以及学生之间的感情，对提高高校学生身体素质和掌握击剑基本技术有很大作用，但是集体训练也需要针对个体特点的个别训练作为训练补充。

集体训练的准备活动或者身体素质练习，都需要根据场地、器材等客观情况灵活安排，可以采用多种形式和手段，紧密围绕专项训练进行。安排练习内容应尽量将竞赛和趣味相结合，采用对抗和竞技的形式来提高学生的练习热情。课程设置须循序渐进，从击剑基础练习如步法练习和刺靶、击打练习等，逐渐深入到后面的对抗练习。

二、小组课程练习及设置

将一个班的同学分成多个训练单元，一个训练单元中有几名学生同时进行某个技战术练习，小组划分要注意的是小组成员水平差距不能太大，以便能够完成基本训练任务，同时小组规模也不能太大，6~8 人为宜。教练员或者任课老师也要及时在旁边予以指导，同时将小组训练和其他练习方法有机结合，通过小组训练的方式对某个技战术进行强化，这样有助于小组成员互相促进并提高。

三、双人练习课程设置

双人练习指的是由教练或者老师指导，两名学生进行各种对练的方法，既可以模拟实战练习，又可以发现并解决技术问题等。这种练习方法对各种水平和级别的学生运动员都有非常重要的意义。课程设置可以结合击剑竞赛中双人对抗的特点开展双人练习。双人练习是从训练过渡到实战的最好方式，能够通过内容变化和不同要求，培养运动员的剑感、节奏感、距离感、空间感、时机感等实战素养。对于双人练习中的动作要充分准备、精心设计，合理安排内容、训练条件、要求、人员搭配、间隙时间等，把实战练习与击剑运动的特点结合起来。双人练习的轮换、推进都应该在老师和教练员的控制下进行，精心设计的双人训练课程不但能提高训练效果，更有助于集中学生运动员的注意力，及时发现练习中的问题，有助于提高技战术能力。

四、个人课程设置

有一定基础的学生可以单独进行击剑专项练习。练习内容包括刺靶、假想对手、练习一个或多个连接技术动作等。个人练习可以纠正学生运动员自身的某些错误动作，同时可以通过不断练习熟练掌握和运用某项基本技能。但是值得注意的是，由于高校击剑课程实际的场地、人员等条件的限制，个人课程的设置需要结合基础条件来开展。学校可以用组建击剑队这样的方式，通过增加训练时间、教练员指导、实战对抗练习等方式来提高部分学生的水平，这些学生技术水平得到提高之后还可以担任课程助理在集体训练、双人练习时辅助指导其他同学。

五、实战课程设置

实战训练，是在老师或者教练员的指导下，用实战的方法进行教学训练。实战训练是最接近比赛的一种训练方法，是检验专项训练任务的完成情况、学生运动员能力、技战术、身体素质、心理素质以及比赛作风的一种最有效的训练方式。实战训练，可以带条件，也可以不带条件，条件实战一般来说需要限制使用某种技战术动作，或者采用让分的方式，让学生运动员在有限条件下，通过自身努力完成实战。不带条件的实战，一般来说就是不做限制，通过对技战术的实际运用来训练。教学可以采用实战点评、内容完成情况、条件执行情况总结等方式，对运动员的表现进行评价，以提高其技战术素养和心理素质。

第七章　射击运动

第一节　射击运动的发展历史

射击与人类文明的发展息息相关。在火药还未被应用到弹药制作的年代中，人类多使用弓箭来开展狩猎和军事行动，随着人类科技的发展，枪支取代弓箭，成为狩猎和军事行动中的主要工具。射击比赛最早的形式是军队中的军事技能比赛。

现今可考的最早的射击俱乐部出现在德国亚琛市，其成立时间早于1198年。德国射击俱乐部主要是出于军事防御目的而建立起来的射击教学、比赛团体。发展至今，射击已不仅仅是一种军事技能，更是一种修身养性的运动，射击文化已经成为德国文化的一部分，各地每年都会举办射击节来宣扬射击运动文化。

在中国古代，把精良的射术视为一种高尚的品德。孔子所推崇的儒家思想中，提出应“志于道，据于德，依于仁，游于艺”，其中的“艺”，引述于《周礼》中提出的“六艺”，即“礼、乐、射、御、书、数”。其中“射”指的是射艺，在没有枪支的年代，主要指射箭的技能及规范。儒家思想认为，君子练习射艺，可以修炼身心，塑造品格。

射击运动作为一项广受欢迎的运动，在1896年第一届现代奥林匹克运动会中就是比赛项目。1907年，“国家射击联合会和协会的国际联盟”正式成立，统一管理、协调国际射击赛事及交流活动，制定统一的比赛规则。1998年，该协会正式更名为“国际射击运动联合会”（International Shooting Sport Federation，ISSF），以下简称国际射联，是国际奥委会正式承认的射击运动国际比赛的唯一管理机构。

第二节　现代射击运动的比赛设置

现代射击运动赛事从赛事等级来看，可以分为国际赛事及各国国内赛事。

一、国际赛事

（一）现代奥林匹克运动会

现代奥林匹克运动会已经持续举办了124年。奥运会是综合性国际体育赛事。射击项目从第一届奥运会开始就是奥运比赛项目。奥运会射击比赛包括手枪、步枪、飞碟射击项目，2020 年东京夏季奥运会[1]中共设置 15 个射击比赛项目。除夏季奥运会外，奥运会赛事系列还包括冬季奥运会，青年奥运会和残疾人奥运会。

（二）洲际运动会

洲际运动会由某区域内国家共同参与，一般为综合性体育赛事，例如，亚洲运动会（亚运会）。洲际运动会的比赛频率由参赛国家组成的赛事委员会商议决定，比赛项目一般参照奥运会比赛项目设置。以亚运会为例，亚运会每四年举办一次，自 1951 年第一届亚运会以来，已经举办了 18 届。

（三）射击世界杯

射击世界杯赛事系列包含分站赛及总决赛。分站赛每年可举办若干场，分站赛的举办由国际射联决定并指定办赛地点。总决赛每两年举办一次，由奥运会比赛奖牌获得者、世锦赛奖牌获得者及世界杯分站赛奖牌获得者参与，被称为“冠军中的冠军”的比赛。世界杯比赛的项目参照奥运会比赛项目设置。

（四）射击世界锦标赛

射击世锦赛比赛项目包括国际射联管理的奥运项目及非奥项目。许多在奥运会比赛中看不到的射击比赛项目，可以在世锦赛中看到。世锦赛每四年举办一次。

（五）洲际射击锦标赛

洲际射击锦标赛的比赛项目一般参照世锦赛的项目进行设置。办赛频率一般为每年一次或每两年一次，由赛事委员会决定。

二、国内赛事

（一）全国运动会

全运会为全国综合性体育赛事，每四年举办一次。全运会参赛选手来自各省市运动队，射击项目的比赛设置参照奥运会项目及国际射联最新规则设置。

（二）全国射击冠军赛

全国射击冠军赛每年举办一次，比赛时间一般安排在 4 月至 5 月，参赛选手为各省市射击队运动员。

（三）全国射击锦标赛

全国射击锦标赛每年举办一次，比赛时间一般安排在 9 月，参赛选手为各省市射击队运动员。

① 2020 年东京奥运会原定于 2020 年夏天在日本东京举办，因受新型冠状病毒疫情的影响，延期至 2021 年 7 月 23 日至 8 月 8 日在日本东京举办。

（四）全国射击总决赛

全国射击总决赛每年举办一次，比赛时间一般安排在 10 月，参赛运动员须在全国射击冠军赛及全国射击锦标赛中达到排名标准，获得总决赛参赛资格，方可代表各省市射击队参赛。

（五）全国 U 系列射击锦标赛

全国 U 系列射击锦标赛一般包含 U20、U18、U17 赛事，对于参赛选手的年龄设置上限，例如，U20 比赛参赛选手的年龄不得超过 20 岁。各年龄段系列赛每年举办一次，为各年龄段的年青射手提供比赛锻炼的机会。

（六）全国大学生射击锦标赛

全国大学生射击锦标赛安排在每年 7 月至 8 月进行。参赛选手为各高校射击队员，该赛事为高校射击队提供比赛交流的机会，同时为世界大学生射击比赛选拔参赛运动员。

（七）各省市地方性赛事

各省市根据各地项目发展情况，举办地方性射击赛事。以上海为例，上海每四年举办上海市运动会，每年举办上海市射击冠军赛、上海市射击锦标赛、上海市大学生射击比赛等赛事，为参与射击运动的青少年提供比赛交流的平台。

第三节　中国射击运动的光辉历史

新中国成立初期，射击运动作为一项重点军事体育项目在北京、上海等大型城市开办普通射手训练班，青少年参加训练班并通过考核后可获得普通射手证书。每年参加此类群众性射击活动的人数可达数十万，在此基础上，体育部门组织各种形式的射击竞赛活动。

中国射击协会成立于 1956 年，由中华体育总会领导，是中国射击运动的全国性群众组织。中国射击协会促进和指导全国射击运动的发展和技术水平的提高，加强与各国射击协会之间的友好联系。

在 1984 年的第二十三届夏季奥运会中，中国射击运动员许海峰实现了中国奥运金牌零的突破。中国射击选手在 1984 年的奥运会中，共获得 3 枚金牌。截至 2020 年东京奥运会，中国射手在奥运赛场上共斩获 26 枚金牌。

第四节　射击安全规则及观赛礼仪

一、射击安全规则

射击运动是一项和枪支弹药密切接触的运动，实弹枪支弹药具有致命的杀伤力，因此，在射击运动的开展过程中，射击安全规则必须放在第一位。校园内开展光感射击运动，即使所用设备安全且对人体没有伤害，学生也必须遵守射击安全规则，养成正确的用枪习惯。

（一）射击安全规则

校园光感射击课程中，不涉及实枪实弹，建议重点提出以下三条规则。

1）枪口不能对人。枪口左右旋转角度不可超过 45°。

2）不可随意击发。在未经执教老师允许的情况下，不可随意触碰扳机做击发动作。

3）在场内要严格遵守执教老师的课堂要求，射击系统出现任何问题应第一时间报告执教老师，不得自行处理。

（二）射击课教师职责

射击课教师在开展光感射击系统训练前，必须对学生进行射击安全教育，明确说明射击安全规则。

在射击课程中，执教教师应进行正确的操作示范，引导学生学正确的枪支操作方法。同时，应对学生高度关注，若学生违反射击安全规则，教师应当及时制止并纠正。

二、射击观赛礼仪

射击比赛对专注力的要求极高，选手射击过程中观众应保持安静，射击完成后观众可对射手的精彩表现鼓掌喝彩。然而，近年来，为了提高射击比赛的趣味性、观赏性，射击比赛决赛场内，现场解说会积极与观众互动，调动赛场氛围，鼓励观众在选手射击过程中鼓掌喝彩，射击比赛的现场如今类似于篮球、足球比赛的现场，决胜时刻观众热情的加油声、鼓掌生响彻全场。

当然，虽然比赛现场观众的观赛礼仪由安静转变为热烈，有一些现场观赛礼仪我们必须遵守：

1）尊重所有的运动员，不带有任何的种族、民族、性别歧视，不可对运动员进行人身攻击；

2）在指定的观众区域活动，不可到禁区，以免发生危险；

3）现场摄影摄像不可使用闪光灯；

4）爱护比赛场地设施。

第五节 射击运动的分类

射击运动是一项追求射击精度的运动项目。从项目类别上来看，射击运动项目可分为步枪、手枪、飞碟射击。从项目所使用的枪支类别上来分，可分为气枪、小口径枪、霰弹枪。从射击距离上来看，可分为 10 米、25 米、50 米项目。步枪项目还可以细分为三种射击姿势，包括卧姿、立姿、跪姿。手枪项目可以从射击时间要求上划分为慢射和速射。飞碟射击可以从碟靶跑抛出方式上分为双向、多项和双多向。此外，冲刺射击项目将步枪射击与跑步相结合，为冬季两项的夏季版项目。

从计分方式上来看，步枪和手枪会计算精确环数，精度可达小数点后一位，最高环数10.9 环，命中标靶最低环数 1 环，未命中记 0 环。飞碟射击、冲刺射击只记录是否命中碟靶。

第六节 光感射击技术的发展

光感射击是现代科技发展的产物。光感射击系统利用光感应原理，替代实弹，模拟子弹发射命中标靶的过程，精确度满足比赛标准。目前已有的光感手枪系统和光感步枪系统，技术上真实还原 10 米气手枪项目、10 米气步枪的射击过程，并在此基础上可扩展出冲刺射击课程，为射击运动的基础练习提供了很好的支持。

校园内开展光感射击运动基础课程，应尽量选择室内场地，可利用室内体育馆或教室。标准射击距离为 10 米，也可根据场地情况进行调整。

从全球射击运动发展情况来看，光感射击系统也被广泛采纳。在日本，光感射击系统成为学校运动队及青少年射击俱乐部的选择。在德国，射击运动是一项群众性运动，开展形式多样。然而，德国法律明确规定 14 岁青少年不得使用实弹枪支，因此，14 岁以下青少年使用光感射击系统进行射击运动的学习。

在国际标准赛事中，使用光感射击系统可能会成为一种发展趋势。目前现代五项比赛使用激光射击系统替代传统实弹气手枪。现代五项因其赛事要求射击与跑步项目共同进行，比赛场地多为室外场地，因此对射击场地临时搭设提出了很高的技术要求和安全要求，因此，从 2011 年起，现代五项比赛中使用激光系统替代气手枪。

第七节 射击基本动作

一、步枪立姿射击

步枪射击立姿的射击距离为 10 米，需要使用光感步枪设备、枪架以及桌椅。射击动作要求人枪合一，动作协调，重心稳定，把握好枪支稳定与击发时机。

（一）射击动作详解

1）身体左侧正对靶位，双脚左右开立，举枪时左胯略向前挺，腰部自然略向后塌。

2）使用左手举枪，左肘正直抵于左胯，承托枪支。左手可使用指托式、半握拳式、握拳式、或掌托式托住枪支。

3）右手握把将枪支向正后方带紧，枪支抵肩板抵于右肩。枪支和人的重心应结合紧密，保右手握把，右手食指轻触扳机。

4）右脸颊贴于贴腮板，使用右眼瞄准，左眼自然睁开，可使用挡眼板遮挡。

5）举枪时应先将抵肩抵实，右手握把，左手将枪支举起，将左肘从上向下落于左胯。枪支应尽量靠近身体，做好人枪结合动作。瞄准时控制好人枪重心。

6）瞄准方式为钻孔瞄准，贴腮后从目标靶的上方进入瞄准区域，保持稳定后，完成击发动作。

7）击发动作分为扳机预压和击发，贴腮后应首先预压扳机，预压应尽量确实，进入瞄准区域后择机完成击发动作。击发动作应轻柔，减少击发力量对稳定性的影响。

8）击发完成后，应继续稳定片刻，避免击发瞬间力量变化影响人枪稳定性。

（二）学习阶段

步枪立姿射击是射击运动的重要动作。学员经过步枪坐姿的基础练习后，可进阶进入步枪立姿射击的学习。

在课程开展过程中，教师应根据学员的实际情况，安排课程重点，各阶段的练习可循环进行，巩固基础。

二、手枪精度射击

手枪精度射击的射击距离为 10 米。使用的设备是光感手枪设备，要求手臂力量的协调稳定，精力回收与保持，晃动中的自然击发。

（一）射击动作详解

1）射手身体右侧正对靶位，双脚左右开立，使用右手握枪，左手可自然下垂或插于衣袋以保持稳定状态。

2）右手握把，虎口应正对握把，四指紧握握把，右手食指第一节指腹轻触扳机。

3）举枪时右臂上抬，先举至上 30° 位置，使用右眼平准准星后缓慢下落进入瞄区，右手食指同时预压扳机，进入瞄区后自然击发。

4）瞄准使用右眼瞄准，瞄准应将缺口、准星左右居中，上边沿齐平，准星和缺口的上沿对准标靶黑圈下切线位置。左眼自然睁开，可使用挡眼板遮盖。

5）击发动作分为扳机预压和击发，预压应尽量确实，进入瞄准区域后择机完成击发动作。击发动作应轻柔，减少击发力量对稳定性的影响。

6）击发完成后，据枪力量应继续保持稳定片刻，避免击发瞬间力量变化影响人枪稳定性。

（二）学习阶段

手枪射击对学员的手臂及肩胛力量有一定要求。在学员低龄阶段，可以通过步枪坐姿有依托的练习，帮助学员练习射击击发动作，心理调节等基础技能。建议从六年级开始，开展手枪课程。

在课程开展过程中，教师应根据学员的实际情况，安排课程重点，各阶段的练习可循环进行，巩固基础。

三、冲刺射击（卧姿）

冲刺射击的射击距离为 10 米，跑步距离为 400 米，使用的设备是光感步枪设备。运动员在跑步射击切换中要调整好呼吸与心率，在射击过程中掌握好持枪力量，在晃动中集中目标。

（一）比赛模式

跑步、射击、跑步交替，射击要求完成规定目标5发命中，不记环数，比赛成绩为从起点出发至到达重点的完赛成绩。

（二）跑步阶段要领

1）进行中距离的跑步练习，增强心肺功能，提高耐力。

2）跑步射击交替过程中，应调整跑步动作的节奏，降低动作频率，配合呼吸调整，调整心率。

（三）射击动作详解

1）跑到指定靶位后从枪支架上取枪，进入靶位。

2）俯卧于靶位，双肘支于地面。

3）左手承托枪支，右手握把，枪托抵于右肩，不得使用枪皮带。

4）右脸颊贴于贴腮板，使用右眼瞄准，通过钻孔瞄准，瞄准目标。

5）击发使用右手食指指腹。未射击时，右手食指置于扳机护环。射击时，右手食指指腹贴于扳机。

6）进入瞄区过程中完成预压，进入瞄区后，右手食指单独加力果断击发。

7）完成击发后，迅速装弹进入下一发的射击。

8）完成命中要求后，起立将枪支放回规定的枪架，再次进入跑步阶段。

（四）学习阶段

冲刺射击的练习需要结合射击练习与跑步练习。射击练习方面，学员可通过步枪坐姿射击练习掌握射击基础技术，再进行步枪卧射无依托的练习。跑步练习方面，学员经提高中距离跑的耐力、速度，并且学会通过运动频率与呼吸来调节心率。

在课程开展过程中，教师应根据学员的实际情况，安排课程重点，各阶段的练习可循环进行，巩固基础。

第八章 普拉提

第一节 普拉提概述

一、普拉提简介

普拉提（Pilates）是由德国著名运动康复专家约瑟夫·普拉提（1883—1967）创立并推广的一种增强肌肉力量、矫正身体姿态、提高身体柔韧性和协调性以及提升整体健康水平的锻炼体系。这种独特的锻炼体系强调核心的重要性，通过有意识地控制身体，保证正确的肌肉募集次序和骨骼排列，注重动作的细节，并配合有针对性的呼吸模式提升练习者的整体健康水平。

在20世纪早期，普拉提更加贴近运动生理与医学康复的训练方式过于超前，所以并没有被广泛认可。随着现代科学的进步，运动领域的研究也更加科学化、精细化，近代开始有研究表明健康的肌肉是身体核心的收缩先于四肢的运动，同时也有研究证实饱受腰背疼痛困扰的人深层核心往往在参与运动时被激活得较慢。20世纪末，核心肌群训练的重要性已经被广泛认可，越来越多的人意识到核心训练具备预防和康复的双重作用。普拉提针对核心力量的训练方式具备塑身效果，吸引了大量人群参与该项目，目前在美国有超过数百万的人练习普拉提，许多著名的舞蹈团队都把普拉提训练法作为身体辅助锻炼方法。

目前普拉提被广泛应用于健身中心、私人工作室、康复中心和医院。它不仅提高人们的健康水平，而且在运动康复方面卓有成效。随着参与的人越来越多，普拉提训练方法也在不断地发展完善，提高着练习者的运动能力和运动表现。现在普拉提不仅是一个训练体系和健身方法，它已经发展成为一个产业，在国际上具有一定影响力的权威机构如：普拉提联盟组织（Pilates Method Alliance，PMA）、Balanced Body 及其培训机构等。

二、普拉提发展简史

“快乐的第一需求是身体健康，我们对身体健康的理解是达到并保持身体与健全的思想相统一，充沛的自然运动能力，愉快并从容地完成日常生活中繁多的任务。”约瑟夫·普拉提在1945年写下了上面这段话，这段话也充分显示了普拉提运动的真谛。

1883年12月9日（官方出生记录），约瑟夫·普拉提出生于德国杜塞尔多夫市附近的一个小镇蒙城拉德巴，他的全名是约瑟夫·休伯特斯·普拉提（Joseph Hubertus Pilates）。约瑟夫·普拉提自小体弱多病，患有风湿热、哮喘和佝偻病，并长期被脆弱的呼吸系统困扰着。为了摆脱自己的健康问题，他开始用各种锻炼方法来强化自己的身体和意志。其中包括力量训练、拳击、滑雪、摔跤以及体操等。

1912 年，29 岁的约瑟夫・普拉提为了躲避德国军队的征兵，随一位拳击手前往英国。在移居英国期间，他以参加拳击比赛、进行马戏表演等为生。1914 年，第一次世界大战爆发，他被关入兰卡斯特（Lancaster）的一家工厂，随后又被转入马恩岛上的一所集中营里。在被羁押期间，他带领同班们进行运动，在这里创建了我们熟知的普拉提垫上运动体系的雏形。正因为此，在 1918—1919 年大流感暴发的时候，跟随他训练的人没有一人得病。普拉提和他的同伴们的成功使他赢得了关注，于是他得到了在一所军营当实习医生的工作。他负责 30 位病人，带领病人们每天做各种康复性的训练。普拉提有了在病人的床架上加弹簧的想法，这样第一架卡迪拉克诞生了。后来他又相继设计了许多辅助训练器械。

20 世纪 20 年代早期约瑟夫・普拉提获释回国，并受邀担任汉堡警察的自卫和体能教练。在那个时期，他结识了著名的舞蹈家兼舞蹈设计师鲁道夫・芬・拉班，以及她的学生玛丽・维格曼。而普拉提也通过他们认识了缤纷的舞蹈世界，这为后来和舞蹈之间结下不解之缘也埋下了种子。

1923 年（一说 1925 年），普拉提拒绝要他培训德国新军的邀请，迅速离开德国前往美国。在去美国的船上，约瑟夫・普拉提结识了不久后成为他妻子的克莱拉。1926 年普拉提夫妇来到了纽约，在曼哈顿第八大道的一幢大楼里开了一家健身工作室，开始教授他的训练体系，他把他的训练体系命名为“控制学”（Contrology），并把这个世界上第一个普拉提工作室的名称也取名为“控制学”健身工作室。

当时一些非常著名的舞蹈界人士家如玛莎・格雷厄姆和乔治・巴兰钦开始注意到普拉提的特殊训练方法。他们发现普拉提的训练方法对于增强核心力量非常有效，能使肌肉更加强壮，能够间接提升芭蕾舞者的舞蹈表现，也有很多人受伤后接受普拉提的康复训练并快速重返舞台，因此他们鼓励周围的舞蹈演员到普拉提的“控制学”工作室来进行舞蹈补充训练。这样当时在芭蕾舞领域普拉提训练法立刻有了巨大的影响。这些大师级 Dancer 的认可对于普拉提训练在舞蹈领域的影响一直延续到现在。

直至今日，国际舞蹈界还是同样非常认同他的训练体系，许多著名的舞蹈团队都把普拉提训练法作为身体辅助锻炼方法来防治损伤和提高身体表现。约瑟夫・普拉提是一个不断发明新器材的发明家。他发明了万能滑动床、万得椅、卡迪拉克、梯桶、脊椎纠正器等器材设备，他甚至为他的客户度身定做器材。很多普拉提所发明的器材直到今天还在使用。

约瑟夫・普拉提的愿望是将他的身心结合的健身方法介绍给社会大众，但是他的理念过于超前，直到 20 世纪 90 年代，社会大众才认识到普拉提的科学性和先进性。在约瑟夫・普拉提的时代，他已经成为一个健身界的标志性人物。

1966 年 1 月，他的工作室所在的大楼发生火灾，当时普拉提的工作室也毁于那场大火。已经 83 岁的约瑟夫・普拉提在投入抢救中不慎跌倒在烧毁的地板上，从而被困在火中。他虽然随后被及时赶到的消防人员救了出来，但已经吸入了大量烟雾进而患上了肺炎。在次年，随后的并发症夺去了他的生命，终年 84 岁。在约瑟夫・普拉提去世后，他的妻子克莱拉继承了他的遗志，继续将普拉提的健身方法发扬光大，直到 1977 年去世。

第二节 普拉提的训练原则

约瑟夫·普拉提在自己的训练体系中，曾提出了“控制学”的理论，并详细描述了普拉提运动的原则和训练哲学，具体归纳为以下几大原则，即专注（Concentration）、控制（Control）、核心（Centering）、呼吸（Breathing）、准确（Precision）、流畅（Flow）。在普拉提练习中，理解和运用这些原则，能够提高训练质量，得到更好的锻炼效果。

一、专注

在普拉提练习中，集中注意力非常重要，所有运动都应该通过意识加以控制，有意识的控制动作能够有效地提高身体意识。随时随地感受身体处于何种状态，能够更细致地感受肌肉运动刺激身体器官，从而做到不断调整姿势，以减少伤害、提升控制力和流畅性。

二、控制

控制是指在普拉提的整体运动中，我们的神经系统能够调动肌肉，使其保持正确的动作、合理的运动链排列和适当的用力。普拉提训练中的控制，要求我们在整个训练过程中不要出现不经意的、随意的动作。简单来说就是练习中的每一个动作从开始到结束，都需要运用控制力，不依赖惯性，比如举腿之后的落下不是自由落体突然放松。普拉提练习中许多动作的控制不仅仅调动大肌肉群，还必须调动深层以及日常动作很少调动的小肌肉群共同参与，从而达到平衡保持，进而保持躯干稳定。深层肌肉附着在骨骼上，对深层肌肉的刺激和练习有助于身体整体稳定性，提升整体控制力度。

三、核心

约瑟夫·普拉提把位于我们身体中间部分的腹部、腰部、髋部和臀部等肌群称为“力量源泉”，所有普拉提动作都源于此。现阶段关于核心力量的研究完善了这一理论，核心肌群包括背面的多裂肌、竖脊肌、腰方肌、臀屈肌，正面的腹横肌、腹内斜肌、腹外斜肌、腹直肌、髂腰肌，其中腹横肌和多裂肌属于深层的核心肌群，特点为小、短、薄且与脊椎相连，主要功能为维持脊椎的稳定，腹内斜肌、腹外斜肌、腹直肌、腰方肌、背部伸肌群、臀屈肌属于浅层的核心肌群，特点为大、长，主要负责身体的前屈、后仰、左右扭转。核心肌群主要负责稳定的功能，在身体的肌肉中占很大一部分，是最重要的肌肉群。发展一个强壮稳定的核心，就能更自如地控制四肢，所以有意识地收缩身体核心肌肉、维持稳定而有力的核心是所有动作的基础。更直观的研究表明，通过肌电图来表示肌肉运动，所有的腹部肌肉或腹部肌肉的不同区域都会参与大部分身体运动，这也说明躯干部肌肉力量的重要性。

四、呼吸

约瑟夫·普拉提在他的作品中曾着重表达了呼吸的重要性，充分的呼吸和深呼吸能够为每一个动作提供足够的动能，掌握正确的呼吸方式，完全投入呼吸过程中，将会给普拉提运动带来翻天覆地的变化。

呼吸是普拉提的一项非常基础的内容，将会贯穿整个运动过程，普拉提的呼吸技巧称为“横式呼吸”，也叫胸式呼吸——通过鼻腔进行深呼吸，使胸腔低处朝身体两侧扩张（横向）并向背部延伸。这样的呼吸可以保持腹部肌肉紧缩，为整个下背部提供支持。大部分人在运动中不注重自己的呼吸方式，通常呼吸都比较浅，只能把肺部最上方撑起来，而不考虑自己真正的肺活量。初学者在练习横式呼吸的时候，可以将收手放置在肋骨两侧，收紧腹部鼻吸气嘴呼气，每一次加深的呼吸感受胸廓运动。

普拉提强调呼吸与动作相配合，主要体现在呼气多发生在运动过程中最吃力的时候，也就是用力的时候要吐气，而吸气通常在准备和恢复阶段，也就是相对放松的阶段。切忌在运动中憋气，这会妨碍肌肉的氧气供给从而降低肌肉的工作能力。

五、准确

普拉提练习始终关注的是每个动作完成的质量，而不是数量，每一个动作的设计都是有目的的，可以使指向性肌肉组织收缩或伸展产生需要的刺激效果。同时精准的动作带来正确的运动感受，练习者可以在运动中产生直觉性理解，意识与身体能够追踪所有细节。要准确完成动作，就要把注意力集中到运动中，集中精神不断做出细微的调整。所以普拉提练习要求动作准确，同时也是对前面专注与控制的体现。

六、流畅

普拉提运动中展现的优雅与精致，是形体自然的体现，讲求平稳和持续。从身体核心部位开始，带动全身肌肉的协调运作，动作之间能够自然过渡保证肌肉运动的合理性。普拉提练习中动作流畅与动作质量息息相关，准确做出目标姿势，同时精神集中在自己的身体上，保证每块肌肉的可控性，通过正确的呼吸配合营造出一个有节奏的、舒适的运动模式。流畅的普拉提让练习者有一种行云流水，身心尽在掌控并且能够展现自我魅力的优美感受。

第三节　普拉提基本动作与训练

普拉提按照训练课程的形式分为器械系统课程和垫上课程，器械系统课程多数以一对一的私人订制形式开设在专业的普拉提工作室，我们接触到的更多更实惠的课程类型是垫上课程。接下来我们以普拉提的垫上运动为主要内容，向大家介绍 15 个经典普拉提动作以供大家学习。

一、普拉提经典动作

（一）百次

百次是一种主要针对腹肌的锻炼方式，需要将注意力集中到核心肌群上，由腹肌、臀部、下背部和髋部组成的能力发动机。

1）仰卧在地面上，屈膝使膝关节弯曲成 90°，大腿与地面垂直，小腿与地面平行；双臂在身体两侧伸直掌心向下贴地面；背部拉长脊柱紧贴地面，吸气时小腹向内收紧。

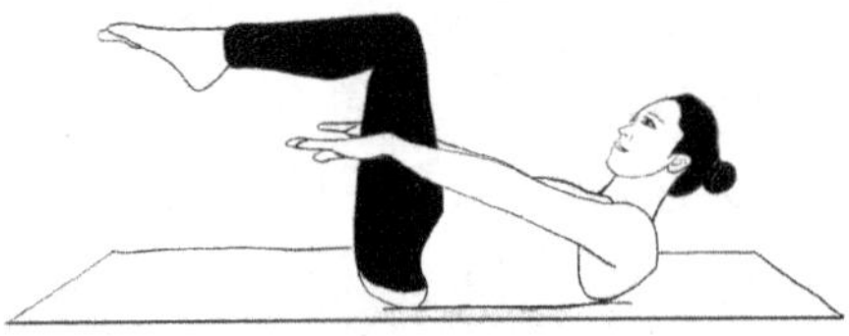

图 8-1　百次

2）呼气，同时头部从地面抬起，腹肌逐渐卷起，直至肩胛骨抬高到仅下端与地面接触，双手臂离开地面比肩膀位置略高（图 8-1）。

3）腹部始终保持收缩状态，伸直的双臂迅速且平稳地上下挥动（肘关节与腕关节保持紧绷不弯曲），吸气并默数 5 下，呼气再默数 5 下，重复以上动作，10~20 次一组，总共 100 次。

进阶方式：双腿从弯曲变为伸直，并与地面成 45° 角，大腿内侧肌肉夹紧，重复上述百次动作。

（二）卷曲上提（大折叠）

经典的普拉提卷曲上提动作可以锻炼核心肌群，收紧腹肌并强化背部，同时拉伸大腿后侧肌群。运动过程中让呼吸指引着动作，吸气展开，呼气卷曲，动作力度统一。我们习惯称其为“坐位体前屈”。

1）身体仰卧，脊柱位于中立位，踝关节用力，脚尖勾起尽量伸向头部方向。肩胛骨向下滑动，同时双臂高举过头顶，贴在头上方地板，双臂继续沿地板方向向上用力拉长。肩关节与胸腔下压。

2）双手离地、头部离地，腹肌收紧并将脊椎骨一次从垫上抬起。手臂前伸至于双腿上方，脚跟用力压向垫子，保持双腿始终在垫子上没有抬起（图 8-2）。

3）反向动作，将脊椎骨依次放回到垫子上，匀速控制下落，完成一次循环。重复 5 次训练。

图 8-2　卷曲上提

（三）单腿画圈

锻炼腰椎以及骨盆的稳定性，同时增强髋关节的灵活性，强化腿部前侧肌群，同时还可以缓解臀以及腰部的紧张，锻炼腿和腰的协调性。

1）身体仰卧，骨盆保持中立位，双脚固定在垫子上，双臂位于身体两侧，肩胛骨保持稳定不动。

2）一条腿举起朝向天花板，与地面成 90°（图 8-3），膝关节略微向外旋转，另一条腿保持原位不动。

3）以右腿为例，举起的右腿向右侧（外侧）展开然后向下靠近左腿中线位置后向上提拉回到高举 90°的位置，看起来像是用右腿“画”了一个圆圈，动作前半段吸气，后半段上抬至开始位置抵抗大腿重力的过程中呼气，在每一圈的最高点时短暂停留，以此作为力量控制和动作完成的标志。

图 8-3 单腿画圈

4）朝一个方向画 5 个圈，然后反方向再画 5 个圈。双腿交替，重复以上动作。

（四）滚球式

滚球式是一种需要身体惯性冲击力配合的普拉提动作，可以锻炼身体的腰腹肌力量，增强持续控制腹肌的能力以及改善平衡系统，又称“甲虫翻身”。当一个甲壳虫背着地时，其四肢来回蹬踏很难翻转过来，而我们可以借助腹肌及身体的协调能力轻松完成这一动作。

图 8-4 滚球式

1）从坐姿开始，双手抱膝，将身体团起，只有臀部及双脚脚尖着地。

2）将双脚尖离开地面，轻轻晃动身体不会掉落，全身抱成一团只有臀部一个支撑点。

3）保持身体整体姿态，小腹内收，吸气，适度发力向后仰倒，使身体向后滚动（图 8-4）。

4）呼气时，腹肌迅速收紧并利用惯性，为身体提供向前滚动的动力，重新恢复身体姿态到最开始臀部着地姿势，完成一次循环。每 4~6 次，双脚着地休息 1 次。

（五）单腿伸展

单腿伸展是腹肌训练系列里常用的一个动作，我们更熟悉的说法是“仰卧自行车蹬腿”，上身处于卷腹状态通过双臂与双腿的快速交替运动，改善核心肌群的稳定性。这项运动需要身体各部位协作完成，对深层腹部肌肉的控制能力有较强的提升作用。

1）身体仰卧，双腿弯曲成 90°，脊柱紧贴地面，颈部伸直且舒展上身，肩胛骨固定在地面上，同时双臂在身体两侧伸直，掌心朝下。

2）吸气、吐气时上身卷起头部前伸，左腿弯曲靠近胸腔，右腿沿水平面斜向上 45°伸直；左手触摸左脚踝，右手抓住左腿膝关节，整体为双手作用在左腿上（图 8-5）；无论曲起的左腿还是伸直的右腿都保持双脚勾起，小腿肌肉紧张。

3）呼吸与动作配合，完成一次循环处于停顿相对轻松时吸气，交替伸腿相对困难时呼气。

图 8-5 单腿伸展

4）双腿双手依次交替重复以上动作6~10次。

（六）双腿伸展

双腿伸展也是腹肌训练系列里的动作，类似于体育课中的垫上“两头起”训练。利用双腿与双手的重力，每一次相对靠拢或分开，腹肌均需要很大的力量维持控制过程，双腿双手伸展开距离地面越近，维持躯干的稳定就越困难。这个动作可以使核心肌群得到锻炼，并增强身体协调能力。

1）身体仰卧，双腿弯曲成90°，大腿与地面垂直小腿平行，上身微微抬起卷腹，颈部伸直适度紧张，不要把下颌压向胸骨；双臂伸直置于双侧膝关节两侧，身体呈现一个小船的形状。

2）小腹紧张，呼气时，躯干拉长伸直，双臂高举过头顶与双耳保持平行，同时双腿伸直与地面成45°角（图8-6），手臂与身体、大腿与身体均成钝角形态。

3）吸气，膝关节弯曲再次向胸前收起，同时双臂从头上位置向身体躯干方向挥动，回到小腿两侧。

4）身体伸展开并收起的循环重复5~10次，然后呼气放松，双手臂落地，颈部展开肩部下压缓解。

图 8-6 双腿伸展

（七）脊椎前推

脊椎前推可以增强脊柱的柔韧性，拉伸腘绳肌。身体对折角度越小，拉伸运动幅度越大。当脊柱前伸时，身体没有轻松感觉，非常紧绷吃力，可以回到原位，调整身体姿态，多次尝试，慢慢将身体拉伸开。

1）身体坐直，手臂自然垂落在身体两侧，手掌置于地面。双腿在体前伸展，小角度分开与臀同宽，同时双脚勾起，保持腘绳肌紧绷。

图 8-7 脊椎前推

2）原地吸气，呼气时小腹内收，脊柱拉长上身向大腿方向靠拢，同时双臂前伸，双手伸过脚踝（图8-7）。

3）保持这个姿势20秒左右，深呼吸，使空气直达背部及胸腔。

4）持续最后阶段呼出最后一口气，从尾椎骨一直到头部整个上半身向上抬起，直至身体再次挺直。

（八）螺旋运动

指腿部的螺旋运动，理解为仰卧双腿绕圈。当进行螺旋运动时，双腿在空中按一定轨迹画圈的同时，上身保持稳定，这一点尤为重要。想象上身是一个固定的底座，双腿相对自由地在半空中滑动。运动中最大的挑战在于肩关节下压的同时骨盆前倾。

1）身体仰卧，双臂置于身体两侧，掌心向下有按压动作，帮助维持身体稳定，吸气做好运动准备。

2）呼气的同时脊柱下压，双腿并拢并伸直，收紧腹部，将双腿抬起指向天花板。

3）动作进行中，双腿从右侧开始向下开始画圈（图 8-8），最远处时大腿与地面成 45° 角，继续划动从左侧回到指向天花板的垂直状态；右侧并向下时吸气，从左侧回归的过程吐气。

4）重复以上动作，朝另一个方向“画圈”，每个方向完成 3~5 圈。

图 8-8　螺旋运动

（九）拉锯

拉锯就是在空间中保持动作的对立，身体扭转、屈曲、折弯，所有这些动作同时进行，过程中保持平静而彻底的呼吸。这个动作的目标是拉伸脊柱、身体两侧、大腿内侧以及腘绳肌，同时稳固骨盆和肩胛骨。这一动作可以强化对上身肢体的控制能力，增加身体灵活性。

1）身体坐姿，双腿在体前伸直并分开比臀略宽，双脚勾起，通过脚后跟向外推，伸长小腿，充分调动双腿肌肉。双臂朝身体两侧展开，与地面保持平行，掌心朝下，上身直立。

图 8-9　拉锯

2）收腹、吸气的同时脊柱向左侧旋转，双臂向外伸展，一直到双手指尖拉伸成前后一条线。

3）呼气，朝左侧进一步旋转，右臂伸直越过左腿位置（图 8-9），感觉就像右手的小指“锯”向左脚小脚趾。同时旋转在背后斜方向伸展的左臂，从肩胛骨位置朝内转动。颈部两侧伸直，双眼盯着位于后侧的手臂。

4）吸气时，身体从前倾恢复到垂直旋转的姿势；呼气时，面朝前方，还原最开始的正面坐姿，双臂在身体两侧平行展开。

5）身体另一次重复以上动作，两侧交替进行 3~5 次。

（十）空中剪刀

这个动作进行时，双腿模拟剪刀的两个刀片，按照剪刀的形象完成动作，在空中交替剪动。核心肌群作为支撑底座处于稳固状态。利用大腿肌群的重力，锻炼腹肌的稳固控制能力。

1）身体仰卧，骨盆稳定不动，双臂位于身体两侧；双腿并拢，屈膝抬起靠近胸部。

图 8-10　空中剪腿

2）当头部抬起，颈部抬离地面时吸气，双腿一次朝天花板方向伸展。整个运动过程中臀部两侧始终固定在地面上。

3）呼气，双臂伸直朝向左侧，抱住左小腿，此时双腿仍然处于伸直状态，同时右腿反方向下压向地面方向降低，悬在远离身体靠近地面的上空（图 8-10）。

4）吸气，双腿同时朝天花板高举并开始交替，在空中像剪刀一样合拢再向彼此的反方向交叉而过。

5）呼气，双手抓住右小腿，左腿向地面靠拢，悬在半空。双腿交替，每条腿进行 8~10 次。

（十一）肩膀架桥（臀桥）

肩桥同样是核心力量训练的一种，可以看作反向的小的平板支撑，身体一部分腾空后，为了维持姿态，腰腹臀腿同时作用的姿态。这一动作可以强化背部肌肉和腿部肌肉，提高核心区域的稳定性和肌肉力量。

1）身体仰卧，骨盆和脊柱处于中立位，双腿弯曲，双脚全脚掌踩在垫子上。双腿间距与髋关节同宽，双脚尽量靠近臀部且牢牢固定在垫子上。双臂在身体两侧伸展，掌心朝下；肩部下压使肩胛骨保持稳定不动，准备开始动作时吸气。

2）下巴始终朝向胸部，保持颈部向后方拉伸。呼气时，髋关节向上抬起离开地面，骨盆保持中立位且固定不动，骨盆与肩膀、膝关节始终在一条直线上。身体上抬至肩胛骨位置即可，颈部保持不动，最终位置像一座稳定的桥式结构（图 8-11）。

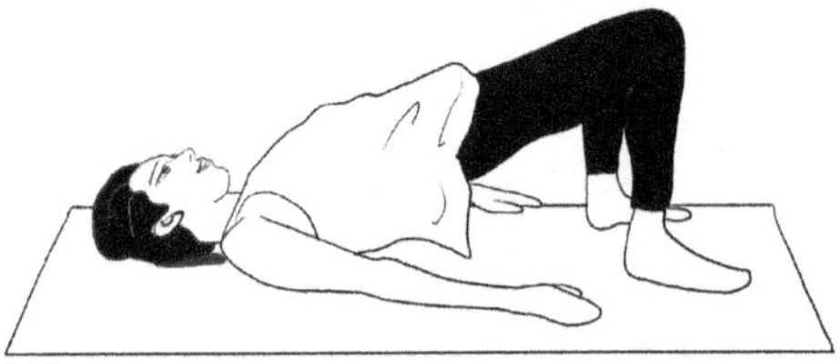

图 8-11　臀桥

3）吸气，抬起一条腿向上伸直，停在同侧的髋部上方，角尖平直伸出指向天花板。动作尽量轻缓，保持髋部和骨盆的稳定性。如果腘绳肌比较紧，抬起的腿可以稍微弯曲，这样骨盆就不会凹陷下去。

4）呼气，抬起的那条腿慢慢回落至髋部高度，脚部呈自然背曲状态，在腿的下落过程中，始终保持同侧髋部固定，身体没有向下落。下落腿的位置基本在另一条支撑腿膝关节的位置，也就是停顿下来时，两条大腿基本平行。重复上述举腿和下落过程 5~8 次。

5）在完成所有重复组数，做到最后一个动作时，抬起的那条腿弯曲慢慢把脚放回到地面的垫子上。腿部在运动的时候，保持脊柱和骨盆中立位且固定不动，肩膀和颈部尽可能地放松，保持桥式姿势，换另一条腿做该动作。

6）两侧腿均完成训练次数后，脊柱朝地面方向下压时呼气，下压动作从颈椎开始，然后朝胸椎运动，并进一步向下移至腰椎。

（十二）侧面踢腿

侧面踢腿是侧向普拉提运动的一个动作，身体核心部位处于稳固状态，支撑身体一侧的腿部运动。整个过程中，保持平衡与稳定是关键。

1）身体侧卧，头部放在伸直的左臂上，此时骨盆和脊柱都位于中立位置。平行伸展的双腿朝斜前方伸出，双腿从身体一条线的位置，向前 45° 角，上下身形成一个钝角（图 8-12）。位于身体上方的那条手臂放在胸部前方的垫子上，手掌支撑地面，帮助身体维持平衡。

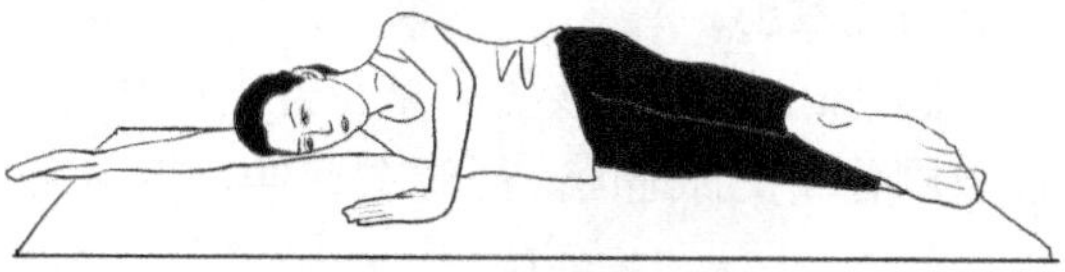

图 8-12 侧面踢腿

2）吸气，侧卧方向，位于上方的那条腿微抬起与地面平行，髋关节同高。同时双脚脚尖回勾，绷紧股四头肌，拉长大腿后侧肌群。

3）呼气，从髋关节开始旋转，右腿位于身体上方向前踢动，脚趾前勾。

4）吸气，从髋关节开始旋转，右腿位于身体上方朝后踢动，同时脚尖绷直。

5）维持身体左侧卧，右腿在与地面平行的半空前后踢动，重复 8~10 次；调换身体方向后，左腿重复以上动作。

（十三）“V”字悬体

“V”字悬体相对来说一个有点难度的动作，要想成功完成这个动作，身体需要具备一定的平衡力、力量、协调性以及各部分肌群的合作能力。如果刚开始做这个动作感觉困难，可以做该动作的退阶动作，使身体逐渐适应。这个动作可以充分锻炼核心肌群，并有效地增强腹肌力量。

1）身体仰卧，双膝合拢，屈膝至髋正上方，达到仰卧屈膝位。双臂平直向上越过头顶，如果肩部紧张，手臂可能会悬在垫子上方。

2）吸气，双手伸向天花板，头和肩膀抬起离开垫子。双腿伸直向上，同时伸长颈部和肩膀。动作缓慢控制自如，伸直双膝到臀部正上方，腰部支撑在地面上。

图 8-13 “V”字悬停

3）呼气，继续向上卷动坐起，双腿与垫子成 45° 角。背部尽量平直，上身与大腿形成一个看起来像字母“V”的状态（图 8-13），胸部保持上提。

4）吸气，上半身慢慢回落，脊柱缓缓落回垫子上，肩膀尽量放松，整个过程手臂始终向前伸直。

5）呼气，身体继续向下回落，手臂回到头部上方的初始位置，从第 2 步开始，重复上述动作 8~10 次。

（十四）侧向转体

核心肌群训练动作，同时需要肩、背、腕、肘具备一定的强度和力量。该动作可以锻炼单手的平衡性和协调性，使腰部两侧得到拉伸和运动，强化腹部肌肉，强化腕部、手部和肩部的肌肉，提高其稳定性。整体动作从坐姿开始，以左手和右腿为主要支撑点，将身体从坐姿变为侧面支撑。

1）采用侧向坐姿，左手撑地，左腿膝关节弯曲并且使左侧臀部着地，右腿向侧方伸直脚内侧触地。

2）吸气，收紧核心，靠左臂支撑髋部抬起，弯曲的左腿伸直去找右腿并拢双腿伸直，以双脚叠加支撑地面。同时右臂伸直指向天花板，整体像一个打开并且放在地上的伞。

3）身体以垫子上的左手为支点，身体核心绷紧，右手穿向身体左侧，身体向左侧旋转（图 8-14）。身体的面从一开始的面朝前方，随着右手向地面偏转，借助呼吸来促进动作准确而优美的完成。

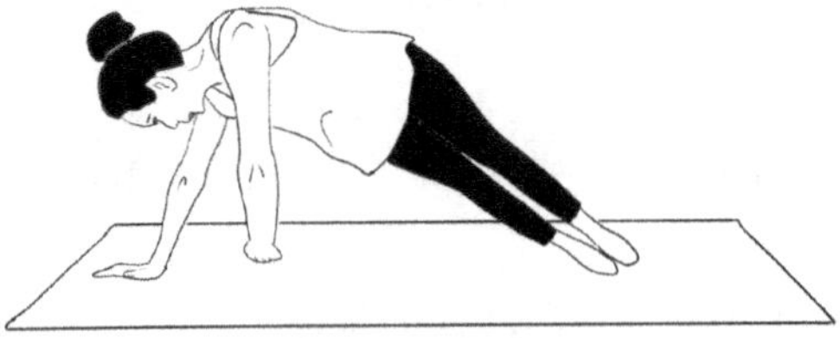

图 8-14 侧向转体

4）右臂伸展开回到指向天花板的姿势，身体重新变为侧向朝前，整个动作中，脊柱始终保持拉长伸展。重复该动作 3~5 次，换另一侧进行，同样重复 3~5 次。

（十五）俯身游泳

俯卧在垫子上，手腿的动作像在水里游泳而得名，主要锻炼背部、腰部及臀部肌群的力量及控制能力。同时双手、双腿的摆动需要身体核心部分的稳定支撑，锻炼人体协调能力与核心力量。

1）身体俯卧，骨盆和脊柱处于中立位，双腿稍分开与臀同宽，从腰椎开始向下发力拉伸，脚尖向下伸长。与此同时，双臂向上伸展，脊柱背部线条拉长，指尖朝上用力，掌心向下。

2）吸气，收腹，肩胛骨下沉，双臂与双腿同时向上和向下伸展；呼气，双臂与双腿微微抬起，离开地面。

3）左手与右腿区别于上述位置，再次抬高，1 拍后换右手和左腿抬高，左手与右腿回到低位；每数 5 拍吸气，再数 5 拍吐气，像游泳时的打腿动作（图 8-15）。

4）四肢腾空交替动作时，躯干部位在地面支撑，收紧腰腹背部，稳固身体核心，有轻微晃动，但整体平稳。

图 8-15 俯卧游泳

二、普拉提训练注意事项

普拉提是一种时髦、简单、实用的运动方式，它不受场地限制，当我们在家的时候，窗前的一块地板就是完美的练习场地。当我们在没有指导的环境下进行单人练习时，一定要注意保护自己，避免不必要的伤害，主要注意以下几点：

1）我们在做普拉提运动前的 2 个小时不要吃东西，因为在运动前吃得过饱会影响我们腹部的运动能力。普拉提有很多垫上仰卧操作的动作，当腹部受到压力时，胃部未消化的食物可能会反冲，造成身体的不适感。

2）享受快乐的运动时光，我们不妨为自己营造一个舒适的练习环境。 练习场最好能看到阳光，在明亮的环境里运动总会让人身心愉悦。我们在进行普拉提运动时，要将垫子铺在坚实平稳的地面上，不要在过软的床上练习。另外，我们可以根据个人喜好，播放音乐配合动作，音乐总是能更快地调动情绪，提升运动热情。

3）我们在练习普拉提时一定要穿宽松或者弹性良好的衣服，保证关节不受限制，可以在运动中更好地感受肌肉活动。做垫上运动时不要穿鞋和袜子，感受脚趾与垫子的接触与压力，做腿部动作时控制脚尖的勾起与绷紧，光脚让我们能够更加自由地进行垫上运动。

4）做动作循序渐进，从拉伸开始，让身体肌肉、关节做好准备，暖身后逐渐进入各肌群的强化训练，所有部位的练习从低难度到高难度，从单肌肉群过渡到多肌群协作；也可以先做地上热身运动，待体温升高，肌肉关节得到适度刺激后，再转移到垫上进行普拉提运动。

5）要优美而快乐的运动，不要伤痛。普拉提练习时一定要牢记，所有动作都应该在自己的能力范围之内，不要超负荷运动，分清楚肌肉疲劳的界限，不能产生疼痛感；了解自己的身体状况，有关节损伤和肌肉劳损不适合进行运动的，不要轻易尝试普拉提运动。

普拉提运动让我们在拥有健康的同时，获得更优美的形体姿态、良好的生活习惯以及积极向上的情绪，所以铺开你的垫子，从今天开始普拉提运动吧。

第九章 山地自行车运动

第一节 山地自行车运动概述

山地车，英文名叫“mountain bike”，缩写为 MTB。 山地车，速度不如公路车，舒适不如旅行车，爬坡不如攀爬车，方便不如折叠车，美观不如竞速车，抗造不如大二八。但是其综合实力却比任何一辆车都要出众，山地车的耐用性价比更高一些，适用性更广一些。

一、山地自行车运动的起源与发展

山地车是专门为越野（丘陵、小径、原野及沙土碎石道等）行走而设计的自行车，甚至包括现在的速降和坠山。山地自行车诞生于美国的旧金山。当时，一群热衷于骑沙滩自行车在山坡上玩乐的年轻人，突发奇想：“要是能骑着自行车从山上飞驰而下，一定非常有趣了。”于是，他们便开始越野自行车的设计制造，正式命名为山地车则是在两年后的事。从此，“速降竞技”作为体育比赛中的一个新项目崭露头角，运动员骑山地车沿规定的下坡线路高速滑降，吸引了众多的爱好者。1990 年国际自行车联盟承认这项运动，1991 年举行首届世界杯赛。

1996 年，奥运会将山地车越野赛正式列为奥林匹克自行车比赛项目。在山地赛中，选手们只有具备良好的耐久力、平衡能力和承受能力，才能在崎岖不平、路况复杂的赛道中超越对手。自行车场地赛和公路赛路面平坦，而奥运会的山地车赛（越野赛）却不同于这两种比赛，因为奥运会山地车赛选手使用“扁平”轮胎即大颗粒的齿胎，注重轮胎摩擦力和抓地力，并且要适应各种路况的赛道。整个赛程当中，各种冲撞时有发生，因而选手们要有在赛程当中随时修车的能力，所以作为一名赛手要对山地车的部件、结构及性能必须有一定的了解，这样才能保障在比赛中及时有效地应付随时发生的问题。

国内外主要山地自行车赛事如下。

1）全国山地自行车赛。该比赛一般是由国家体育总局自行车击剑管理中心主办，由各相关城市承办。

2）环鄱阳湖山地自行车赛，在江西省赣州市首次举办，从赣州市内出发，一直延伸至著名的环鄱阳湖城市带。

3）江西龙虎山山地自行车赛，每年夏秋季节都有举办，该赛事注重快乐比赛，仅限于非专业赛手参赛，这种沿途即可欣赏风景，又可参与运动的比赛形式，很受人们欢迎。

4）中国南岳衡山第四届山地车挑战赛。

5）黄山山地自行车赛。

二、山地自行车的特点

山地车的主要特征是：宽胎、直把、有前后的减震，骑行较舒适。宽而多齿的轮胎提供抓地力，有减震器吸收冲击。近些年来前减震的应用成为标准，前后减震的车辆越来越普及。

山地车具有刚度大、行走灵活等特点，无论街巷漫游还是休闲代步。它都能提供良好的骑行体验。骑车者可以在各种路面环境上尽情地享受舒适的骑行乐趣。

山地车因其坚固、粗犷、新颖的外形、缤纷夺目的色彩、优越的骑行性能，很快受到都市青年的青睐。

山地车各部件均不同于普通自行车，具有缓冲作用、抗震性能好的轮胎，牢固结实、材料刚度大的车架，不易疲劳的手把以及即使在陡峻的坡道上也能够畅快地骑行的变速器等，都使山地车更加适合爬山越野、郊游旅行。

山地车变速器一般有 18 速，20 速，21 速，24 速，27 速以及 30 速。正确运用山地自行车变速器，能应付平路、上下坡、土路、顶风等情况，比普通自行车快速省力得多。

长途骑行，应适时变换调速器，充分发挥山地车的优势。一般来说，骑行应以脚下略感有力为宜，若觉得有点“空”，就应马上换高速比。相反，若感有些吃力，就应及时换成低速比。在以汽车为主要交通工具的现在，骑上山地车去拥抱大自然，既放松心情，又锻炼身体。

三、山地自行车的分类

山地自行车适合山林、沙地、碎石路、草地等公路以外的路面骑行，车胎宽厚，车身结实而较重，车把以燕把和直把为主，配置减震器，轮径多为 26 英寸和 29 英寸。

（一）结构的差异

根据结构的差异，山地自行车分为两种。

1）硬尾山地车没有后减震功能，但一般都配有减震前叉，是山地车中的主流车型。

2）全避震山地车又称软尾山地车，配有后轮避震器，可以适应更加恶劣的地形。

（二）骑行方式的差异

1.XC（Cross Country）山地车

XC（Cross Country）山地车可分为硬尾和软尾两种，重量在 9~13 千克左右，相比其他行程车型更专注爬坡和踩踏。XC 山地车主要适用于非公路地面骑行，地形不是非常复杂，因此一般以轻便实用为特点，多为硬尾山地车，前避震行程在 80~120 毫米，是最为常见的山地车。

知名车型：Scott Spark、Giant Anthem、Specialized Epic、Trek Top Fuel、Merida Ninety-Six 等。

2. 林道（Trail）山地车

林道山地车介于 XC 和 Enduro 之间，它相比 XC 更有利于山林穿越和下坡，但相比 Enduro 又更加适合爬坡。

林道山地车的前后行程多为 120~150 毫米，到了林道山地车这个类型，软尾的使用率更高，不过车架的重量，几何角度都与 DH 山地车有着很大的不同，林道山地车的骑行风格为上坡和平路占 70%，下坡的比例占 30%。其实林道山地车的乐趣和可玩性跟 DH、Enduro 相比也丝毫不差，相反它更适合我们这些业余车友。林道山地车最大的特点就是骑行强度以及技术要求比较低，玩家从中可以享受到更多骑行的乐趣。

知名车型：Giant Trance、YT Jeffsy、Specialized Stumpjumper、SantaCruz Bronson、Yeti SB5.5 C 等。

3.Enduro 山地车

Enduro 山地车本质上来说其实算是曾经的 AM 山地车，得益于近年来办得热火朝天的 EWS，Enduro 车型也越来越激进，甚至如今的 Enduro 堪比曾经的 FR（自由骑）。由于 Enduro 的玩法更倾向于下坡和小型飞包，所以它比 Trail 和 XC 更考验体力和耐力以及技术。

Enduro 山地车的前后行程多为 160~180 毫米，整车重量在 12~14 千克之间，既可以体验飞包的快感，也可以像 Trail 车型那样畅享林间穿越（只是更累一些）。

知名车型：YT Capra、Trek Slash、SantaCruz Nomad、Giant Reign、Specialized Enduro、Intense Tracer、Yeti SB6 等。

4. 速降（Downhill）山地车

速降山地车是山地车领域里行程最大（200 毫米）、最重也是最刺激的车型。DH 山地车的车架管型粗壮牢固，车架材质通常为铝合金或碳纤维，整车重量在 13~17 千克。由于 DH 山地车的玩法较为危险，且地形崎岖，落差大，乱石多，下坡速度快，因此需要佩戴完整的保护装备，例如风镜、全盔、护膝护肘等。

知名车型：Commencal Supreme DH、Specialized Demo、Giant Glory、Canyon Sender、YT Tues、Trek Session、Santa Cruz V10 等。

5. 土坡车（Dirt Jump）

土坡车与街车这一对让许多车友分不清楚，其实土坡车和街车区别并不大，土坡车可以用来玩街，街车也能飞坡。只是不同的车架有不同的定位，更加适合不同的场地。通常情况土坡车车架材质为铝合金，街车为钢架较多。街车一般把高便于平路起跳，土坡相对把低在土坡上更大的拉把空间。另外一般来说 BB 高度为正的钢架更适合玩街，灵活性更好，而负 BB 的铝架更适合飞坡，稳定性高。

土坡车在欧美年轻人中很受欢迎。它对场地要求不高，只需要一块空地，一些土堆成锥形或是梯形的土包，就可以沿着斜面起飞，飞到空中后降落在另一侧的斜坡上。骑手可以骑着它在空中可以做各种花式动作。土坡车对器材要求不高，一个结实可靠的铝合金土坡车架（软尾土坡车也同样很多）；一支行程在 80~100 毫米的前叉；简单的传动机构；一个后刹车甚至没有刹车都可以。

知名车型：Specialized P3、Marin Alcatraz、Haro Thread、Dartmoor 26Player、Mongoose Fireball SS、Polygon TRID ZZ 等。

至于BMX、攀爬车等车型更加小众且均是极限自行车的代表，它们（其实土坡车也很小众了）与普通山地车用途相差甚远。因此在这不一一介绍了。

第二节　山地自行车的结构

一、XC越野车

XC越野车（图9-1）是最常见也是最实用的山地自行车（以下简称“山地车”）。

图9-1　XC越野车

（一）车架

一辆山地车的舒适性、耐用性、操控性、使用寿命、升级潜力取决车架。

一般车架分为两种：硬车架和全避震车架（图9-2）。

硬车架　　　　全避震车架

图9-2　车架

1）硬车架：骑起来更省力、更轻巧，价格便宜。

2）全避震车架：更舒适，过颠簸的山路时不用减速，不适合长途骑行且价格较高，尤其是选择一款优秀的后避震器，价格跟车架价格不相上下。

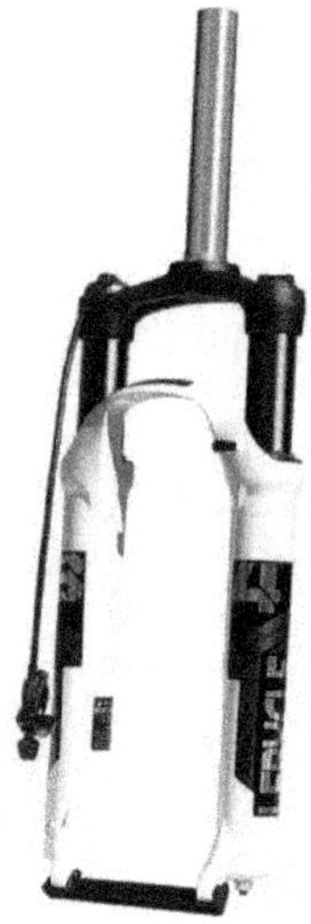

图 9-3　前叉

（二）前叉

前叉（图 9-3）是山地车中科技含量较高的部件，硬前叉的山地车已经不多见了，现在基本都是带避震器的前叉。

1. 前叉的介质和种类

1）弹簧叉：最低档的前叉，没有阻尼。特点：便宜。

2）阻力胶：以阻力胶为介质，没有阻尼。

特点：比上不足、比下有余，不过用 3 年左右时间会老化，需要更换。

3）油簧叉：以弹簧为回弹介质，以油为阻尼。

特点：最重，但是最结实。弹簧用起来比较润对小震动反应灵敏，一般半年换一次避震油。

4）油气叉：以空气为回弹介质，以油为阻尼。

特点：比油簧叉轻，但结实度有所降低。以空气为介质的好处是更轻，可以在高速越野中保护骑行者的手腕，不过对小震动反应不太灵敏。

2. 前叉的工作顺序

遇到障碍物—前叉被压缩—到了极点—回弹到原来长度（回弹的速度受阻尼的影响）—弹跳系统工作结束。

（三）制动系统

山地车的制动系统包括刹车、刹把和刹车线。山地车主要有两种刹车："V" 刹和碟刹，而普通的中悬吊刹车已不常见。

1）"V" 刹：刹车力量很大，因为是靠摩擦轮圈制动，所以轮圈一定要调整到位。"V" 刹的优点是轻便便于调整；缺点是当轮圈受外力变形的时候，刹车就会和轮圈摩擦，影响骑行（图 9-4）。

图 9-4　"V" 刹

2）碟刹：比起“V”刹，更不容易把轮胎抱死，高速行驶时，抱死是很危险的，会导致侧滑。碟刹比“V”刹要沉（图 9-5）。

（四）传动系统

山地车的传动系统包括牙盘、曲柄中轴、链条和飞轮。

1）牙盘、曲柄：越野山地车的牙盘有 3 片，3 片齿数有不同配比，曲柄也有不同的长度，可供用户自由选择（图 9-6）。

图 9-5　碟刹

图 9-6　牙盘和曲柄

2）中轴：现今的中轴均为密封式，防水、防尘、免维护。中轴有梅花孔中轴和方孔中轴两种，还有不同长度可供选择，因此，必须依照梅花孔或方孔的牙盘购买。

3）链条：链条是传动系统中的关键，其质量直接影响传动系统与变速系统的性能。一定要根据飞轮齿片的数量选购不同厚度的链条（图 9-7）。

4）飞轮：飞轮一般为 7~9 片，顶级的飞轮为 10 片，需配合 10 速的专用链条使用（图 9-8）。

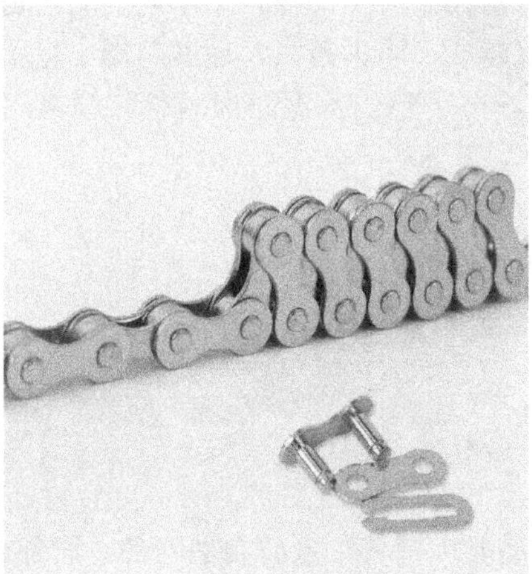

图 9-7　链条

图 9-8　飞轮

（五）变速系统

山地车的变速系统包括变速拨杆、前拨链器、后拨链器和变速线。其中，变速拨杆分为两种，一是剪刀变速器，二是转把变速器。虽然转把变速器的变挡速度很快，但也有人钟爱剪刀变速器。还有一种是连体手变（双控变速刹把），即把变速拨杆和刹车的闸把做成一体，虽兼容性极高且外表美观，但闸把一旦损坏，整体必须更换。

（六）车轮

山地车的车轮由车圈、辐条、前后车轴、外胎和内胎组成。

1. 车圈

山地车应选用双层圈。因为双层圈比单层圈更结实，更能经受恶劣地势对单车性能的考验。车圈又分为刀圈和工形圈。

1）刀圈：优点是抗纵向冲击的性能强，圆周不会发生圆周变形，而横向的变形是很好调整的；还能减小空气阻力，适合业余车手和训练使用。缺点是沉，不适合爬坡。

2）工形圈：抗横向冲击的能力强些。

2. 辐条

辐条是组成整个轮组的重要部分。辐条种类很多，从普通截面圆形辐条、钛合金变径辐条（DT），到变径扁形辐条，发展非常迅速。如果辐条越轻，车轮的重量也越轻。现今，碳纤维整体轮组越来越多地被使用。

3. 车轴

车轴又称花鼓。车轴分为培林轴和珠挡轴。建议买培林轴，滚珠坏了，可以更换。

培林是英语“ Bearing（轴承）”的音译，培林轴其实就是轴承轴。还有一种轴，它比培林轴能承受更强的压力，叫珠挡轴。这种轴更换很麻烦，需要专业人员使用专门的材料来更换。而培林轴中的轴承滚珠，全世界型号统一，用坏了换起来很方便。

培林轴中还有一种轴叫滚针培林，是用圆柱体代替球体作为传动的介质。优点是更换方便。

4. 外胎

外胎的质量很重要，因为它直接影响骑手在特定路面对车的操控。不同的胎纹适应不同的路面。胎纹越平，阻力越小，速度越快；胎纹越凸，阻力越大，速度越慢；轮胎直径越大，在山地上的摩擦力越强。平纹胎，适合在城市平整的水泥路面骑行。细齿胎适合泥路。

第三节　山地自行车的骑行技术

（一）基本骑行技巧

1. 姿势

上体较低，眼睛俯视前方路面 10 米处，头部稍倾向前伸；双臂自然弯曲，腰部弓曲，身体重心降低，以缓冲车子颠簸产生的冲击力；双手轻而有力地握住车把，屁股坐稳车座。

2. 蹬踏技巧

自行车运动的踏蹬方法有脚尖朝下和自由足踩、脚跟朝下这三种。

1）脚尖朝下。这种踩车的特点是，在整个骑行过程中脚尖始终是向下，这种方法脚踝关节活动范围比较小，更有利于提高频率，容易掌握，但腿部肌肉始终处于紧张状态，不利于自然通过比较窄的地方。

2）自由式踏蹬。目前，一些优秀运动员大都采用自由式踏蹬方法。这种踏蹬方法，就是脚在旋转一周的过程中，根据部位不同，踝关节角度也随着发生变化。自由式踏蹬，符合力学原理，用力的方向与脚蹬旋转时所形成的圆周切线相一致，减少了膝关节和大腿动作幅度，有利于提高踏蹬频率，自然地通过临界区，减少死点。大腿肌肉也能得到一定程度的放松。但这种踏蹬方法较难掌握。

3）脚跟朝下。脚跟朝下式踏蹬方法是脚尖稍向上，脚跟向下倾斜 8°~15°，这种方法在正常骑行中很少使用，只是少数人在骑行过程中作过渡性调剂，用力时才使用脚跟朝下式踏蹬方法。它的特点是肌肉在短时间内改变用力状态，通过短暂休息，达到恢复肌肉疲劳的目的。

（二）转弯技巧

1. 倾斜法

1）车子和身体成一线，往弯内倾斜。身体重心落于车上往弯内倾斜，人车保持同样的倾斜角度。外侧的膝盖伸直并且下意识地加大力度。

2）内侧的膝盖顶着横梁，这是一个调节轨迹的好方法，外侧的手稍稍拉起车把。

3）运用倾斜的两个好时机：可以利用不太急的转弯处（少于 45°）加速可以清楚看到前方但不熟悉的弯处。

4）湿沥青路上，倾斜的两个缺陷：在雨天，尽管这种转弯技巧能提供很好的牵引力，但是它的角度和重量的分配、安排不太利于湿滑路面；倾斜技巧没有相应的扭转来得灵敏。

2. 把向法

1）车子直立些，身体往弯内倾斜，向前挪动，直至鼻子和刹车把成一线。

2）保持车子直立，身体往弯内倾斜（足以让外侧的手臂伸直）把车把向弯内侧歪。

3）弯曲内侧手臂的手肘把车把拉回，同时外侧手臂把车把推出以转动车把方向。膝盖内扣，继续蹬踏。

（三）上下坡骑行技术

上、下坡骑行技术是山地自行车的一种重要的基本技术。

1. 上坡骑行技术

上坡骑行要保持正常的踏蹬动作，不可突然用力，一般情况下，不宜采用站立式骑行或提拉式骑行方法，否则会过多地消耗体力。

遇到短距离坡路，应充分利用物体运动的惯性，轻松地踏蹬，快到坡顶时可采用站立式骑行，把速度尽可能提高，给下坡加速创造有利条件。

遇到漫长的上坡，要根据自己的体力状况及时调整传动比，不要等到骑不动和速度完全降下来时才改变传动比，要坚决避免重新起动的现象出现。

坡路较长或有陡坡时，可交替使用站立式骑行方法，调剂用力部位，让部分肌肉得到休息。

上坡时跟车不要太近。由于上坡用力的原因，行车常常左右摆动，跟车过近，可能发生碰撞。再者，上坡时速度显著下降，跟车反而会使自己的骑行方法受到限制。

2. 下坡骑行技术

下坡骑行要达到理想效果，就要勇敢机智，胆大心细，精力集中，两眼密切注视前方路面，随时准备果断处理路面上出现的任何情况；不仅要充分利用车子运动惯性滑行，而且要敢于主动踏蹬，加大速度。

转弯时，身体和车子要保持一致，向内倾斜，上体和车子保持一条直线，以克服离心力。倾斜角度根据速度和弯道大小而定，但一般不得超过28°，否则就有滑倒的危险。

转弯前要控制车速。用点闸的方法逐渐减速，刹车时，尽可能前后闸同时使用，前闸可稍稍提前，使用前闸，要求前轮的方向和车子前进的方向相一致，否则，会因骑行者的体重和车子惯性受到限制而导致摔跤。

进入弯道后将闸放开，以免造成不必要的减速。弯道上使用后闸不要过猛。否则车子可能掉头或滑倒。

（四）刹车技巧

前刹车能提供你非常好的制动力，但是也可以让你变成空中飞人。前刹车的使用技巧如下。

1. 使用前刹车的时候将重心往后移

当你使用前刹的时候，你的重心会因为惯性而自然前移，你必须练习当你开始刹车时，有意识地将你的重心向后移动（身体放低，屁股往后移）。重心往后移得越多，你就可以使用更多的刹车力量。

你可以在沙地或有点湿滑的平地上练习，加快速度使用不同的力道压下你的前、后刹车，了解如何控制你的刹车。或在骑行的时候询问高手他是怎么使用刹车的。

2. 转弯时减低前刹的力量

和驾驶汽车一样，在转弯的时候你必须降低速度。如果你在转弯的时候使劲地压下你的刹车，你将会产生侧滑而失去控制。在转弯的时候同时使用你的前、后刹车来降低你的速度。当刹车的时候你前轮的反应会降低，所以减少前刹车力你的转弯将会更完美。

你如果在一个下坡的急转弯，需要使用到刹车，尽量使用后刹车的力量。如在平地上，在最后一刻刹车时将重心降低，用前面30%后面70%的刹车力量做刹车的动作。

3. 不要过度压下前刹车

“惯性是你的朋友”，你需要速度去通过岩石及障碍。过度压下前刹会使你的重心前移，导致车头下倾。

如果你在险峻下坡的转弯中使用前刹，这时你必须同时控制你的前后刹车，不可用力一直按着，这时你可将刹车一放一按，以防止刹车抱死的现象发生。

第四节　山地自行车的骑行训练计划

一般的初学者，先要经过四周的训练才能使身体有一个适应的过程，开始最好一次能以 15 公里左右的平均时速，骑完 30 公里距离的相对平坦的越野路线，理想状况下，建议每周骑行 1~3 次，但要注意休息调整，骑的次数太频繁，不利于身体的恢复，还会导致受伤或是其他病痛，如果你一周可以骑两次 20~35 公里的路程，你会发现自己进步很快。

（一）耐力训练

山地车训练应该从耐力、体力和基本技术等方面着手，耐力基础是训练的前提条件，定期进行耐力训练能使身体适应各种运动强度，一些优秀的运动员为了能更好地承受高强度的训练和比赛，而把大部分的时间用于耐力训练，耐力越好，疲劳得越慢。

在山地自行车运动中一般进行两种耐力训练，即长时间地耐力训练和普通的耐力训练。

长时间的耐力训练是普通耐力训练的一种特殊形式，在增强基本耐力时，会经常采用这种方法。这种耐力训练的特点是强度低、训练时间持续较长，因此适合被安排在周末进行。在冬季为了保持体能也可以采用滑冰、滑雪等运动作为辅助训练，或可以将强度不高的 2~3 小时的放松骑行作为耐力训练。

如果平时没有条件上山训练也可以使用公路自行车进行训练，许多世界级山地自行车运动员都经常利用公路自行车进行训练，因为路线较长、速度慢、对有休息要求的训练一般都在公路上进行，在公路上训练能更容易分配运动强度，对增强耐力和提高速度方面都有积极的作用。每周慢骑山地车 2~6 小时可作为长时间的耐力训练内容。

（二）体能训练

在山地自行车运动中，除了耐力以外，体力也起着很重要的作用。只有正确的体能训练，才能有效地改善山地车骑行中要使用的肌肉群，只有具有良好的耐力水平才能在山地骑行中的发挥自己的体力优势，增强特殊肌群的力量对耐力尤为重要。耐力训练使进入肌纤维的蛋白质数量减少，因为在体力训练的过程中，耐力会有所下降。

下面介绍几种山地车体能的训练方法。

1. 骑行时训练方法

在丘陵地带以最大地速比、低转动数进行爬山骑行训练，（最低 50 转 / 分钟，最高 70 转 / 分钟）。在训练时阻力增大到最大体力的 80% 时，那些一般强度运动中用不上的肌纤维就会派上用场，一部分肌肉也能得到锻炼，这种锻炼会使体能水平有所提高。

2. 隔训练方法

采用间隔训练方法，每次用 60 转 / 分钟的速比在坡度平缓的路面上骑行 30 分钟，10 分钟后，在进行下次骑行。或分成两组进行训练，每次用 15 分钟以 60 转 / 分钟的速比进行骑行，两次间隔 10 分钟。在平原或丘陵地带定期进行这种间隔训练，能够感受自己的身体“极限”，并延迟“极限”的出现，使自身的运动水平得到快速的提高，但同时也会付出更多的努力。

3. 速度训练

这种训练是在极限范围内持续高强度训练，是为了比赛而进行的特殊练习，在训练中可进行短时间的休息。一般可以采用 1×15 分钟 -2×20 分钟方法进行训练，训练时间在 1 小时左右。训练时的速度要比比赛的速度稍慢些，在训练的后半段应尽快地骑完全程，初学者训练强度以心率达到最高心率的 70%~80% 为宜。

（三）心率监控训练法

如果长期坚持山地车训练初学者，还需要配备专用心率表以便随时监控自己的心率，获得准确的测量数据，提高自己的训练成绩。训练强度以最高心率为基础，通过对不同心率区的控制，很快就能找到许多让人疲倦的心率区。

1. 第一阶段：最大心率的 60%~70%

这一阶段主要进行耐力训练，此时的训练强度小，速度慢，尽量在整个运动过程中保持相同的速度。最好不要以小组的形式进行耐力训练，而应根据自己的需要和实际水平来确定训练情况。

2. 第二阶段：最大心率的 71%~75%

在这个阶段，耐力训练有适当的速度并且时间持续至 2 小时，此时会觉得比单纯长时间耐力训练艰苦得多。

3. 第三阶段：最大心率得 76%–80%

对大部分初学者来说是安全有效的，在这个范围内的主要能量碳水化合物的获得停止了，其储备每次都将被消耗掉，而且必须获得重新补充，但还是应该在这个强度范围内进行一定比例的训练。

4. 第四阶段：最大心率的 81%~90%

这种极限训练主要是为准备承受比赛强度而采取的训练措施。它最终要求就是强度。在这个阶段内的训练既艰苦又紧张的，但也是最容易出成绩的。它改善了有氧和无氧的能量储备，同时也提高了释放和消耗储备的乳酸盐的能力。

初学者可以根据身体条件和实际情况去制订自己的训练计划，要注重循序渐进，从耐力和体能方面开始训练，由少到多的增加训练量，逐渐提升自己的体能。

在训练一段时间时候应该尝试去参加一些比赛，这对提高运动水平是非常重要的。不定期参加比赛将使你获得宝贵的经验，并能够不断地突破自己的极限，是检验自己的训练成果最好方法。山地车运动是对体能与技术的挑战，只要持之以恒就一定能掌握好这项运动技能。

第五节　户外山地骑行注意事项

1）车速不能过快行驶，遵守交通法规。

2）每天出行之前检查车辆，备齐所需药品及自行车维修工具。

3）骑行在外及时补充能量和水分。

4）建议穿长袖长裤骑行服，或者穿短袖短裤骑行服的同时佩戴袖套和腿套，骑行服或袖套最好是面料有抗紫外线功能的，这样能有效抵御紫外线对皮肤的损伤。另外，还可以戴一款透气性好的头巾，头巾的作用非常大，除了防尘，还可防止颈部和面部被暴晒。防晒头巾沾湿后围住脖子，能够起到很好的防护作用，同时更增添清凉感。双手可以佩戴一款网眼透气手套。简单来说就是，尽量把自己包裹起来，避免皮肤被阳光长时间直射。

5）放松身体可以让自行车正常应对路面上的石头或者刮风的情况。

6）提高车手舒适度最重要的就是车座的位置。让车座稍稍向上翘可以防止你滑到前面，保证身体得到必要的支撑。如果你注意到车座是向下的，你可能需要把车座稍微降低一些，那样你还会感觉到双手、颈部和背部的压力也有所缓解。

7）爬坡前提前变速，让链条和链轮去承受负担。传动系统在承受重大负荷时出现跳齿、摩擦或无法变速等现象很正常。

8）每隔几分钟改变手放在车把上的位置，分别握下把、手变头、上把练习发力：这种练习可以让你的肌肉神经适应，并在有风或爬坡时释放力量。

9）在骑乘的过程中没有所谓的正确换挡时机，毕竟每个人的体能条件不同，骑乘者应当根据自身骑乘的感受来更换挡位。简单来说，骑乘时感受到阻力就应该换挡，踩踏过重就应将挡位调轻。

10）不同路况有不同的骑行技巧：

①平面道路。在平坦的道路上，前方齿盘通常是采用小盘，搭配后方17~21的齿盘为主，若在顺风的情况下骑乘，骑乘者可将前方调整至大盘，后方齿盘则可自由搭配，以达高速巡航的效果。

②急上坡。在骑行平面路段，前方若出现桥梁、丘陵地形等，骑乘者可以凭借着骑乘平面路段的惯性冲上去，前齿盘可维持在大盘的位置，而后齿盘则应依照路况来变换挡位。

第十章　健身武术

教育部关于《高等学校课程思政建设指导纲要》明确强调要加强中华优秀传统文化教育，教育引导学生深刻理解中华优秀传统文化的思想精华和时代价值，传承中华文脉。以武术为例，习武者以习德为先，未曾习武先习德，习武又与保家卫国、惩恶扬善相结合，武术成为较为典型的爱国主义运动，其精神有助于培养激发青年学生爱国情感。

第一节　概述

一、武术的概念

中国武术历史悠久，源远流长，是中华民族在长期生活与斗争实践中逐步积累和发展起来的一项宝贵的文化遗产。武术项目的内容丰富，运动形式多样，风格独特。武术是以技击动作为项目内容，以套路、格斗、功法为运动形式，注重内外兼修的中国传统体育项目。

武术随着时代变化不断发展。现代武术转向了强身健体和竞技比赛，武术竞赛规则、武术内容、形式及训练手段等，使武术演化为体育运动项目之一。

二、武术的起源和发展

（一）武术的起源

武术项目是随着人类社会的发展而产生的，原始社会生产力水平较低，人类不得不利用自己的身体活动能力获取食物。例如：在狩猎、采摘野果的过程中，产生了走、跑、跳、投、掷、爬、攀登等技术动作。随着原始社会初步发展，狩猎、战事及对大自然的敬畏和祈求神灵庇佑等活动前后跳的“武舞”，而产生了武术的雏形。

武术起源于原始时期的生产劳动活动。狩猎是原始人类维持生存的必要手段。在严酷的生活条件下，人类不断地改善自己的体力和智力，例如，拳打、脚踢、躲闪、跳跃、摔跌等就是武术的萌芽；劈、砍、扎、刺等动作则是武术器械使用方法的萌芽。在距今约十万年前的丁村人文化遗址中有少量的石球；在距今约四万年的许家窑遗址中发现了大量的石球。这种石球最早是狩猎的工具，也是武术传统器械中“流星锤”的雏形。武术器械中的“绳骒”则与新石器早、中期石制的鱼镖、鱼骨、鱼叉相似、使用时都是在叉（镖）尾部系根绳索或绑一根木棒。用手抓任绳索或木棒，将镖、叉掷出，然后牵动绳索将其收回，这就是武术传统器城“"纯钢的的雏形。

（二）武术发展概况

春秋战国时期，武术发展到了一个新的阶段。武器在不断地改进和创新，武术的内容丰富充实。武术的体育性质逐渐被人们所认识，民间开始广泛流传武术，武术开始成为人类文化的一个组成部分，是中国进入文明时代的标志之一。

隋唐五代是武术大发展时期，唐代武举制的实行，大大促进了武术的发展。武术从宋代逐步由军事技术分化为具有健身、娱乐性质的运动项目，到了明清时期，武术进一步完善演变成熟，逐步进入到发展的高潮时期。明代时期的不同风格的拳术、器械都得到了发展。在该时期武术建立了完整的体系，套路形式不断涌现，套路中有势、有法、有歌诀、有招式的动作图，也有动与静结合的运动路线图，有利于学习领会交流。这在一定程度上促进了武术在技术、技击与健身方面的发展。此外，太极拳、形意拳、八卦掌等也在这时期有所发展。

近代以后，武术具有健身、防身、自卫的功效，所以能适应时代的变化，逐步成为中国近代体育的有机组成部分，并在此基础上，进一步吸收传统文化的养料，丰富锻炼形式，升华技法理论，在不失攻防内涵的前提下，沿着体育方向不断发展。

中华人民共和国成立后，国家设置专门的机构负责武术运动的开展，并将武术列为正式比赛项目。1954 年，各地体育院校把武术作为正式的课程。1956 年，中国武术协会成立，武术作为体育表演项目，首次采用评分的方法来评判运动员的技术水平。1957 年，武术被正式列为体育竞赛项目，并举行了全国性的武术比赛和表演。1958 年，制定了第一部《武术竞赛规则》，并相继整理出版了简化太极拳，甲、乙组和初级的拳、刀、剑、枪等规定套路动作，对武术的普及和提高起了很大的作用。

随着国家和地方多次派武术团、队出国进行访问、表演，中国武术在世界各地迅速传播。1985 年，首届国际武术邀请赛在西安举行。1990 年，武术成为亚运会的正式比赛项目。1994 年，武术被国际单项体育联合会接纳会员。2002 年，武术获国际奥委会的正式承认。武术逐渐成为国际比赛项目。武术不仅在中国得到了蓬勃的发展，而且在国际上也受到了越来越多国家人民的喜爱和支持。经过多届国际大赛的实践，武术已形成一套成熟、科学的量化标准。

三、武术的特点与作用

（一）武术的特点

1. 具有攻防技击

武术最初时期是以军事训练的手段之一，在实战中，其目的在于杀伤、限制对方，常以最有效的技击方法，迫使对方失去反抗能力。现代武术作为体育运动，技术上仍然具有攻防技击，如武术搏斗运动中体现了攻防格斗的特点，在规则规定下进行竞技对抗的，以不伤害对手为原则。

2. 具有内外合一，兼备民族风格

中国武术作为一种文化在历史演变中不断受到中国古代哲学、美学、医学等内容的影响，形成具有独特民族风格的运动形式及方法。武术既讲究形体规范，又要求精神传意。内外合一的整体观，是中国武术的一大特色。所谓内，指人的精神、意识和气息的运行；所谓外，即手眼身步等形体活动。内与外、形与神是相互联系统一的整体。其特点是通过武术的功法和技法来表现的，如太极拳要求“以心性气，以气运身”；形意拳要求“内三合，外三合”。武术套路要求精气神与形体动作完整、紧密结合在一起。

3. 内容丰富多彩，具有广泛的适应性

武术的内容形式多样，有竞技对抗性的散手、推手、短兵，有适合演练的各种拳术、器械和对练，还有与其相适应的各种练功方法。不同的武术内容分别适应人们不同年龄、性别、体质的需求，人们可以根据自己的条件和兴趣爱好进行练习，同时它对场地、器材的要求较低，受时间、气候、季节的影响也很小，因此武术具有广泛的适应性。

（二）武术的作用

1. 提高素质，健体防身

武术套路运动的动作包含屈伸、回环、平衡、跳跃、翻腾、跌扑等，人体各部乎都要参与运动。系统地进行武术训练，对人体速度、力量、灵巧、耐力、柔韧等身体素质要求较高。武术具有强筋骨，通经络，调养气息，改善人体机能的作用。同时武术可以提高判断力和应变力，加强自身防卫意识。

2. 锻炼意志，培养品德

练习武术对意志品质的考验是多方面的：①养成坚持不懈的意志品质；②套路练习，要克服枯燥关，培养刻苦耐劳，砥砺精进，永不自满的品质；③遇到强手克服消极逃避关，锻炼勇敢无畏、坚韧不屈的战斗意志。

3. 观赏价值，丰富生活

武术具有很高的观赏价值，从历史上看都是受到人们的喜爱。唐代大诗人李白好友崔宗之赞他“起舞拂长剑，四座皆扬眉”。无论武术套路表演，还是对抗性散打比赛，都会引人入胜，给人以美的享受。

4. 交流技术，增进友谊

武术运动内涵丰富，人们可以切磋技艺，交流思想，增进友谊。随着武术文化在世界上广泛传播，促进国外武术爱好者的交流，让他们了解认识中国文化。武术运动竞技和文化交流等对与世界各国人民友好交往起着重要作用。

第二节　基本动作与技术

武术自身所蕴含的中国传统文化，有别于其他的体育项目。武术基本功是指以武术运动中具有共性的基础训练为内容，在练习中要注意外形动作表现与内在气质结合，注意掌握技术动作的规范性。武术基本功练习是对意志品质的考验，通过身体反复练习与思维活动相结合，达到锻炼身体，增强体质的目的，同时锻炼勇敢无畏、坚韧不屈的战斗意志。

一、手形

1）拳：四指并拢卷握，拇指紧扣食指和中指的第二指节处，拳面要平，手腕要直。

2）掌：四指并拢伸直，拇指弯曲紧扣与虎口处。

3）钩：五指第一指节处捏拢在一起，指尖关节挺直，手腕勾屈。

二、手法

（一）冲拳

冲拳分为平拳和立拳两种，平拳拳心向下；立拳拳眼向上。

1）预备姿势：两脚左右开立，与肩同宽，两拳抱于腰间，肘尖向后，拳心向上，拳面与腹平。

2）动作说明：挺胸、收腹、直腰，右拳从腰间向前猛力冲出，转腰、顺肩，右前臂内旋，力达拳面，臂要伸直，高与肩平。同时左肘向后牵拉，目视前方，练习时，左右交替进行。

3）要点：出拳要求快速有力，要有寸劲（即爆发力），做好拧腰、顺肩、急旋前臂的动作。

（二）推掌

1）预备姿势：与冲拳相同。

2）动作说明：右拳变掌，前臂内旋，并以掌根为力点向前猛力推击。推击同时要转腰、顺肩、臂要伸直，高与肩平。同时左肘向后牵拉，目视前方。练习时，左右交替进行。

3）要点：挺胸、收腹、直腰，出掌要快速有力，有寸劲；同时拧腰、顺肩、沉腕、翘掌、直臂力达掌外沿，动作一气呵成。

三、步型

（一）弓步

1）动作说明：左脚向前一大步，脚尖微内扣（约 45°角），左腿屈膝半蹲，大腿水平，膝部约与脚面垂直（不超过脚尖）；右腿挺膝伸直，脚尖里扣斜向前方，全脚掌着地，上体正对前方，两手抱拳手腰间。

2）要点：挺胸，立腰；前腿弓、后腿绷；前后脚成一直线。

（二）马步

1）动作说明：两脚开立约为脚长的三四倍，脚尖正对前方，屈膝半蹲（膝关节不超过脚尖），大腿与地面成水平，目视前方，身体重心在两腿之间，两手抱拳于腰间。

2）要点：头正、挺胸、立腰、扣足。

（三）虚步

1）动作说明：两脚开立，后脚尖斜向前，屈膝半蹲，大腿接近水平，全脚掌着地；前腿微屈，脚面绷紧，脚尖虚点地面，两手叉腰，目视前方。

2）要点：挺胸、立腰、虚实分明。

（四）仆步

1）动作说明：两脚开立，右腿全蹲，大腿和小腿靠紧，臀部接近小腿，全脚掌着地，膝与脚尖稍外展；左腿平铺接近地面，全脚掌着地，脚尖内扣。两手抱拳置于腰间，目视左方。

2）要点：挺胸、立腰、开髋，全脚掌着地。

（五）歇步

1）动作说明：两腿交叉屈膝全蹲，前脚全脚掌着地，脚尖外展；后脚跟离地，臀部外侧紧贴后小腿，两手抱拳置于腰间，目视前方。

（2）要点：挺胸、立腰、两腿靠拢贴紧。

（六）丁步

1）动作说明：两腿半蹲并拢，右脚全脚掌着地支撑，左脚停在支撑脚内侧相靠， 脚尖点地，两手抱拳置于腰间，目视前方（图 1- 10）。

2）要点：提示同虚步。

四、步法

（一）插步

1）预备姿势：两脚左右开立与肩同宽，两手叉腰。

2）动作说明：重心左移，右脚提起，经左脚后向左侧横插一步，前脚掌着地，两脚交叉，左脚屈膝，右脚蹬直，重心偏于左脚。眼向左前方平视。练习时，左右交替练习。

3）要点：沉髋，横插步幅适中，动作灵敏。

（二）击步

1）预备姿势：两脚前后开立，与肩同宽，两手叉腰。

2）动作说明：身体前倾，后脚离地提起，前脚随即蹬地前纵，在空中时，后脚向前碰击前脚；落地时，后脚先落，前脚后落。眼平视前方。

3）要点：前脚用力蹬地，并尽量前纵，腾空时上体保持正直，目视前方。

（三）垫步

1）预备姿势：两脚前后开立，与肩同宽，两手叉腰。

2）动作说明：后脚离地提起，向前脚处落步，前脚立即蹬地向前上方跳起，将位置让与后脚，然后再屈膝提脚向前落步，眼平视前方。

3）要点：后脚踩踏前脚位置，上体侧对前方。

五、压肩

1）预备姿势：面对肋木或一定高度的物体开步站立，距离约大于一步，两脚分开与肩部同宽。

2）动作说明：两手抓握肋木，上体前俯下振压肩；两人对面站立，互相扶按肩部，做体前屈的振动压肩动作。

3）要点：前俯挺胸、塌腰、收髋，臂、腿要伸直，压点要集中在肩部。

六、绕环

（一）单臂绕环

1）预备姿势：弓步站立，左手叉腰，右臂上举于体侧，掌心向内。

2）动作说明：左弓步站立，左手扶按左膝，右臂以肩为轴做直臂的顺、逆时针绕环。两臂左右交替进行。

3）要点：臂伸直，肩放松，绕立圆。

（二）双臂绕环

1）预备姿势：两脚开立，与肩同宽，两臂垂与体侧。

2）动作说明：前后绕为左右臂依次作向前、向上、向后的绕环；左右绕为左右臂同时向右、向上、向左、向下画立圆绕环；交叉绕环为两臂直臂上举，同时于身侧画立圆绕环。

3）要点：同单臂绕环。

（三）仆步抡拍

1）预备姿势：两脚开立，略宽于肩，两臂垂于体侧。

2）动作说明：左脚向左迈出一步成左弓步，上体转于左侧，同时右臂向左前下方伸出，左掌手心向里，掌指向下，与右臂肘关节处；上动不停，上体右转成右弓步，同时右臂直臂由左、向上、向右抡臂画弧至右上方，左掌下落至左下方；上动不停，上体右后转，同时右臂直臂向下、向后抡臂画弧至后下方，左臂直臂向上、向前抡臂画弧至前上方；上动不停，上体左转成右仆步，同时右臂直臂向上、向右、向下抡臂画弧至右腿内侧拍地；左臂向下、向左抡臂画弧停于左上方。眼随右手动。

3）要点：向上抡臂时要贴近耳，向下抡臂时要贴近腿。

七、压腿

（一）正压腿

1）预备姿势：面对肋木或一定高度的物体，并步站立。

2）动作说明：左脚提起，脚跟放在肋木上，脚尖勾起，两手扶按膝上。两腿伸直、立腰、收髋，上体前屈，并向前、向下做振压动作。左右脚交替练习。

3）要点：两腿伸直，立腰、收髋，直体向前向下振压，幅度逐渐加大。

（二）侧压腿

1）预备姿势：侧对肋木或一定高度的物体，并步站立。

2）动作说明：右脚支撑，脚尖稍外展，左脚举起，脚跟搁在肋木上，脚尖勾起。右臂上举，左掌置于右胸前。两脚伸直，立腰，展髋，上体向左侧振压。左右脚交替练习。

3）要点：两腿伸直，立腰、展髋，上体向侧振压。

八、直摆性踢腿

（一）正踢腿

1）预备姿势：两脚并立，两手立掌或握拳，两臂侧平举。

2）动作说明：左脚向前半步，左脚支撑，右脚脚尖勾起向前踢出，两眼向前平视。左右脚交替练习。

（二）外摆腿

1）预备姿势：与正踢腿同。

2）动作说明：右脚向前方上半步，左脚尖勾紧，向右侧上方踢出，经面前向左侧上方摆动，直腿落在右脚旁。眼向前平视。左掌可在左侧上方击响，也可不做击响。左右脚交替练习。

3）要点：挺胸、立腰、松髋、展髋，外摆幅度要大。

（三）里合腿

1）预备姿势：与正踢腿同。

2）动作说明：右脚向右前方上半步，左脚脚尖勾起里扣并向左上方踢出，经面前向右侧上方直腿摆动，落于右脚外侧右手掌可在右侧上方迎击右脚掌（击响），也可不做击响动作，双眼平视前方；左右脚交替练习。

3）要点：挺胸、直腰、松髋、合髋，里合幅度要大。

九、屈伸性踢腿

（一）弹腿

1）预备姿势：并步站立，两手叉腰。

2）动作说明：右腿屈膝提起，大腿与腰平，脚面绷直 ；提膝接近水平时，要迅速猛力挺膝，向前平踢（弹击），力达脚尖，大腿与小腿成一直线，高与腰平，左腿伸直或微屈支撑，两眼平视。

3）要点：挺胸、直腰、收髋、脚面绷直、弹击要有寸劲。

（二）蹬腿

1）预备姿势：与弹腿同。

2）动作说明：与弹腿同唯脚尖勾起，力达脚跟。

3）要点：与弹腿同。

（三）侧踹腿

1）预备姿势：两脚左右交叉站立，右脚在前，两腿稍屈膝，双手抱拳。

2）动作说明：右脚伸直支撑，左脚屈膝提起，脚尖里扣，脚跟用力向左侧上方踹出，高于肩平，上体向右侧倒，眼视左侧方向。左右脚交替练习。

3）要点：挺膝、开髋、猛踹，提、踹连贯，脚外侧朝上，力达脚跟。

第三节　健身太极拳

太极拳是武术主要拳种之一，以圆运动为核心，讲究阴阳平衡，符合人体的自然规律，强调养练结合，完整形成于清代。“太极”一词源于《周易·系辞》：“易有太极，是生两仪……”。太极拳变幻无穷，含义丰富。太极拳在历史发展过程，形成陈式、杨式、吴式、孙式、武式等流派。太极拳是一门强身健体、修养身心为一体的体育运动项目。

一、太极拳的特点

太极拳运动是以腰为轴，带动肢体快慢匀速屈伸旋转的运动。太极拳强调腹式呼吸，通过呼吸调节神经，按摩内脏，畅通气血，促进新陈代谢。太极拳运动可以提高身体健康水平，保持身心健康。

练习太极拳要求全神贯注，做到“神聚、心静、意专、体松”。在运动时，首先要保持心静的状态下用意识引导肢体内外各个器官、关节和肌肉的放松，尽量使身体自然舒展；其次保持上体端正舒适，下盘稳定，要分清虚实，动作轻巧沉稳。动作衔接要圆满、灵活、连贯，不僵不滞。太极拳身法轻灵、圆活，凭腰、胯、胸的运转和协调动作，保持全身平衡，重心稳定。

（一）太极拳对人体各部位姿势的要求

头：保持“虚领顶劲”，有上悬意念，不可歪斜摇摆，眼要自然平看，嘴要轻闭，舌抵上颚。

颈：自然竖直，转动灵活，不可紧张。

肩：平正松沉、不可上耸、前扣或后张。

肘：自然弯曲沉坠、防止僵直或上扬。

腕：下沉“塌腕”，劲力贯注，不可松软。

胸：舒松微含，不可外挺或故意内缩。

背：舒展伸拔，不可弓驼。

腰：向下松沉，旋转灵活，不可前弓或后挺。

脊：中正竖直，保持身型端正自然。

臀：向内微敛，不可外突。

胯：松正含缩，不可歪扭、前挺。

腿：稳健扎实，弯曲适度，移动轻盈、平稳。

（二）太极拳练习注意事项

1. 注重太极拳基本功、基本技法的练习

太极拳的动作数量多，动作方向变化多，需要身体内外配合统一。在学习太极拳之前，首先学习太极拳的基本功、基本技法，练拳时肢体动作通过圆圈或弧形相连，太极拳的肢体一定要以曲线运行，不可僵直或死弯。动作要稳、缓、匀。抓好基本功、基本技法的练习，有助于练习者更好、更快地掌握太极拳的技术方法与特点。

2. 注重整套动作与单个动作、组合等结合练习

初学者不应急于练习整套动作，应该耐心练习单个动作与技法，掌握之后练习组合、分段动作，巩固正确的动作方法，逐步过渡到练习整套动作。通过整套动作重复练习，体验太极拳的松、静、自然，促进动作的连贯性、协调性，使单个动作结合成为一个整体。在练习全套动作的整体速度均匀，不能忽快忽慢，保持适当匀速运动，全身协调完整。

3. 注重内外兼修，身心合一

太极拳是一种轻灵、柔和、缓慢的拳术，注重内外兼修。初学者在练习过程中要使呼吸、意念与手、眼、身、步相协调，强调内外合一。动作要稳、柔、缓、匀，呼吸切忌急呼、急吸或憋气。在肢体运动变化及劲力的转移时，用意念来引导变化，使意形并重，身心合一。

二、太极拳二十四式

太极拳二十四式包括“起势”“左右野马分鬃”“白鹤亮翅”……“收势”共 24 个动作，又称“二十四式”。动作结构和整个套路安排符合由简至繁、先易后难的原则。全套动作易学易懂，易于掌握，能充分体现太极拳动作的柔和、缓慢、圆活、连贯的特点。练习者可进行整套练习，也可根据身体情况选择单式或分组练习。

以下是太极拳二十四式动作分步骤说明：

1. 起势

1）两脚平行并拢，身体自然放松，双手自然下垂、轻贴大腿外侧，目视前方。

2）左脚开立：提脚开步两手慢慢前平举，与肩同宽，双肩松沉，双肘微下垂，双手掌心向下，指尖向前，眼睛目视前方。

3）双腿屈膝下蹲，同时双肘下沉，带动双手下按至腹前，双手掌心向下，指尖向前，目视前方。

2. 左右野马分鬃

1）身体稍向左转腰，重心转移到右，同时两手上下合抱，手高不过肩低不过胸，下手在腹前，左脚收至右脚内侧立脚，脚尖点地或稍提起，吸气。

2）身体向左转，左脚向前方上步，右脚跟后蹬，右脚自然伸直，成左弓步。同时左右手随转体向左右分开，手心斜向上，肘微屈，手心向下，眼睛看左手。

3）身体重心移至左脚，左脚尖翘起。微向外撇，随后脚掌踏实。左脚前弓，身体左转，重心移至左脚。同时两手相对成抱球状，右脚收至左脚内侧立脚，脚尖点地或稍提起，眼睛看左手。

4）右脚向右前方上步，左脚自然伸直，成右弓步。身体右转，同时左右手随转体向左右分开，肘微屈，左手落在左胯，手心向下，眼睛看左手。

3. 白鹤亮翅

1）向左转，左手翻掌向下，左臂平屈胸前，右手向左上画弧，与左手成抱球状，眼睛看左手。

2）右脚跟进半步，身体重心移到右脚，向右转，面向右前方，眼睛看右手。左脚稍向前，脚尖点地，成虚步。同时身体稍向左转，右、左手转体向右上、左下分开，右手停于额前，手心向左后方，落于跨前，手心向下，眼睛看前方。

4. 左右搂膝拗步

1）右手从体前下落，由下向后上方画弧至右肩外，手与耳同高，手心斜向上，左手由左下向上，向右画弧至右胸前，手心斜向下。同时身体稍向左再向右转，左脚收至右脚内侧，脚尖点地，眼睛看右手。

2）身体左转，左脚向前迈出成左弓步，同时右手屈回从耳侧向前推出，左手向下，在左膝前搂过落于左胯旁，指尖向前，眼睛看右手手指。

3）右脚屈膝，身体重心移至右脚，左脚尖翘起向外撇。随后脚掌踏实，左脚前弓，身体重心移至左脚，右脚收至左脚内侧，脚尖点地。同时左手向外翻掌从左后向上画弧至左肩外侧，肘稍微屈，手心斜向上。右手随转向上、向左下划弧落于左胸前，手心斜向下，眼睛看左手。

5. 手挥琵琶

右脚跟步，身体重心至右脚上，面向右转，左脚稍向前移，成左虚步，脚跟着地，脚尖翘起。同时左手向左下、向上挑举，掌心向右，臂稍屈，右手收回放在左臂肘部里侧，掌心向左，眼睛看左手食指。

6. 左右倒卷肱

1）身体右转，右手翻掌，手心向上，由下向后上方画弧平举，臂微屈，左手随即翻掌向上。随着转体先看右手，然后转向前方看左手。

2）右臂屈肘向前，右手由耳侧向前推出，手心向前，左臂屈肘后撤。同时左脚提起向后腿一步，脚掌先着地，全脚着地，身体重心转移到左脚上，成虚步，眼睛看右手。

3）身体稍微向左转，同时左手转体向后上方画弧平举，手心向上，右手翻掌，掌心向上，眼睛随转体从左转向右。

7. 左揽雀尾

1）身体稍微向右转，同时右手随转体向后上方画弧平举，手心向上，眼睛看左手。

2）身体向右转，左手下落翻掌，经腹前画弧至肋前，手心向上，右臂屈肘，手至右胸前，两手相对成抱球状。同时重心落于右脚上，左脚收到右脚内侧，脚尖点地，眼睛看右手。

3）身体稍微向左转，左脚向左前方迈出，右脚自然蹬直，左脚屈膝，成左弓步。同时左臂向左前方伸出，手心向后，右手落于右膀旁，手心向下，眼睛看左前臂。

4）身体向左转，左手随即前伸翻掌向下，右手翻掌向上，经腹前向上、向前伸出。然后两手下捋，身体向右转，两手从腹前向右后上方划弧，直到右手手心向上。左臂屈于胸前，身体重心移至右脚，眼睛看右手。

5）向左转，右臂屈肘折回，附于左手腕里侧。向左转，双手同时挤出，左手心向后，右手心向前，左臂保持半圆，重心前移成左弓步。眼睛看左手腕。

6）左手翻掌，手心向下，右手经左手腕上方，向右伸出。两手左右分开，与肩同宽。右脚屈膝，身体后坐，重心移至右脚上，左脚尖翘起，两手屈肘收至腹前，手心向前方，眼睛向前方看。

8. 右揽雀尾

身体后坐随即向右转，重心至右脚，左脚尖内扣，右手向右平行画弧至右侧，然后经右下腹前向左上画弧到左前，手心向上。左臂平屈胸前，左手与右手成抱球状。同时身体重心至左脚上，右脚收至左脚内侧，脚尖点地，眼睛看左手。

9. 单鞭

1）身体后坐，重心至左脚，右脚尖里扣。身体左转，两手向左弧形运转，与左臂平举，伸于左侧，手心向左，右手经腹前至左肋前，手心向后上方。

2）重心至右脚，上体右转，向右脚靠拢，脚尖点地。同时左手向右上方画弧，至右侧时变钩手，臂与肩平。左手向下至右上画弧停右肩，手心向里。

3）身体稍向左转，左脚向左侧方迈出，右脚跟后蹬，成左弓步，重心移向左脚。左掌随身体左转翻转向前推出，手心向前，手指与眼齐平。

10. 云手

1）重心至右腿上，身体向右转，左脚尖内扣，左手经腹前向右上画弧至右肩前，手心斜向后。同时右手变掌，手心向右前。

2）身体向左转，重心逐渐左移，左手由脸前向左侧运转，手心转向左方，右手由右上经腹前向左上画弧，至左肩前，手心斜向后。同时右脚靠近左腿，成小开立步（两脚距离约 10~20 厘米），眼睛看左手。

3）身体向右转，左手经腹前向右上画弧至右肩前，手心斜向后，右手向右侧转，手心翻转向右。左脚向左横跨一步。眼睛看左手。

11. 单鞭

1）身体右转，右手向右运转，至右侧方时变钩手，左手经腹前向右上画弧至右肩前，手心向内，重心落在右脚上，左脚尖点地。

2）身体左转，左脚向左前侧方迈出，右脚跟后蹬，成左弓步，重心至左脚，身体左转，左掌翻转向前推出，成单鞭式。

12. 高探马

1）右脚跟进半步，重心后移至右腿上，右钩手变成掌，两手心翻转向上，两肘微屈，同时身体微向右转，左脚跟渐渐离地，眼睛看左前方。

2）身体稍向左转，右掌经右耳旁向前推出，手心向前，左手至左侧腰前，手心向上，同时左脚向前移，脚尖点地，成左虚步，眼睛看右手。

13. 右蹬腿

1）左手手心向上，前伸至右手腕背面，两手相互交叉，然向两侧分开并向下画弧，手心斜向下。同时左脚向左前侧方，重心前移，右脚自然蹬直，成左弓步，眼睛看前方。

2）两手从外圈向里画圈画弧，两手交叉合抱于胸前，手心向后，同时右脚向左脚靠拢，眼睛平看右前方。

3）两臂左右画弧平举分开，肘部稍屈，手心向外，右脚向侧上方蹬出，脚尖内钩。

14. 双峰贯耳

1）右脚收回，屈膝平举，左手从后向上，向前下落至体前，两手心翻转向上，两手同时向下画弧落于两侧，眼睛看前方。

2）两拳从两侧向上、向前划弧至前方，成钳形状。两拳相对，拳眼斜向内下，眼睛看右拳。

15. 转身左蹬腿

1）左脚屈膝后坐，重心至左脚，上体左转，右脚尖里扣。拳变掌，由上向左右画弧平举，手心向前，眼睛看左手。

2）重心至右脚，左脚收在右脚内侧，脚尖点地。同时两手由外圈向里圈画弧包于胸前，手心向后，眼睛看向左。

16. 左下势独立

1）左脚收回平屈，上体右转，掌变成钩手，右掌向上、向右画弧下落，至右肩前，掌心斜向后，眼睛看右手。

2）右脚屈膝下蹲，左脚从内向左侧伸出，成左仆步，掌心向外向左下顺左脚内侧向前，眼睛看左手。

3）重心前移，左脚为轴，脚尖向外撇，左脚前弓，右脚后蹬，右脚尖里扣。上体向左转向前起身，左臂向前伸出力掌，掌心向右，右钩手下落，钩尖向后。

4）右脚提起平屈，成左独立式，右钩变成掌，又后下方顺右脚外侧向前弧形摆出，屈臂利于右脚上方，手心向左，左手落于左旁，手心向下，指尖向前。

17. 右下势独立

1）右脚落于左脚，脚掌着地，以左脚前掌转动，身体左转。同时左手向后平举变钩手，右拳转体向左侧画弧，立于左肩前，掌心斜向后，眼睛看左手。

18. 左右穿梭

1）身体稍向左转，脚向前落地，脚尖外撇。右脚跟离地，两腿屈膝成半坐盘式。同时两手成抱球状，右脚收到左脚的内侧，脚尖点地。

2）身体右转，右脚向右前方迈出，成右弓步，同时右手向上举并翻掌停在右额前，手心斜向上，左手从左下向前推出，高与鼻尖平，手心向前。

3）重心向后移，右脚尖向外撇，然重心再移至右脚，左脚跟进，停于右脚内侧，脚尖点地。两手在胸前成抱球状，眼睛看右前臂。

19. 海底针

右脚跟进半步，重心至右脚，左脚稍向前移，脚尖点地，成左虚步。同时身体稍右转，右手下落向后向上提至肩上耳旁。然后身体左转，从右耳斜下方插出，掌心向左、指尖斜向下。同时左手向前向下画弧落于左胯旁，手心向下，眼睛看前下方。

20. 闪通臂

身体向右转，左脚迈出，成左弓步，同时右手从体前上提，屈臂上举至右额前上方，掌心翻转斜向上，左手从胸前向前推出，手心向前，眼睛看左手。

21. 转身搬拦捶

1）身体后坐，重心移至右脚上，左脚尖里扣，身体向右后转，重心转移到右脚上。同时右手转向右向下（变拳）画弧至左肋旁，拳心向下，左掌上举头前，掌心斜向上，眼睛看前方。

2）右转，右拳向前翻转撇出，拳心向上，左手落于左胯旁，掌心向下。同时右脚收回迈出，脚尖外撇，眼睛看右拳。

3）身体重心至右脚上，左脚迈出一步，左手从左侧向前画弧拦出，掌心向前下方。同时右拳向右画弧至右腰旁，拳心向上，眼睛看左手。

4）左脚成左弓步，同时右拳向前打出，拳眼向上，以胸平，左手至于右小臂里侧，眼睛看右拳。

22. 如封似闭

1）左手向右腕下向前伸出，右拳变掌，两手手心转向上并分开回收。同时身体后坐，左脚尖翘起，重心至右脚，眼睛看前方。

2）两手在胸前翻掌，向下经腹前再向上、向前推出，腕部与肩平，手心向前，成左弓步，眼睛看前方。

23. 十字手

1）屈膝后坐，重心向右，左脚尖内扣，向右转体，右手随转体动作向右平摆画弧，成两臂侧平举，掌心向前，肘微弯曲。同时右脚尖随转体外撇，成右侧弓步，眼睛看右手。

2）身体重心至左脚，右脚尖内扣，然向左收回，两脚与肩同宽，成开立步。两手经腹前向下划弧交叉合抱与胸前，右手在外，成十字手，手心均向后，眼睛看前方。

24. 收势

两手向外翻掌，手心向下，两臂下落至身体两侧，眼睛看前方。

第四节　防身术

防身术源于古代军事技能的搏击技巧，发展而逐步形成的中国武术攻防格斗技术。防身术是一种徒手搏击的格斗技术，能起到保护自己、制服对手的作用。

一、防身术的概念

防身术运用踢、打、摔、拿等技击方法，以制服对方，保护自己为目的的搏击格斗技术。防身术中的奇妙招法，实质上是中华武术的精华“集锦”。从武术中各种适合实战应用的招法分离出来，经过摘编、加工提炼、创造完善，使其成为搏击格斗技术，并具备简单、实用、易记、易学的特点。防身术是指在人体受到威胁、侵害之时所采用的一些保护自己、制服歹徒。其至为民除害的搏击格斗、一招制敌防身自卫的擒敌技术。

二、防身术的特点

防身术是具有随机性、隐蔽性、实用性和科学性的特点。随机性是指受到攻击是突然发生的；隐蔽性是指防身术自卫是采用迂回、巧妙的后发制人。实用性是指防身术动作招式简单、直接、一招制敌；科学性是指防身术技术动作符合人体生理、心理特点，具有规范性和实用性。

防身术的练习能够提高力量、柔韧、速度、灵敏、耐力等身体素质。练习者通过踢脚、踹腿、顶肘、撞膝等多种防身技术动作达到防身目的，同时培养临危不惧、果断勇敢的心理素质。

三、防身术练习注意事项

防身术练习者只有通过长期的练习和磨炼才能在实战中有效地运用技术动作。

初学者在学习过程中需要根据自身的具体情况，在理解的基础上掌握所学知识和技能。从基础技术、综合技术到高难度技术，初学者逐步掌握，反复练习，使技术水平到达熟练和自动化程度。

初学者在练习前，具备良好的训练环境，要做好准备活动，使关节以及韧带的伸展、旋转的幅度由小到大充分拉开，使身体发热和兴奋。如不充分的准备活动会造成身体损伤。

四、防身术的分解教学

（一）防身术的基本姿势

防卫格斗姿势是在双方将要交战时，在有准备的情况下使用的动作，分为站立格斗姿势、倒地格斗姿势和自然格斗姿势。

站立格斗姿势：两手握拳，前后拉开，左手臂弯曲，肘关节大于90º，左拳约与下颌同高，右手臂弯曲，肘关节稍微小于90º，紧贴右肋部，右拳靠近右脸颊；两脚前后分开，身体侧立，重心落于两脚中间，下颌微收；含胸收腹，口齿闭合，目视对手。

倒地格斗姿势：当被歹徒击倒在地后，面临危险的时候。首先保持冷静，迅速调整身体状态，将背部着地，手脚收齐成团身姿势，脚掌正对歹徒站立方向，防止其接近。

自然格斗姿势：当遇到双方将交战的时候，两脚迅速前后开立，同肩宽，重心落于两腿中间，身体侧立，减少自身的暴露面，目视对手。

（二）防身术的拳法掌法

1. 拳法

拳法主要包括直拳、勾拳、摆拳、鞭拳等动作。

直拳：拳以直线击打对方的面部和胸部。

左直拳动作要领：准备姿势站立，右脚微蹬地面，身体稍右转，同时小臂内旋，拳心向下，直线向出击；接触目标时拳要握紧，力达拳面。拳击出后，沿出击路线迅速收回。

右直拳动作要领：准备姿势站立，右脚微蹬地面并向内扣转，转腰送肩的同时，右拳直线向前出击，力达拳面，左拳防护住腮部；击出后，沿出击路线迅速收回。

勾拳：主要是用拳以弧线或直线击打对方的腹部、下颌等部位。包括左上勾、右上勾、左平勾和右平勾。

左上勾动作要领：准备姿势站立，左脚上前半步，右拳防守，左拳由下向上击打对方下颌或胸腹部位，力达拳面，拳心向内。

右上勾动作要领：准备姿势站立，左脚上前半步，左拳上架，右拳由下向上击打对方下颌或胸腹部位，力达拳面，拳心向内。

左平勾动作要领：准备姿势站立，左脚向左平摆一步，右脚同时平摆，左拳由平行向内击打对方太阳穴或头侧，力达拳面，拳心向外。

右平勾动作要领：准备姿势站立，左拳护头，右拳平行向内击打对方太阳穴或头侧，力达拳面，拳心向外。

摆拳：拳以弧线击打对方的侧面部位。

左摆拳动作要领：准备姿势站立，身体微向右转，同时左拳顺着转髋拧腰边向前展开边向里横掼，臂微屈拳心向下，力达拳面或拳眼侧，接触目标时用力；右拳防护住腮部。击打后，屈肘收回。

右摆拳动作要领：准备姿势站立，身体微向左转，同时右拳顺着转髋拧腰边向前展开边向里横掼，臂微屈，拳心向下，力达拳面或拳眼，接触目标时用力：左拳防护住左腮部。击打后，屈肘收回。

鞭拳：拳以弧线或拳背鞭状击打对方的面部等薄弱部位，包括左鞭拳和右鞭拳。

左鞭拳动作要领：准备姿势站立，身体向左后转 180°，左脚经右腿后插步，同时右拳与左拳回收至胸前，动作不停，身体继续向左转体 90°，同时左拳反臂向左侧横向鞭打，拳眼朝上，力达拳背。

右鞭拳：准备姿势站立，身体向右后转 180°，右脚经左腿后步，同时左拳与右拳回收至胸前。动作不停，身体继续向右转体 90°，同时右拳反臂向右侧横向鞭打，右侧横向鞭打，拳眼朝上，力达拳背。

2. 掌

掌法主要包括插掌、砍掌、切掌、推掌和撩阴掌等动作。

插掌：准备姿势站立，插掌的动作路线与发力顺序同直拳，不同之处从拳变成掌，掌心向下或向内侧，以四指尖为着力点向前插击。

砍掌：准备姿势站立，右手臂向斜前上举，利用拧腰、沉肩的力量由斜上向斜下猛力欲击，力达掌外沿；可由里向外俯掌横砍。砍击后迅速恢复成格斗姿势。

切掌：准备姿势站立，左脚上前一步，右手臂前伸，利用拧腰、沉肩的力量向前向下猛力切击，力达外沿，掌心向下。切掌后迅速恢复成格斗姿势。

推掌：准备姿势站立，推掌动作运行路线同直拳，唯独推掌时要立掌向前或向前上推出，力达掌根。

撩阴掌：准备姿势站立，一脚用力蹬地，转胯扭腰，身体向攻击目标方向拧转，一手小臂内旋下落，直臂前摆或后摆，手形为撩掌（或扣手），向目标撩击，当撩击到目标时五指自然内扣捏紧。

（三）防身术的肘法膝法

1）肘法是一种近距离击打的技法。由于肘部的击打力量较掌、拳等其他手法更加重和狠，非常适合女性防身自卫时采用。

肘法：主要是向前、向下、向上和横击的肘法，打击对方的头部、胸腹部肋间或腋下。

顶肘：肘部平抬，屈臂，肘尖向前，发力时蹬腿、送髋，同时大臂向另一侧产生一股伸张力。蹬腿，送髋，大臂猛伸张。顶肘是以时失攻击，自卫时用以顶击对方腋下，效果最好。顶肘发力距离短，又无旋转助力，练习时难度较大。

挑肘：前臂回收弯曲，肘尖由下向前上挑击。发力时蹬腿、旋转身体要领同直拳、勾拳，挑臂动作同勾拳。挑肘可用于击打对方胸、腹部。

砸肘：手臂上抬，肘尖朝前上方，砸击时身体迅速下沉，时由上往下砸击。身体下沉与手臂砸击两股力合而为一。砸肘使用频率较高的，是在对方抱腰、腿时砸击其后脑、腰部。

横肘：主要依靠蹬腿和旋转身体。大臂向前横移，用肘尖击打对方。适用于攻击对方太阳穴、后脑、耳门、颈部以及胸肋等。

2）膝法是正面和侧面的两种膝法，包括提膝和撞膝。

提膝：又称顶膝，要领是膝腿上抬，动作要猛，双手拉住对方，撞击对方的胸腹部或裆部。采用提膝的方法攻击歹徒的裆部是最佳选择，在提膝的同时用手扶住对方的肩部，打击力度会更大。

侧撞膝：侧撞膝分为左侧撞膝和右侧撞膝。左侧撞膝，微倒身，髋内转，左膝上抬，由左向右侧撞击，同时，根据当时站立的位置，可用两手抓住或搂住对方，撞击对方的肋间、背部或胸腹部。右侧撞膝动作与左侧撞膝动作方向相反。

（四）防身术的实用技法

防身术根据实用技法，按照受对手方为分为：正面迎敌、侧面迎敌、背面迎敌和综合技艺等四种。

1. 正面迎敌

头撞：以额头为武器攻击对手。头部虽然要害薄弱部位最多，但头部也有坚实的区域，就是前额。动作要点：用前额撞击对方的面部或胸腹部，用力要狠，力点要准。

弹踢裆部：实战姿势站立，一腿支撑，一腿屈膝抬腿，脚背绷直，力达脚背，向歹徒裆部弹踢。动作要点：绷脚尖，用踝关节和脚背踢击裆部。

2. 侧面迎敌

侧面抱腰：歹徒侧面双手抱腰，我即屈肘用力向上挑肘，击打歹徒下颌。动作要点：要在歹徒未抱紧时快速掀肘击之。

侧面搂脖：歹徒侧面单手搂脖，我即屈肘用力向后击肘，击打歹徒腹部。动作要点：击打腹部时，要猛用力，向击打方向拧腰。

3. 背面迎敌

折其手指：歹徒从后面双手抱腰，我即抓住其手指，向相反方向折其手指。动作要点：折手指时，最好是折一个手指。

仰头撞击：歹徒从后面单手搂脖，我即仰头撞击其面部。动作要点：感受其呼吸，用力向后撞击其头部。

屈肘撞腹：歹徒从后面双手抓肩，我即屈肘回身，用肘撞击其腹部。动作要点：回身要快，用力要猛。

4. 综合技艺

仰卧踢裆：歹徒站点、两腿分跨于伸卧者身体两侧，俯身抓、掐、压制仰卧者，这时，仰卧者腰部上抬、举腿、用力蹬击其裆部，将其踢倒在地。动作要点：用脚踢击小腹，两手推其上体。

肘击头部：如果手臂未被压住，对方的手臂又未形成阻隔（多在抱胸腰时），可用肘尖横击其太阳穴。动作要点：用腰腹之力旋臂之力，向内猛击其头。

侧踹踢裆：倒地后成侧卧姿势，被歹徒按压。这是最好解脱方法屈腿，用侧踹踢裆其裆部。动作要点：屈腿要快，发力要猛。

第十一章　旱地冰球运动

第一节　旱地冰球运动概述

“旱地冰球”（音译为“福乐球”）也叫软式曲棍球，起源于 1958 年。一开始是美国明尼阿波利斯市的一家塑料厂生产了塑料的球杆（包括球杆和拍头），并用 Cosom 为品牌名推销其球杆和其他塑料产品。自此，地板曲棍球（Floor hockey）先后在美国和加拿大开展起来。虽然各地举行了很多比赛，但大多参与者是孩子和青年人。旱地冰球锦标赛在 20 世纪 60 年代初第一次在密歇根州的巴特尔克里克市举行。Coscom 的塑料球杆在 1968 年传入瑞典，从那以后，各种形式的用球和橡胶圆盘的运动在瑞典开始流行。在 20 世纪 70 年代中期，受篮球及冰球的影响人们有了在 Cosom 的设备基础上创立一个专项运动的想法。世界第一个国家旱地冰球联盟（SIBF）于 1981 年在瑞典成立，第一本官方规则手册于 1983 年出现。瑞典旱地冰球联盟在 1995 年成为瑞典国家体育联盟会员。但一个联盟只有瑞典和芬兰两个国家似乎不是很合适，所以开始尝试在其他国家推广旱地冰球，随后旱地冰球在瑞士流行起来。瑞典、芬兰和瑞士于 1986 年 4 月 12 号在瑞典胡斯克瓦纳市成立了国际旱地冰球联盟（IFF）。

旱地冰球运动作为新兴的运动，在 12~19 岁的年轻人中有很高的参与度；同时不乏女性的参与；由于旱地冰球运动的快速发展和媒体的宣传，定向运动也快速被大众熟知。其实，旱地冰球本身的发展就起到了一个非常重要的宣传作用，它属于少数的几个男女平等参与的运动项目。旱地冰球是那种容易入门乐趣无穷的运动项目。同时它相对传统运动更富挑战性，拥有极强的娱乐性，因此深受人们喜爱。

第二节　旱地冰球运动基本规则

旱地冰球的比赛方式与冰球和曲棍球十分相似，比赛双方使用球杆把球打入对方球门即得分，比赛结束时得分多的队伍获胜。正式比赛每队有 6 名队员上场，其中包括一名守门员。

1. 场地

标准旱地冰球球场为长 40 米宽 20 米的圆角矩形场地，其四周应有 IFF 核准的圆角形挡板（图 11-1）。

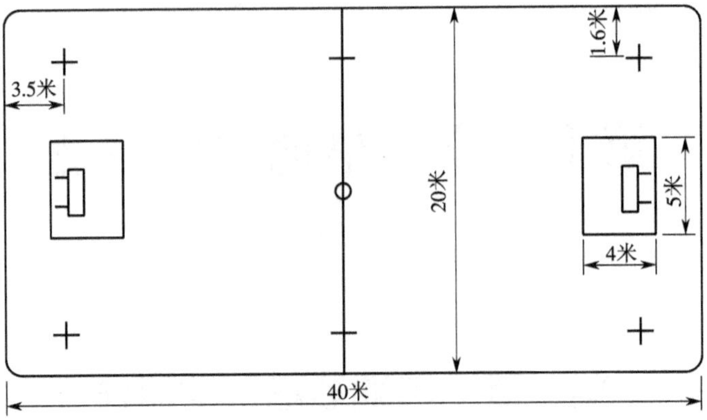

图 11-1　场地

1）所有界线宽 4~5 厘米，颜色应醒目。

2）球场上画定中心线与中心点；中线与端档板平行，并将比赛场地划分为两个面积相等的区域。

3）两个场区各画一个球门区；球门区为长方形，其边线与端线都应包括在面积之内，球门区后线距球场端挡板 2.85 米，球门区边线距球场两边挡板的距离应相同；

4）守门员区为长 2.5 米，宽 1 米的长方形，其边线与端线都应包括在面积之内，守门员区后线距球门区后线 0.65 米；

5）守门员区的后线也当作球门线；

6）球场上有 7 个开球点，在中线上有 3 个开球点（中线中点有 1 个，中线两侧距边挡板 1.5 米处各有一个），球场四角在球门线延长线上，距边挡板 1.5 米处各有一个，后 4 个开球点要画个十字，但在中线上的三个十字不一定要画。

7）旱地冰球球门标准规格为 1.6 米 ×1.5 米。

2. 器材

（1）球

所使用的球为空心的塑料球，上面有 26 个圆孔（图 11-2）。

（2）球杆

普通的球杆是用玻璃纤维、聚碳酸脂或碳纤维制成。用这些材料制成的球杆质量轻、寿命长。经 IFF 检测的合格球杆会打上认证标记。运动员不得对球杆进行改装。球杆只能在握柄以上被束缚，但正式标记不能被遮挡（图 11-3）。

（3）拍头

拍头一般是用不同的塑料混合物或尼龙混合物制成的。不同材料制成的拍头其软硬程度不一样，稍软的拍头有助于持球控球，而稍硬的拍头则有助于击球射门（图 11-3）。

（4）守门员面罩

由于守门员经常接受来自球的正面打击，因此为了保护守门员，一般来说守门员必须配戴守门员面罩（图 11-4）。

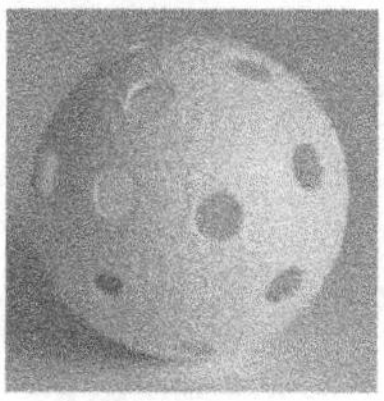

图 11-2　球

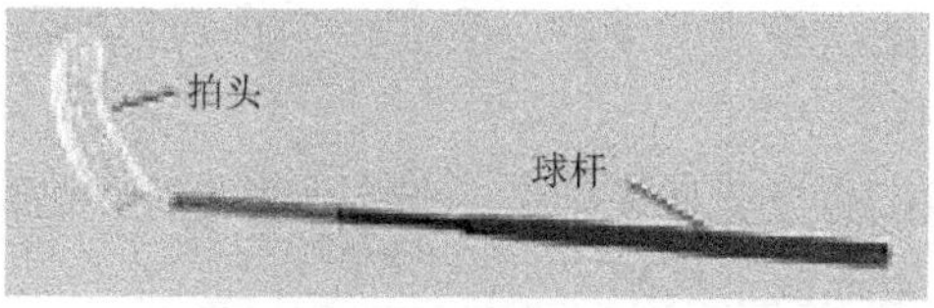

图 11-3　球杆、拍头

图 11-4　守门员面罩

所有产品必须都通过 IFF 授权的 SP 机构认证并打上 IFF 标志。这意味着产品达到技术和运动的双重要求。

3. 比赛时间

正常比赛时间：3×20 分钟，其间有两个 10 分钟的休息（如要缩短比赛时间，也要保证最短的 2×15 分钟）。

4. 交换场地

队伍要交换场地，主队有优先权。如果裁判判定一边有绝对优势，在第三节中间的时候可换场。但这必须在第三节开始前决定。

5. 裁判法

（1）停止比赛计时

暂停（所有队伍都可要求在赛中暂停）、进球、罚球、罚下场。

（2）开球

1）在每节开始时和进球后。

2）双方都没有获得边界球、任意球或者罚球。

3）罚球没有进球。

（3）边界球

当球穿过挡板或者碰到天花板时就获得边界球。边界球要从离球出界地方 1.5 米的地方发球（不得在底线及其延长线后面发球）。对手要离球 3 米以上。边界球可以直接得分。

（4）任意球

1）非正确击球。

2）压住对手的球杆。

3）击球过高。球杆在膝盖以上，腰部以下判罚任意球；高过腰部击球，并打到对手通常会被罚下场 5 分钟。

4）不正确推人。队员为了控制球（或者试图拿球），以任何形式推人都属于不正确推人。推人的球员会被罚下场。不正确及暴躁的动作（取决裁判的判断）；危险的动作；以不正确的方式冲向对手；在拍头附近出现暴躁的动作等都会被处以 5 分钟的罚下场。

（5）罚球

因为防守队的犯规导致进球过程被中断，或没有成功，判任意球或罚球。罚球可以推迟。当然，裁判要判断正确，理解犯规者的意图等。

（6）进球

进球通过发球确认，在发球之前，进球可以被裁判取消。

（7）惩罚——罚下场

用手指清晰地指出犯规者。指出犯规的动作。要明白犯规者很冲动，不要在他 / 她面前指出犯规的动作同时激怒他 / 她。

1）躺下击球。场上队员躺下或者坐着停球、击球。场上队员双膝或一手着地停球、击球，除了拿杆的那只手外。通常取决于判断！

2）重复犯规。当一个队几次犯规导致被罚任意球，再犯规时，将带来被罚的下场。重复犯规会影响队员个人，同时也会影响球队。因此，球队需特别关注那些已重复犯规，有可能被罚下场的队员。

3）禁赛 1（红牌）会导致余下的比赛不能上场；红牌 2 次会导致余下的比赛不能上场并在同一竞赛中下场比赛不能上场；禁赛 3 会导致余下的比赛不能上场、在同一竞赛中下场比赛不能上场以及得到有关部门的进一步惩罚（裁判要记录并且上报出现禁赛判罚）。

第三节　旱地冰球运动基本技术

1. 握杆

运动员根据左右侧持杆的习惯确定握球杆的手位，以左侧为例：右手握球杆末端，左手握住离右手两拳头距离的球杆中段，也可以个人握球杆的舒适度确定左手握杆位置。

2. 站位

双手握杆，上面的手抓住杆顶上端，下面的手离上面的手至少要 20 厘米，球员就位时要双膝弯曲，击球板放到地板上站位，两腿分开与肩同宽，一只脚稍靠前。身体保持平衡。

3. 跑动技术

带球跑：球要一直在拍头上，拍头轻轻触球，不能推球或击球。准备好正手或后手传球，保护好球。

4. 传球技术

正确的传球站位是侧着站，双脚并排，双膝分开微屈；保持平衡的站立姿势；一直抬头关注场上情况；保持球和拍头靠近；传球后，击球拍应朝向传球方向。

正手传球：整个传球动作从球在身后的时候就开始了；球要靠近拍头；拍头要从后面加速打向目标；当球超过前脚以后才离拍传出。

短正手传球：这种传球速度更快，触球时间很短，球在滚动过程中不会弹起。

反手传球：反手传球是一个很快的“轻击”。拍头不能碰到地板，只能碰到球。击球的速度取决于反手挥拍的速度。

空中传球（高球）：球在前脚的前方传出。击球的速度取决于反手挥拍的速度。

5. 接球技术

拍头要放在地板上，身体保持站立姿势，接球要流畅，手要柔和、灵活，当触球时，拍头和球一起向后移动。

6. 射门技术

基本技术和不同的传球技术一样，只是力量要更大。

用腕射门：球总是和拍头接触（正手传球）；用球杆长拖。

快速转腕射门：球接触拍头的时间很短（短正手传球），触球点和前脚在同一个水平线上，在移动中用腕射门。

拍球射门：拍头在击球前接触地板（短正手传球），在移动中拍打球。

反手射门：击球的速度取决于反手挥拍的速度。

7. 护球技术

球员采用基本站立姿势，用身体、脚和手护球。拍头应该挡住靠近对手的球的一侧。

用身体护球：身体在球和对手之间，降低重心，抬头注视场上情况。

用球杆护球：运球时尽量远离对手，球离身体时，双手握杆运球，用拍头护球。

8. 带球技术

带球指运球 / 假动作，运球时拍头要靠近球，两手握住手柄（反手运球可以单手握柄）。